Ernst von Waldenfels
Der Spion, der aus Deutschland kam

Ernst von Waldenfels

Der Spion, der aus Deutschland kam

*Das geheime Leben
des Seemanns Richard Krebs*

Aufbau-Verlag

Mit 41 Abbildungen

ISBN 3-351-02538-6

1. Auflage 2002
© Aufbau-Verlag GmbH, Berlin 2002
Einbandgestaltung PEIX, Andreas Petzold
Druck und Binden GGP Media, Pößneck
Printed in Germany

www.aufbau-verlag.de

Inhalt

Prolog

Newport News in Virginia ist einer der unbedeutenderen Häfen der USA. Er liegt am Ausgang der Chesapeake Bay, einer riesigen Bucht südlich der Hauptstadt Washington. Wenn Newport News einmal erwähnt wird, dann meist im Zusammenhang mit dem benachbarten Norfolk, dem wichtigsten Hafen der amerikanischen Kriegsmarine.

Am siebten Februar 1938 traf in Newport News das britische Schiff »Ary Lensen« ein. Die »Ary Lensen« mit Heimathafen London kam aus Gent in Belgien und hatte keine Ladung an Bord. Die hoffte der Kapitän in Newport News aufnehmen zu können. Doch vorerst hatte er Ärger mit den amerikanischen Hafenbehörden. Einer der Männer in seiner Mannschaft, der deutsche Matrose Richard Krebs, stand unter striktem Einreiseverbot.

Wegen »Angriffs mit einer tödlichen Waffe« hatte er die Jahre 1926 bis 1929 in dem kalifornischen Zuchthaus San Quentin verbracht und war danach abgeschoben worden.

Der Kapitän verpflichtete sich, zwei Mann zur Bewachung des Matrosen einzuteilen. Die Wachsamkeit der Mannschaft ließ bald nach, denn die »Ary Lensen« verbrachte Woche um Woche in dem Hafen, ohne Ladung aufzunehmen. Gerüchte kamen auf, daß das Schiff Schrott laden würde, um entweder nach Italien oder in den von Franco beherrschten Teil Spaniens zu fahren.[1]

Anfang März verschwand Richard Krebs plötzlich vom Schiff. Wenige Wochen später wurde bei dem für den Kriegshafen Norfolk zuständigen FBI-Posten in Richmond, Virginia, eine Akte über den Spionagefall Richard Krebs angelegt.[2] Gegenstand der Akte waren fünf deutschsprachige Briefe, zwei deutschsprachige Postkarten, zwei kurze handschriftliche englischsprachige Notizen und ein Ausschnitt aus der Zeitschrift der skandinavischen

Seemannsklubs in den USA, *Paa Törn*. Der Zeitungsausschnitt hatte es in sich.

»Der Abgebildete ist Richard Krebs, ungefähr dreißig Jahre alt, durchschnittlich groß und normal gebaut. Er stammt aus Bremen, Deutschland, spricht fließend Deutsch und Englisch und etwas Skandinavisch. Bis vor kurzem lebte er in Paris unter dem Vorwand, ein ›politischer Flüchtling und Antifaschist‹ zu sein. Er hat früher drei Monate lang in Hamburg gelebt und an Untergrundarbeit ›teilgenommen‹. In Paris geriet er unter Verdacht, und nach einer sorgfältigen Untersuchung wurde aufgedeckt, daß er mit der deutschen Botschaft in Paris Kontakt hatte (der Zentrale der Gestapospionage in Paris).

Es wurde zu heiß für ihn, und er floh nach Antwerpen. Gerüchten zufolge soll er ein Schiff nach Amerika genommen haben, um dort seine Spitzelei unter Deutschen fortzusetzen.

Skandinavier: Seid vorsichtig! Möglicherweise wird er seine Kenntnis der skandinavischen Sprache benützen, um sich unter uns zu verstecken. Er hat wahrscheinlich einen anderen Namen und einen neuen Paß.«[3]

Die Briefe dagegen, die allesamt übersetzt wurden, enthielten nichts, was den Spionageverdacht erhärtet hätte, abgesehen davon, daß außer einem, der sich an Richard wendete und mit Fitsch unterschrieben war, alle anderen an einen Braun adressiert waren, der offenkundig mit Richard identisch war.

Es waren Briefe einer schwerkranken, verzweifelten Frau, die an einer Stelle beteuerte, gerne kommen zu wollen, aus gesundheitlichen Gründen jedoch nicht zu können, an einer anderen Stelle plötzlich wieder Hoffnung hatte, es mit Hilfe eines gewissen Peps doch schaffen zu können, und ihn schließlich in einem weiteren Brief aufforderte, selbst zu kommen, da man das, was sich zugetragen habe, sicherlich bereinigen könne. Offensichtlich liebte sie den Adressaten.

Von jenem Peps, der in einem der Briefe Fitschs erwähnt war, gab es zwei Postkarten, beide reichlich mysteriös. Auch hier war von irgendwelchen Reisevorbereitungen die Rede. Auf einer von ihnen hieß es:

»Ich bin Dir sehr dankbar für die Karte vom vierten März aus

Norfolk. Ich habe Dir schon einige Male nach Gent geschrieben. Was mich angeht, so könnten wir morgen ›nach Westen‹ fahren, aber ich muß erst auf die 2 000 U [unleserlich] warten, die ich erhalten soll. Vorher kann ich nichts tun, und es darf vor dem Start auch niemand etwas wissen. Es wäre idiotisch, mit einem seeuntüchtigen Schiff zu segeln. Ich denke an ein Fischerboot aus der Ostsee. Nicht schnell und kompliziert, sondern stabil. Als Treffpunkt käme einer der ersten dänischen Häfen in Frage. Schreibe, wie Du darüber denkst. Auch was die Ausrüstung und so weiter angeht.«

In praktisch keinem der Briefe und Postkarten wurde Klartext geredet. Sie waren voller Andeutungen, die dem Empfänger etwas sagen und einen Dritten verwirren sollten. So auch in diesem:

»1. März 1938

Mein lieber Freund Richard

… Vor vier Wochen passierte folgendes im Café Reval. Ich hatte einige Schwierigkeiten mit dem Wirt wegen ein paar lächerlichen Bieren, die bereits ein anderer Gast gezahlt hatte. Ich verpaßte ihm und seiner Alten ein paar blaue Augen, und er zeigte mich bei der Polizei an. Bei der Polizei gab er an, daß ich illegal in Belgien und ohne Papiere sei. Man müsse mich aus politischen Gründen observieren lassen und meine Sachen untersuchen. Am nächsten Morgen, als ich in der Stadt war, öffneten sie mein Zimmer, durchsuchten es, und am gleichen Tag brachte man mich zum Verhör. Dank meiner Gewitztheit hatte ich bis Mittag meine Freiheit wieder. Aus Sicherheitsgründen ging ich ins Café Anker zurück und übernachtete dort zwei Tage. Ich gab an, nach Paris abzureisen. Seitdem habe ich hier in der Stadt gelebt, aber natürlich kennt niemand meine Adresse. Die Gruppe hat durch Harry alles bezahlt und natürlich alle Beziehungen zu mir abgebrochen. Das ist politisch korrekt, und ich werde die Beziehung wieder aufnehmen, wenn ich die anderen Kosten unter Kontrolle gebracht und meine Gesundheit wiederhergestellt habe. … Ich habe Deine Adresse Karl überlassen, weil er Dir dringend wegen der Kommune schreiben will. Vielleicht weißt Du noch nicht, daß Dich die Kommune in ihren Veröffentlichungen als Spitzel und was weiß ich nicht alles bezeichnet und dazu noch ein Photo abdruckt. Daran kannst Du sehen, was für primitive Methoden diese Gauner verwenden. Leider hast Du für diese Gauner die vier kostbaren Jahre deines Lebens geopfert, die Du vergeblich hinter Gardinen verbracht hast. Auf alle Fälle weißt Du jetzt, daß Dich Karl aus der Gruppe vom Anker genau instruieren wird. Weiterhin hoffe ich, alter Junge, daß mit Dir und ›Deiner Vergangenheit‹ alles gut läuft. Ich gebe Dir eine Adresse, so daß mich Deine Post immer erreichen wird, bis ich Dir eine neue mitteile. Ich hoffe auch, daß ich bald aus dem verfluchten Gent verschwunden bin und nicht den Gendarmen in die Hände falle …

Hans Felix
Nimm Dich vor der Kommune in Acht«

Der Mann, der sich hier vor der Kommune in acht nehmen sollte, Richard Krebs, hinterließ noch zwei von ihm selbst verfaßte Aufzeichnungen. Die eine war eine Gegenüberstellung von englischen Vokabeln. Einige der Wörter, zum Beispiel »recrudescence« und »peroration«, waren so selten, daß die Polizisten wahrscheinlich erst einmal nachschlagen mußten. Erst dann mochten sie bemerkt haben, daß es sich hier um eine Gegenüberstellung von Synonymen handelte. Der mysteriöse Spionageverdächtige hatte einen außergewöhnlichen Ehrgeiz, was die englische Sprache betraf.

Die andere Liste dagegen dürfte dem FBI nicht so harmlos vorgekommen sein.

Sie bestand aus einer Abfolge von Sätzen:

»Ein Mann, der aus einem deutschen Gefängnis kommt, wird als Spion betrachtet

GPO-Leute* jagen Knüffgen – Wollreber (ein finsterer kleiner Mann, unterwegs mit falschen Pässen) kommt, um die Meuterer zur Arbeit für die Kommunistische Internationale zu gewinnen. Seine Arbeitsbedingungen werden abgelehnt.

Gestapo Spionage Dienst

Rhein Reise? (Truppen)

Firelei wird nach Deutschland geschickt. Dort verhaftet.

* GPO bedeutete wohl GPU, und das war immerhin die sowjetische Geheimpolizei.

Diskussion zwischen Wollreber und Knupfhen über Kominternpraktiken

Chang – Aktion eines Chinesen auf einem Schiff Richtung Japan

Spanien – Spionage auf Schiffen die in Richtung Francohäfen fuhren«.

Wie auch immer: Aus dem vorgefundenen schriftlichen Material ließ sich kein schlüssiges Bild entwerfen. Und so schrieb schließlich der zuständige Bundesstaatsanwalt am 24. August an die lokale Ermittlungsbehörde: »Während es offensichtlich ist, daß das Subjekt in anderen Ländern Spionage betrieben hat, so gibt es keinen Nachweis für irgendwelche Aktivitäten hier, die uns zum Handeln zwingen würden. Es ist daher die Auffassung dieses Amtes, daß die Akte geschlossen werden sollte.«[4]

In Wahrheit enthielt diese Akte den Schlüssel zu der persönlichen Tragödie von Richard Krebs, der als Autor eines autobiographischen Romans mit dem Titel *Out of the Night*, den er unter dem Pseudonym Jan Valtin veröffentlichte, keine vier Jahre später einer der bekanntesten Männer des Jahres 1941 werden sollte. Das Buch, das von der Odyssee des Helden durch den kommunistischen Untergrund Europas und Amerikas handelte und damit endete, daß der Held im Auftrag der sowjetischen Geheimpolizei die Zusammenarbeit mit der Gestapo aufnahm, wurde, zieht man eine gekürzte Fassung für *Reader's Digest* hinzu, in einer vielfachen Millionenauflage verbreitet und gilt bis heute als das auflagenstärkste Buch, das ein ehemaliger Kommunist über seine Erfahrungen in der kommunistischen Weltbewegung verfaßt hat.[5]

Das Buch wie die Person des Autors blieben dabei, sieht man vom ersten Jahr nach seinem Erscheinen ab, immer umstritten und lösten nach Pearl Harbour eine Reihe von Untersuchungen der Einwanderungsbehörde, des FBI und des Armeegeheimdienstes CIC gegen Richard Krebs aus; diese führten zu keinem eindeutigen Ergebnis, dafür aber zu einer derartigen Kontroverse innerhalb des amerikanischen Regierungsapparates, daß sich selbst J. Edgar Hoover, der gefürchtete Chef des FBI, gezwungen sah, Stellung zu beziehen.

Auch nach Richard Krebs' Tod gab es, besonders in Skandinavien, eine Reihe von Versuchen, zu ergründen, wieviel von dem, was der Autor über eine ungeheuerliche Schattenwelt hinter der Fassade der kommunistischen Weltbewegung berichtet hatte, wahr sei oder nicht. Seltsamerweise wurden derartige Versuche in seinem Geburtsland erst sehr viel später unternommen – nachdem in Skandinavien bereits fünf Publikationen erschienen waren, die sich mit den in *Out of the Night* geschilderten Ereignissen befaßten.[6] Vermutlich lag dies daran, daß die in dem autobiographischen Roman geschilderten Ereignisse noch viel zu frisch, wie auch daran, daß viele der Protagonisten noch am Leben waren.

Daß allerdings der Schlüssel zu dem umstrittensten Teil des Buches und somit auch zum Leben von Richard Krebs, nämlich seine Zusammenarbeit mit der Gestapo, in jenen letzten Briefen der verzweifelten »Fitsch« an ihn zu finden war, wurde von allen, die sie später gelesen haben, übersehen, weil sie, wie alle, die sich mit ihm beschäftigen sollten, nach einer eindeutigen Antwort suchten. Nach der Antwort auf die Frage, ob der Autor von *Out of the Night* nun ein ungeheuerlicher Lügner oder aber ein zutiefst wahrhaftiger Mensch war. Aber diese Fragestellung geht am Leben des Richard Krebs wie auch an der Natur des Hauptwerks des Autors Jan Valtin vorbei. Die Wirklichkeit war, wie so oft, wesentlich komplizierter.

I Der junge Seemann

Der Kapitänssohn und die Revolution

Richard Krebs wurde am 17. Dezember 1905 als zweites von fünf Kindern in Darmstadt geboren. Der Vater Hugo war als Kapitän des Norddeutschen Lloyd in Asien.

Hugo Krebs stammte aus Schlesien, aus großbürgerlichem Haus. Nachweislich eines Ahnenpasses von 1936 war sein Vater, der Großvater von Richard, Subdirektor der Gothaer Grundkreditbank und Generalagent der Magdeburger Lebensversicherung für Schlesien und wurde 1880 zum königlich-preußischen Kommissionsrat ernannt.

Hugo Krebs, in Breslau geboren, verließ Schlesien, bevor er achtzehn war, und zog an die Wasserkante. Er besuchte die Bremer Seefahrtsschule und arbeitete von 1885 an für den Norddeutschen Lloyd. Er war Kapitän in Westindien und in der Südsee, bis er 1902 zum Oberinspektor ernannt wurde. Wieso Hugo Krebs den für einen schlesischen Bürgersohn dieser Zeit untypischen Weg eines Seemannes einschlug, darüber kann man heute nur spekulieren. Vielleicht waren innerfamiliäre Streitigkeiten der Grund, vielleicht war es die pure Abenteuerlust, ein Chararakterzug, der seinen Sohn Richard reichlich auszeichnen sollte.[1]

Sollte Hugo Krebs als junger Mann gegen den ihm vorgezeichneten bürgerlichen Lebensweg rebelliert haben – 1905 jedenfalls, als sein Sohn Richard geboren wurde, hatte er bereits seinen Frieden mit der Welt gemacht. Auf einem Foto sieht man einen stolzen Kapitänleutnant der Reserve, eine Stütze der Wilhelminischen Gesellschaft, der selbstbewußt in die Kamera blickt.

Die Mutter von Richard Krebs, Pauline, war zwar in Schweden geboren, stammte aber aus einer alten süddeutschen Pastoren- und Gelehrtenfamilie. Nach einem ihrer Verwandten, dem protestantischen Schriftsteller Julius Schmitthenner, ist das Gemeindehaus der Heidelberger Hauptkirche benannt. Noch in ihrer Kindheit kehrte Pauline Schmitthenner mit ihrer Mutter nach Süddeutschland, nach dem in der Nähe von Frankfurt gelegenen Darmstadt, zurück. Dort absolvierte sie eine Lehrerinnenschule. Relativ spät für diese Zeit, mit 28 Jahren, heiratete sie den Kapitän Hugo Krebs und folgte ihm auf See. Ein erstes Kind kam an Bord eines Schiffes im Hafen von Antwerpen zur Welt, verstarb aber bald. Das nächste Kind, Richards ältere Schwester Annemarie, wurde 1904 in Hongkong geboren. Zur Geburt von Richard reiste Pauline Krebs wieder nach Darmstadt, wo ihre Mutter lebte.

Der spätere Kominternagent, der die schlimmsten Haftanstalten Deutschlands und der USA kennenlernen sollte, hat seine Herkunft zeitlebens verschwiegen. Zum einen war ein großbürgerlicher Hintergrund keine Empfehlung in der kommunistischen Bewegung der zwanziger und dreißiger Jahre, zum anderen hatte er allen Grund, für seine Angehörigen das Schlimmste zu befürchten, sollten die diversen Geheimdienste und Polizeibehörden, die sich mit ihm beschäftigten, auch an seine Verwandten herantreten. Über die Mutter Jan Valtins, des Helden seines autobiographischen Romans *Out of the Night*, finden sich in dem Buch daher nur ein paar Zeilen, deren Inhalt mit ihrer Mischung aus Tatsächlichem und Hinzugefügtem – Pauline Krebs hatte nicht vier, sondern drei Söhne – die Beziehung zwischen der Biographie des Helden und seiner eigenen vorwegnimmt. »Meine tapfere und sehr fromme Mutter hatte ihren eigenen Traum: ein Haus auf einem Hügel mit einem Garten und Birken dazu, einen friedlichen Ankerplatz, den ihre vier Söhne ansteuern sollten – denn alle waren sie Seeleute geworden –, wenn sie ein paar Tage Landurlaub hatten. Meine Mutter stammte aus Schonen, der südlichsten Provinz Schwedens, war eine gastfreundliche Frau und liebte alles ehrfürchtig, was lebte und wuchs, eine Eigenschaft, die die Schweden besonders auszeichnet.«[2]

Die einzige weitere Information, die es über die Beziehung zwischen Mutter und Sohn gibt, stammt von seiner zweiten Frau, die sich an das wenige erinnert, was ihr Mann ihr über seine Kindheit erzählt hat. Danach fühlte sich der zweitgeborene Richard zugunsten seiner nachgeborenen Geschwister vernachlässigt und schloß sich um so enger an seine Darmstädter Großmutter an, die in der Familie Krebs als strenge, gut protestantische Matriarchin in Erinnerung geblieben ist.[3]

Nach Richards Geburt blieb Pauline Krebs noch einige Zeit in Darmstadt und folgte ihrem Mann dann nach Hongkong, wo sie 1907 das nächste Kind, Richards Lieblingsschwester Caecilie, genannt Cilly, zur Welt brachte. Nach der Versetzung von Hugo Krebs nach Singapur, die mit einem Aufstieg in den Inspektionsdienst des Norddeutschen Lloyd, damals eine der größten Reedereien der Welt, verbunden war, kam dort Richard Krebs' erster Bruder Julius zur Welt.

1911, die älteren Kinder blieben in Asien, reiste die Mutter ein weiteres Mal nach Darmstadt, wo ihr letztes Kind, Richards jüngster Bruder Hugo junior, genannt Peps, geboren wurde. Wiedervereint wurde die Familie ein Jahr später in Italien, in Genua, wo Hugo Krebs wieder als Inspektor tätig war.

Die Folgen dieser häufigen Ortswechsel ließ Richard Krebs seinen Helden Jan Valtin zwei Jahrzehnte später so beschreiben: »Eine unmittelbare Folge dieses Nomadenlebens war für mich, daß ich als Vierzehnjähriger außer meiner Muttersprache gebrochen Chinesisch und Malaiisch sprach, das Schwedische, Englische und Italienische oberflächlich beherrschte und natürlich über das unverkennbare Pidgin-Englisch der internationalen Häfen verfügte. Eine weitere Folge war mein Minderwertigkeitsgefühl allen Jungen gegenüber, die ihre Jugend in einem einzigen Land verbracht hatten: Was sollte ich dem gegenüber vorbringen, der darauf pochen konnte: Das ist *mein* Land, mein Land ist das *beste* Land! Gewiß, ich versuchte, mich zu rächen, indem ich mir Mühe gab, solche trotzigen Beweise von Nationalstolz einfach zu verachten.«[4]

Als Italien 1915 Deutschland den Krieg erklärte, mußte die Familie nach Deutschland zurückkehren. Diesmal war das Ziel nicht Darmstadt, sondern Bremen, der Sitz des Norddeutschen Lloyd. Zum ersten Mal in seinem bewußten Leben war Richard Krebs in seinem Geburtsland. Für Jan Valtin eine ernüchternde Erfahrung. »In der Schule lagen meine Noten unter dem Durchschnitt. Die unregelmäßige Ausbildung, die ich auf den ausländischen Schulen erhalten hatte, reichte nicht aus, den strengen Anforderungen des deutschen Schulsystems gerecht zu werden. Mein Lehrer mit Namen Schlüter hatte beide Söhne in Frankreich verloren, seine Frau hatte sich mit Gas vergiftet. Er rächte sich für sein eigenes Unglück damit, daß er seine Schüler von morgens bis abends brutal verprügelte. ... Ich wurde häufig sein Opfer; meine Helden waren weder Bismarck noch Ludendorff, sondern Magellan, Kapitän Cook und J. F. Coopers *Roter Freibeuter* – wahrhaftig alles Ausländer, wie ich selber einer war.«[5]

Richard Krebs' zweite Frau berichtet eine Episode aus der Schulzeit ihres Mannes, die im nachhinein beinahe prophetisch wirkt. Die Schüler hatten den Auftrag bekommen, einen Aufsatz mit dem Thema Seefahrt zu schreiben. Der junge Richard Krebs, der einen großen Teil seiner Kindheit auf Schiffen verbracht hatte, legte eine Geschichte über den Untergang eines Schiffes vor, die so lebensecht und voll von schiffbaulichen Details war, daß der Lehrer sie ablehnte, da er der Meinung war, der Text könne nur von einem Erwachsenen stammen. Daraufhin setzte sich Hugo Krebs mit seinem Sohn hin und verfaßte mit ihm zusammen eine echt »kindliche« Geschichte für den eingebildeten Pädagogen, über den die beiden sich herzlich amüsierten.

Diese Begebenheit, 80 Jahre später und mehrere tausend Kilometer weit weg von einer Amerikanerin kolportiert, ist auch schon das einzige, was man über die persönliche Beziehung von Vater und Sohn weiß. In *Out of the Night* wird aus dem Reserveoffizier und hochrangigen Angestellten des Norddeutschen Lloyd ein klassenbewußter Sozialdemokrat, der trotz seines gehobenen Postens als Inspektor des Lloyd die Wilhelminische Klassengesellschaft deutlich zu spüren bekommt.

In dem Buch, in dem der Autor und gelernte Agent sich selbst und seine Herkunft in mancher Hinsicht nicht nur bewußt verschleiert, sondern auch gezielt neu erfindet, wird die gesellschaftliche Stellung der Familie deutlich untertrieben. So sei ihm »unter der Hitze des Äquators zum erstenmal klargeworden, welchen Abgrund« ihn »als das Kind eines Handwerkers von den Söhnen und Töchtern der Kolonialbeamten und der weißen Kaufleute im Osten trennte. Der Zugang zu ihren Vergnügungen war mir verwehrt, und der Bürgerstolz ihrer Eltern verbot den Kindern, in unser armseliges Heim zu kommen. Wir hatten ja nur zwei chinesische Bedienstete, während sie fünfzehn oder zwanzig beschäftigten.«[6] Unmöglich, daß der Sohn eines ehemaligen Kapitäns und späteren Oberinspektors des stolzen Norddeutschen Lloyd wirklich wie das Kind eines Handwerkers behandelt wurde. Auch ist es kaum vorstellbar, daß der Kapitänleutnant der Reserve Hugo Krebs »an einen aktiven sozialistischen Internationalismus und an die Solidarität der Arbeiterklasse über die nationalen Grenzen hinaus« geglaubt und daher »die sozialistischen Führer Deutschlands« verurteilt haben soll, »die den sozialen Burgfrieden erklärten und im August 1914 die Kriegskredite bewilligten«.[7]

Wie auch immer die politischen Ansichten von Hugo Krebs ausgesehen haben mögen – Sozialdemokrat kann ein Mann, der ab 1915 leitend im Norddeutschen Lloyd tätig war, kaum gewesen sein. Vorstellbar ist allerdings, daß der weitgereiste ehemalige Kapitän – wie viele im Bürgertum der norddeutschen Hansestädte – früh begriff, daß ein Krieg gegen die führenden Seemächte von einem auf den europäischen Kontinent beschränkten Deutschen Reich nicht zu gewinnen war.

Je länger der Krieg dauerte, desto größer wurde die Unzufriedenheit der Bevölkerung. Der kriegsbedingte Arbeitskräftemangel in der Landwirtschaft und die alliierte Blockade der Seewege führten zu einer Hungersnot, der im Winter 1916/17 Hunderttausende zum Opfer fielen.

1917 kam es zu ersten Unruhen und Streiks in den Großstädten, die mit einer Mischung aus Zuckerbrot und Peitsche noch einmal unter Kontrolle gebracht werden konnten.

Gefährlicher für die kaiserliche Regierung in Berlin war die zunehmende Unzufriedenheit in der Kriegsmarine, wo es nicht erst 1918, im Angesicht der Niederlage, zu Befehlsverweigerungen und Desertionen kam, sondern bereits ein Jahr zuvor.

»Die Männer, zu tausend und mehr auf einem Schiff zusammengepfercht und hungrig, haßten ihre Offiziere wegen ihrer Arroganz, des Champagners und der Butter, die sie erhielten. Die

›Kulis‹ der Flotte wollten mehr als ein Ende des Krieges; sie sannen auf Rache für alle Erniedrigungen der Vergangenheit. Auf vielen Schiffen waren geheime Aktionskomitees der Matrosen und Heizer gegründet worden. Die Abtritte in den Werften wurden die Zentren geheimer revolutionärer Zusammenkünfte. Die Zahl der Deserteure wuchs. Einige Rädelsführer wurden auf den Kriegsschiffen kriegsrechtlich verurteilt und durch kaiserliche Exekutionskommandos erschossen.«[8]

Ende September 1918 wußte man in Berlin bereits, daß der Krieg nicht mehr zu gewinnen war und bei seiner Fortführung mit einer Niederlage und der Besetzung Deutschlands enden mußte. Am 20. Oktober wurde als erste versöhnliche Geste die Einstellung des U-Boot-Krieges verkündet.

Zu diesem Zeitpunkt – das Kriegsende war abzusehen – beschloß die Flottenführung, ihre Schlachtkreuzer und Zerstörer, die das schönste Spielzeug des Kaisers und der Stolz des Wilhelminischen Zeitalters gewesen waren, in eine letzte sinnlose Entscheidungsschlacht mit der überlegenen englischen Flotte zu schicken. Die Offiziere ließen sich Champagner in die Messen bringen, um sich vor dem »heroischen Opfergang« noch einmal zu betrinken. Da reichte es den Matrosen, die man ungefragt mit in den Untergang zu schicken gedachte.

Die lang aufgestaute Wut der hungernden Matrosen auf ihre prassenden Vorgesetzten entlud sich in Meutereien, die am 30. Oktober in Wilhelmshaven, nicht weit von Bremen, begannen und sich von dort aus auf alle Marinestützpunkte ausdehnten. Sie holten die Deserteure und Meuterer der vorangegangenen Jahre aus den Gefängnissen, entwaffneten die Offiziere und rissen ihnen die Epauletten ab. Rasend schnell sprang die Bewegung von der Küste ins Binnenland über. In einer Stadt nach der anderen nahmen Arbeiter- und Soldatenräte die Macht, und am 9. November wurde in Berlin die Republik ausgerufen.

Was der dreizehnjährige Richard Krebs erlebte, der seiner Herkunft gemäß Schüler an einem Realgymnasium war,[9] als die aufständischen Matrosen aus Wilhelmshaven in Bremen eintrafen, ließ er seinen proletarischen Helden Jan Valtin, dessen Vater natürlich in den Soldatenrat gewählt worden war, später so beschreiben:

»In jener Nacht sah ich die Kolonnen aufrührerischer Matrosen auf beschlagnahmten Lastwagen nach Bremen rollen – mit roten Fahnen und aufmontierten Maschinengewehren. Tausende zogen durch die Straßen. Die Lastwagen hielten oft, die Matrosen sangen und verlangten grölend freie Durchfahrt ... Ein Offizier in Feldgrau trat aus dem Bahnhof, als dieser umzingelt wurde; er wurde von den Aufrührern gepackt. Widerstrebend ließ er sich die Schulterstücke abreißen. Er machte eine Bewegung, um seine Pistole zu ziehen, da sausten Gewehrkolben nieder, und die Menge fiel über ihn her. Fasziniert schaute ich aus nächster Nähe zu. Dann wandten sich die Matrosen ab und sprangen auf ihre Lastwagen. Ich hatte schon früher Tote gesehen. Aber ein gewaltsamer Tod und der Wutausbruch, der diesen begleitete, waren für mich neu. Der Offizier rührte sich nicht mehr. Ich staunte, wie leicht ein Mensch getötet werden konnte.«[10]

Über Realschüler, wie er selbst einer war, ließ Richard Krebs seinen Jan Valtin spötteln: »Junge Bürgersöhne, die bisher Sportseglermützen getragen hatten, ließen sie jetzt lieber zu Hause.«[11]

Während die Bevölkerung in Bremen einen weiteren Hungerwinter durchlebte, da die Blockade erst Monate später aufgehoben wurde, begannen in Berlin blutige Auseinandersetzungen zwischen den staatsfrommen Sozialdemokraten, die mangels Unterstützung durch ihre eigenen Anhänger reaktionäre Reichswehrverbände zu Hilfe rufen mußten, und den radikalen Verfechtern einer Räterepublik. Wie hart dieser Bürgerkrieg geführt wurde, hat man später bald verdrängt – wer weiß heute schon noch, daß die ersten Bomben auf Berlin nicht im Zweiten Weltkrieg fielen, sondern von Flugzeugen der Reichswehr als Unterstützung der weißen Truppen abgeworfen wurden, die im März 1919 die nordöstlichen Stadtteile der Hauptstadt Straße für Straße eroberten, um sie von den »Roten« zu säubern. Der weiße Terror breitete sich von Berlin aus über ganz Deutschland aus. Stadt für Stadt wurden die Arbeiter- und Soldatenräte in blutigen Kämpfen entmachtet und ihre Anhänger an die Wand gestellt.

Es gab Tausende von Toten, und der Publizist Sebastian Haffner schreibt: »Dieser Bürgerkrieg stellte die Weichen für die unselige Geschichte der Weimarer Republik, die aus ihm geboren, und die

Entstehung des Dritten Reichs, das in ihm gezeugt wurde. Denn er machte die Spaltung der alten Sozialdemokratie unheilbar, beraubte die übriggebliebene Rumpf-SPD aller Bündnismöglichkeiten auf der Linken und zwang sie in die Position einer ewigen Minderheit; und erzeugte in den Freikorps, die ihn für die SPD-Regierung führten und gewannen, die Gesinnungen und Gewohnheiten der späteren SA und SS, die vielfach aus ihnen hervorgegangen sind.«[12]

In Bremen, das als eine der ersten Städte »gesäubert« wurde, waren die Auseinandersetzungen vergleichsweise harmlos. Aber schon das wenige, was Richard Krebs dabei zu sehen bekam, hinterließ einen mächtigen Eindruck bei ihm. Die Geschehnisse ließ er sein Alter Ego Jan Valtin als Fahrradkurier der Revolutionäre hautnah miterleben:

»Die Noskegarden stürmten die Brücke. Im Laufen schrien sie. Und plötzlich eröffneten die Maschinengewehre wieder das Feuer mit ihren unbarmherzigen Garben. Ich sah Soldaten stürzen, der Tod war überall ... Ich stieg auf mein Fahrrad und fuhr, ohne daß ich mir die Richtung klarmachte. Überall lagen Tote in schrecklichen Stellungen, und an vielen Orten war der Schnee mit Blut getränkt.«[13]

Wahrscheinlich hätte dieses blutige Nachspiel der Novemberrevolution für Richard Krebs keine solche Bedeutung bekommen, wäre nicht ein Jahr später, im März 1920, sein Vater gestorben, wodurch sein Leben eine plötzliche, scharfe Wendung nahm. Der Vater starb nur wenige Monate nach seiner Ernennung zum Leiter der nautischen Abteilung des Norddeutschen Lloyd, einem der wichtigsten Posten, den die Reederei zu vergeben hatte. Als solcher dirigierte er die Logistik des Schiffahrtsunternehmens, teilte Schiffe und Kapitäne zu und war jedem Angestellten der Reederei bekannt. Daß der Lloyd später seinen rebellischen Sohn trotz dessen radikalen Ansichten immer wieder unterstützt hat, läßt erahnen, welches Ansehen Hugo Krebs genossen hatte.

Wahrscheinlich auf eine Bitte von Pauline Krebs hin schickte der Vorstand des Norddeutschen Lloyd Ende August 1927 folgende Charakteristik ihres Sohnes an die Verwaltung des kalifornischen Zuchthauses San Quentin:

»Zu unserem Bedauern mußten wir erfahren, daß der oben Genannte Insasse Ihrer Einrichtung ist. Als Antwort auf Ihre Anfrage möchten wir Ihnen mitteilen, daß dieser Mann der Sohn eines früheren Belegschaftsangehörigen ist, der eine gute Position innehatte und allgemeinen Respekt genoß. Der Sohn hat eine gute Erziehung gehabt und wie sein Vater die See als Beruf gewählt.

Er ist ein Typ, der strenge Disziplin braucht, und zeigte schon in seiner Jugend Zeichen einer aufsässigen Natur, die unglücklicherweise aufgrund des frühen Todes des Vaters und der extremen Schwäche seiner Mutter die Oberhand gewinnen konnte. Wir halten ihn für einen durchaus fähigen Mann, der, vorausgesetzt, daß man ihn unter rigoroser Kontrolle hält, durchaus dazu imstande ist, sich als sehr tüchtig zu erweisen.«[14]

Lehrjahre auf See

Mit dem Tod des Vaters war die Familie auf die Witwenrente von Pauline Krebs angewiesen. Hätte dies zusammen mit den Ersparnissen zu normalen Zeiten durchaus ausreichen können, um ihr selbst und den Kindern den gewohnten Lebensstandard zu garantieren, so fraß die Nachkriegsinflation nach und nach alles auf. Die Familie, die auf einem Vorkriegsfoto stolz mit einem der damals sündhaft teuren Automobile posierte, glitt nach dem Tod des Vaters unaufhaltsam ab.

Vermutlich hatte dieser Prozeß, der Jahre später in völliger Verarmung enden sollte, bereits eingesetzt, als Richard Krebs 1921 das Realgymnasium im Alter von 15 Jahren verließ, ohne auf eine weiterführende Schule zu wechseln. Wie er dem amerikanischen Militär mehr als 20 Jahre später berichten sollte, war er ein mittelmäßiger Schüler gewesen, der nur in einem Fach, Französisch, gute Noten aufgewiesen hatte.[15]

Durch Vermittlung seiner Mutter heuerte er als Schiffsjunge auf der »Magdalena Vimmen« an, einem Segler des Norddeutschen Lloyd, der erst dabei war, die durch die Bestimmungen des Versailler Vertrages dezimierte Flotte neu aufzubauen, und daher auf Segelschiffe zurückgreifen mußte.

Sechs Jahre später bildeten seine Erlebnisse auf der »Magdalena Vimmen« den Hintergrund für die in der Gefängniszeitschrift von San Quentin erschienene Kurzgeschichte *Outbound*.

»Wie ist das Leben während der ersten Tage auf See? Man kann jeden fragen, der einmal mit einer Vordermastgang auf einem Squarerigger gesegelt ist. Es ist die Hölle, kriegst du zur Antwort. Um so mehr, wenn man der Jüngste in der Kajüte ist.

Vier Uhr in der Früh ... In der Mitte der Kajüte stand ein kräftiger Kerl mit Stiefeln und Regenjacke. Mit harschen, gebrüllten Fetzen eines Seemannsliedes riß er die Wache aus ihrem Schlaf ... Ich öffnete langsam meine Augen ... von der Quälerei beim Segelfestzurren am Vorabend schmerzte noch jeder Knochen in meinem Kadaver ... Ich streckte mich, drehte mich um und schloß die Augen wieder ...

Die Bark schraubte sich in die See. Ich hörte, wie eine Welle das Schiff traf und den Aufschlag ihrer Spritzer auf das Deck. Ich hörte den Wind in der Takelage stöhnen ... Etwas krachte gegen den Rand meiner Koje und fiel klappernd zu Boden ... Hellwach setzte ich mich auf ... Jemand hatte eine Sandale mit Holzsohle auf mich geworfen. Auf der anderen Seite sah ich einen Seemann mit roter Unterwäsche in dem flackernden Licht. Sein Körper war knochig und mager, aber die Beine, die von der Koje baumelten, sahen kräftig aus. Wütend fuhr er mich an. ›He, du da. Geh, hol Kaffee!‹ – ›Was?‹ Ich erinnerte mich, daß mir einmal eine alte Teerjacke geraten hatte, abgebrüht zu sein. ›Hol deinen Kaffee selbst‹, murmelte ich.

Der Matrose wurde rot vor Wut. Gewandt sprang er wie ein großer Affe von seiner Koje. Er lief durch die Kajüte. Ohne weitere Worte riß er mich aus meinen Decken. Seine knochige Faust schoß vor, traf meine Nase und schleuderte mich unter den Tisch. Jemand lachte laut.

›So ist es richtig Claussen. Bring ihm Manieren bei.‹

Der Mann mit der roten Unterwäsche beobachtete mich mit brennenden Augen. ›Werd hier nicht frech‹, riet er mir finster. Wie um seine Worte noch einmal zu unterstreichen, trat er mir in den Bauch.

Schmerzerfüllt rappelte ich mich auf. Eine große Welle neigte das Schiff. Ich rutschte aus und riß beim Fallen eine große Bank um. Ein Seemannsstiefel sauste durch die Dunkelheit. Er traf die Seite meines Kopfes, und die Welt drehte sich um mich.«[16]

Im chilenischen Hafen Antofagasta war seine Reise vorläufig zu Ende. Berauscht von den Erlebnissen in dieser für ihn neuen Welt und einer Flasche *vino tinto*, die er mit einem Hafenmädchen geleert hatte, verpaßte er die Abfahrt der »Magdalena Vimmen«, die ohne ihn im Morgengrauen ablegte.

Die chilenische Polizei griff den jugendlichen Streuner auf und stellte ihn vor die Wahl, »entweder in den Kupferminen von Chuqui Zwangsarbeit zu leisten oder aber schnell im weiten Pazifik zu verschwinden«, wie er in einer unveröffentlichten Abhandlung über blinde Passagiere schrieb. Richard Krebs wählte die zweite Option und schwamm zur »Annie«, »einer norwegischen Barke, die tief beladen und bereit zum Absegeln vor Anker lag. Barfuß und halbnackt kletterte ich an der Ankerkette an Bord und verschwand in der rostigen Kettenkammer. Vier Tage später wurde ich von dem spitzbäuchigen Koch bei dem Versuch erwischt, ein Stück Stockfisch aus der Kombüse zu stehlen. Er trat mich vom Vorderschiff zum Heck und wieder zurück, erzählte mir dann, daß die Annie auf dem Weg von Kap Horn nach Marseille sei, und zeigte mir meine Arbeit. Jeden Tag mußte ich in den Schweinestall des Schiffes krabbeln und ihn säubern. Es wäre ein Sakrileg gewesen, hätte man die Borstenviecher auf das heilige Deck gelassen. Gezwungen, in ihrem Käfig zu bleiben, protestierten sie heftig gegen mein Eindringen. Wenn sich das Schiff plötzlich im Seegang bewegte, rollten sie über mich hinweg. Am Kap Horn, wo die Brecher über das Deck schäumten, artete das Ganze in einen Teufelstanz aus. Bald wurde ich von der Crew nur noch ›Das Stinktier‹ genannt.

Der Skipper hatte eine Hündin. Ihr Name war Magdalena, und sie hatte die Angewohnheit, sich zwischen den aufgerollten Seilen zu erleichtern. Als sich also der Wind änderte, die Segel gehißt wurden und die Mannschaft zwischen den Seilen zu arbeiten begann, hatte ich Gelegenheit, verzweifeltes Händeabwischen zu beobachten und die gräßlichsten Flüche zu hören, die ich jemals gehört hatte. Meine Aufgabe wurde die ›Hundewache‹. Sobald Magdalena sich anschickte, sich zwischen den Seilen niederzulassen, blies der wachhabende Maat in seine Pfeife und brüllte: ›Ho, der Hund sitzt zwischen den Seilen‹, worauf es meine Aufgabe war, den Hund mit der Belegklampe anzugreifen und unter Deck, in das Quartier des Kapitäns, zu treiben.«[17]

Irgendwo auf der Reise entlang der südamerikanischen Küste, wahrscheinlich in Buenos Aires, gelang es Richard Krebs, der Hundewache zu entkommen und unterzutauchen. Das ganze folgende Jahr vagabundierte er von Hafen zu Hafen und lebte von Gelegenheitsarbeiten. Seine Reisen führten ihn bis in den Süden Nordamerikas, wo er eine Weile bei einem schwarzen Handwerker Beschäftigung fand. Für Richard Krebs' weiteres Leben prägend war die Lebenserfahrung, die er während dieser Vagabundenzeit gewann. Er lernte Menschen aller Art kennen, darunter Schmuggler, Kleinkriminelle und betrügerische Heuerer, von denen einige in seinen späteren Romanen und Kurzgeschichten auftauchen.

»Wenn mein Freund Singapur Joe, der seine Skrupel schon lange an der tiefsten Stelle des Ozeans versenkt hat, mit einem bestimmten Schiff irgendwohin will, um mit Opium, Diamanten, Pässen oder Waffen zu handeln, lädt er einen durstigen Seemann von diesem Schiff auf einen Drink im Hafenviertel ein. Was dann passiert, ist ganz einfach. Während das Opfer in irgendeinem Keller oder einer Polizeiwache schnarcht, verläßt das Schiff den Hafen, und Singapur Joe ist als blinder Passagier mit an Bord. Nach zwei Tagen läßt er sich auf dem unterbemannten Schiff finden und übernimmt fröhlich die Koje des fehlenden Mannes. Der ist als Deserteur gebrandmarkt und kann seinen aufgelaufenen Lohn vergessen, was die meisten Seeleute natürlich fröhlich stimmt.

Joes Methode ist nicht neu. In Callao gibt es einen Herrn Kugelmann. Er lebt von der Arbeitsvermittlung an Seeleute. Wenn es keine Jobs gibt, dann schafft Herr Kugelmann sie.

Er schickt seinen Assistenten, einen mageren Höllenhund namens Akerly, los, der einen Seemann auf Landgang bewußtlos schlägt. Das Opfer findet sich dann in der hinterletzten Ecke des Hafens wieder und wundert sich, wie es dahin gekommen ist. Derweil kümmert sich Herr Kugelmann darum, daß der Kunde kurz vor Auslaufen des Schiffes auf das Schiff des verschwundenen Matrosen kommt.«[18]

Bei seinen Reisen entlang der Küsten Nord- und Südamerikas begegnete er auch vielen deutschen Seeleuten, die damals scharenweise lieber desertierten und sich irgendwie in Südamerika durchs Leben schlugen, als in ihre Heimat zurückzukehren. Aus ihrem chaotischen Vaterland brachten sie eine aufrührerische Gesinnung und die Erinnerung an die erfolgreiche Erhebung in der kaiserlichen Flotte mit und hatten, wie die deutschen Konsulate entsetzt nach Berlin berichteten, in den südamerikanischen Häfen den Ruf, überall für Aufruhr zu sorgen. Schon die erste Fahrt eines deutschen Schiffes nach Aufhebung der alliierten Blockade hatte einen internationalen Skandal verursacht.

Die »Lucy Woerman«, ein Schiff der Woerman-Linie, nahm 1920 im Hamburger Hafen Hunderte von arbeitslosen Seeleuten an Bord, die in Südamerika aus Kriegsgründen liegengebliebene Schiffe bemannen und nach Deutschland überführen sollten. Kaum einer der Seeleute hatte allerdings vor, diesen Auftrag auszuführen, denn niemand wollte nach Deutschland zurück. Zu den Meutereien, die bald darauf auf dem Schiff ausbrachen, trug bei, daß sich die Seeleute das alte Regiment an Bord nicht mehr gefallen ließen. Die Seemannsordnung der Kaiserzeit war von brutaler Härte und machte den Kapitän zum absoluten Diktator über seine Mannschaft mit allen Sanktionsmitteln mit Ausnahme der Todesstrafe. Streik, selbst im Hafen, wurde als Meuterei eingestuft und mit Gefängnis geahndet. Doch wie man auf der »Lucy Woerman« schnell merken sollte, waren die alten Zeiten vorbei. Der deutsche Generalkonsul in Chile schrieb am 17. 9. 1920 nach Berlin:

»Gestern morgen um 7 Uhr kam der Dampfer hier an. Nachdem derselbe von den Hafenbehörden empfangen war, begab … ich mich an Bord. Die Kapitäne der Segelschiffe hier kamen ebenfalls, ihre Mannschaften an Bord zu nehmen. Kaum war der Dampfer fest, als … schon die mitgebrachten Mannschaften versuchten, mit den deutschen Schiffen Fühlung zu bekommen und Flugblätter zu verteilen.

Kapitän Pohlig und Kapitän Bock erklärten, daß sie eine schlimme Reise hinter sich hätten, daß die mitgebrachten Mannschaften zum Soviet-System übergegangen und die mitgebrachten Offiziere mit den Mannschaften gemeinsame Sache gemacht hätten, daß außer ca.

50% guten Leuten ca. 10% schlechte Elemente an Bord seien, die den ganzen Transport aufgewiegelt und die Führung übernommen hätten, daß mehrere blinde Passagiere nicht zum Transport gehören und einzelne Weiber sich in Hamburg an Bord geschlichen und die schlimmsten Sachen vorgekommen seien. Die Mannschaften waren nicht gewillt, den Kontrakt zu halten und wollten ... zum Teil amerikanische Heuer haben.«[19]

Die »Lucy Woerman« war kein Einzelfall. Auf dem Segler »Priwin«, gleichfalls nach Südamerika unterwegs, setzten die Mannschaften eine Kommission ein, die dem Kapitän die Verwaltung des Proviants aus der Hand nahm und die Rationen verdoppelte. Kein Wunder, daß ein weiterer deutscher Konsul stöhnte, »die deutschen Seeleute seien als äußerst radikal bekannt, so daß durch ihr An-Land-Gehen eine Förderung extremer politischer Richtungen befürchtet wird«.[20]

Die von den Deutschen nach Südamerika getragene Unruhe und die Nachrichten über die Russische Revolution führten zusammen mit dem weltweit sich verbreitenden Gefühl, daß die alte Ordnung überlebt war, zu einem Aufschwung sozialrevolutionärer Bewegungen wie der IWW, der »Industrial Workers of the World« Nordamerikas, deren südamerikanischem Ableger es 1920 für einige Monate gelang, den Hafen von Buenos Aires unter seine Kontrolle zu bringen und den Reedern und Hafenbetrieben bis dato unerhörte soziale Verbesserungen abzupressen.

Trotz vereinzelter Erfolge wie in Buenos Aires war die Arbeit eines Seemanns jener Jahre schlecht bezahlt und gefährlich. Teilweise waren die Bedingungen so, wie sie der Anfang der zwanziger Jahre aus Deutschland nach Mexiko ausgewanderte Schriftsteller B. Traven in seinem Klassiker *Das Totenschiff* am Beispiel eines Heizers beschrieben hat, der nach unmenschlicher Ausbeutung mitsamt seinem Seelenverkäufer irgendwo auf dem Atlantik verschollen ist. Ein Hamburger Gewerkschafter erinnert sich, daß in dieser Zeit eine Gesellschaft reicher Vergnügungsreisender unter Führung des Kapitäns ein großes Passagierschiff besichtigte und dabei auch zufällig in die Nähe der Mannschaftsräume kam, was sonst sorgfältig vermieden wurde. Eine Dame habe den »biederen Käppen« gefragt, ob hier auch Menschen wohnten, woraufhin dieser »Nein, gnädige Frau, das ist für die Heizer« geantwortet habe.[21]

Der Zusammenstoß mit einem dieser Menschenschinder leitete Richard Krebs' Rückkehr nach Europa ein.

»Einer meiner Schiffskameraden hatte auf der Höhe von Tierra de Fuego ein Bein gebrochen. Der Kapitän des Schiffes weigerte sich, den verletzten Mann ins Krankenhaus bringen zu lassen. Es fehlte wenig zu einer Meuterei an Bord, wozu ich einiges beitrug. Um der Verhaftung durch die chilenische Hafenpolizei zu entgehen, desertierte ich nachts in der Gig des Kapitäns und kehrte zu den mir wohlbekannten Orten in Antofagasta zurück. Am Heiligen Abend 1922 fand ich mich mit anderen gestrandeten Seeleuten auf den grünen Rasenplätzen der Plaza Colón zu einer Feier ein und stieß mit Frau Bready, dem beleibten weiblichen Heuerbaas der Salpeterküste, an, die großzügig ein Fäßchen Wein gestiftet hatte.[22] Am folgenden Tag wurde ich vom Geschäftsführer des Hotels Washington in Antofagasta, einem glattzüngigen Kosmopoliten russischer Herkunft, als sein Agent auf einlaufenden Schiffen angeheuert. Bald fand ich heraus, daß mein Arbeitgeber mit Drogen handelte und daß die elenden jungen Bauernmädchen, die er aus den Tälern des Südens mit dem Versprechen hergelockt hatte, sie als Zimmermädchen einzustellen, genauso Teil der Einrichtung der möblierten Zimmer waren, die er vermietete, wie die Schränke und die Spiegel. Ich war naiv genug, deswegen einen Streit anzufangen. Der russische Geschäftsführer rief die Polizei und beschuldigte mich des Hausfriedensbruchs. Ich floh.«

Das Schiff, mit dem er entkam, war die Barke »Obodrita«, die im Frühjahr 1923 in Hull, Großbritannien, eintraf.[23] Von dort war es vergleichsweise nur noch ein Katzensprung zurück nach Bremen, und die erste große Reise des Richard Krebs war vorläufig zu Ende.

Richard Krebs wird Kommunist

Als Richard Krebs im Frühjahr des Jahres 1923 wieder nach Deutschland kam, war er 17 Jahre alt. Er kam in Bremen an mit ein paar angesparten Dollars in der Tasche und dem Traum, wie sein

Vater Schiffsoffizier zu werden. Mit der »richtigen« Herkunft ausgestattet und der Rückendeckung seiner Familie, wäre aus dem
jungen Mann vielleicht ein schriftstellernder Kapitän geworden,
der irgendwann seine jugendlichen Abenteuer aufgeschrieben
hätte, mit den farbigen Gestalten der aufrührerischen deutschen
Matrosen jener Jahre als Hintergrund.

Aber die Zeiten waren nicht danach.

Das Land, in das er zurückgekommen war, taumelte ins Chaos.
Die französische Regierung hatte das Ruhrgebiet besetzt, um die
Zahlung von Reparationen zu erzwingen. Die Reichsregierung rief
den passiven Widerstand aus und druckte Geld, um dort Strei-
kende und aus der französischen Zone Ausgewiesene zu unterstützen. Eine wahnwitzige Inflation war die Folge, die auch noch
das auffraß, was der Mittelschicht aus der unmittelbaren Nachkriegszeit geblieben war. Im Januar 1922 zahlte man für einen
Dollar noch 200 Mark, im Juli 500 und im Januar 1923 bereits
18000 Mark. Am 15. November 1923 schließlich wurde der Höhepunkt mit 4,2 Billionen Mark für einen Dollar erreicht. Sparkon-
ten, Reichsanleihen und alle Arten von Schuldverschreibungen
waren wertlos geworden. Der britische Botschafter schrieb: »Die
systematische Enteignung des deutschen Mittelstands, nicht etwa
durch eine sozialistische Regierung, sondern in einem bürgerlichen Staat, der den Schutz des Privateigentums auf seine Banner
geschrieben hatte, ist ein beispielloses Ereignis. Es war eine der
größten Räubereien der Weltgeschichte.«[24]

Zu den Verlierern gehörte auch die Witwe Pauline Krebs. Die
paar Dollar, die Richard aus Amerika mitgebracht hatte, wurden
ihm aus der Hand gerissen, um Lebensmittel für seine jüngeren
Geschwister zu kaufen. Vom Besuch der Schiffahrtsschule konnte
unter diesen Umständen keine Rede mehr sein.

Um seiner Mutter nicht auf der Tasche zu liegen und weil er in
Bremen keine Zukunft für sich sah, ging Richard Krebs nach
Hamburg, dem größten deutschen Hafen, wo er noch am ehesten
hoffen konnte, ein Schiff zu finden. Doch die Heuerstellen waren
von Tausenden älteren und erfahreneren Männern umlagert, die
genau wie er ein ausländisches Schiff finden wollten, um die begehrten Devisen zu verdienen.

Auf dem Höhepunkt der Inflation, im Oktober 1923, reichte der Tageslohn eines qualifizierten Facharbeiters nicht einmal mehr für ein Pfund Margarine. Für ein Pfund Butter mußte man sogar zwei Tage arbeiten.

Für Richard Krebs war die Rückkehr nach Deutschland wie die Ankunft in einem Alptraum. In *Out of the Night* fand er eindrucksvolle Bilder für die hilflose Wut der Bevölkerung und die demoralisierende Wirkung der Verarmung. Für eine Übernachtung bietet eine ältere Flüchtlingsfrau den Körper ihrer Tochter an, und als die Polizei bei einem Hafenarbeiter einen kleinen Sack gestohlenen Mehls konfisziert, kommt es zu einer Massenschlägerei.

Die politischen Unruhen nahmen täglich zu. Die Rechten, die Weltkriegsveteranen, die dem »Dolchstoß« der Linken die Schuld am verlorenen Krieg gaben, die Freikorpsmänner, die die verhaßte Republik beseitigen wollten, und die Monarchisten, die von der Vorkriegsordnung träumten, bastelten an Putschplänen. Aber ihre Zeit war noch nicht gekommen, wie sich bei bei dem Putschversuch Adolf Hitlers in München am 9. November 1923 herausstellte.

Auf der Linken lebte noch einmal die Hoffnung auf, das Chaos ausnützen zu können, um die Niederlage von 1919 rückgängig zu machen.

Doch diesmal war es nicht eine bunte Mischung aus enttäuschten SPDlern, Anarchisten und Reformern aller Art, die an einer Revolution arbeiteten, sondern Abgesandte der siegreichen Russischen Revolution, die mit den Kadern einer Partei »neuen«, bolschewistischen Typs, der KPD, den Umsturz zu organisieren versuchten.

Ein Umsturz, eine Revolution, eine Umwälzung der verhaßten Verhältnisse war für den Kapitänssohn Richard Krebs nach all seinen Erlebnissen in Hamburg die Lösung in der verzweifelten Zwangslage, in die er nach seiner Ankunft in Deutschland geraten war. Nachdem der Versuch, Deutschland legal zu verlassen, gescheitert war, versuchte er es als blinder Passagier. Schon in Cuxhaven wurde er entdeckt, von Bord geholt und kam in eines der überfüllten Hamburger Gefängnisse, in die man zu dieser Zeit jeden Tag an Plünderungen oder den fast alltäglichen Hafenunruhen Beteiligte einlieferte. Dort lernte er einen Kommunisten kennen, der sich seiner annahm und ihm die Adresse seiner Schwester gab, wo er sich nach seiner Entlassung ausruhte und sich zum ersten Mal mit den theoretischen Schriften der Arbeiterbewegung vertraut machte.[25]

Die KPD, in die Richard Krebs bald darauf eintrat, war eine Organisation, die sich erst nach der blutigen Unterdrückung der Arbeiter- und Soldatenräte gebildet hatte. Die Novemberrevolution hatte noch unter dem Diktum von Karl Marx gestanden, daß die Machtübernahme des Proletariats als gesellschaftlich fortschrittlichster Klasse quasi naturgesetzlich im Rahmen einer Massenbewegung, also »von unten«, erfolgen würde. Analog der Französischen Revolution von 1789, als die damals fortschrittliche Schicht, das Bürgertum, den Adel von der Macht verdrängt hatte. Diese Glaubenssätze, die auch die Vorkriegs-SPD geprägt hatten, waren 1919 stark erschüttert worden. Im industrialisierten Deutschland mit seiner in vielen Zweigen weltweit führenden Industrie hatte sich das Proletariat letztendlich als hilflos erwiesen. Der Blick ging daher nach Osten, nach Rußland, wo sich ein ganz anderes Konzept der Revolution, nämlich das leninistische, als siegreich erwiesen hatte. Eine straff geführte, zahlenmäßig relativ kleine Gruppe von Verschwörern hatte sich als Avantgarde an die Spitze der Massen gestellt und mit Hilfe einer fanatischen Geheimpolizei, der Außerordentlichen Kommission zum Kampf gegen Konterrevolution und Sabotage, kurz Tscheka, in einem blutigen Bürgerkrieg die Diktatur des Proletariats errichtet.

Die Symbolfigur der deutschen Revolution, Rosa Luxemburg, hatte Lenin deswegen kritisiert und prophezeit, daß dieses Konzept unweigerlich zur Diktatur einer Staatsbürokratie führen müsse. Aber in den Augen vieler ihrer Genossen hatte die Geschichte diese Kritik widerlegt. Reaktionäre Soldaten hatten die zögerliche und mit »Skrupeln« behaftete Rosa Luxemburg einfach totgeschlagen.

Der Dichter Ernst Toller, zeitweise Vorsitzender des Zentralrates der Münchner Räterepublik von 1919, berichtet, wie das Prestige der Russischen Revolution tragikomische Ausmaße annahm,

30

je stärker sich die Unfähigkeit der deutschen Revolutionäre abzeichnete:

»Entscheidenden politischen Einfluß gewinnen einige Russen, einzig darum, weil ihr Paß sie als Sowjetbürger ausweist. Das große Werk der russischen Revolution verleiht jedem dieser Männer magischen Glanz, erfahrene deutsche Kommunisten starren wie geblendet auf sie. Weil Lenin Russe ist, trauen sie ihnen dessen Fähigkeiten zu. Das Wort ›In Rußland haben wir es anders gemacht‹ wirft jeden Beschluß um.

Den gleichen verhängnisvollen Einfluß haben einige Frauen, die ein paar Wochen in Sowjetrußland zu Besuch waren, sie stützen sich auf ihre touristischen Erfahrungen und glauben, weil sie die revolutionäre Wirklichkeit flüchtig sahen, nun damit die Eignung zu strategischen Leiterinnen aller zukünftigen Revolutionen zu haben. Und Männer, die seit Jahren in der sozialistischen Bewegung arbeiten, beugen sich, ohne zu zögern, mit befremdlicher Freude, ihren Phrasen, ihren Allerweltsrezepten.«[26]

Die logische Folge all dessen war die Gründung einer Partei nach bolschewistischem Vorbild, der KPD, die sich straff organisiert auf die nächste Runde im revolutionären Klassenkampf vorbereiten sollte.

Daß es der KPD Anfang der zwanziger Jahre relativ rasch gelang, die wichtigste Partei der äußersten Linken zu werden, hatte sie allerdings nicht nur der veränderten Situation, sondern auch der tatkräftigen, nicht zuletzt finanziellen Unterstützung der großen bolschewistischen Bruderpartei zu verdanken. In Moskau glaubte man die Unruhe in Deutschland ausnützen zu können, um doch noch den ersehnten Bruderstaat zu gründen. 1923 kam ein »Genosse Thomas«, großzügig mit Geldmitteln ausgestattet, aus der Sowjetunion nach Berlin, um den erwarteten »Deutschen Oktober« zu finanzieren. Offiziere der Roten Armee mit reicher Bürgerkriegserfahrung trafen ein, um den Genossen bei der Organisation unter die Arme zu greifen. Der Berufsrevolutionär Victor Serge, der eine Art Vorhut war, erinnerte sich dreißig Jahre später, wie er ins Berliner Polizeipräsidium ging und sich dort für 10 Dollar und ein paar Zigarren einfach eine Aufenthaltsgenehmigung kaufte. Wie er in seinen Erinnerungen schrieb, gab das deutsche Chaos tatsächlich Anlaß zu den wildesten Hoffnungen.

»Man atmete die Luft einer zusammenbrechenden Welt. Alles war an seinem Platz: Die Leute waren bescheiden, freundlich, fleißig, elend, verdorben und geladen. Mit Medaillen behaftete Krüppel des großen Krieges verkauften Streichhölzer außerhalb von Nachtklubs, in denen die Mädchen, die wie alles hier ihren Preis hatten, nackt zwischen den mit Blumen dekorierten Tischen tanzten, an denen zu Abend gegessen wurde. Der Kapitalismus lief Amok, und inmitten des Bankrotts wurden riesige Reichtümer angehäuft. Alles stand zum Verkauf: die Töchter der Bourgeoisie in den Bars, die Töchter der Leute auf der Straße, Beamte, Ein- und Ausfuhrlizenzen, Regierungsakten und Geschäfte, an deren Aussichten niemand glaubte. Der fette Dollar und die kleinen, wichtigtuerischen Münzen der Sieger beherrschten die Szene und kauften alles auf, wenn möglich sogar menschliche Seelen.«[27]

In der Führung der KPD war man weniger überzeugt von den Erfolgsaussichten, das russische Revolutionsmodell als »Deutschen Oktober« importieren zu können. Nur eine Minderheit, die sogenannten Linksradikalen, war Feuer und Flamme. Doch im »Generalstab der Weltrevolution«, in Moskau, setzte man sich über die Bedenken der Mehrheit hinweg, da Sinowjew, der Führer der Kommunistischen Internationale, festzustellen meinte, daß »der proletarische Umsturz in Deutschland unausbleiblich, ja sogar ganz nah sei«.[28] Bernd Kaufmann und seine drei Co-Autoren, die die bis 1989 gesperrten Archive auswerteten, schreiben in ihrem Standardwerk, über den Nachrichtendienst der KPD: »In kürzester Zeit wurde ein illegaler Apparat aus dem Boden gestampft, der ganz Deutschland überspannte. Er sollte sichern, daß die Macht im Rahmen einer großangelegten Militäroperation zunächst erobert und dann verteidigt werden konnte. Ihm waren etwa 350 besoldete und bestimmt einige tausend unbesoldete Mitarbeiter zugeordnet. Die Zahl der proletarischen Hundertschaften wuchs bis zum 21. Oktober auf 1331 an. Außerdem wurden 300 Partisanengruppen gebildet. Mindestens zehn der hauptamtlichen Mitarbeiter dieses Apparates waren Sowjetbürger, die der Moskauer Generalstab nach Deutschland entsandt hatte.«[29]

Damit war das neue Parteimitglied Richard Krebs ein kleines Rädchen in einer Organisation, deren Führer eher halbherzig und auf Drängen Dritter eine Revolution vorbereiteten.

Dies waren allerdings Dinge, die vorläufig völlig jenseits seines Horizonts lagen.

Viel näher lag für ihn der Hamburger Hafen, wo man ihn in eine der Plakatkleber- und Parolenmalertruppen einreihte, die bei ihrer Tätigkeit beständig in Scharmützel mit der Polizei verwickelt wurden.

Anfang der zwanziger Jahre war die Gegend um den Hamburger Hafen geprägt von schmalen Gassen mit Kopfsteinpflastern und mehrstöckigen Fachwerkhäusern an den engen Fleets. Auf den Fleets – kleinen Wasserstraßen, die die Nebenhäfen mit den Haupthäfen verbanden, von denen heute viele zugeschüttet sind – sah man noch Leichter, die mit Muskelkraft langsam zwischen den Häusern vorwärts bewegt wurden. Obwohl die winzigen Wohnungen stets überbelegt waren, waren ihre Bewohner in Krisenjahren gezwungen, ihre Betten tageweise an Gelegenheitsarbeiter oder Seeleute zu vermieten. Niemand hielt sich gerne in den dunklen, unhygienischen Behausungen auf. Das Leben spielte sich in den Straßen, Gassen und an Rändern der Fleets ab. Dort drängten sich spielende Kinder, Hausierer und Kleinhändler, Frauen auf der Suche nach Nahrung für ihre Familien und Matrosen aus aller Welt, deren Zahl ungleich größer war als heute. Die Zeit der Segelschiffahrt mit ihrem großen Mannschaftsbedarf war noch nicht ganz vorbei, und auf den Dampfern gab es Scharen von Heizern und anderem Maschinenpersonal, das erst mit dem Wechsel zum Dieselantrieb viele Jahre später wegfiel. Das Be- und Entladen der Schiffe dauerte sehr lange, manchmal Wochen, und in den Krisenjahren der Zwanziger und Dreißiger blieben Schiffe oft monatelang in Hamburg liegen, ohne Ladung zu finden. Dann verwischten sich die Grenzen zwischen den ständigen Einwohnern der Hafengegend und den durchkommenden Seeleuten, die wegen der langen Liegezeiten ohnehin fließend waren, noch mehr. Hatten die fremden Seeleute genug Geld oder verfügten sie gar über den in den Inflationszeiten begehrten Dollar, dann kam es nicht selten zu Ehen auf Zeit.

Das Hamburger Hafenviertel war eine eigene Welt, die mit den Sailortowns anderer Welthäfen mehr Gemeinsamkeiten hatte als mit dem deutschen Hinterland.

Selbst die Sprache – ein wildes Gemisch aus Plattdeutsch und Seemannsenglisch – unterschied sich von der der Umgebung. Im Hafenviertel gab es Logishäuser, Seemannsheime, Gar- und Volksküchen, Kneipen, Bierkeller, Heuerbüros, Bordelle, Seemannskirchen und Gewerkschaftshäuser. Alles, was irgendwie mit der Schifffahrt zu tun hatte, traf sich hier, soff, suchte nach Arbeit, nach Frauen, kaufte und verkaufte gestohlene Ladung und Schmuggelware. Schmuggel, Ladungsdiebstahl und illegaler Passagiertransport waren außerordentlich populär innerhalb der seefahrenden Arbeiterschaft. Sie galten allgemein als Gewohnheitsrecht und wurden als eine berechtigte Entschädigung für durchlebte Strapazen oder auch als gerechter Ausgleich für Währungsschwankungen betrachtet, welche die Heuern in ausländischen Häfen entwerteten.

Auf den Straßen ging es rauh zu. Die harten Arbeitsbedingungen auf den Docks und auf den Schiffen prägten die Verhaltens- und Umgangsformen. Der Hafen war eine Männerwelt, und es waren Eigenschaften wie körperliche Kraft, Ausdauer, Roheit und Robustheit, auf die es ankam.

Die Behörden haßten und fürchteten diese für sie fremde Welt. Ein nationalsozialistischer Soziologe schrieb, daß die Bewohner »höchst asozial und der Polizei als solche wohlbekannt sind, ... aber ... in den Polizeiakten nur wenig vorkommen, da sie in antisozialem Korpsgeist alles unter sich selbst ausmachen«.[30]

Wie der Sozialhistoriker Hartmut Rübner berichtet, »begegnete die Hafengesellschaft nicht nur den Vertretern der Staatsgewalt mit unverhohlener Aggressivität, sondern auch anderen Außenstehenden mit bürgerlichem Habitus. In Krisenzeiten verschärften sich die Verhältnisse im Hamburger Gängeviertel in einer Weise, daß sich die Polizei nach eigenem Bekunden ›dauernd im Zustand des latenten Bürgerkriegs‹ befand und deshalb ›das Viertel nur noch in Doppelstreifen betrat‹. ... Bei Streiks oder in anderweitigen Konfliktsituationen dienten die engen Hafenviertel als Rückzugsgebiete, die Schutz vor Polizeiverfolgung boten. In den deutschen Hafenstädten an der Nordseeküste kam es im Jahr

1919 wiederholt zu bewaffneten Straßenunruhen in den Hafen-
vierteln. Im Juni 1920 folgten extensive, von radikalisierten Erwerbslosen und streikenden Arbeitern ausgehende Lebensmittel-
krawalle und Ladenplünderungen, die als Akt der proletarischen
Selbsthilfe propagiert wurden.«[31]

Für die Organisationen der landgebundenen Arbeiterschaft, die
SPD und die ihr nahestehenden Gewerkschaften, hatte man im
Hafen wenig übrig. Die hier vorherrschenden Organisationen wa-
ren die KPD und die ihr verbundene Gewerkschaft, der Deutsche
Schiffahrtsbund.

Richard Krebs muß trotz seiner Jugend bereits durch seine Elo-
quenz, seine Begeisterungsfähigkeit und sein Durchsetzungsver-
mögen aufgefallen sein – Stärken, die ihn als Erwachsenen auszeichnen sollten – , denn bald nach seinem Parteieintritt lernte er
den Mann persönlich kennen, der damals die Agitation unter den
Seeleuten und Hafenarbeitern in Hamburg leitete. Albert Walter,
der in *Out of the Night* als »untersetzter, jovialer, höchst energi-
scher Bolschewik« beschrieben wird, »gebräunt, breitschultrig«,
mit »schmalen braunen Augen«, die »immer auf der Hut zu sein«
schienen,[32] war Vorsitzender des Schiffahrtsbundes und spielte
gleichzeitig eine Schlüsselrolle im Internationalen Propaganda-
Komitee der Transportarbeiter, kurz IPK Transport, einer von
Moskau angeleiteten Kadertruppe, die den Auftrag hatte, bestehende Seeleutegewerkschaften in aller Welt zu unterwandern.

Albert Walter, ein gestandener sozialdemokratischer Gewerkschafter, war 1917 nach dem Kriegseintritt der USA als feindlicher
Ausländer in New York festgenommen und für die Dauer des
Krieges interniert worden. Nach der Oktoberrevolution gründete
er in den Internierungslagern unter den deutschen Kriegsgefangenen eine Reihe von bolschewistischen Zirkeln. Das machte ihn so
bekannt, daß man ihn nach Moskau einlud, wo er Lenin kennenlernte, der ihn beim Aufbau des Internationalen Propagandakomitees einsetzte. Anfang der zwanziger Jahre war die Gewerkschaftsarbeit der Kommunistischen Internationale nicht auf die
Gründung eigener Organisationen ausgerichtet, sondern auf die
Beeinflussung bereits existierender.

So sollte das IPK Transport kommunistisch gesinnte Arbeiter

aus allen Transportbranchen organisatorisch zusammenfassen und ihre Fraktionsarbeit in bereits bestehenden Gewerkschaften anleiten. Daß ein Deutscher eine derartige Schlüsselrolle bekam, war kein Zufall, war doch die Komintern in den zwanziger Jahren im wesentlichen eine deutsch-russische Angelegenheit, wobei die russische Seite als Geldgeber auftrat und letztendlich die Entscheidungen traf, während die Deutschen, nicht zuletzt aufgrund der Isolation der Sowjetunion, die Komintern mehr nach außen vertraten. Im Fall des IPK Transport war es nach außen hin Albert Walter, der die Hauptrolle spielte, während hinter ihm wechselnde russische Funktionäre die Entscheidungen trafen.

Das IPK Transport war nur eines von mehreren IPKs, die sich nach der jeweiligen Branche benannten, in der sie tätig waren. So gab es noch ein IPK Bergbau, eines für Kommunalwirtschaft, für Eisenbahn usw. Das IPK Transport war nicht nur das erfolgreichste Propagandakomitee; es hatte zudem noch eine Sonderfunktion, die es in engen Kontakt mit den sowjetischen Geheimdiensten brachte. Aus seinen Reihen wurden Kader für den OMS, den streng geheimen Verbindungs- und Nachrichtendienst der Komintern, rekrutiert. Der OMS war so geheim, daß seine Existenz selbst innerhalb der sowjetischen Bürokratie sorgfältig verschleiert wurde. Anders als für die Geheimpolizei wurden Gelder für den OMS nie als solche ausgewiesen, sondern immer an »unverdächtige« Stellen übersandt.[33] Kein Wunder, denn wie beim »Deutschen Oktober« 1923 hatte dieser Apparat auch bei allen folgenden internationalen Umsturzversuchen eine unersetzliche Rolle bei der Waffen-, Munitions- und Geldbeschaffung zu spielen. Ein weiterer Grund für seine Geheimhaltung war das »schmutzige« Geheimnis der Komintern, das, je länger die Kommunistische Internationale existierte, desto »schmutziger« wurde: die – erst nur manipulativen – Eingriffe in die inneren Belange der Bruderparteien durch Moskau, die in den folgenden Jahren mehr und mehr die Form direkter Befehle annahmen.

Weder die Regierungen noch das einheimische Proletariat der betreffenden Länder durften erfahren, daß die Führer der jeweiligen kommunistischen Parteien Anfang der dreißiger Jahre nur noch Marionetten Moskaus waren.

Der Endpunkt dieser Entwicklung, die völlige Bürokratisierung, lag 1923 allerdings noch in weiter Ferne. Wie die ganze kommunistische Weltbewegung war auch der OMS in diesen frühen Jahren eine eher improvisierte Angelegenheit, die vom revolutionären Enthusiasmus seiner Mitarbeiter und dem aufrührerischen Temperament jener Seeleute lebte, die das IPK Transport schufen.

Am Anfang des 21. Jahrhunderts ist es kaum noch vorstellbar, wie langwierig Reisen noch in den zwanziger Jahren waren und wie schwierig es war, Informationen schnell und sicher von einem Punkt des Globus zum anderen zu transportieren. Es gab noch keinen transatlantischen Flugverkehr, und auch der internationale Funkverkehr stand erst am Anfang seiner Entwicklung. Informationen und Fracht, die heute elektronisch oder per Flugzeug transportiert werden, wurden bis in die späten dreißiger Jahre hauptsächlich per Schiff befördert. So war der OMS in erster Linie auf die Schiffahrt angewiesen, um die Verbindungen in alle Welt aufrechtzuerhalten.

Nach Krieg und Revolution stand es mit der sowjetischen Außenhandelsflotte nicht zum besten; außerdem kam sie für die meisten OMS-Transporte nicht in Frage, da eine Kompromittierung der sowjetischen Regierung um jeden Preis vermieden werden mußte: Daher griff man auf revolutionär gesinnte Seeleute vor allem deutscher und skandinavischer Nationalität zurück, um diese Transporte zu gewährleisten. Dabei kam dem OMS zugute, daß der Schmuggel und das Befördern blinder Passagiere gegen Entgelt unter den schlechtbezahlten Seeleuten seit jeher als Gewohnheitsrecht galten.

Der Mann, der das IPK Transport mit dem OMS verzahnte und die Transporte von Leningrad aus organisierte, sollte in Richard Krebs' Leben noch eine entscheidende Rolle spielen. Wie er ihn viele Jahre später dem amerikanischen Armeegeheimdienst CIC beschrieb,[34] war Hermann Knüfken ein nicht großer, aber kräftiger, blauäugiger Mann mit den scharfen Gesichtszügen eines alten Abenteurers, der mit Worten und Gesten sehr sparsam umging. Außer seiner Muttersprache Deutsch sprach er fließend Russisch, Englisch, »Skandinavisch« und wahrscheinlich noch Brocken einer Reihe weiterer Sprachen.

Auch als »Captain Kidd der Komintern« bekannt, war Hermann Knüfken das Urbild des revolutionären deutschen Seemanns und nach der Kaperung und Entführung eines Fischdampfers in die Sowjetunion an der Wasserkante eine legendäre Gestalt.

Hermann Knüfken, der 1893 in Düsseldorf in ärmlichsten Verhältnissen geboren wurde, musterte im Alter von 14 Jahren auf einem Fischdampfer an und wurde mit 21 Jahren, bei Ausbruch des Ersten Weltkrieges, zur Marine eingezogen.

Knüfken war ein radikaler Sozialist, den die Kriegsbegeisterung der älteren Reservisten anwiderte. Als die Stimmung unter den Besatzungen der kaiserlichen Marine, die jeden Tag die Völlerei der Offiziere mit ansehen mußten, während sie Kohlrüben bekamen, zu kippen begann, faßte Knüfken mit drei Genossen den Plan, das Schiff, auf dem sie dienten, nach Dänemark zu entführen.

Der Plan scheiterte, und Knüfken mußte nach Dänemark fliehen. In seinen Memoiren schrieb er über diese Aktion: »Wir waren keine Pazifisten. Das Deutschland der Sozialdemokraten fanden wir zum Kotzen. Wir haben niemals die Schuld am Kriege diskutiert, diese Schuld stand ein für allemal fest. Wir wollten eine Demonstration, die unglücklicherweise zu einer Flucht wurde.«[35]

In Dänemark arbeitete Knüfken mit Agenten des britischen Geheimdienstes zusammen. »Das Ziel war ein gemeinsames. Die militärische Niederlage der deutschen Kriegsmacht.«

Im August 1917, nachdem die kaiserliche Regierung eine Amnestie für Deserteure erlassen hatte, kehrte Knüfken, in Absprache mit den »Freunden« vom britischen Nachrichtendienst, nach Deutschland zurück. Bei einem weiteren Versuch, heimlich nach Dänemark zu gelangen, wurde er festgenommen und kam wegen Landesverrats in Untersuchungshaft. Darauf stand die Todesstrafe. Ihn rettete die »geistige Armut maßgebender Kreise der deutschen Spionageabwehr«, die glaubten, »sich in irgend etwas einschalten« zu können, »in Verbindungen, die zwischen Deutschland und dem feindlichen Ausland bestanden«.

Im November 1918 wurde er von aufständischen Matrosen aus dem Kieler Marinegefängnis befreit, war in den revolutionären Matrosenräten aktiv und nahm an den Märzkämpfen 1919 in Berlin teil. Im April 1919 ging er im Auftrag des Marinerats ins Baltikum, wurde dort von deutschen Freikorpsverbänden festgenommen und bekam einen Vorgeschmack auf den späteren Naziterror. Er machte »zum ersten Mal« Bekanntschaft mit »organisierter deutscher Brutalität«.

Mit Hilfe von Bestechungsgeldern gelang es ihm, freizukommen und über Kopenhagen nach Deutschland zurückzukehren. In Cuxhaven gehörte er zu den führenden Aktivisten. In einem Polizeibericht wird er als »ein außerordentlich radikal sich gebärdender Spartakist«[36] bezeichnet.

Von dort trat er jene Reise an, die ihn berühmt machen sollte. Der Schriftsteller Franz Jung und der Arbeiter Jan Appel waren auf dem Gründungskongreß der KAPD, der Kommunistischen Arbeiterpartei Deutschlands, zu Delegierten gewählt worden, die auf dem zweiten Kominternkongreß in Moskau den Standpunkt ihrer Partei vertreten sollten. Man kann die KAPD mit ihrer Betonung der innerparteilichen Meinungsfreiheit, der direkten revolutionären Aktion und ihrem Traum von einer Rätedemokratie als die eigentliche politische Erbin der ursprünglichen Impulse der Revolution von 1918 betrachten. Ihr Konzept stand im Widerspruch zu dem der KPD, die Lenins wenig demokratische Theorie von der »revolutionären Avantgarde« übernommen hatte.

Knüfken heuerte auf einem Fischdampfer an und schmuggelte die beiden Delegierten an Bord. Kaum hatte das Schiff Hamburg verlassen, betrat er die Brücke mit einer Pistole in der Hand, übernahm das Kommando und nahm Kurs auf den sowjetischen Hafen Murmansk. Die Russen waren von dieser Aktion begeistert. Endlich ein deutscher Kommunist, der handelte. Lenin persönlich verlieh ihm den Ehrentitel »Genosse Pirat«. Die Thesen der KAPD gefielen schon weniger. Aber großzügig sah man darüber hinweg. Knüfken wurde mit dem Auftrag zurückgeschickt, Möglichkeiten zu erkunden, alliierte Waffenlieferungen an Polen zu behindern. Nach einigem Erfolg – immerhin weigerte sich das Schleusenpersonal des Nord-Ostsee-Kanals, weitere Kriegslieferungen durchzulassen – wurde er festgenommen, wegen Piraterie angeklagt und zu fünf Jahren Zuchthaus verurteilt, die er in Hamburg absitzen sollte.

Seine Haftzeit wurde zu einem Martyrium für den Gefängnisdirektor, einen der Sozialreformer der Weimarer Republik. Die guten Absichten jenes Mannes durchaus anerkennend, schrieb Knüfken später, halb entschuldigend, es sei nun einmal die Pflicht eines revolutionären Arbeiters gewesen, »kein guter Gefangener zu sein«. Er habe nach der Devise gehandelt: »Niemals nachgeben. Sich nicht einfügen. Immer zu neuen Aktionen bereit sein.«[37] Knüfken wiegelte die anderen Gefangenen auf und begann einen Hungerstreik nach dem anderen. Sein Meisterstück war die Verbarrikadierung seiner Zelle von innen. Die Zellentür war so stabil und von innen so gut verkeilt, daß es dem Wachpersonal nicht gelang, sie aufzubrechen. Man fand einen Kompromiß: Für sein Versprechen, den Hungerstreik abzubrechen und die Zellentür zu öffnen, wurde er in eine geräumige Zelle in einer psychiatrischen Klinik überführt. Dort begann er einen weiteren Hungerstreik, der eine derartige Unruhe in der Hafengegend hervorrief, daß ihn der entnervte Senat 1923 schließlich mit der Auflage entließ, Deutschland zu verlassen.

Knüfken ging in die Sowjetunion, wo er in Ehren aufgenommen wurde. Von jetzt an lebte er in Leningrad, wurde für das IPK Transport tätig und baute das dortige Internationale Hafenbüro auf, das zusammen mit seinem bald darauf folgenden Hamburger Pendant zum Vorbild für die Kette von Internationalen Seemannsklubs wurde, die man nach und nach rund um die Welt einrichtete. Nebenbei arbeitete er, wie er in seinen unveröffentlichten Memoiren schreibt, für den OMS.

»Der Leser wird die Wichtigkeit des IPK Transport begreifen, wenn ich den Aufbau und die Arbeit dieses Departments näher beschreibe. Schon kurz nach der Etablierung des IPK Transport wurde ein Beschluß durchgeführt, in allen wichtigen Häfen der Welt sogenannte Port-Bureaux zu organisieren, die die Aufgabe hatten, Klubs einzurichten, in denen und von denen aus die Besatzungen der Schiffe aller Länder propagandistisch bearbeitet wurden. Bordzellen wurden organisiert, Bordvertrauensleute eingesetzt und gleichzeitig in den Klubs und von den Klubs aus die Fraktionsarbeit der Kommunistischen Zellen in den Reformistischen Gewerkschaften geleitet. Die Komintern, besser gesagt die Verbindungsabteilung unter Abramowitsch* und Piatnitzki, ver-

---

* Abramow-Mirow, Alexander Lasarewitsch.

standen es, diesen Apparat, nachdem er einmal aufgebaut war, für die Zwecke der Komintern auszunutzen. Die Vertrauensleute an Bord, die in der ersten Zeit fast ausschließlich nur zum Schmuggel von Literatur gebraucht wurden, mußten nun zu Briefträgern gemacht werden. Es gab immer etwas, was nicht für die diplomatischen Postsäcke geeignet war und auch nicht mit der üblichen Post abgehen oder, was wichtiger war, empfangen werden konnte. So etwas nahmen die Seeleute mit, und es ist verwunderlich, wie weit und wie sicher solche Sendungen mit den Seeleuten reisten. Irgendein Schiff kommt in einem deutschen Hafen an, und der Vertrauensmann liefert seine Briefe an einen bestimmten Mann ab, der ihn schon erwartet. Die Briefe nach Indien gehen nach ein paar Tagen Aufenthalt weiter mit einem Vertrauensmann auf einem Hansadampfer, der die indischen Häfen anläuft. Post für Nordamerika geht mit einem Hapag oder Lloyd Schiff weiter, und eventuelle Post nach Spanien, Portugal und Nordafrika wird von einem Neptun oder OPDG-Schiff mitgenommen. Für kürzere Strecken werden die regelmäßigen Tourenschiffe gebraucht.

Es war immer etwas zu tun, besonders wenn der Bordvertrauensmann als besonders zuverlässig galt. Nicht alle Post ging auf diesen Wegen von russischen Häfen aus. Das Mitteleuropäische Bureau der Profintern und das Westeuropäische Bureau der Komintern benutzten von sich aus die Schiffe in den europäischen Häfen, und dazu brauchten sie die Leute, die von den verschiedenen Haupthafen-Bureaux an den in Frage kommenden Plätzen unterhalten wurden.

Nach Möglichkeit wurden die russischen Schiffe von solcher Arbeit verschont. Die sollten unter keinen Umständen unter Verdacht kommen. Mitunter gingen auch Kominternagenten oder andere, die zu irgendeinem Zweck in Moskau gewesen waren, und die aus irgendeinem Grunde nicht mit einem falschen Paß per Flugzeug oder Bahn reisen konnten, mit ganz sicheren Schiffen nach bestimmten kleinen Häfen im Ausland ab, wo es keine Kontrolle gab.

Auf jeden Fall: Das ... IPK Trans hatte ganz wichtige Aufgaben, und keiner begriff das besser als die Russen. Deswegen war es selbst in der ersten Zeit viel weniger die Profintern als die Komintern, die die oberste Instanz für das Komitee war.«[38]

Der deutsche Oktober

Wie man an den Bezeichnungen wie »Neptuns Großonkel« oder »Vater der Seeleute« ablesen kann, muß Albert Walter für den Autor von *Out of the Night* weit mehr als nur Vorgesetzter gewesen sein. Der Mann, der zum ersten Förderer von Richard Krebs' Karriere in der kommunistischen Bewegung wurde, ersetzte ihm auch ein Stück weit den verlorenen Vater. Als erstes setzte er den Jugendlichen im Hafen ein. Richard Krebs ließ seinen Helden Jan Valtin den Beginn seiner Tätigkeit für das IPK Transport später so beschreiben:

»Jeden Morgen versammelten sich die Hafen-›Aktivisten‹ an verschiedenen Sammelpunkten der Wasserfront. Dort wies der Führer jeder Brigade seinen Leuten bestimmte Docks und Schiffe zu und versorgte sie mit Flugblättern, Broschüren und den Losungen des Tages. Auf diese Art bewaffnet, schlichen wir uns in den Hafen und gingen an Bord der Schiffe, mit dem Ziel, die Besatzung zu gewinnen. Die meisten Schiffe waren von Offizieren bewacht oder von Wachleuten der Gesellschaft, und wir brauchten alle mögliche Kniffe und Tricks, um trotz der Wachen an Bord zu gelangen. Oft mußten wir über die Trossen an Bord klettern. Bisweilen schlichen wir uns als Hausierer mit Krawatten oder als Wäschemänner ein. Wir verteilten unsere Flugblätter, verkauften Zeitungen und Broschüren, agitierten und versuchten, die jungen Leute unter den Besatzungen zum Eintritt in die Kommunistische Partei zu bewegen. ...

Wenn wir dann am Abend wieder an Land gingen, schrieb jeder ›Aktivist‹ einen detaillierten Bericht über das Schiff, auf dem er tagsüber gearbeitet hatte. Im Hauptquartier wurden diese Berichte abgeschrieben und für eine Kartei ausgewertet. Diese Schiffskartei enthielt bis ins einzelne gehende Angaben über fast jedes Schiff der Handelsmarine und ermöglichte es Albert Walter und seinen Helfern, jederzeit eine genaue Lagebeurteilung über die verfügbaren Kräfte vornehmen zu können, bevor sie eine größere Aktion beschlossen. Dieses System, das als *Hamburger Methode* bekanntgeworden ist, wurde später von allen kommunistischen Seemannsorganisationen auf allen Kontinenten angenommen.«[39]

Neben der Agitation unter den Schiffsbesatzungen nahm Richard Krebs auch an den Vorbereitungen für den »Deutschen Oktober« teil. Im Parteiauftrag schmuggelte er Alkoholika nach Skandinavien; bei der Wertlosigkeit der Reichsmark auf der einen und den restriktiven Gesetzen im Norden Europas auf der anderen Seite ein Bombengeschäft, dem damals nicht nur die KPD, sondern alle Deutschen nachgingen, die dazu Gelegenheit hatten. Der Alkoholschmuggel nahm 1923 solche Ausmaße an, daß es zu diplomatischen Verwicklungen kam, die schließlich sogar im Reichstag erörtert wurden. In einer skurrilen Passage von *Out of the Night* beschreibt Richard Krebs, wie die Schleusen des Kaiser-Wilhelm-Kanals in diesen Monaten von Bankvertretern und Geschäftemachern wimmelten, die die aus Skandinavien kommenden Schiffe auf verzweifelter Jagd nach Valuta wie Piraten enterten. »Es war kein ungewöhnlicher Anblick, den Vertreter einer führenden Bank dabei zu beobachten, wie er einen schmutzigen Heizer durch das ganze Schiff verfolgte, bloß weil er wußte, daß dieser ein paar Dollar oder Pfund hatte, die er sich durch Schmuggel oder den Verkauf von gestohlener Ladung verdient hatte.«[40]

Außer beim Schmuggel setzte die Partei das noch unverdächtige Neumitglied Richard Krebs als Kurier bei der Vorbereitung zum »Deutschen Oktober« ein.

Seinen Held Jan Valtin macht er mit charakteristischer Übertreibung zum Zeitzeugen der kommunistischen Attentatspläne auf den damals mächtigsten Mann Deutschlands, den Chef des Generalstabs von Seeckt. Valtin, wie der Autor Kurier, scheidet aus, bevor die Mitglieder der sogenannten T-Gruppen festgenommen und ihre Attentatspläne vereitelt werden.

In Wirklichkeit war der siebzehnjährige Richard Krebs nichts weiter als ein einfaches Mitglied des Kurierapparates, der hauptsächlich aus Jugendlichen rekrutiert wurde.

Die einzigen halbwegs gesicherten Informationen über seine damalige Tätigkeit stammen aus den Akten des amerikanischen Armeegeheimdienstes CIC, der Richard Krebs nach dem Zweiten Weltkrieg anhand von *Out of the Night* wochenlang befragte. Dabei ging es auch um die »Daul-Schwestern«, die in dem autobiographischen Roman als angebliche Mitarbeiter an den Attentatsplänen eine gewisse Rolle spielen.

»Beide Mädchen waren blond und plump. Sie waren nicht gut gekleidet; zogen sich wie Arbeiterinnen an und sprachen exzellent deutsch. ... Trotz ihres leichten Akzentes konnte man sie gut für Deutsche halten. Sie hatten eine Wohnung in der Venusberggegend, die als Anlaufstelle für konspirative Arbeit genutzt wurde. Sie hatten Kontakt mit Hugo Marx und anderen hohen Funktionären. Im Herbst 1923, als Krebs für die Kampforganisation (Rote Marine) in der Hafengegend kleinere Kurieraufträge ausführte, bekam er einmal den Befehl, einen ihm unbekannten Mann in die Daul-Wohnung zu bringen. Als er dort mit dem Mann eintraf, wurde ihm (offensichtlich aus Sicherheitsgründen) befohlen, in der Wohnung zu übernachten. Er ging am nächsten Morgen und hat sie nie wieder gesehen. In ›Out of the Night‹ heißt es, daß die beiden mit der ›deutschen Tscheka‹ Felix Neumanns zu tun hatten, aber das sei reine Vermutung.«[41] Ganz unrecht hatte Richard Krebs mit seinen Vermutungen nicht gehabt, denn der CIC fand noch folgendes heraus: »Im Februar 1925 wurden sie zu 15 bzw. 17 Monaten Festungshaft für Beihilfe bei einem hochverräterischen Unternehmen im Zusammenhang mit der politischen Führung der Revolte 1923 verurteilt.«[42]

Ein kommunistischer Aufstand in Hamburg blieb das einzige sichtbare Ergebnis des »Deutschen Oktober«. Der KPD-Vorsitzende Heinrich Brandler hatte die in Moskau beschlossene Revolution wegen fehlender Erfolgsaussichten bereits abgesagt, als der Aufstand losbrach. Wie es unter diesen Umständen überhaupt hatte dazu kommen können, ist bis heute umstritten. Eine Version besagt, daß der Hamburger KP-Vorsitzende Thälmann während der entscheidenden Sitzung einen Wutanfall bekam und einen Kurier mit dem Aufstandssignal losschickte, der so schnell verschwand, daß man ihn nicht zurückholen konnte. Nach einer anderen Version stand der Termin schon fest, aber der Kurier mit der Absage traf nicht mehr rechtzeitig ein. Wie auch immer: Der Hamburger Aufstand, der Ende Oktober losbrach, war eine Angelegenheit von wenigen Tagen und nicht mehr als eine Fußnote der Nachkriegswirren, die bald darauf von den »goldenen zwanziger Jahren« abgelöst wurden.

In einem späteren, internen Bericht des militärischen Leiters bei der Zentrale der KPD heißt es, der Hamburger Aufstand sei »keine Massenaktion, sondern ein Putsch« gewesen. »Zu Beginn der Kämpfe bestand die Bewaffnung aus 35 Gewehren und einigen Pistolen, und nicht einmal alle KPD-Mitglieder konnten mobilisiert werden. Obwohl die KPD in dieser Zeit in Hamburg etwa 18 000 Mitglieder hatte, wurde lediglich in drei Vororten gekämpft. An der Kampflinie standen nicht mehr als 150 Kommunisten, und etwa 1 000 Arbeiter bauten Barrikaden, schafften Munition und Verpflegung heran und versorgten die Verwundeten.«[43]

Keine Spur davon, daß der »deutsche Umsturz unausweichlich sei«, wie Sinowjew gemeint hatte. Der »Generalstab der Weltrevolution« hatte sich in der Stimmung der deutschen Massen gründlich getäuscht. Büßen mußte es letztendlich der deutsche KP-Vorsitzende, der gegen die Anweisung des »Hauptquartiers« gehandelt hatte. Er wurde als Parteichef abgelöst.

Dem Aufstand folgte eine Verhaftungswelle, und einige Monate später wurde die KPD im ganzen Reich sogar verboten. Tausende ihrer Anhänger wanderten ins Gefängnis. Auch für Richard Krebs war der Traum von der Revolution damit vorläufig ausgeträumt. Wie viele andere mußte er sehen, daß er sich in Sicherheit brachte. Er floh nach Belgien und tauchte in der Hafenstadt Antwerpen unter.

Erste Aufträge

In der belgischen Hafenstadt fand sich Richard Krebs schnell zurecht. Die Docks und die mit fremder Fracht vollgestopften Molen, die Geräusche und Gerüche der Seefahrt waren ihm vertraut, und bei den Matrosen aus aller Herren Länder, die in den Hafenkneipen ihre Heuer versoffen, ließ sich leicht eine Mahlzeit zusammenschnorren. Im Rotlichtviertel rund um den Steen präsentierten sich auf der Suche nach freigebigen Seeleuten leichtbekleidete Frauen auf den Straßen und in den Schaufenstern. Hier lernte er Mariette kennen, eine Hure mit einem »Herz für Revolutionäre«. Wir wissen von ihr nur aus *Out of the Night*; trotzdem muß er ihr oder ihrem Vorbild zu dieser Zeit begegnet sein, und sie war die erste Frau in seinem Leben, die einen tiefen Eindruck auf ihn machte.

Frauen muß er, wie jeder Seemann, der über eine halbwegs ordentliche Heuer verfügte, zu diesem Zeitpunkt schon reichlich gehabt haben. Da war das Mädchen in Antofagasta, mit der er eine Flasche *vino tinto* geleert und derentwegen er das Auslaufen der »Magdalena Vimmen« verpaßt hatte; die fette Wirtin der Seemannskneipe »Corkfender« in Antwerpen, deren Zudringlichkeiten morgens um vier eine Schlägerei ausgelöst hatten und die er drei Jahre später in einer autobiographischen Kurzgeschichte beschreiben sollte; und vielleicht auch Juanita, die Heldin seiner ersten Novelle, eine südamerikanische Schönheit und Femme fatale, wegen der es in einer südamerikanischen Hafenstadt zu einer tödlichen Auseinandersetzung kommt.[44]

Aber Mariette war etwas Besonderes. Weder in dem autobiographischen Roman noch in einer seiner ersten Kurzgeschichten findet sich eine weitere Frauengestalt seiner frühen Jahre, die er so eindringlich und mit solcher Liebe beschrieben hätte. »Sie war klein und gut gekleidet und hatte leuchtende kohlschwarze Augen. ... Das Mädchen war in weiße Seide gekleidet. Die nackten Füße staken in weißen Sandalen, die mit farbigen Perlen verziert waren. Der Schmutz von Antwerpen war wie weggewischt.«

Selbstlos bietet sie ihm ihre Hilfe an, denn: »Wenn ich ein Mann wäre, würde ich ein Revolutionär sein. Aber eine Frau, was kann die schon tun? Die Leute geben mir viel Geld, weil ich eine hübsche Dirne bin. Mir ist das gleichgültig. Ich liebe die Revolution. Wenn ein Revolutionär zu mir kommt, helfe ich ihm.«[45]

Für Jan Valtin war die schöne Revolutionärin mehr als eine flüchtige Begegnung; vielleicht hatte er sich sogar ernsthaft in sie verliebt. »Obwohl ich sie nur für einige kurze Stunden kennengelernt hatte, sollte mich die Erinnerung an sie in späteren Gefängnisjahren verfolgen«, bekannte er in *Out of the Night*.[46]

Hafenmädchen wie Mariette waren nicht ungewöhnlich in den frühen zwanziger Jahren. Die bekannteste war die Kommunistin Kenny Guttmann, die in Hamburg eine Gewerkschaft der Kontrollmädchen aufbaute, der es zeitweise gelang, die Mehrzahl der Hamburger und Altonaer Mädchen dieses Gewerbes zu organisieren.

Kenny Guttmann gab ein Blatt mit Namen *Am Pranger* heraus,

das, so heißt es in Knüfkens Erinnerungen, Anfang der zwanziger Jahre die am schnellsten ausverkaufte Zeitung Hamburgs war. Mit dem Abflauen der revolutionären und experimentierfreudigen Stimmung gegen Mitte der zwanziger Jahre, als sich die Verhältnisse im »bürgerlich-moralischen« Sinne, wie Knüfken es ausdrückte, »normalisierten«, wurde die Zeitung verboten. Da die liberalen Zeiten damals auch in Rußland zu Ende gingen, kam die Weisung aus Moskau, sich von Ketty Guttmann zu distanzieren. Was man »natürlich auch mit Entrüstung« tat, wie Knüfken höhnisch schrieb.

Durch Mariette lernte Jan Valtin den Ukrainer Bandura kennen, mit dem Richard Krebs damals tatsächlich zusammentraf, wie man aus anderer Quelle weiß.[47]

»Er hatte etwas von einem farbenprächtigen, verschlossenen Seeräuber und war ein grobknochiger, verhungert aussehender Mann mit eckigen slawischen Gesichtszügen. Er trug schwere Schuhe, einen nach Rauch riechenden alten Mantel und eine schmierige Sixpencemütze, unter der die Fransen glanzlosen blonden, schon in Grau übergehenden Haares zu sehen waren. … Bandura war der typische Vertreter jener umherziehenden Revolutionäre von der Wasserkante, die ich seither in jedem Hafen, den ich anlief, getroffen habe. Einer wie der andere waren sie auf der Flucht vor der politischen Polizei ihres eigenen Landes. Wenige hatten Pässe. Das beraubte sie jeder Möglichkeit einer dauernden Zuflucht und regelmäßigen Arbeit. Sie zogen von Land zu Land, bisweilen freiwillig, meist aber ausgewiesen als gefährliche Unerwünschte.«[48]

Bandura war ein Anarchist und Sprachgenie, der seine von orthographischen Fehlern wimmelnden aufrührerischen Flugblätter in praktisch allen europäischen Sprachen verfaßte und auf den Schiffen verteilte. Seine kleine Schar von Hafenaktivisten stand in loser Beziehung zur anarchosyndikalistischen Arbeiterorganisation IWW, die nicht nur in Amerika, sondern bis hin nach Deutschland Anhänger hatte. Ansonsten lehnte Bandura jede Art von Organisation ab. Er erteilte Richard Krebs den Auftrag, auf die Schiffe im Hafen zu gehen, um zu sehen, wie es mit dem »Chow« stand. Wo der »Chow« (das kantonesische Wort für Essen, das in die internationale Seemannssprache eingegangen ist) schlecht war, sollte er die Mannschaft aufwiegeln. Er sollte beweisen, daß er kein »Hammeldieb« war, wie Bandura die traditionellen Gewerkschaftsfunktionäre nannte.

Nach einigen Wochen in Antwerpen verabschiedete sich Richard Krebs und heuerte mit Hilfe Banduras auf dem deutschen Trampschiff »Eleonore« an, das ihn nach San Pedro in Kalifornien brachte. An seinem achtzehnten Geburtstag, kurz vor dem Jahreswechsel, war er bereits an der Westküste der USA. Auf Güterzügen reiste er ins Landesinnere, verdiente Geld mit verschiedenen Gelegenheitsarbeiten, bis er schließlich wieder an der Westküste, in Los Angeles, landete, wo man ihn Ende Januar 1924 bei einer Personenkontrolle festnahm und wegen illegaler Einreise für ein paar Tage inhaftierte.

Seine nächste Station war Hollywood, wo er als Statist und Stuntman unterkam. Die drei Filme, an denen er mitwirkte, hatten die schönen Titel *Der Seefalke*, *Die verlorene Welt* und *Das Planwagenrennen*.[49] Richard Krebs war dabei, sich in der Sonne Kaliforniens einzuleben. Sein Status als illegaler Ausländer konnte zwar unangenehme Konsequenzen haben, aber in den USA jener Jahre gab es Hunderttausende Illegale, darunter nicht wenige Flüchtlinge aus Deutschland, die sich hier ein neues, besseres Leben aufbauen wollten, in der berechtigten Hoffnung, von der nächsten Amnestie zu profitieren.

Doch Richard Krebs hatte bereits eine andere Heimat: die kommunistische Bewegung, wie ein Genosse aus Deutschland seinem Alter Ego Jan Valtin in Erinnerung bringt.

»Er zeigte mir Briefe, die er von Parteimitgliedern in Deutschland bekommen hatte. Die deutschen Gerichte fabrizierten en gros Urteile gegen Kommunisten wegen Verrat, Aufruhr, Überfall, Verschwörung und Mord. ... Die Wirkung, die diese Nachrichten auf mich hatten, war überwältigend. Wieder brannte mich der Haß gegen ein System, das mit kalter Überlegung die besten Söhne der Arbeiterklasse vernichtete. Ich kochte vor Wut und Scham! Drüben in Deutschland gingen die Genossen lebenslang in den Kerker, und ich war hier – und es ging mir gut, und ich freute mich an dem großen Hollywood-Humbug. ...

›Ich gehe zurück, um zu kämpfen‹, sagte ich.«[50]

Richard Krebs heuerte als Matrose auf dem amerikanischen Schiff »Montpellier« an, mit dem er Ende April 1924 wieder nach Europa kam.[51]

Der erste Hafen, den die »Montpellier« anlief, war Antwerpen, wo Richard Krebs wieder einige Tage mit Bandura und seinen Leuten zusammenarbeitete. Danach fuhr das Schiff weiter nach Hamburg, wo die erste Verfolgungswelle nach dem Aufstand bereits abgeebbt war, so daß Albert Walter und seine Leute wieder halbwegs offen arbeiten konnten. Sogar Grigori Atschkanow, der Leiter des IPK Transport und führendes Mitglied der Kommunistischen Internationale, war in Hamburg. Im Kominternarchiv in Moskau liegen noch immer seine handschriftlich abgefaßten Briefe,[52] die er im Frühjahr 1924 in die sowjetische Hauptstadt schickte. Darin ist vor allem von seinen Schwierigkeiten die Rede, geeignete Kader für den Aufbau einer Organisation in den USA zu finden. Die meisten amerikanischen Aktivisten jener Jahre neigten zum Anarchismus und lehnten das IPK Transport als von Moskau dominierte Organisation ab. Ein erster Versuch, die IWW mit dem IPK Transport zu einer weltweiten Organisation zu verschmelzen, war 1921 an der mangelnden Bereitschaft der Amerikaner gescheitert, sich unterzuordnen.

Deshalb war Grigori Atschkanow 1924 nach Hamburg gekommen. Er wollte versuchen, von unten, unter Umgehung der IWW, Einfluß zu gewinnen. Zu diesem Zweck besuchte er in Hamburg vor Anker liegende amerikanische Schiffe. So kam er Anfang Mai auch auf die »Montpellier«.[53]

Grigori Atschkanow war kein Apparatschik, sondern als ehemaliger Schiffsingenieur ein echter Seemann und in der Erinnerung von Knüfken »eine gute Seele, im Unterschied zu vielen«[54]. Der erfahrene Revolutionär und Bolschewik der ersten Stunde machte großen Eindruck auf Richard Krebs, der ihn als »lebendigen kleinen Mann mit einem unordentlichen grauen Haarschopf und runden ruhelosen Augen«[55] in Erinnerung behielt. In Männern wie Atschkanow sah er »Idealisten, die die überwältigende Autorität der siegreichen Sowjetrevolution hinter sich hatten«[56]. Atschkanow wiederum erkannte sofort die Intelligenz und die revolutionäre Begeisterung des jungen Deutschen.

Besonders interessant für ihn war Richard Krebs' Verbindung zu Bandura und dessen Beziehungen zu IWW-Gruppen an der Westküste der Vereinigten Staaten.

In langen Gesprächen gelang es ihm und Albert Walter, Krebs' innere Bindung an den ukrainischen Anarchisten zu lösen. Sie überzeugten ihn davon, daß der Weg Banduras letztendlich keine Zukunft habe und die Weltrevolution nur gelingen könne, wenn sich jeder ganz den Vorgaben der Kommunistischen Internationale unterordne.

Nachdem sie ihn ganz auf ihre Seite gebracht hatten, erteilten sie ihm den Auftrag, als trojanisches Pferd in die Organisation Banduras zurückzukehren, sich zu seinem Abgesandten an der Westküste der USA machen zu lassen und die IWW-Leute, mit denen Bandura in Kontakt war, mit dem Netz des IPK Transport in Verbindung bringen. Man stellte ihm große Mengen Propagandamaterial zur Verfügung, die nach und nach an Bord der »Montpellier« geschmuggelt wurden.

Die Kontaktaufnahme mit den Leuten der IWW war noch nicht alles, was man ihm in Hamburg an Aufträgen mit auf den Weg gab. Wenn man den Erinnerungen Jan Valtins in *Out of the Night* glauben darf – und es spricht nichts dagegen –, dann bestand sein Auftrag weiterhin darin, »in jedem Anlegehafen einen Aktivisten zu finden, der zuverlässig genug war, mit Geld und Instruktionen versorgt zu werden, um Aktivisten-Brigaden nach dem Hamburger Muster zu bilden. Er sollte mit Leuten von der amerikanischen Küstenwache Kontakt aufnehmen, besonders mit denen, die schon in irgendwelche Schwierigkeiten geraten waren, und sollte ihre Namen und Adressen an Albert Walter und Atschkanow schicken ... durch Bestechung einen bestimmten Beamten der ›American Shipowners' Association‹ in Los Angeles Harbor ›testen‹, um festzustellen, ob er bereit war, Kommunisten an Bord amerikanischer Schiffe aufzunehmen ... eine detaillierte Beschreibung einer neuen Harpunierkanone liefern« und »regelmäßige Berichte über alles« einsenden, »was ich über die wirtschaftliche Lage und die politische Haltung der amerikanischen Hafenarbeiter in Erfahrung bringen konnte«.[57]

Ein großer Auftrag, und aus heutiger Perspektive scheint es beinahe unglaublich, daß ein hoher Funktionär wie Atschkanow ihn einem kaum Achtzehnjährigen erteilte. Und doch deutet Richard Krebs' spätere rasche Karriere darauf hin, daß es so gewesen ist.

Richard Krebs' früher Eintritt in die kommunistische Bewegung und die Übernahme von Verantwortung bereits in sehr jungen Jahren war in der Frühzeit der Kommunistischen Internationale, als man sich noch nicht auf einen bürokratischen Apparat, sondern allein auf die revolutionäre Begeisterung der Aktivisten aus allen Ländern der Welt stützen konnte, nichts Ungewöhnliches. Es gab Mitglieder, die sogar noch jünger waren. Der russische Geheimdienst-Offizier Pawel Sudoplatow, der 1940 die Ermordung Leo Trotzkis organisieren sollte, war erst vierzehn Jahre alt, als er als Telegraphist der Tscheka am russischen Bürgerkrieg teilnahm. Im Alter von siebzehn Jahren betreute er bereits ein Agentennetz in der Ukraine, und er war zwanzig, als man ihn in die Zentrale der ukrainischen Tscheka berief.

Für Richard Krebs' weiteren Lebensweg war die Begegnung mit Atschkanow von entscheidender Bedeutung. Er war nun nicht nur mit einem führenden Mitglied der Komintern persönlich bekannt, sondern bekam zum ersten Mal OMS-typische Aufträge, wie das Schmuggeln von Propaganda, womit er auch ins Blickfeld des auswärtigen Arms der sowjetischen Geheimpolizei GPU[58] geriet. Und das in zweifacher Hinsicht. Zum ersten, weil der OMS selbstverständlich zeit seiner Existenz mit der GPU zusammenarbeitete, und zum zweiten, weil der OMS bis Mitte der zwanziger Jahre selbst so etwas wie ein auswärtiger Nachrichtendienst der UdSSR war, wie man einer der ganz wenigen Publikationen entnehmen kann, die sich auf Akten des Anfang der neunziger Jahre für kurze Zeit zugänglichen KGB-Archivs stützen.[59]

Zu all den Aufträgen, die Richard Krebs von Atschkanow erhielt, kam in letzter Minute noch ein besonders delikater: Er sollte einen Kominternmann an Bord schmuggeln, der mit unbekanntem Auftrag Richtung Nordamerika unterwegs war. Dieser Mann war Michael Avatin alias Lambert alias Schmitt, ein Seemann baltischer Herkunft, der als mutmaßlicher Agent der sowjetischen Geheimpolizei Spuren in den Polizeiakten mehrerer europäischer Länder und der USA hinterlassen hat[60] und in vieler Hinsicht für die dunkle Seite von Richard Krebs' Tätigkeit für die Komintern steht.

In einigen historisch besonders umstrittenen Passagen von *Out of the Night*, in denen es um Mordanschläge und blutige Abrechnungen mit Verrätern und Abtrünnigen geht, spielt Avatin die Hauptrolle. Hier wird er, den Jan Valtin als elegante Erscheinung mit ruhigen grauen Augen, aber hartem, schmalen Mund charakterisiert,[61] als der »Triggerman« der Komintern beschrieben, als ein Mann, der vor nichts zurückschreckt und dem kein Auftrag zu gefährlich ist.

In der Beschreibung der letzten Begegnung von Richard Krebs' Helden Jan Valtin mit Avatin heißt es: »Er warf mir ein Lächeln zu. Bei Avatin bedeutete ein Lächeln nichts. Er konnte einen Mann anlächeln und ihn in der nächsten Minute töten.«[62] Und trotzdem schimmert bei allen Beschreibungen Avatins in *Out of the Night* eine gewisse Bewunderung für den »Mann der Tat« durch, der sich nie mit Intrigen abgibt, sondern ehrlich und »männlich« mit den Feinden abrechnet. Auch in dem Text aus dem Nachlaß *Magellans in the Bunker*, der vor *Out of the Night* entstand, spürt man, wie Avatin den jungen Richard Krebs beeindruckt haben muß:

»In Rotterdam traf ich einen Mann, den man vielleicht Weltmeister der blinden Passagiere nennen könnte. Sein Name ist Alvatin. Er kommt aus Riga, und er reist als reisender Instrukteur der Dritten Internationale. Er hat die Küsten aller Kontinente bereist und erreicht sein Ziel immer mit erstaunlicher Präzision. Auf kürzeren Reisen ist sein Lieblingsversteck im Heizraum zwischen den Dampfkesseln. Er betritt ihn, wenn die Kessel noch kalt sind, und bleibt dort, bis sie sich am Ziel wieder abgekühlt haben. In der Zwischenzeit verwandeln sich die Dampfkessel in wahre Hitzevulkane. Erst einmal auf See, gibt es kein Entkommen mehr für Alvatin und für einen Sterblichen auch keine Chance, in die Privatsphäre des blinden Passagiers einzudringen. Während der Reise nippt Alvatin an Limonade, schwitzt, schläft und kommt immer genau dorthin, wo er hin will.«[63]

Avatin personifiziert die Rätsel im Leben des Richard Krebs. War er in irgendeiner Weise in die Arbeit des Avatin mit eingebunden? Gingen seine Kontakte zu dem rätselhaften Mann, dessen Identität auch die Gestapo nie mit letzter Sicherheit feststellen konnte, über eine private Bekanntschaft hinaus? Richard Krebs hat sich bis an sein Lebensende gehütet, solche Fragen im Detail zu beantworten. Auch in der Autobiographie seines fiktiven Helden Jan Valtin hat er die genauen Beziehungen zwischen ihm und Avatin im dunkeln gelassen.

Als Vorhut an der Westküste

Anfang Mai 1924 verließ Richard Krebs Europa, um die Aufträge auszuführen, die er von Albert Walter und Atschkanow in Hamburg erhalten hatte.

Als Matrose an Bord der »Montpellier« erreichte er im Juni 1924 die Westküste der USA. Beim Versuch, die nun folgenden eineinhalb Jahre seines Lebens nachzuzeichnen, ist man im wesentlichen auf die Schilderungen Jan Valtins in *Out of the Night* angewiesen. Nur die baren Fakten, wann er sich wo aufgehalten hat, sind nachprüfbar, weil das betreffende Kapitel des Romans Jahre später beinahe eine Gerichtsverhandlung ausgelöst hätte. Der Kapitän der »Montpellier« drohte Richard Krebs, ihn wegen Verleumdung zu verklagen. In *Out of the Night* stand, Jan Valtin habe keine Probleme gehabt, Propagandamaterial an Bord zu schmuggeln, da die Mannschaft auf der Reeperbahn gewesen sei und der Kapitän den Vorhang seiner Kajüte zugezogen habe, um sich die letzte Nacht im Hafen mit zwei Mädchen und einer gehörigen Menge Wein zu versüßen. Um die Glaubwürdigkeit seines Buches zu verteidigen, listete der Autor sämtliche Stationen seiner frühen Jahre auf: die Schiffe, auf denen er gefahren war, und deren Reedereien; die Kapitäne, unter denen er gedient; die Häfen, die er angelaufen, und die Behörden, mit denen er zu tun gehabt hatte. Dazu genaue Hinweise, wo und wie seine Angaben nachprüfbar seien.[64] Der Kapitän zog die Klage zurück.

Die erste Station der »Montpellier« in den USA war San Pedro in Südkalifornien, wo Richard Krebs im Auftrag des IPK Transport

Kontakt zu IWW-Aktivisten aufnahm. Bei der weiteren Reise der »Montpellier« entlang der kalifornischen Küste wurde ein blinder Passagier entdeckt, der sich gegenüber dem Shipping Commissioner in San Francisco als Este ausgab. Die Entdeckung Avatins blieb für den Abgesandten des IPK Transport ohne weitere Folgen, da über die Verbindung zwischen den beiden nichts bekannt wurde.

In San Francisco, wo er sich von Avatin, der an Bord bleiben mußte, verabschiedete, verließ Richard Krebs die »Montpellier«, um seine Kampagne im größten Hafen der Westküste fortzusetzen.

Die USA jener Jahre, in denen der 18jährige Kominternabgesandte mangels einheimischer Kader die Grundlage für ein Netzwerk von moskautreuen Seeleute- und Hafenaktivisten schaffen sollte, standen am Anfang des kurzen Booms der »Goldenen Zwanziger«. Es war die Zeit der *Babbits*, der unpolitischen Spießbürger, wie sie Sinclair Lewis in seinem gleichnamigen Roman beschrieben hat. Die wirtschaftlichen Aussichten schienen glänzend, die Börse boomte, und die *Suburbs* mit ihren Einfamilienhäusern entstanden. Die Einführung des Fließbands in der Autostadt Detroit führte zur ersten Massenmotorisierung der Menschheitsgeschichte. Es herrschte eine satte Selbstgefälligkeit, die jede Art der Gesellschaftskritik als böswillige Propaganda abtat.

Die kommunistische Partei war zahlenmäßig sehr klein und in sich zerstritten. Zudem bestand sie nur zu einem kleinen Teil aus »echten« Amerikanern. Die meisten Parteimitglieder waren Emigranten aus Ost- und Mitteleuropa. Die im Sinne der herrschenden Kreise der USA wirklich gefährlichen Aktivisten waren die *Wobblies*, die reisenden Organisatoren der IWW, zu denen man im weitesten Sinne auch Bandura in Antwerpen rechnen konnte. Sie träumten von der »einen großen Gewerkschaft«, die alle Arbeiter umfassen und irgendwann die Macht ergreifen sollte. Der Aufbau dieser Organisation sollte nach dem Räteprinzip funktionieren und die autoritären Strukturen der traditionellen Gewerkschaften vermeiden. Eine Formel, die gar nicht zum »demokratischen Zentralismus« der Bolschewisten passen wollte.

Doch als Richard Krebs 1924 wieder in den USA eintraf, waren die besten Zeiten der IWW bereits vorbei. Inspiriert von der Russischen Revolution, hatten die *Wobblies* in der Krisenzeit nach dem Krieg unter den Hafenarbeitern und Seeleuten der USA anfänglich eine beträchtliche Anhängerschaft für ihr radikales Programm gewinnen können. Das alarmierte Bürgertum reagierte mit der erbarmungslosen Verfolgung aller vermeintlichen oder wirklichen Kommunisten, dem sogenannten *Red Scare*, was weniger die unbedeutende KP der USA als die IWW traf. Ihre Aktivisten wurden unter falscher Anklage ins Gefängnis gesteckt, in den Bergbaustädten des Westens geteert und gefedert oder einfach auf der Flucht erschossen. Der bekannteste *Wobbly*, Big Bill Haywood, war gezwungen, in die Sowjetunion zu emigrieren.

Die versprengten Aktivisten, die Richard Krebs noch antraf, waren schnell zu der Einsicht bereit, daß unter diesen Umständen nur mehr eine straff organisierte, konspirative Organisation Aussicht auf Erfolg hatte.

Noch bevor Richard Krebs seine Agitation in vollem Umfang aufnahm, machte er einen Schein als Rettungsbootsmann der Küstenwache, um bei Schwierigkeiten mit der Einwanderungsbehörde ein amerikanisches Dokument vorzeigen zu können.

Danach reiste er die Westküste auf und ab, hinterließ nachts auf Schiffen Flugblätter, die er von Kommunisten auf deutschen Dampfern in Empfang genommen hatte, und traf sich in Häfen der ganzen Westküste mit den kleinen Gruppen von Aktivisten, die den *Red Scare* in Freiheit überstanden hatten. Nebenbei erprobte er erfolgreich die Bestechlichkeit eines Angestellten der »American Shipsowner's Association«, der für das Anheuern der Mannschaften zuständig war, um nachfolgenden Agitatoren das Anheuern auf amerikanischen Schiffen zu erleichtern. Und schließlich erkundete er auch die von den Reedern finanzierten »Christian Seamen's Homes«, billige, gut ausgestattete Herbergen für Seeleute, die diese von radikalen Einflüssen fernhalten sollten.

Im Auftrag des IPK Transport sollte er herausfinden, wie man den Einfluß dieser Heime bekämpfen könne, um die Gründung eigener Heime, der Internationalen Seemannsklubs oder kurz Interklubs, vorzubereiten.

Geld bekam Richard Krebs nicht. Er lebte von den Heuern, die er auf den Küstenfrachtern verdiente, mit denen er zu seinen Einsatzorten unterwegs war. Wenn es nicht anders ging, folgte er dem

Beispiel Avatins und reiste als blinder Passagier. Manchmal, so ließ Richard Krebs Jan Valtin berichten, überwältigte ihn die Einsamkeit, und er sehnte sich nach einem bürgerlichen Leben. Dann träumte er davon, als Kapitän auf der Schiffsbrücke zu stehen. Einmal, als er sich besonders elend gefühlt habe, habe er ein Stück Holz genommen und sich damit auf den Kopf geschlagen, um die bürgerlichen Gedanken zu vertreiben.

Ende 1924 bekam er den Auftrag, nach Hawaii zu reisen. Es folgte die erste von insgesamt vier Fahrten. Er heuerte auf dem Frachter »Calawai« an und schmuggelte wie üblich Propagandamaterial an Bord.

An die Westküste zurückgekehrt, schrieb er einen ausführlichen Report, den er fünfzehn Jahre später voll Stolz auf seine jugendliche Leistung im Gedächtnis auferstehen ließ. Der mehrseitige Report über die Rassenmischung in Hawaii, die Beziehungen der einzelnen Volksgruppen untereinander und die Möglichkeiten ihrer propagandistischen Beeinflussung fiel später offenbar verlegerischen Überlegungen zum Opfer. Nur in der Erstausgabe von *Out of the Night* ist er in voller Länge erhalten geblieben. Man kann davon ausgehen, daß Richard Krebs durch diesen Report in der Zentrale in Moskau ein weiteres Mal als vielversprechender junger Kader vermerkt wurde.

Als nächstes heuerte er auf einem Walfänger an, um eine neue Harpunierkanone zu erkunden. Ein Auftrag, wie er in der Weimarer Republik von Genossen in innovativen Wirtschaftsbereichen als proletarische Pflicht tausendfach ausgeführt wurde und der unter der Bezeichnung »Betriebsberichterstattung« bekannt war. Die »Betriebsberichterstattung« fiel in Deutschland in den Zuständigkeitsbereich des Nachrichtenapparates der KPD, bis die sowjetischen Genossen gegen Ende der Weimarer Republik die Sache immer mehr selbst in die Hand nahmen. Wer Richard Krebs diesen Auftrag erteilen ließ, bleibt eine offene Frage.

Folgt man dem Bericht Jan Valtins, dann ging der nächste Auftrag schief. Wieder sollte er auf der »Calawai« nach Hawaii reisen, diesmal zusammen mit einem Genossen B., den er bereits aus Hamburg kannte. Dort angekommen, sollten sie erste Kontakte zu philippinischen Plantagearbeitern knüpfen. Alles sei gut gegangen, bis ein »patriotisches« Besatzungsmitglied eine kleine Versammlung der beiden mitbekommen und die Deutschen bei dem Kapitän als *Wobblies* denunziert habe. Der wütende Jan Valtin habe die Kontrolle verloren und dem Denunzianten später eine »proletarische Abreibung« verpaßt. Im Sommer 1925 jedenfalls wurde die Einwanderungsbehörde auf ihn aufmerksam. Richard Krebs entkam und hinterließ, nach Festnahme und Flucht Anfang 1924, eineinhalb Jahre später ein zweites Mal Spuren in den Akten amerikanischer Justizbehörden.[65] Gegen Ende des Sommers kehrte er 1925 nach Deutschland zurück.

Von Leningrad über Shanghai nach San Quentin

Im Frühherbst 1925, wenige Monate vor seinem zwanzigsten Geburtstag, kehrte Richard Krebs nach Deutschland zurück. Kaum ein Jahr später, am 16. August 1926, wird er in Los Angeles auf offener Straße festgenommen und wenig später wegen Angriffs mit einer tödlichen Waffe zu einer Haftstrafe von ein bis zehn Jahren Zuchthaus verurteilt.

Der Zeitraum zwischen seiner Rückkehr nach Deutschland und der Verhaftung ist eine der dunkelsten Perioden im Leben des Richard Krebs. Sicher wissen wir, daß er im Frühjahr 1926 auf der »SS Franken«, einem Schiff des Norddeutschen Lloyd, anheuerte und mit ihr im Sommer in China eintraf. Von dort reiste er als blinder Passagier auf dem Passagierdampfer »Empress of Canada« nach Vancouver und wurde acht Tage später und 2000 Kilometer weiter festgenommen.

Er selbst hat zu dem, was er nach seiner Rückkehr nach Deutschland tat, warum er nach Asien reiste und wieso er plötzlich in Los Angeles auftauchte, zwei Versionen hinterlassen. Die erste Version ist die des Jan Valtin, die zweite gab er wenige Monate vor seinem Tod amerikanischen Geheimdienstlern zu Protokoll. Die erste, literarische, Version sollte den Lebensweg seines Alter Ego Jan Valtin rechtfertigen, die zweite den Amerikanern bei der Bekämpfung des Kommunismus helfen, ohne ihnen Material gegen ihn selbst zu liefern. Daher war diese Darstellung nüchtern und sehr kurz. Wie der amerikanische Protokollant notierte, war die Vorgeschichte der Gewalttat in Los Angeles der einzige Abschnitt seines Lebens, über den Richard Krebs die Aussage verweigerte.

Beide Versionen stimmen darin überein, daß sich Richard Krebs nach seiner Rückkehr aus den USA zuerst an seinen väterlichen Freund und Vorgesetzten Albert Walter wandte, um ihm Bericht zu erstatten. Dieser teilte ihm mit, er habe die große Ehre, für eine Schulung in der Sojwetunion ausgewählt worden zu sein.

Sicher hat Krebs außerdem, obwohl es nirgendwo nachgewiesen ist, nach seiner Rückkehr Mutter und Geschwister besucht. Immerhin hatte er sie seit eineinhalb Jahren nicht mehr gesehen. Seine ältere Schwester arbeitete mittlerweile als Krankenschwester, und es ist anzunehmen, daß sie, die nie heiraten sollte, in seiner Abwesenheit die Hauptstütze der Mutter war.

Vielleicht blieb er ein paar Tage oder auch Wochen in Bremen, vielleicht hat er sogar seine geliebte Großmutter in Darmstadt besucht, die genau wie seine Mutter bestimmt nicht glücklich war, daß ihr Enkel sich der gottlosen Sache des Kommunismus verschrieben hatte. Richard Krebs, der das *Kommunistische Manifest* mit derselben Inbrunst las wie seine Vorfahren mütterlicherseits die Bibel, wird von ihren Vorhaltungen kaum beeindruckt gewesen sein. Wie genau er das meistgelesene Werk von Marx und Engels kannte, sollte sich 1941 erweisen, als er Beamte der amerikanischen Einwanderungsbehörde, die den Autor von *Out of the Night* verhörten, mit seiner Detailkenntnis in einige Verlegenheit brachte. Die biederen Offiziellen, die sich zur Untersuchung der Weltanschauung von Richard Krebs – Kommunisten war die Einreise in die USA streng verboten – extra ein Exemplar des gefährlichen Werkes angeschafft hatten, begannen ihr Verhör mit der Frage, ob denn die von Inspektor Elden P. McGlynn am 11. April 1941 erworbene Broschüre – *Communist Manifesto*, elfte Auflage April 1939 – dasselbe enthalte, wie jenes *Communist Manifesto*, von dem in *Out of the Night* in Zusammenhang mit dem Eintritt Valtins in die KPD die Rede sei. Das war natürlich eine rhetorische Frage, nach deren Erledigung die Beamten ihr prominentes Opfer mit den saftigsten Passagen konfrontieren wollten. Doch das

Manöver schlug fehl. Richard Krebs verneinte die Frage und erklärte ihnen Punkt für Punkt, warum die Broschüre, die sie erworben hatten, keineswegs mit der übereinstimme, die er selbst 1923 gelesen habe. Ihr Exemplar sei nämlich die gekürzte Fassung eines von Stalin mehrmals verfälschten Urtextes. Jede einzelne Etappe und jedes Detail der Veränderungen zählte er auf. Er erklärte ihnen auch, mit welchem Abschnitt der Entwicklung der Komintern und welchem ihrer Kongresse die »Korrekturen« jeweils zusammenhingen. Die überforderten Beamten waren sprachlos. Frustriert mußten sie auf die Erörterung des Textes verzichten.[66]

Doch 1925 – die Oktoberrevolution war gerade einmal 8 Jahre her – hätte sich niemand, schon gar nicht ein gläubiger Kommunist wie Richard Krebs, derartige Diskussionen auch nur im Traum vorstellen können.

Nach einem relativ kurzen Aufenthalt in Deutschland brach er nach Leningrad auf. Die Reise war die Erfüllung eines langgehegten Traums. »Ich kann meine Gefühle nicht beschreiben, als ich in der Ferne Land sichtete und die Sowjetunion aus dem Nebel auftauchte«, schrieb er später in *Out of the Night*. »Ich wanderte durch die düsteren Straßen von Leningrad. Meine Schritte waren leicht und sicher. Von all den vielen fremden Städten, in die ich während meines langen Vagabundenlebens gekommen war, war mir Leningrad am wenigsten fremd. Wie ein armer Wanderer kam ich mir vor, der schließlich nach Hause kommt, um zu sehen, ob die Dinge so sind, wie sie sein sollten. … Ich war zufrieden, meinen Kopf hochtragen und meine Augen in die Gesichter einfacher Männer und Frauen versenken zu können, die ihren Platz am Steuer der ersten Diktatur des Proletariats hatten.«[67]

Aber worin bestand seine Ausbildung? Hier gehen beide Versionen diametral auseinander. In *Out of the Night* ist von einem mehrmonatigen Kurs an einer Abteilung der sogenannten Leninschule die Rede, einer Einrichtung der Komintern, an der ausgewählte Kommunisten aus aller Welt in ein- oder mehrjährigen Kursen auf eine Karriere als »Berufsrevolutionäre« vorbereitet wurden. Mit Akribie werden der Schulalltag und die Unterrichtsinhalte – von Clausewitz bis zu Marx und Lenin –, die Mitschüler und Lehrer geschildert. »Unsere Arbeit war … ein Aufreißen und

Umwerfen aller Maßstäbe und Werte, die sich aus den Grundbegriffen: *meine* Erde, *mein* Haus, *mein* Land, *meine* Frau, *meine* Fabrik oder Schiff oder Bergwerk oder Eisenbahn ergaben.«[68]

Aber Richard Krebs ist nie Schüler der Leninschule gewesen, wie ein Blick in die Schülerlisten im Kominternarchiv in Moskau ergibt. Auch seine angeblichen Mitschüler und Lehrer sind nicht aufzufinden.

Daß er in der Sowjetunion eine Schulung erhalten hat, ist indes so gut wie sicher. Anders ist sein späterer, sehr rascher Aufstieg als mittlerer Kominternfunktionär nach seiner Zeit in amerikanischer Haft nicht zu erklären.

Schließlich deutet auch der Anschlag in Los Angeles, wie zu sehen sein wird, zumindest indirekt auf irgendeine Art der Ausbildung.

Was hat Krebs also in Leningrad gelernt?

Den Amerikanern gegenüber war keine Rede von der Leninschule mehr. Gemäß dieser Version soll seine Schulung in Leningrad nichts weiter als ein sechswöchiger Kurs des IPK Transport für zukünftige Gewerkschaftskader gewesen sein. Die behandelten Sachgebiete seien die Organisierung der Arbeiter sowie die Führung und Radikalisierung von Streiks gewesen. Es sei bei diesem Kurs noch nicht einmal um Angelegenheiten der Seefahrt gegangen. Hier muß man vermuten, daß er etwas zu verschleiern suchte. Richard Krebs gehörte trotz seiner Jugend bereits zu den reisenden Kadern des IPK Transport. Und ein Kurs im größten Hafen der Sowjetunion, organisiert durch das IPK Transport, soll sich nicht mit Marineangelegenheiten befaßt haben?

Noch unglaubwürdiger wird diese Aussage dadurch, daß der Kontaktmann in Leningrad laut *Out of the Night* ein Genosse Ryatt gewesen sein soll, der tatsächlich ein führender Kader des IPK Transport war.

Wenn man *Out of the Night* und die Version für den CIC miteinander vergleicht und die engen Beziehungen zwischen dem Kurier- und Nachrichtendienst der Komintern, dem OMS, und des IPK Transport berücksichtigt, die Knüfken so anschaulich beschrieben hat, dann ergibt sich folgendes Bild:

Richard Krebs verbrachte um den Jahreswechsel 1925/26 längere Zeit in Leningrad, wo man ihn getreu der damaligen Politik des IPK Transport in der sogenannten Fraktionsarbeit weiterbildete, d. h. in der Unterwanderung bereits bestehender Gewerkschaften von Seeleuten. Überdies, und dieser Aspekt war sicherlich nicht unwesentlich, hat man ihn in aller Ruhe auf Herz und Nieren geprüft, um seine künftige Verwendbarkeit festzustellen. Bei der engen Zusammenarbeit zwischen IPK Transport und OMS einerseits sowie OMS und den sowjetischen Geheimdiensten andererseits muß er dabei auch ins Blickfeld der GPU oder auch des Marinegeheimdienstes der Sowjetunion geraten sein, der in Leningrad sein Hauptquartier hatte. Vielleicht trat er, auch ohne zu wissen, mit wem er es genau zu tun hatte, in Beziehung mit einem Vertreter dieser Dienste. Hier könnte seine enge persönliche Beziehung zu Michael Avatin eine Rolle gespielt haben. Denkbar ist auch, daß Hermann Knüfken, der damals faktisch wichtigster Verbindungsmann des IPK Transport in Leningrad war, Richard Krebs im Auftrag des OMS auf seine Verwendbarkeit prüfte.

Im Frühjahr 1926 tauchte Richard Krebs wieder in Westeuropa auf. In Rotterdam heuerte er auf der »Franken«, einem Schiff des Norddeutschen Lloyd, an, die sich auf ihrer Jungfernfahrt in den Fernen Osten befand. Die Reise ging über Genua, den Suezkanal, Indien und Indonesien nach Hongkong, wo Richard Krebs das Schiff verließ. Von Hongkong aus gelangte er nach Shanghai. In Shanghai begab er sich als blinder Passagier auf das Passagierschiff »Empress of Canada«, erreichte Ende Juli oder Anfang August den kanadischen Hafen Vancouver und wurde zwei bis drei Wochen später in Los Angeles verhaftet.

Die Stationen dieser Reise um den halben Erdball sind aus verschiedenen Quellen rekonstruierbar.[69] Der Hintergrund dagegen wirft Fragen auf. Sieht man einmal davon ab, daß es zum Beruf des Seemanns gehört zu reisen, so ist schon nicht mehr ohne weiteres zu erklären, weshalb er aus Shanghai als blinder Passagier verschwand, statt mit seinem Seemannsbuch legal auf einem Schiff anzuheuern. Immerhin stand er trotz seiner beiden Verhaftungen auf keinem Fahndungsblatt der USA.

Um sich dem zu nähern, was ihn in diesen paar Monaten um die halbe Welt führte, kann man wieder die zwei erwähnten Versionen zum Vergleich heranziehen.

In *Out of the Night* ist die Reise durch einen Kurierauftrag motiviert. Jan Valtin soll Geld und Säcke ihm unbekannten Inhalts an den verschiedenen Stationen Kontaktleuten übergeben, die sich ihm gegenüber durch bestimmte Erkennungszeichen, etwa die zweite Hälfte einer Fotografie, ausweisen. Er führt seinen Auftrag erfolgreich aus und schließt sich in Shanghai einer internationalen Gruppe von Kommunisten an, die dort unter den Matrosen der Kolonialmächte agitieren. Während er sich in Shanghai aufhält, erreicht ihn der Auftrag, sich so schnell wie möglich nach San Francisco zu begeben, wo ihn weitere Instruktionen erwarten. Weil er auf die Schnelle kein Schiff findet, auf dem er anheuern kann, schmuggelt er sich als blinder Passagier an Bord der »Empress of Canada«, die sich auf dem Weg nach Kanada befindet.

Dem CIC gegenüber bestand er darauf, daß die Fahrt nach Asien nichts mit irgendeinem Parteiauftrag zu tun hatte. Erst in Shanghai habe die Partei wieder mit ihm Kontakt aufgenommen und ihm den bewußten Auftrag erteilt. Während in *Out of the Night* der Auftrag, sich sofort an die Westküste der Vereinigten Staaten zu begeben, von einer unbestimmten Instanz kommt, heißt es in der CIC-Version explizit, daß er aus Hamburg gekommen sei.

Grundsätzlich ist die CIC-Akte die glaubwürdigere Quelle. Schließlich machte Richard Krebs alle seine Aussagen freiwillig, mit dem Ziel, den Amerikanern im beginnenden Kalten Krieg möglichst viel Material zu verschaffen.

Trotzdem macht seine Aussage mißtrauisch. Richard Krebs sollte um die halbe Welt reisen und dabei Hamburg stets wissen lassen, wo er sich gerade befand, ohne im Parteiauftrag unterwegs gewesen zu sein? Wie der amerikanische Protokollant in einem Nebensatz feststellte, war die Vorgeschichte des Angriffs auf den Ladenbesitzer in Los Angeles die einzige Zeit in seinem Leben, über die Richard Krebs keine Auskunft geben wollte. Und zu dieser Vorgeschichte gehört die Reise nach Asien. Was also hatte er zu verbergen?

Geht man von der Version in *Out of the Night* aus, nämlich daß er einen Kurierauftrag ausführte, dann deutet dies so kurz nach seiner Zeit in Leningrad darauf hin, daß sich seine Ausbildung dort nicht auf Gewerkschaftsangelegenheiten beschränkte, sondern auch mit dem OMS, dem Verbindungs- und Nachrichtendienst der Komintern, oder sogar mit einem der sowjetischen Geheimdienste zu tun hatte.

Seine Reise als blinder Passagier nach Vancouver war das letzte große Abenteuer seiner Jugend, das durch Akten wie auch durch die Erinnerungen eines anderen Passagiers bestätigt wird – ein Glücksspieler, mit dem er sich durch einen unglaublichen Zufall Jahre später in derselben französischen Gefängniszelle wiederfand.[70]

Als Jan Valtin beschrieb er später, wie er sich mit dem Ruf »Ein Telegramm für Mr. Collins« frech an Bord des Passagierdampfers drängte und dort blitzschnell abtauchte. »Schiffe konnten mich nicht in Verlegenheit bringen. Ich bog in einen Durchgang ein, kletterte eine Kajüttreppe hinauf, lief das Promenadendeck entlang, kletterte eine Leiter hinauf und rannte zum dritten Schornstein der *Empress*. Er rauchte nicht; es war eine Attrappe, die nur aus ästhetischen Gründen angebracht worden war. Für eine lange Reise war die Innenseite eines Kamins ein besseres Versteck als ein Rettungsboot.«[71]

Auf der Reise machte er die Bekanntschaft jenes Abenteurers, den er später unter ganz anderen Umständen wiedersehen sollte und der sich zusammen mit einem Kumpan die Überfahrt durch Glücksspiel vergoldete. Die beiden luden den blinden Passagier zu ihren Gelagen im Speisesaal ein, was lange Zeit nicht auffiel, bis ein Kellner auf die Idee kam, die Anzahl der Speisenden mit der der Passagiere der ersten Klasse zu vergleichen. Zwar sperrte man ihn daraufhin in ein improvisiertes Schiffsgefängnis, aber auch dort blieb er nicht lange. In Vancouver entkam er von dem Schiff und schlug sich nach Kalifornien durch. Dort wurde er im August in Los Angeles verhaftet.

Was war passiert? Bei dem Prozeß am 22. Oktober 1926 faßte der Staatsanwalt das Geschehen so zusammen: »Am 16. August 1926 betrat der Angeklagte den Laden des Morris Goodstein, um ein paar Dinge zu kaufen. Als Goodstein dabei war, die Ware einzupacken, schlug der Angeklagte ihm mit einem Revolver auf den Kopf. Dann richtete er die Waffe auf ihn und sagte: ›Hände hoch.‹ Darauf begann Goodstein zu schreien und den Angeklagten mit Waren zu bewerfen. Dieser erschrak, rannte aus dem Laden und in eine Gasse hinein. Dort wurde er mit dem Revolver in der Hand festgenommen.« Einige Zeilen weiter heißt es: »Der Angeklagte bestätigt die obige Beschreibung des Tathergangs und behauptet, daß dem Angriff ein Streit vorausgegangen sei«[72] – der einzige Kommentar von Krebs zu den Anschuldigungen.

Richard Krebs wird wegen Angriffs mit einer tödlichen Waffe zu einer Strafe von ein bis zehn Jahren Zuchthaus verurteilt. In die kurze Urteilsbegründung ließ der Vorsitzende Richter Edwin F. Hahn folgenden Satz als Schlußwort aufnehmen: »Für den Angriff scheint es keinerlei mildernde Umstände zu geben, die die Tat irgendwie rechtfertigen könnten, und das Gericht neigt stark zu der Ansicht, daß der Angeklagte geistig nicht ganz normal ist.«[73]

Tatsächlich paßt der Tathergang so wenig zum Charakter eines Mannes, den ein amerikanischer Ermittler 17 Jahre später als »kräftigen Schlägertypen« bezeichnen wird, der sich seiner Haut zu wehren weiß und den sein Genosse Ede Nikolajczik für die Kaltblütigkeit bei einer Saalschlacht mit den Nazis bewundern sollte, daß sich, will man nicht der Ansicht des Richters folgen, ein verborgenes Motiv geradezu aufdrängt.[74]

In *Out of the Night* stellt sich die Vorgeschichte der Tat wie folgt dar: Nach Verlassen der »Empress« reist Jan Valtin illegal in die Vereinigten Staaten ein und begibt sich zu der Adresse in San Francisco, die man ihm in Schanghai übermittelt hatte. Dort gibt ihm eine freundliche Mitarbeiterin des sowjetischen Geheimdienstes Gelegenheit, sich auszuruhen und langsam zu akklimatisieren.

Nach ein paar Tagen befiehlt ihn ein eiliges Telegramm dringend nach Los Angeles. Ein Mitarbeiter eines sowjetischen Geheimdienstes, den er nur unter dem Namen »Getsy« kennt, erteilt ihm den Befehl, die »Exekution eines Verräters« durchzuführen. Der junge Revolutionär schwankt zwischen blindem Gehorsam und spontaner Gegenwehr gegen das Töten. »Es ist etwas anderes, den Gegner auf den Barrikaden zu bekämpfen. Man schießt auf ihn aus

Notwehr oder in wilder Wut; aber mit Absicht töten?« Trotz aller Zweifel nimmt er den Auftrag an. »Tausendmal schlimmer als Gehenktwerden war der Ausschluß aus der Partei.«[75]

Der seltsame Hergang der Tat, der Einsatz des Revolvers als Schlaginstrument, wenn es auch die Fäuste getan hätten, und schließlich die lächerliche Flucht vor dem Ladenbesitzer, nachdem dieser ihn mit ein paar Waren beworfen hatte – dies alles deutet darauf hin, daß Richard Krebs tatsächlich in dem Zwiespalt steckte, den er später in *Out of the Night* beschrieben hat. Die halbherzige Ausführung des Auftrags war für den überzeugten Kommunisten der einzige Ausweg aus einem existentiellen Dilemma.

Eine Frage drängt sich auf, die ihm sicherlich auch die amerikanischen Geheimdienstler gestellt hätten, hätte Krebs sich nicht rundheraus geweigert, zur Vorgeschichte des Anschlags auszusagen. Ist es möglich, daß ein sowjetischer Geheimdienstmann einem völlig unerprobten Genossen einen solchen Auftrag erteilt? Es ist zumindest sehr unwahrscheinlich, selbst wenn man berücksichtigt, daß 1926 die Gründung der sowjetischen Geheimpolizei erst wenige Jahre zurücklag. Entweder hatte der Auftraggeber, jener geheimnisvolle »Getsy«, den ihm unbekannten Genossen auf gut Glück und auf eigene Verantwortung vorgeschickt. Oder aber Richard Krebs war dem Auftraggeber bereits als geeignet avisiert worden. In diesem Fall muß es eine Vorgeschichte zu der Tat geben, die sich irgendwann in jenem Zeitraum zwischen seiner Rückkehr nach Deutschland und seiner Verhaftung in Los Angeles abgespielt hat. Und zwar aller Wahrscheinlichkeit nach in Leningrad, wo Richard Krebs – so steht zu vermuten – Kontakt zu sowjetischen Genossen hatte, die zu dem Schluß kamen, daß man den jungen Deutschen noch für ganz andere Aufträge gebrauchen konnte.

Autodidakt in »living hell«

Am 22. Oktober 1926 trat Richard Krebs eine Haftstrafe an, die bis zu zehn Jahren dauern konnte. Strafen unbestimmter Dauer waren und sind eine Spezialität der amerikanischen Rechtspflege, die die

Kontrolle der Häftlinge erleichtern soll; das tatsächliche Strafmaß wird je nach »Führung« im Laufe der Haftzeit festgelegt. Wie mag sich der junge Seemann gefühlt haben, als er für unbestimmte Zeit hinter den Mauern von San Quentin verschwand?

San Quentin an der Bucht von San Francisco war in den zwanziger Jahren die größte Haftanstalt an der Westküste der Vereinigten Staaten und hatte schon damals den Ruf, eine »living hell«, eine »Hölle auf Erden«, zu sein, wie es in dem berühmten Lied von Jonny Cash heißt, der hier dreißig Jahre später einsaß. 1929 gab es in San Quentin 4883 Gefangene, unter ihnen 293 lebenslängliche und 16 Gefangene in der Todeszelle.[76]

Unter den Häftlingen waren alle Nationen vertreten. Neben Hunderten von Gefangenen mit europäischer Staatsbürgerschaft gab es Chinesen, Inder, Afrikaner und ein paar Dutzend Japaner.

In autobiographischen Notizen, die er 1942 einer Sammlung seiner ersten Kurzgeschichten *Bend in the River* hinzufügte, beschrieb Richard Krebs den neuen Gefängnisbau von San Quentin als »gewaltigen Betonblock, ausgehöhlt von langen Korridoren aus Stahl und Beton, der mit den steilen Treppen und brusthohen Geländern wie ein seltsam aussehendes Kriegsschiff wirkte, das ein wahnsinniger Ingenieur konstruiert hatte«. In jedem der achthundert Zellen befanden sich »mindestens zwei Häftlinge, die bei einem Bewegungsraum von zweieinhalb Metern mal sechzig Zentimetern irgendwie miteinander auskommen mußten«.[77]

Als Neuankömmling wurde Richard Krebs vorerst in die Müllbrigade eingeteilt, die den Hof fegte und die Abfälle einsammelte. Wenige Wochen später überführte man ihn in die berüchtigte Jutemühle, wo, wie ein Mithäftling schrieb, »tausend Männer bei rückgratbrechender und herzzerreißender Arbeit versuchten, ein willkürlich festgelegtes tägliches Soll zu erfüllen, indem sie aus alten, zerfetzten, unhandlichen Lumpen neuen Stoff produzierten. Wo fast täglich eine Wache hoch oben von der Mauer herab in die Menge schoß. Wo abprallende Kugeln oft Häftlinge verwundeten und manchmal töteten, die ihre Arbeit verrichteten und völlig ahnungslos waren von den wirklichen oder angeblichen Regelverletzungen, die das Geschieße ausgelöst hatten.«[78] Häufig verhängte man »schwere Strafen gegen die Unglücklichen, die nicht imstande waren, das Soll zu erfüllen: Es wurden ihnen Vergünstigungen entzogen, die Tabakration gestrichen, Briefe nicht ausgehändigt oder Punkte für gute Führung abgezogen. Manchmal wurden sie ins Loch geworfen, einen Keller mit winzigen Zellen, in dem es immer kalt, feucht und dunkel war, wo die Häftlinge einmal täglich nichts als Brot und Wasser bekamen und, praktisch nackt, nur eine dünne und schmutzige Decke hatten.

In der Jutemühle kam es zwischen den gereizten Männern zu Kämpfen, Schlägereien und zu förmlichen Aufständen. Physisch, geistig und moralisch ausgehöhlt, wurden sie zu Tieren. Betäubt von dem unaufhörlichen Geklapper und Getöse der uralten Maschinen, mußten sie den infektiösen Staub der Fasern aus dem Fernen Osten einatmen. Viele brachen an ihren Webstühlen zusammen, nachdem sie wiederholt vergeblich um die Erlaubnis gebeten hatten, die Krankenstation aufsuchen zu dürfen. Wer sich außerhalb der dafür vorgesehenen Zeit krank meldete, wurde wegen Simulierens bestraft.«[79]

In seinen Erinnerungen berichtet einer seiner Mithäftlinge, ein Mann mit literarischen Ambitionen namens Gil »Pat« Rankins, auch von Richard Krebs, der in San Quentin unter dem Spitznamen »Skipper« bekannt war. Auf die Frage, wie er die Jutemühle ausgehalten habe, habe »Skipper« ihm geantwortet: »Ich habe 15 Kilo verloren. Aber Seeleute sind zäh. Besonders wenn sie auf europäischen Schiffen gesegelt sind.«[80]

Der physisch robuste Richard Krebs, der, anders als die meisten anderen Häftlinge, über eine gefestigte Weltanschauung verfügte, die ihm half, die harten Bedingungen zu ertragen, hatte bald den Bogen raus. Nach den ersten drei Monaten schaffte er die für acht Stunden berechnete Arbeit in vier oder fünf. Die gewonnene Zeit verbrachte er mit Lesen, was in der Jutemühle nicht ungefährlich war, denn wenn ein Wärter auf der Umfassungsmauer einen lesenden Häftling bemerkte und der Meinung war, daß dieser faulenzte, war er nach einem kurzen Warnruf berechtigt, auf ihn zu schießen.

»In diesen 13 Monaten habe ich wahrscheinlich mehr gelesen, als ich normalerweise in zehn Jahren je gelesen habe. Ich hatte vorher noch nie auf englisch gelesen. Ich las englisch vor allem deswegen, weil es mir die vernünftigste Art schien, eine Sprache zu lernen. Ich lernte Englisch, um das, was ich las, besser verstehen und würdigen zu können. Ich weiß nicht, warum ich es tat. Es war ein natürliches Bedürfnis.«[81]

Er fing mit Jack Londons *Lockruf der Wildnis* an und verschlang bald alles, was es von dem Autor in der Gefängnisbibliothek gab. Dann ging er zu Joseph Conrad über, in dem er das literarische Vorbild fand, dem er sein ganzes Leben lang nacheifern sollte. Joseph Conrad, polnischer Herkunft, hatte genau wie Krebs erst auf den Weltmeeren Englisch gelernt und es in der ihm ursprünglich fremden Sprache zu unbestrittener Meisterschaft gebracht. Seine Themen – das Meer, die Seeleute, die Brutalitäten der Kolonialisierung und die Konfrontation des einzelnen mit einer ihm fremden Gesellschaft – waren die des auf sich selbst zurückgeworfenen deutschen Gefangenen.

Abends, nachdem die Zelle verriegelt wurde, machte der junge Häftling seine ersten Schreibversuche. Ein Mörder, der in der Möbelwerkstatt des Gefängnisses arbeitete, fertigte ihm ein größeres Brett, das ihm, auf den Knien liegend, als Schreibtisch diente. Papier und Bleistift beschaffte er sich aus der Gefängnisbücherei. So saß er nach der letzten Zählung mit dem Brett auf den Knien auf dem Toilettensitz und schrieb, bis eine Glocke das Löschen des Lichts signalisierte.

Wenn er danach im Dunkeln auf seinem Bett lag, hatte er die Angewohnheit, leise Wörter und Sätze vor sich hin zu murmeln, um sein Vokabular zu vergrößern und flüssiges Sprechen zu üben.

Zu Beginn nahmen die Mithäftlinge wenig Notiz von dem deutschen Matrosen, der sich sofort in ein Buch vertiefte, wann immer er einen Moment Zeit dazu fand. Die einzigen Häftlinge, mit denen er zu dieser Zeit engeren Kontakt hatte, waren Aktivisten der IWW, die man teilweise schon vor dem Ersten Weltkrieg in getürkten Prozessen abgeurteilt hatte. Der Prominenteste unter ihnen war Jim McNamara, den man bereits 1908 in einem umstrittenen Verfahren wegen angeblicher Beteiligung an einem Bombenanschlag auf die *Los Angeles Times* zu lebenslänglicher Haft verurteilt hatte. Der ältere Mann war der erste Häftling, mit dem Richard Krebs in einen engeren Kontakt trat.[82]

Zum Leben in San Quentin gehörten die häufigen Hinrichtungen. Wie Rankins später schrieb, drohte die Stimmung der Gefangenen an solchen Tagen in Rebellion umzuschlagen.

»Dann war ›schwarzer Freitag‹ in S. Q. Das bedeutete: Tag der Exekution irgendeines armen Teufels, der aus seiner Zelle im Todestrakt im Mittelgeschoß des alten Gefängnisses Nr. 1 herausgeholt und hinunter in die Hooligan Alley eskortiert wurde. Von da ging es drei Stock an der nördlichen Außentreppe des großen, rechteckigen Fabrikgebäudes hoch in den Raum, wo der Galgen stand, neben dem Zimmer der Gefängniszeitung.

Gehenkt wurde immer Freitag morgens exakt um 10.30. Das Opfer wurde immer Dienstag nachmittag direkt nach dem Umschluß aus dem Todestrakt geholt und dann bis zum Freitag in einem Holzkäfig in dem nördlichen Zimmer neben dem Hinrichtungsort festgehalten. Und ungefähr um neun Uhr morgens an einem solchen Freitag wurden alle Häftlinge, die im Fabrikgebäude, dem alten Krankenhaus, der Bücherei, der Schule oder anderen Gebäuden arbeiteten, im Großen Hof zusammengeführt. Sie mußten dort im Freien bei jedem Wetter bleiben, bis die Halstuchparty vorbei war.

Schwarze Freitage waren schreckliche Tage. Niederdrückend und nervenzerreibend. Die Häftlinge waren in einer bösartigen Stimmung. Eine Stimmung, bei der der kleinste Funke genügte, um eine Explosion auszulösen. Alle waren angespannt und gereizt.«[83]

An solchen Tagen war auch Richard Krebs, wie er später in den autobiographischen Notizen zu *Bend in the River* schrieb, kurz davor, seine selbst auferlegte Zurückhaltung zu verlieren.

»Während der ersten fünf oder sechs Hinrichtungstage, die ich in San Quentin erlebte, erfüllte mich die Zeit zwischen 10 und viertel nach an einem Freitag mit einem unbeschreiblichen Gefühl der Spannung und der Abscheu. Ein menschliches Wesen wurde gehenkt, und es gab nichts, was ich dagegen tun konnte. Ich stellte mir mich selbst anstelle des Verurteilten vor. Ich durchlebte den ganzen Todeskampf des Gehenktwerdens. Empörung und Abscheu steigerten sich in mir zu einem wahnsinnigen Haß auf ein System, das mit frommem Ernst Menschen langsam zu Tode würgte. Jeder Gehenkte war ich.«[84]

Später sei er ruhiger geworden, und nach der zehnten oder zwölften Hinrichtung habe er sich auf dem überfüllten Hof sogar in ein Schachspiel vertiefen können.

»Trotzdem blieb meine düstere Stimmung. Ich bekämpfte meinen Drang, über Rebellion zu schreiben. ›Laß dich nicht hinreißen‹, ermahnte ich mich, ›bleib bei der See‹«.

In die Endphase seiner Zeit in der Jutemühle fiel die Veröffentlichung seiner ersten Kurzgeschichte in der Gefängniszeitschrift, dem *San Quentin Bulletin*. Sie erschien nicht unter seinem eigenen Namen, sondern unter dem eines Mithäftlings, dem ungeratenen Sprößling einer reichen Familie, der seine Verlobte beeindrucken wollte. Untypisch für die ersten Schreibversuche von Richard Krebs, handelte sie nicht vom Seemannsleben, sondern war ein Loblied auf die Gefängnisbibliothek. Richard Krebs, der mit allen Mitteln versuchte, aus der Jutemühle herauszukommen, hatte die Erzählung ursprünglich nur verfaßt, um den Wärter der Gefängnisbücherei, seines bevorzugten Arbeitsplatzes, für sich zu gewinnen. Als absehbar war, daß ihm der Wechsel aus anderen Gründen gelingen würde, überließ er die Geschichte seinem wohlhabenden Bekannten.

In den Erinnerungen von Gil »Pat« Rankins an San Quentin findet man eine eindrucksvolle Beschreibung seiner ersten Begegnung mit dem Mithäftling und späteren Freund Richard Krebs in der Gefängnisbibliothek:

»Es war an einem rauhen, nebligen Frühlingstag 1928. Ich stand vor der Buchausgabe in der Gefängnisbücherei. Einige Dutzend Gefangene befanden sich in dem großen Raum, der den größten Teil des Erdgeschosses des ehemaligen Gefängniskrankenhauses einnimmt. Hinter mir, von der anderen Seite des Raumes her, hörte man plötzlich zornige Stimmen. Dann wurde auch geschubst. Ich drehte mich um und sah einige Gefangene, die sich vom Zentrum der Unruhe eilends absetzten, ganz intuitiv, wie es typisch ist für erfahrene Häftlinge. In einem Gefängnis ist ein Kampf eine böse Sache, von der man besser nichts sieht, hört und weiß, ja sogar besser nicht im Verdacht steht zu wissen.

Männer drängten sich durch den einzigen Ausgang.

Drei Häftlinge waren in den Streit verwickelt. Ein plumper,

pausbäckiger Junge hielt einen kräftigen Mann mit einem böse aussehenden Messer an der Jacke fest, der gerade dabei war, ihn abzuschütteln und auf einen dritten Mann loszugehen, der zwischen Wand und Buchausgabe in der Falle saß.

Dann bemerkte ich Skipper Krebs, obwohl ich ihn nicht sehen konnte; ich spürte ihn mit den Füßen. Zuerst fühlte ich, wie Vibrationen von dem Holzfußboden meine Beine hochstiegen. Dann hörte ich den mächtigen Klang der Stimme, die das Gebäude wie ein tiefer Orgelton erschütterte. Es war eine Stimme, die gar nicht so sehr laut klang, die man aber sehr stark fühlte.

Einen Augenblick, nachdem ich dieses Geräusch gehört hatte, sah ich etwas – es war ein schweres Lexikon – einige Meter durch den Raum fliegen. Aus meinem rechten Augenwinkel sah ich, wie eine große Gestalt über den Buchschalter segelte und auf den Gefällten zueilte. Irgendwie las sie auf dem Weg das Messer auf, und mein Blut gefror bei dem Gedanken daran, was jetzt passieren würde.

Aber ich sollte mich irren. Der lange Neuankömmling fegte den Kräftigen mit der Leichtigkeit eines Akrobaten, der eine alte Übung wiederholt, vom Boden auf und trug mit ihm mit langen Schritten ein Dutzend Meter außer Sichtweite in das Büro des Kaplans. Den Kehlen der 12 oder 15 Häftlinge, die es noch nicht aus dem Raum geschafft hatten, entfuhr ein Seufzer – vor Staunen und vor Erleichterung. Es war wieder Füßescharren und Gemurmel zu hören, als sich diese wenigen in Bewegung setzten, bis es plötzlich wieder abbrach.

›Mal herhören, Leute.‹ Wieder war die tiefe Orgelpfeife zu vernehmen. Jeder blieb auf der Stelle stehen und beäugte den lockigen Riesen, der in der Tür zum Büro des Kaplans stand. Seine Füße standen weit auseinander, wie die eines Seemanns, und er schien sich etwas vornüber zu lehnen, so wie man sich auf See gegen eine steife Brise lehnt.

›Hört zu‹, brummte er beschwichtigend. ›Nichts ist hier gerade passiert, klar? Kein Streit, nichts. Nichts gesehen, nichts gehört … Und jeder, der etwas anderes behauptet, ist ein Lügner – ein verdammter Lügner. Verstanden?‹

Mit Genicke und Gemurmel wurde Einverständnis ausgedrückt.

Dann grinste der große Kerl, warf die Arme nach oben und nach vorne und entließ so seine Zuhörer.«[85]

Mit dem Wechsel in die Bibliothek hatte für Richard Krebs ein neues Leben begonnen. Gegen den Widerstand einiger seiner *Wobblie*-Freunde, die ihn vor dem bewahren wollten, was sie die »kapitalistische Pressehure« nannten, schrieb er sich für einen Fernkurs in Journalismus bei Arthur L. Price, einem bekannten Publizisten, an der Universität von Berkeley ein. In Arthur L. Price gewann er einen uneigennützigen Kritiker und großen Förderer seines literarischen Talents, mit dem der Kontakt zeit seines Lebens nie ganz abbrechen sollte. Richard Krebs schickte ihm nach und nach Hunderte von Seiten über verschiedene Themen zur Begutachtung und Kritik. Nach seiner eigenen Einschätzung war das meiste noch »lächerlich stürmisch und unreif«.[86]

Arthur L. Price war vom Talent des deutschen Gefangenen überzeugt, obwohl dieser sich nicht immer an das hielt, was ihm aufgetragen wurde. »So schrieb ich wie ein Seemann über ferne Meere, statt als guter Journalist über die interessanteren Aspekte des Gefängnislebens zu berichten: wie zum Beispiel über die Jutemühle oder die Gefängniswerkstatt oder den tödlichen Kampf zweier inhaftierter Zuhälter um die Gunst eines parfümierten Jungen, den wir die ›Königin von Saba‹ nannten.«[87]

Neben dem Kurs in Journalismus bei Arthur L. Price belegte er an der Fernuniversität von Kalifornien noch eine Reihe weiterer Fächer. In den zwei Jahren bis zu seiner Entlassung kam er auf insgesamt 17 Semester in Spanisch, Französisch, Englisch, Russisch, Mathematik, Astronomie und Kartenlesen. Wie Arthur L. Price später schrieb, war der deutsche Insasse von San Quentin in einigen Disziplinen der bis dahin beste Absolvent in der Geschichte der Fernuniversität.

Nach einem Jahr als Gefängnisbibliothekar wurde Richard Krebs Sprach- und Mathematiklehrer in der Gefängnisschule, was einen Autor der Gefängniszeitschrift zu einer Beschreibung seines Unterrichts animierte:

»Sowie man durch die Tür tritt, begegnet man einer Flut von gutturalem Deutsch. Der Lehrer dieser Klasse ist ein junger deutscher Seemann mit der Statur und der Wanderlust eines Wikingers.

Seine Stimme, donnernd geworden durch die Versuche, die Winde Kap Horns zu übertönen, rumpelt etwas zittrig, wenn er versucht, die Lautstärke herunterzufahren. Mit seinem feurigen Blick aus einer Masse lockigen, schwarzen Haares heraus erinnert er uns an einen eingezäunten jungen Bullen, bereit, seinen Widerstand gegen die Wärter herauszubrüllen. Seine Schüler müssen oft über die lebhaften Worte und Gesten ihres wortgewaltigen Pädagogen lachen ... Und durch seine erstaunlichen Beschreibungen fremder Orte versteht er es, sie immer wieder in Begeisterung zu versetzen.«[88]

Dem deutschen Musterhäftling, dem es in zwei Jahren gelungen war, sich bis zum Lehrer emporzuarbeiten, wurde von der Zuchthausleitung offenbar großes Vertrauen entgegengebracht. Vom überforderten Gefängniszensor wurde er zur Übersetzung von Briefen aus dem Dänischen, Schwedischen, Norwegischen und Holländischen herangezogen, was den Häftlingen, denen man andernfalls ihre Briefe nicht ausgehändigt hätte, durchaus recht war. Wir wissen aus seinem Nachlaß, daß Richard Krebs diesen Posten benutzte, um mit Hamburg und Albert Walter wieder in engeren Kontakt zu treten. Was er ihnen schrieb, hat er nicht mitgeteilt.[89]

Aus den Erinnerungen Rankins' geht hervor, daß sich Richard Krebs allgemeiner Beliebtheit erfreute. Die Häftlinge drängten sich in seinen Unterricht, und seitdem »Skipper« ab Februar 1929 im *Bulletin* seine Seefahrtsgeschichten unter eigenem Namen veröffentlichte, wurde er zu einer der populärsten Figuren im Zuchthaus, und man bat ihn in allen möglichen Fragen um Rat.

Richard Krebs fühlte sich, soweit dies überhaupt möglich war, in San Quentin nach eigener Aussage »wohl«. Er ging ganz in seiner Arbeit, seinem Schreiben und seinem Studium auf und versuchte alles andere zu verdrängen. Wie es trotzdem in ihm rumorte, zeigte sich, als er auf wiederholtes Drängen des Englischlehrers, der einmal in der Woche nach San Quentin kam, für diesen »Notizen über das Gefängnisdasein« zusammenstellte.

»Inhaftierter Prediger: Wenige kommen als bessere Menschen raus, als sie hineingekommen sind ... Die Jutemühle produziert jedes Jahr vier Millionen Säcke. Jeden Sommer leiden siebenhundert Häftlinge unter Durchfall und kämpfen wie die Tiere, um eine der wenigen Toiletten zu benutzen. Die Ärzte sagen, daß die Sommerhitze Bakterien in der Jute aktiviert, die die Krankheit verursachen ...

Sam Thomas, ein Schwarzer, wurde im März exekutiert. Man hatte ihn wegen Mordes an einem Mädchen namens Rose verurteilt, nachdem ihn ein Mädchen namens Ruby verraten hatte, das selbst wenig später von einem Unbekannten getötet wurde.

Als Sam Thomas unter dem Galgen stand, bat er den Henker, ihn sich zu einem letzten Gebet hinknien zu lassen. Der Henker antwortete: ›Klar Sam, kein Problem.‹

Genau in dem Moment, als Sam seine Knie beugte, um zu beten, gab der Henker das Signal, die Falltür zu öffnen. Dreizehn Minuten hing Sam am Ende des Seils, bis er endlich tot war.«[90]

Ab Mitte 1927, nach Tagung der Bewährungskommission, wußte Richard Krebs, daß er, vorausgesetzt, er fiel nicht unangenehm auf, Ende 1929 mit seiner Entlassung rechnen konnte. Seine Gefühle waren, wie er dreizehn Jahre später schreiben sollte, gemischt. Nach drei Jahren San Quentin, 17 Semestern Fernuniversität und ersten schriftstellerischen Erfolgen hatte sich sein geistiger Horizont gewaltig erweitert; das *Bulletin* vermerkte: »Die Reise- und Seefahrergeschichten, die Krebs von Zeit zu Zeit im Bulletin veröffentlichte, haben in literarischen Kreisen einiges Interesse hervorgerufen – nicht nur in Kalifornien, sondern auch in Chicago und New York.«[91]

In den Notizen zu *Bend in the River* schrieb Richard Krebs, die drei Jahre in San Quentin seien die drei produktivsten und glücklichsten Jahre seines Lebens gewesen.

»Es stimmte, daß ich dünn geworden war und daß meine einst stahlharten Muskeln für meinen Geschmack zu wabbelig geworden waren. Meine Schultern hatten sich etwas gekrümmt, und mein Rücken war nicht mehr so gerade. Zu viele Wochen hatte ich über Bücher gebeugt in engen Zellen und staubigen Höfen zugebracht. Zu viele Monate hatte ich mich beim Schreiben auf dem Toilettensitz oder vor der alten Schreibmaschine gekrümmt, für die ich ein Jahr auf Tabak und Zucker verzichtet hatte. Aber ich hatte Navigation, höhere Mathematik und Astronomie gemeistert. Ich konnte fließend Englisch lesen und schreiben, obwohl ich mich immer noch unbeholfen und unreif ausdrückte. Ich hatte genug Spanisch und Französisch gelernt, um zu lesen und mich verständlich machen zu können. Ich hatte Kartenzeichnen, etwas Russisch, Schiffsbau, etwas Soziologie und Erziehungstheorie studiert und mich zu Philosophien vorgewagt, die nicht von Lenin oder Marx stammten. All dies hätte ich nicht tun können, wäre ich nicht ins Gefängnis gekommen. Das Leben hätte mir einfach keine weitere Chance geboten. Ich war S. Q. dankbar.«[92]

Wie Rankins, der seine Einstellung keineswegs teilte, damals notierte, war sein deutscher Mithäftling immer noch von der Notwendigkeit einer »gewalttätigen Revolution« überzeugt.

Sicher sind Richard Krebs in San Quentin aber auch seine Möglichkeiten in der bürgerlichen Gesellschaft bewußt geworden. Unmöglich, daß er, der Sohn eines Kapitäns, in der Einsamkeit des Gefangenendaseins nicht an seinen Jugendtraum vom Abschluß der Seemannsschule zurückgedacht hatte, der, wie seine erfolgreichen Studien an der Fernuniversität von Kalifornien bewiesen, für ihn relativ leicht zu erreichen gewesen wäre. Auch seine schriftstellerischen Erfolge müssen ihm gezeigt haben, daß es ein Leben außerhalb der Bewegung gab. Tatsächlich sollte er sich nach seiner Rückkehr nach Deutschland in der Quadratur des Kreises versuchen; sollte versuchen, irgendwie beides miteinander zu vereinbaren: die geistige und soziale Heimat seiner Genossen und die Erfüllung seiner ganz persönlichen Träume.

Die letzten Zeilen, die das *Bulletin* von ihm veröffentlichte, erschienen im Februar 1930, drei Monate nach seiner Entlassung. Die »Rückkehr« betitelt, wirken sie im nachhinein wie ein prophetischer Alptraum von den Schrecken, die ihn in den nächsten Jahren erwarten sollten: »Ein Mann, der sich nach langen Jahren im Gefängnis den Weg durch den Sturm nach Hause bahnte. Die Krallen des Windes zerrten unablässig an seiner nassen Kleidung, als wäre er ein wildes Tier. Es schien, als wollte er dem Hin- und Hergerissenen zeigen, was er vom Leben zu erwarten hatte.

Dumpf krochen die Gedanken vor sich hin. Orte glitten vorüber in der wachsenden Dunkelheit. Dunkle, vom Wind zerrissene Schemen erschienen plötzlich und lösten sich wieder auf, wie vom Erdboden verschluckt. …

Der Mann mühte sich weiter durch die Nacht. Er kam an einem verwachsenen Baum vorbei mit knochigen Armen und häßlichem Wurzelgewirr. Nach einer Schlacht zwischen bewaffneten, rebellierenden Arbeitern und gegnerischen Soldaten war hier eine zusammengekrümmte, noch blutende Leiche liegengeblieben. An diesem Ort schlug ihm auf einmal der Sturm ganz anders ins Gesicht, wahr und stark, mit ursprünglicher Kraft und nicht mit hinterhältigem Geheule, wie zwischen den elenden Häusern ...«[93]

II Aufstieg in der Komintern

Stalins Schatten

Am 5. Dezember 1929 schlossen sich die Tore San Quentins hinter Richard Krebs. Doch noch war er nicht frei. In einem Gefängniszug schaffte man ihn quer durch Nordamerika nach Galveston in Texas, von wo aus er per Schiff nach Europa deportiert wurde. In den ersten Tagen des Jahres 1930 traf das Schiff in der Bretagne, in Le Havre, ein, wo man die Gefangenen, die ihr Bestimmungsland noch nicht erreicht hatten, vorläufig im Stadtgefängnis ablieferte, bis über ihren Weitertransport entschieden würde. Richard Krebs landete zufällig in derselben Zelle wie ein gewisser Chisholm, jener Abenteurer und Glücksspieler, den er 1926 als blinder Passagier auf seiner Reise von China nach Nordamerika kennengelernt hatte. Mit seiner Hilfe gelang es ihm, noch in der ersten Nacht aus dem Gefängnis zu entkommen.

Danach reiste er weiter nach Bremen.

Ganz anders sein Alter Ego Jan Valtin aus *Out of the Night*. Diesen läßt er von Le Havre aus eine Odyssee durch den Komintern-untergrund antreten, die ihn schließlich bis nach Moskau führt, wo er an einer Konferenz von Seeleutefunktionären teilnimmt. Nebenbei wird der Leser mit den Veränderungen in der Komintern vertraut gemacht, die sich während Valtins Zeit in San Quentin vollzogen hatten. Diese Veränderungen, vor deren Hintergrund sich das Drama seines weiteren Lebens abspielen sollte, hatten ihren Ursprung in der sowjetischen Innenpolitik.

Die Revolution war in eine Sackgasse geraten. Der sogenannte Kriegskommunismus, der noch während des Bürgerkriegs unternommene Versuch, jegliche Privatwirtschaft abzuschaffen, die Landwirtschaft zu kollektivieren und die totale Planwirtschaft einzuführen, war Anfang der zwanziger Jahre sowohl am wirtschaftlichen Chaos als auch vor allem am Widerstand der Bauern gescheitert. Da der Bürgerkrieg ohne die Bauern nicht zu gewinnen war, hatte Lenin klein beigeben müssen und war zur Neuen Ökonomischen Politik, der NEP, übergegangen. Die Bauern behielten das während der Revolution angeeignete Land, und in der Stadt wurde ein begrenzter Privathandel zugelassen. Im Lauf der zwanziger Jahre erwies sich, daß der Staatshandel der privaten Konkurrenz trotz aller Bevorzugung nicht gewachsen war. Noch schlimmer war, vom Standpunkt der Führung aus, daß viele Bauern selbstgenügsam zur Subsistenzwirtschaft übergingen, weil sie mangels eines entsprechenden Angebots an Industriewaren keinen Anreiz sahen, landwirtschaftliche Überschüsse zu produzieren. Aber ohne diese Überschüsse gab es weder Devisen für die Einführung dringend benötigter Investitionsgüter noch Nahrungsmittel, um eine Industrialisierung durchzuführen; ohne diese aber mußte man den, aufgrund der sowjetfeindlichen Politik der kapitalistischen Weltmächte allgemein erwarteten, nächsten Krieg verlieren.

Die Parteiführung stand somit vor der Frage, ob sie die Entwicklung einfach so weiter laufen lassen, die riesigen ländlichen Gebiete sich selbst überlassen und damit auf lange Sicht die Aufgabe der Planwirtschaft und somit des »Sozialismus« riskieren sollte oder ob sie, jetzt unbehindert von einer gegnerischen Bürgerkriegspartei, endlich die völlige staatliche Kontrolle aller wirtschaftlichen Ressourcen durchsetzen sollte. Die erste Option, die unblutige Variante, setzte weiter auf die Überzeugungskraft der richtigen Weltanschauung und hatte sich während der zwanziger Jahre bereits als unwirksam erwiesen. Die zweite Option mußte den gewaltsamen Widerstand der Bauern hervorrufen und war nur mit den allerhärtesten Maßnahmen durchzusetzen.

Vertreter der zweiten Option war Josef Stalin, der sich während der zwanziger Jahre im Nachfolgekampf nach Lenins Tod gegen Leo Trotzki durchgesetzt hatte und nun dabei war, die alleinige Herrschaft zu errichten. Vertreter der ersten Option waren Männer der alten Revolutionsführung, an ihrer Spitze der brillante Intellektuelle und Chefredakteur der *Prawda*, Bucharin. Der hochgebildete »Liebling der Partei«, wie Lenin ihn bezeichnet hatte, war, genau wie die anderen im Grunde westlich orientierten Intellektuellen an der Spitze der Partei, dem skrupellosen Machtmenschen Stalin nicht gewachsen, dessen formale Bildung nicht über ein abgebrochenes Priesterseminar hinausging.

Schauplatz der Auseinandersetzungen war neben der sowjetischen Partei auch die Komintern; auf dem VI. Weltkongreß im Herbst 1928 kam es zu einem Streit über die Zukunft der deutschen Partei, der sich zu einem Stellvertreterkrieg zwischen Stalin und seinen Gegnern entwickelte. Vordergründig ging es um eine Korruptionsaffäre, in die der Parteiführer Ernst Thälmann verwickelt war und die seine Gegner nutzen wollten, um ihn loszuwerden. Beide Seiten suchten in Moskau nach Unterstützung. Thälmann bei Stalin, die späteren Verlierer bei seinen Gegnern. Im Hintergrund stand die Frage nach der richtigen Strategie für Deutschland. Thälmann und seine Leute waren Vertreter der sogenannten »linksradikalen« Option, dem unbedingten Angriff auf die Sozialdemokratie als wichtigste Stütze der Weimarer Republik, in der Hoffnung, nach einem Zusammenbruch des Staates die Macht ergreifen zu können. Seine später als »Rechtsabweichler« verfemten Gegner sahen die Hauptgefahr bei den deutschen Faschisten und plädierten für eine Zusammenarbeit mit den Sozialdemokraten, um eine Rechtsdiktatur zu verhindern. Letzteres bedeutete eine Vertagung der Revolution, ersteres ein Vabanquespiel mit nur allzu bekanntem Ausgang.

Nachdem Stalin die Position seines Gefolgsmanns Thälmann durchgesetzt hatte, verließen die »Rechtsabweichler« die Partei und versuchten es mit einer Neugründung.

Übrig blieben jedoch nicht nur die Anhänger Thälmanns, sondern auch eine Gruppe in der Mitte, die später als »Versöhnler« beschimpft wurde und die sich, genau wie Bucharin, letztlich der Parteidisziplin unterwarf und von da ab schwieg, weil sie sich ein Leben außerhalb der Bewegung nicht vorstellen konnte.

Stalin und seine Anhänger, die das zähneknirschende Schweigen ihrer Gegner richtig zu deuten wußten, reagierten bald nach dem VI. Kominternkongreß mit einer Welle von Repressalien, die auch die Komintern erfaßte.

Der Historiker Friedrich Firsov, der sich als einer der ersten mit den erst nach der Perestroika zugänglichen Akten der Komintern in Moskau befassen konnte, hat anhand der »Säuberungen«, die nach dem Kongreß in der Komintern erfolgten, ein Muster beschrieben, das sich in den angeschlossenen Mitgliedsparteien in aller Welt tausendfach wiederholte. Während der dreißiger Jahre nahm die Intensität der »Säuberungen« zu und fand schließlich in dem Massenmord von 1937 ihren Höhepunkt. Auslöser für diese »Ur«-Säuberung 1929/30 war eine Meldung aus dem Kominternapparat an das Stadtbezirkskomitee der KPdSU (B), daß es in der Parteiorganisation der Komintern, die etwa 300 Mitglieder zählte, ungefähr 30 Personen gebe, die sich zu Bucharin bekannten.

»In allen Abteilungen und Sekretariaten wurde bekanntgegeben, Parteiangehörige und Parteilose könnten die Genossen melden, gegen die ihnen Material vorliege.

Dieses Angebot löste eine Welle von Anzeigen aus, die die Arbeit der ›Säuberungskommission‹ erleichterten. Die Personen, die in die Säuberungsverfahren gerieten, erzählten ihre Biographie und gestanden einzelne Abweichungen und Verstöße – tatsächliche und eingebildete – ein. Anschließend beantworteten sie die Fragen, und danach ergriffen die anderen Sitzungsteilnehmer das Wort. Das Gespräch hatte in der Regel den Charakter eines Verhörs und zugleich einer Anklage …

Man legte den Überprüften nicht nur reale Tatsachen zur Last, sondern auch den Verkehr, sogar die Gespräche mit jenen, die der Fraktionstätigkeit verdächtigt wurden. Als besonders schwerwiegendes Vergehen galt die Nichtdenunziation. …

Von 239 Personen galten letzten Endes 201 als ›überprüft‹, sieben wurden aus der Partei ausgeschlossen, gegen die übrigen wurden verschiedene Parteistrafen verhängt. Die Protokolle der Versammlungen enthielten negative Beurteilungen und Schlußfolgerungen gegenüber vielen Mitarbeitern, und all dies hatte später seine Folgen.«[1]

Bucharin ahnte schon sehr früh, was das unausweichliche Ende sein würde.

Am 11. Juni 1928, als in dem Machtkampf eine vorübergehende Beruhigung eingetreten war, schrieb er an seinen Mitstreiter Kamenew: »Stalin interessiert nichts außer der Machterhaltung. Er hat jetzt den Rückzug angetreten, aber er hält den Schlüssel zur

Leitung in den Händen, und mit diesem Schlüssel in den Händen wird er uns später einmal abschlachten.«[2]

Weshalb Kommunisten wie Bucharin trotzdem in der Partei blieben, offenbart der Brief, den die Frauenrechtlerin und große alte Dame der deutschen Partei, Clara Zetkin, die in Moskau lebte, 1929 zu seinem Abschied an den Schweizer Kommunisten und Stalingegner Humbert-Droz schrieb, den man »weit weg von der Sünde« und der Stalinschen Wut nach Südamerika geschickt hatte: »Ich werde mich völlig allein und deplaziert in dieser Organisation fühlen, die sich aus einem lebenden politischen Organismus in einen toten Mechanismus verwandelt hat, der auf der einen Seite Befehle in russischer Sprache einschluckt und sie auf der anderen Seite in verschiedenen Sprachen ausspuckt, in einen Mechanismus, der die gewaltige welthistorische Bedeutung und den Inhalt der russischen Revolution in Regeln für einen Pickwick-Klub verwandelt hat. Man könnte verrückt werden, wenn nicht meine feste Überzeugung vom Gang der Geschichte, in die Kraft der Revolution so unerschütterlich wäre, so daß ich in dieser Stunde mitternächtlichen Dunkels mit Hoffnung, ja selbst mit Optimismus in die Zukunft blicke.«[3]

»Bürgerliche« Träume

Bevor Richard Krebs jedoch ein größeres Zahnrad jenes »toten Mechanismus« wurde, der seinen Helden Jan Valtin gleich nach der Rückkehr vereinnahmte, begann ein ganz anderer, höchst privater Lebensabschnitt für ihn, über den er später, wie über alles, was seine Familie und sein Privatleben betraf, nichts oder nur in sehr verfremdeter Form berichtet hat.

In dem Jahr nach seiner Rückkehr versuchte er, seinen in San Quentin wiederaufgelebten Traum von einem Steuermannspatent wie auch seine neuentdeckte Ambition, sich als Autor zu beweisen, mit seinen Aufgaben als treues Mitglied der kommunistischen Weltbewegung zu vereinbaren.

Zum ersten Mal seit seinem Aufbruch als Schiffsjunge 1921 kehrte er für längere Zeit nach Hause zurück. Er lebte jetzt bei seiner Mutter in einer Wohnung im Seefahrtshof, einem Gebäude mit

25 Wohnungen, das einer Stiftung für Angehörige von Seeleuten gehörte.

Auch in anderer Hinsicht kehrte er nach Hause zurück. Der Sohn des verstorbenen nautischen Leiters des Norddeutschen Lloyd schrieb sich am 1. Februar 1930 an der Bremer Seefahrtsschule[4], die von einem Freund seines Vaters geleitet wurde, für einen Steuermannslehrgang ein. Die Bremer Seefahrtsschule war de facto die Ausbildungsabteilung des Norddeutschen Lloyd, der nach wie vor bei weitem größten Bremer Reederei und einer der größten der Welt, die in wirtschaftlich guten Zeiten das Gros der Absolventen übernahm. Es war ein kleiner Kurs mit 15 Mitschülern, und daß Richard Krebs trotz seiner drei Jahre San Quentin angenommen wurde, hatte er mit Sicherheit dem Ansehen seines verstorbenen Vaters zu verdanken. Unmöglich, daß man beim Lloyd den Brief von 1927 an die Bewährungskommission des Staates Kalifornien vergessen hatte, in dem man sich nicht allzu freundlich an jenen Schiffsjungen erinnerte, der gleich auf seiner ersten Reise, in Antofagasta, nicht aufs Schiff zurückgekehrt war.

Tatsächlich fügte sich Richard Krebs der Schuldisziplin und sollte die Einschätzung, daß er ein durchaus fähiger Mann sei, ein Jahr später mit einem guten Abschlußzeugnis bestätigen.

Nebenher hatte er den Parteiauftrag, unter seinen Mitschülern eine kommunistische Zelle zu organisieren, der wahrscheinlich nur deswegen keine Konflikte mit der Schulleitung auslöste, weil er sich von Anfang an als undurchführbar herausstellte. Denn fast alle seine Mitschüler waren, wie die meisten Schiffsoffiziere jener Zeit, deutschnational gesinnt oder sogar Anhänger Hitlers. Man kann sich vorstellen, daß Albert Walter von der Aussicht, mit Krebs' Aufnahme in die Schule wenigstens einen kleinen Einbruch in die Reihen der Schiffsoffiziere zu erzielen, geradezu begeistert gewesen sein muß. Es sollte auch nicht der letzte Auftrag dieser Art für Richard Krebs sein, einen der ganz wenigen kommunistischen Seeleute bürgerlicher Herkunft. Später beauftragte man ihn mit der Herausgabe einer Zeitschrift für Schiffsoffiziere, der *Brücke*, die allerdings so wenig Widerhall fand, daß man sie bald wieder einstellte.

Welches Mißtrauen eine derartige Herkunft unter den Genossen hervorrufen konnte, kann man in Jorge Sempruns Erinnerungen an das KZ Buchenwald nachlesen, in das er als Kommunist und Widerstandskämpfer geraten war. Dort erklärt ihm der deutsche Kommunist Seifert, einer der Führer jener Geheimorganisation, die die inneren Abläufe des KZs in die Hand bekommen hatte, »wie außerordentlich freundlich es sei, mich trotz meiner Herkunft in die Arbeitsstatistik aufzunehmen«[5] – ein Privileg, das das Überleben ermöglichte.

»Einen Philosophiestudenten aus gutbürgerlicher Familie, mein Gott, so einen sah er zum ersten Mal in seinem Büro, der Seifert! Er ließ mich das sehr deutlich spüren. Ich hatte den Eindruck, nur probeweise aufgenommen zu werden. Bei dem geringsten Schnitzer würde man mich ewig in der Hölle braten lassen, in dem Kochtopf meiner Klassenherkunft.

Später, während meiner ganzen politischen Laufbahn[*], ist es das gleiche gewesen. Meine Klassenherkunft lauerte im Dunkeln, um mich beim geringsten abweichenden Gedanken anzuspringen. Ich sprach zu ihr wie zu einem Haustier: ›Kusch dich, kusch dich! Vergraule mir nicht die Gäste!‹«[6]

Den Schritt, den Semprun später machen sollte, sich offen zu seiner Herkunft zu bekennen, hat Richard Krebs zeitlebens vermieden. Auch in *Out of the Night* hat er lediglich angedeutet, daß er seinen Eintritt in die Seefahrtsschule in erster Linie familiären Beziehungen zu verdanken hatte.

Neben seiner Ausbildung, die ihm durch seine Studien in Astronomie und Kartenlesen an der Fernuniversität von Kalifornien sehr erleichtert wurde, versuchte sich Richard Krebs auch in der Verwirklichung seines zweiten Traums. Er schrieb auf englisch und verschickte das Geschriebene in alle Welt. Im März 1930 erschien in New York eine Geschichte über seine Reise als blinder Passagier von Hongkong nach Vancouver, im Juli und September zwei weitere Kurzgeschichten in London. Außerdem veröffentlichte die *Lloydzeitung*, das zweisprachige Monatsmagazin des Norddeutschen Lloyd, vier seiner Kurzgeschichten. Eigentlich keine

---

[*] Jorge Semprun war Mitglied des Politbüros der spanischen Exil-KP in Paris und wurde 1964 wegen politischer Differenzen aus der Partei ausgeschlossen.

schlechte Bilanz für einen unbekannten Autor, insgesamt jedoch viel zuwenig, um seinen Lebensunterhalt zu sichern, und auch nicht genug für seinen unbändigen Ehrgeiz.

Neben seinen englischsprachigen Veröffentlichungen, deren genaue Daten man kennt, weil er sie später im Exil aufgelistet hat, veröffentlichte Richard Krebs auch einiges in der Parteipresse, wie aus seinen eigenen Erinnerungen, aber auch aus denen eines anonymen Bremer Kommunisten hervorgeht, der *Out of the Night* nach seinem Erscheinen auf deutsch rezensieren sollte.[7]

Wie er kurz vor seinem Tod dem amerikanischen Geheimdienst CIC berichtete, lernte er bald nach seiner Rückkehr den Bremer Vertreter der Internationalen Arbeiterhilfe, einen Mann namens Gehrke, kennen.

Die Internationale Arbeiterhilfe (IAH) war die Schöpfung des genialen Organisators Willi Münzenberg, der während der zwanziger Jahre aus einer Hilfsaktion für das vom Bürgerkrieg verwüstete Rußland einen kommunistischen Pressetrust entwickelte; dieser gab mit der *Arbeiter-Illustrierten Zeitung* eine der meistgelesenen Zeitschriften der Weimarer Republik heraus, verfügte aber auch über eine Vielzahl von Zeitungs- und Buchverlagen, ja sogar über einen Filmverleih. Wie Richard Krebs den Amerikanern später berichtete, war er sich sicher, daß jener kahlköpfige, immer elegant und in graue Anzüge gekleidete Gehrke, der so gar nicht in die Hafengegend passen wollte, wo sich sein Büro befand, noch ganz andere Aufgaben als die Herausgabe der Bremer Bürgerzeitung hatte, die er als »verfluchten Lumpen« abtat.[8] Vor allem zwei Umstände hätten ihn dabei so sicher gemacht. Zum einen das Erscheinungsbild seines Büros, das mit ein paar Postern und ein oder zwei Sammelbüchsen den Eindruck erweckt habe, nur zur Tarnung für ganz andere Geschäfte zu dienen; zum anderen der Ablauf einer von einem Instrukteur aus Berlin geleiteten Konferenz der Agitprop-Männer des Parteibezirks Weser-Ems, auf dem den Anwesenden die politische Situation und die anzuwendenden Propagandatechniken erläutert wurden.

Gehrke, der als IAH-Mann eigentlich für den Agitprop-Bereich hätte kompetent sein müssen, habe während der ganzen Veranstaltung schweigsam dagesessen. Nur zum Schluß habe er den wenig originellen Vorschlag gemacht, Münzenberg bei einer Rede in Anspielung auf den deutschnationalen Pressezar der zwanziger Jahre als den »roten Hugenberg« anzukündigen.

Wäre die IAH, deren ureigener Bereich ja die Agitation war, tatsächlich Gehrkes Haupttätigkeitsfeld gewesen, so hätte ihn der Instrukteur später kaum in einem Privatgespräch wegen Einmischung in Propagandaangelegenheiten verwarnt.

Wie man heute, nach der Öffnung einschlägiger Archive, weiß, wurde die humanitäre und publizistische Tätigkeit der IAH als Deckung für Geschäfte ganz anderen, geheimdienstlichen Charakters benutzt.[9] Es ist bezeichnend für die konspirative Atmosphäre der KPD jener Jahre, daß nach außen hin, auch Parteimitgliedern gegenüber, die Fassade gewahrt wurde und es vom Zufall – oder, wie bei Richard Krebs, von seinem Spürsinn – abhing, ob doch einmal etwas nach außen drang.

Richard Krebs schrieb für Gehrke einige Geschichten – warf sie abends aufs Papier, wie er sich ausdrückte.

Ende 1930 oder in den ersten Monaten des Jahres 1931, gegen Ende jener ersten Periode, in der Richard Krebs von der Schriftstellerei zu leben versuchte, geriet er in Konflikt mit den Vorstellungen, die man bei deutschen Kommunisten von »gesellschaftlich wertvoller« Belletristik hatte. Erwartet wurden Stoffe mit positiven kommunistischen Helden, die sich im Kampf gegen ihre möglichst negativ dargestellten Gegner bewährten. Psychologisierung und differenzierte Darstellung wie auch jede Art von formalen Experimenten waren verpönt. Konflikte sollten stets so gelöst werden, daß sie eine sozialistische Moral für den Leser enthielten. Ein längerer Text oder sogar Roman mit dem Titel *Scum's Wake*, der für Richard Krebs den Höhepunkt seines bisherigen Schaffens darstellte, hat diesen Vorgaben offenbar nicht entsprochen. Wie Krebs in Amerika später schrieb, wurde er stark verändert und unter einem anderen Titel in einem der vielen Ableger des Münzenbergkonzerns veröffentlicht. Zwar ist ein längerer deutschsprachiger Text von ihm bis heute nicht nachweisbar; seine späteren vergeblichen Bemühungen, eine in die USA geschickte Kopie des englischen Originals wiederzubekommen, ein leerer, *Scum's Wake* betitelter Ordner im Nachlaß sowie ein Brief an seinen Mentor

Arthur L. Price in Kalifornien, in der von einer deutschen Veröffentlichung die Rede ist, deuten aber darauf hin, daß *Scum's Wake* tatsächlich publiziert wurde. Offenbar entsprach diese Fassung so wenig seinen Intentionen, daß er den Text nie in die Liste seiner Veröffentlichungen aufnahm und nirgendwo mitgeteilt hat, wo, unter welchem deutschen Titel und welchem Autorennamen er erschienen ist. Was man mit dem Text gemacht hat, wird man, da weder das Original von *Scum's Wake* noch die deutsche Version aufzufinden sind, nie wissen können. Aber vielleicht gibt Scholochows *Neuland unterm Pflug*, eine literarisch unsägliche Verherrlichung der Kollektivierung in der Sowjetunion, eine Vorstellung davon, in welche Richtung man sein Manuskript zurechtgebogen hat.

Aus seiner kurzen Zeit als Arbeiterdichter wurde bisher nur ein Gedicht gefunden, das am 16. April 1931 unter dem Titel »Wenn Armeetransporte gegen Rußland ...« in der *Bremer Arbeiterzeitung* erschien. Sujet dieses »Musterbeispiels« sozialistisch-realistischer Dichtkunst war der angeblich bevorstehende Angriffskrieg gegen das Mutterland des Sozialismus:

>»Krieg der roten Sowjetunion!
> Gellt es durch die bürgerliche Presse
> Krieg dem Bolschewismus!
> Grölt Adolf mit der großen Fresse
> Züge rollen zum Hafen
> Beladen mit Munition
> Giftgas und Soldaten
> Der Konterrevolution
> Schiffsbäuche voll Granaten
> Schiffsbäuche voll Soldaten
> Kanonen, Bajonette, Mörderbanden
> Sollen an Rußlands Küste landen
> Sollen schlachten Bolschewisten!
> Sollen morden Kommunisten! ...
> Hafenproleten!
> Wollt ihr das Massengrab für eure Brüder schaufeln?
> Massenstreik!

Heizer, reiß die Feuer aus den Kesseln!
Matrose, laß die Faust vom Steuerrad!
Hafenarbeiter, laß die Winden stehen!
Durch euren Streik könnt ihr den Hafen fesseln!
Kein Waffenschiff darf gegen Rußland gehen!
Sagt: Streik! Und laßt die Patrioten quasseln,
Und hilflos mit dem Säbel rasseln.«

Drei Monate später, am 5. Juli 1931, schrieb Krebs an Arthur L. Price: »Diese ständigen Ablehnungen waren das, was ich erwartet hatte – was soll's. Ich werde mich noch mehr anstrengen. Ich fühle, daß meine Arbeit langsam eine Reife erreicht hat, die irgendwo jemandem einfach auffallen muß. Das Leben geht weiter. Meine Flagge weht noch und wird noch lange Zeit wehen, bevor sie, falls jemals, vor dem Nein der Verlage gestrichen werden wird. So geht es immer weiter ... eines Tages hoffe ich noch ein paar große Dinge zu tun ... weiß der Himmel, wann und welche ...«; und weiter: »So tanze ich meinen kleinen Tanz. Die Grundnote des monströsen Lärms, der mich umgibt, ist Brutalität, Hunger und Gier. Schönheit und Freundlichkeit haben sehr wenig Platz in ihm. Aber desto mehr billige Täuschungen, doppelte Moral und geheucheltes Mitleid. Ich würde mir lieber die Kehle durchschneiden, als Dinge zu schreiben, von denen ich nicht überzeugt bin – mit so etwas erfolgreich zu sein wäre für mich eine armselige Niederlage ... Ich fühle mich wie ein kleines Kind, das durch einen tiefen Nebel irrt. Ich lese Conrad, bin glücklich und flüstere traurig vor mich hin: Du wirst niemals so schreiben können.«[10]

Firelei

Bald nach seiner Rückkehr nach Bremen lernte Richard Krebs Hermine Stöver kennen, die große Liebe seines Lebens.

Der Name Firelei, den er ihr in *Out of the Night* gibt, und sein eigenes Pseudonym Valtin, das er für jenes Buch wählen sollte, deuten darauf hin, daß es 1930 eine Phase gegeben haben muß, in der er nichts weiter als ein junger Mann bürgerlicher Herkunft war. Es ist eine Seite seiner selbst, die er später verdrängte oder überhaupt in Abrede stellte. 1941 sollte ein harter Mann der amerikanischen Presse die Legende präsentieren, er habe das Pseudonym Valtin in langen schlaflosen Nächten im Konzentrationslager für den Fall gewählt, daß es ihm jemals gelingen sollte, aus dem Dritten Reich zu entkommen. Er habe nach einem Namen gesucht, der keine Rückschlüsse auf die Nationalität des Trägers zulasse.

Viel wahrscheinlicher ist es, daß jene Namen aus einem sehr erfolgreichen, für die wenigen glücklichen Jahre der Weimarer Republik typischen Roman von Vicki Baum stammten, dem 1928 erschienenen *Stud. chem. Helene Willfüer*, in dem die beiden Geliebten der Protagonistin Firilei und Valentin heißen. Beide, Hermine und Richard, müssen dieses Buch gelesen und sich gegenseitig diese Namen gegeben haben. Man kann weiter spekulieren, daß Fitsch, jener Name, mit dem seine spätere Frau ihre letzten Briefe an ihn unterzeichnen sollte, nichts anderes als eine Variante von Firelei war und keineswegs ein typisch norddeutsches Kosewort, wie Krebs es nach der Beschlagnahme der Briefe den amerikanischen Behörden weismachte. Er tat dies lange Jahre nach ihrem Tod, als wollte er seine Geliebte ein letztes Mal vor den kalten Augen der Behörden schützen.

Das Bild, das er in seinem Roman vom Beginn ihrer Beziehung entwarf, war eine Variation jener Legende, die er um den Namen Valtin spinnen sollte. Hier lernt der nach Antwerpen beorderte Kominternagent und Waffenschmuggler proletarischer Herkunft das flämisch-deutsche Mädchen aus gutbürgerlichem Haus im Hafen von Antwerpen kennen, das dort mit seinem Skizzenbuch unterwegs ist, um malerische Seemannsgestalten zu zeichnen.

In Wirklichkeit lernte Richard Krebs Hermine Stöver über seine Schwester Cilly kennen, die mit ihr zusammen die Kunstgewerbeschule in Bremen besucht hatte.

Hermine Stöver, groß und dunkelblond, stammte aus einer gutbürgerlichen, politisch konservativen Bremer Kaufmannsfamilie und war zum Zeitpunkt, als die beiden sich kennenlernten, bereits seit vier Jahren als Reklamezeichnerin bei der Norddeutschen Wollkämmerei angestellt. Für den Seemann und Exsträfling Richard Krebs, der bisher nie lange genug an einem Ort geblieben war, um mehr als eine flüchtige Liebesbeziehung aufzubauen, trug die harmlose, gutbürgerliche Angestelltenwelt, aus der sie kam, Züge einer fernen Idylle. Sie selbst war kontaktfreudig und abenteuerlustig genug, um ihrem späteren Mann in jenes Milieu radikaler Seeleute und politischer Konspirateure zu folgen, in dem Richard Krebs sich bewegte. Politisch war sie, wenn man ihren Prozeßakten von 1934 glaubt, zu dem Zeitpunkt, als die beiden sich kennenlernten, noch ein unbeschriebenes Blatt. Sie war eine begabte Zeichnerin und hatte vermutlich, wie andere Kunstinteressierte ihrer Generation, unbestimmte Neigungen zu den progressiven Ideen der zwanziger Jahre.

Den Gerichtsakten zufolge waren ihre Eltern von Anfang an gegen diese Beziehung. In den Augen einer gutbürgerlichen Kaufmannsfamilie war jener junge Mann aus dem verarmten Bürgertum mit seinen radikalen politischen Ideen und seinen unbestimmten Berufsvorstellungen alles andere als eine gute Partie für ihre Tochter, zumal sie durch ihn mehr und mehr in die politische Arbeit hineingezogen wurde, die ihn mit dem Scheitern seiner schriftstellerischen Pläne und der Vertiefung der Weltwirtschaftskrise immer mehr gefangennahm.

Der »schwarze Freitag« an der Wallstreet im Oktober 1929 markierte den Beginn der größten Wirtschaftskrise des zwanzigsten Jahrhunderts, die in dem ohnehin labilen Deutschland verheerendste Auswirkungen hatte.

Verstärkt wurde die Krise durch die Politik der Reichsregierung, die auf die Deflation mit Kürzungen im Staatshaushalt reagierte, welche vor allem die Staatsangestellten und das Heer der Arbeitslosen trafen.

In den großen Städten wie Berlin, Hamburg oder Bremen, wo man keinen unmittelbaren Zugang zu Lebensmitteln hatte, kam es bei großen Teilen der Bevölkerung zu Mangelerscheinungen und den hungertypischen Krankheiten.

Die Hafengegenden von Hamburg und Bremen wurden, wie schon in der Nachkriegskrise, wieder zu *no-go areas*, in die sich die Polizei nur in Doppelstreifen wagte.

Im August 1930 antwortete Richard Krebs auf einen Brief von

Arthur L. Price, in dem dieser ihm die Eindrücke einer Reise durch Italien und Griechenland geschildert hatte:

»Schmutzig und unwissend – das ist genau das, was ihre kapitalistischen Herren wollen, daß sie sind – das bedeutet: eine Menge billige Arbeitstiere – Was sie brauchen, das ist nicht die Religion, sondern Führer, die ihnen den Weg zu Brot, guter Kleidung und sauberem Wasser zeigen. Diese Dinge kosten Geld. Es kostet auch Geld, den Leuten kürzere Arbeitszeiten, Schulen und Büchereien zu verschaffen. – Sie sitzen in einem großen Kessel, und sie werden dort schmoren müssen, bis sie die senkrechten Wände der Klassenunterschiede überklettern und den satanischen Koch aufhängen, der das Feuer immer höher schürt –«[11]

Im Oktober schrieb er ihm ein weiteres Mal, wieder Bezug nehmend auf die Reise: »Aber wenn Du anderen von den Wundern dieser Welt erzählst, dann vergiß auch nicht die Horden hungriger Bettler und die tuberkulösen Frauen in den stinkenden Gassen – und die Umstände, die sie dort halten. Zu dieser Einsicht kann man nur durch langes und schmerzhaftes Nachdenken gelangen.«[12]

In dem tiefen sozialen Engagement, das aus diesen Zeilen spricht, und weniger in abstrakten Parteidoktrinen lag neben der Liebe zu Richard der Grund dafür, daß Hermine Stöver ihrem Geliebten in die politische Arbeit folgte. Ihr Eintritt in die KPD kam erst ein Jahr später, als Richard Krebs bereits tief in der konspirativen Arbeit steckte, und war, wie sich später zeigen sollte, weniger eine Folge innerer Überzeugung als die einer kategorischen Forderung der Partei an den Geheimnisträger Richard Krebs.

Viele Jahre danach, 1957, als die deutsche Ausgabe von *Out of the Night* unter dem Titel *Tagebuch der Hölle* erschien, erinnerte sich ein anonymer Rezensent, ein Genosse aus seiner Bremer Zeit, an die beiden und die Zeitumstände:

»Ist das Buch überhaupt wahr, hat ›Jan Valtin‹ gelebt? Ja, er hat gelebt, er hieß Richard Krebs, aufgewachsen in der Freien Hansestadt Bremen. Richard Krebs brachte schon damals in einer Bremer Wochenzeitung seinen Grimm und seine Träume in Romanen und Erzählungen zu Papier. Aber die Zeit war zu hart. Und Firelei, die Kunststudentin, legte ihre zarten Pastellfarben beiseite, denn die Zeit erforderte, daß die Jugend erst die Grundlagen schuf, auf der sie sich entfalten konnte. ... Jugend will die Wahrheit wissen und erfassen. Richard Krebs ... war einer unter ihnen, einer, der um die Frage des richtigen Weges rang. Das Wort hing in der Luft: ›Lieber im Feuer der Revolution verbrennen als auf dem Misthaufen dieser Demokratie verfaulen!‹ Hatte man es nicht erlebt – und Krebs schildert es auch –, wie Gummiknüppel dort eingesetzt wurden, wo es um die Erhaltung der elementaren demokratischen Grundrechte ging?

Als der Binnenschifferstreik ausgebrochen war, machten Krebs und seine Vertrauten Streikbrecherkähne manövrierunfähig. Hier waren keine trockenen Thesen und Definitionen, hier waren arme Kerle, denen man helfen mußte, eine Schlacht ums Brot zu gewinnen. Mit zerbeultem Gesicht – die Polizisten hatten ihn verprügelt –, aber mit dem Lachen eines beglückten Jungen stand er in der Flora: ›Nun hat man uns schwer verprügelt, aber mit ihren Gummiknüppeln kriegen sie ihre Streikbrecherkähne nicht wieder flott!‹

Seine Firelei reiste fast jeden Abend mit den ›Roten Reportern‹, einer Agitations- und Theatergruppe, umher und trommelte die Wahrheit ins Volk, wie man damals sagte. Oder sie malte vielbeachtete Plakate mit politischen Karikaturen. In ihr lebte eine gewisse Reinheit, wie sie damals und heute vielen Mädchen gegeben ist. Beim alljährlichen Treffen der Roten Hilfe im Künstlerdorf Worpswede bei Bremen im Kinderheim badete eine Reihe ganz resoluter ›ohne was‹ vor tausend Besuchern in dem dortigen kleinen Teich. Viele waren entsetzt, am meisten die zartbesaitete Firelei: ›Kommt mir doch nicht mit dem Argument, daß ihr die letzten bürgerlichen Hüllen abgestreift habt. Euer Verhalten paßt überhaupt nicht in die Landschaft. Ich finde es unerhört.‹«[13]

Am 20. November 1930 vermerkte die Staatspolizei Bremen zum ersten Mal das Auftreten der Theatergruppe Fireleis, der »Roten Reporter«, im Café Flora. Von da an bis zum Sommer des nächsten Jahres wurde fast jede Woche über Auftritte der Agitprop-Gruppe berichtet, die oft von Lesungen des Arbeiterschriftstellers Richard Krebs begleitet wurden, der auch als eine Art Conférencier auftrat. Einer der ausführlichsten Berichte war der über die Einweihungsfeier des Lokals des Einheitsverbandes der Seeleute und Hafenarbeiter am 18. 4. 1931 bei Köhler, Gröpelinger Deich 30.

»Zu Beginn der Veranstaltung wurde gemeinsam das Lied ›Brüder, zur Sonne, zur Freiheit‹ gesungen. ... Nach einem weiteren Musikstück sprach ein Dr. Gross – Rumäne – über seine Tätigkeit als Naturheilkundler im Interniertenlager Holzminden. Die Ausführungen fanden keinen Anklang. Krebs ließ mitten im Vortrag den Vorhang der Bühne zuziehen.

Hierauf traten die ›Roten Reporter‹ auf. Das von ihnen aufgeführte Theaterstück von Krebs und Woile hatte folgende Handlung: Auf der Bühne stehen drei Personen, ein Reeder, ein Bordellbesitzer und ein Vertreter der Heilsarmee. Der Reeder schimpft über den Streik der Seeleute an der Heuerstelle und darüber, daß die Schweinehunde nicht arbeiten wollen. Der Bordellbesitzer sagt darauf, daß er sich freue, wenn ein Schiff ankäme, dann könne er an seinem Schnaps und Bier, das von den Weibern an die Seeleute verkauft werde, schweres Geld verdienen. Wenn die Seeleute kein Geld mehr hätten, dann flögen sie auf die Straße. Der Vertreter der Heilsarmee beklagt sich darüber, daß er kein Schäflein für den Himmel bekommen könne. Als zwei Seeleute im Hintergrund auf der Bühne erscheinen, sagt der Bordellbesitzer zu den anderen beiden, daß man jetzt verschwinden müsse, denn die Seeleute dürften nicht merken, daß sie zusammenarbeiteten. Nur der Vertreter der Heilsarmee bleibt auf der Bühne und begrüßt die Seeleute mit einem Halleluja – Amen. Die beiden Seeleute veralbern den Heilsarmee-Vertreter. Plötzlich erscheint ein Verbreiter des *Scheinwerfer** und wirbt für den Einheitsverband. Auch dieser wird von den Seeleuten abgewiesen, sie wollen von dem Einheitsverband nichts wissen. Sie ziehen mit zwei hinzugekommenen Hafenmädchen ab.

... Nachdem der Vorhang gefallen war, erschien Krebs und sagte, daß es heute so sei unter den Seeleuten, daß es aber nicht so sein dürfe. Neben der Bühne stand ein Schild mit der Aufschrift: ›Der denkende Arbeiter trinkt nicht und der trinkende Arbeiter denkt nicht‹. ... Beim Abgehen von der Bühne wies Krebs auf das Bild hin. ... Nach einem Musikstück trat die Braut des Krebs – Fräulein Herma – als Schnellzeichnerin von politischen Karikaturen auf. Die Zeichnungen wurden mit entsprechenden Musikstücken begleitet.

* Der *Scheinwerfer* war die Zeitung des Einheitsverbandes in Bremen.

1.) eine Karikatur über Hitler, Musik – Morgenrot

2.) eine Karikatur über Minister Frick, Musik – Morgenrot

3.) eine Karikatur über Dr. Goebbels, Musik – ›Hänschen klein ging allein‹

4.) zwei Schweine von hinten gesehen, dazu als Musik ›Heil dir im Siegerkranz‹ …

Um 23 Uhr wurden die Vorführungen mit dem Gesang der Internationale geschlossen. Anschließend fand Tanz statt.«[14]

»Adolf«

Ab Herbst 1930 wurde Richard Krebs beinahe jede Woche in den Berichten der Nachrichtenstelle der Bremer Staatspolizei erwähnt, und bereits im Februar war er dort als Leiter des Bremer Internationalen Seemannsklubs, kurz Interklub, bekannt.

Die Internationalen Seemannsklubs waren ursprünglich eine Schöpfung der Komintern, die den Seeleuten eine kommunistische Alternative zu den herkömmlichen christlichen Seemannsheimen bieten wollte. Der erste Interklub wurde Anfang der zwanziger Jahre in Leningrad, der zweite wenig später in Hamburg gegründet – zunächst noch unter dem Namen Port-Bureau bzw. Internationales Hafenbüro. Anfang der dreißiger Jahre waren zu diesen beiden Klubs noch eine Reihe weitere hinzugekommen, so auch 1928 der in Bremen.

Die Interklubs waren eine Mischung aus herkömmlicher Seemannskneipe, kommunistischer Leihbücherei mit Büchern in allen Sprachen und nicht zuletzt Veranstaltungsorte, wo nicht nur kommunistische Versammlungen abgehalten wurden, sondern auch Theaterabende sogenannter Agitprop-Gruppen, Vorträge aller Art und ganz normale Tanzveranstaltungen, bei denen Seeleute jeglicher Nationalität, die gerade im Hafen lagen, ein Mädchen kennenlernen konnten.

Eine Besonderheit der Seemannsklubs war ihre direkte, geheime Finanzierung durch die Komintern; daher waren sie nur internationalen Instanzen und keinen örtlichen Parteigliederungen unterworfen. So verwundert es nicht, daß Richard Krebs, der in der deutschen Partei so gut wie unbekannt, aber international bereits als fähiger Organisator aufgefallen war, nach seiner Rückkehr als erstes im Internationalen Seemannsklub tätig wurde.

Bald folgte sein von den Spitzeln der Bremer Polizei bis ins kleinste registrierter, sehr rascher Aufstieg im Einheitsverband der Seeleute und Hafenarbeiter.

Am 14. Februar leitete er während eines Streiks der Hafenarbeiter eine Versammlung der Seeleute, und im April wurde er als einer von vier Bremer Delegierten zur Reichskonferenz des Einheitsverbandes in Hamburg gewählt. Am 1. Mai schickte die Bremer Polizeidirektion ein »Geheim!« gestempeltes Schreiben an das Bremische Amt, eine Art Senatskanzlei der Hansestadt, betreffend Richard Krebs: »Wie hier vertraulich in Erfahrung gebracht worden ist, hat der Leiter des hiesigen Einheitsverbandes, Richard Krebs, der in der kommunistischen Seeleutebewegung eine führende Rolle spielt und sehr tätig ist, erklärt, daß in Kürze 4–5 Leute des Einheitsverbandes Bremen nach Bremerhaven entsandt würden, um die großen Schiffe in Bremen im kommunistischen Sinne zu bearbeiten.

Seitdem Krebs, der auch für den *Scheinwerfer* verantwortlich zeichnet, die Leitung der kommunistischen Seeleutebewegung in Bremen erhalten hat, hat dieselbe sehr zugenommen. Krebs, der sein Steuermannsexamen vor einiger Zeit mit ›gut‹ gemacht hat, ist eine intelligente und gewandte Person. Es wird auf die etwaigen kommunistischen Zersetzungsversuche auf den dort liegenden Schiffen aufmerksam gemacht und gebeten, falls Sachdienliches festgestellt wird, dies hierher mitzuteilen.«[15]

Ein weiteres Schreiben ging am 19. Mai 1931 an den Bremer Reederverein: »Unter Bezugnahme auf obiges Schreiben wird ergebenst mitgeteilt, daß die auf vertraulichem Wege beschafften Berichte über die Versammlungen des kommunistischen Einheitsverbandes nicht zum Gegenstand strafrechtlicher Maßnahmen gegen Krebs bzw. andere führende Personen verwendet werden können. Die Vertrauensleute, die derartige Berichte mitteilen, können nicht als Zeugen namhaft gemacht werden. Da Krebs, falls ihm bekannt wird, daß außenstehende Kreise von dem Verlauf der Versammlungen Kenntnis haben, alles daransetzen wird, um die Vertrauensleute auszuschalten und eine Berichterstattung in Zukunft unmöglich zu machen, ist es auch nicht erwünscht, Krebs gegenüber davon Kenntnis zu geben. Ein praktischer Erfolg kann auch deswegen hierin nicht erblickt werden, weil Krebs unbedingt die Richtigkeit der Berichte bestreiten und zum Beweis dafür stets gleichgesinnte Personen namhaft machen wird. …

Die Zahl der in dem Krebs-Verband organisierten Seeleute und Hafenarbeiter soll nach den in den Versammlungen gemachten Angaben 781 betragen.«[16]

Seinen schnellen Aufstieg im Einheitsverband verdankte Richard Krebs nicht nur seinen organisatorischen und rhetorischen Fähigkeiten, sondern auch der Tatsache, daß der Verband bei seinem Eintritt erst wenige Monate alt war.

Die Gründung des Einheitsverbandes 1930 war eine Spätfolge jenes Kominternkongresses 1928, auf dem sich Stalin gegen Bucharin und die »Rechtsabweichler« durchgesetzt hatte. Ursprünglich war es die Politik der Komintern gewesen, bereits bestehende Gewerkschaften zu unterwandern und von innen zu übernehmen. Zu diesem Zweck waren für verschiedene Branchen ja die sogenannten Propagandakomitees, darunter das IPK Transport, gegründet worden, die die Unterwanderung zentral steuern sollten. Diese Politik ging von der, für die meisten Länder zutreffenden, Annahme aus, daß die Kommunisten in den jeweiligen Branchen eine Minderheit darstellten und daher mit der Gründung eigener Gewerkschaften nichts zu gewinnen war. Die Situation in der deutschen Schiffahrt war allerdings eine völlig andere. Die deutschen Seeleute der Nachkriegszeit hatten, wie die Berichte der jeweiligen deutschen Konsule zeigen, fast durchweg revolutionäre Sympathien. Schließlich hatten nicht wenige an den Matrosenaufständen von 1917/18 teilgenommen.

Was für die Seeleute galt, galt auch für die Hafenarbeiter. Auch wenn orthodoxe Kommunisten unter ihnen, genau wie unter den Seeleuten, in der Minderheit waren, so hatte diese Minderheit doch immer die Möglichkeit, an die latent vorhandene Aufruhrbereitschaft der Mehrheit zu appellieren. Wie sehr dieses Milieu sich in seiner Abneigung gegen die jeweilige Staatsgewalt von der Mehrheit der deutschen Bevölkerung unterschied, zeigt nichts deutlicher als die Berichte der Gestapo über die Stimmung unter den Hafen- und Werftarbeitern Hamburgs.

Noch im Juni 1939, kurz vor Beginn des Zweiten Weltkrieges, nach unzähligen Verhaftungen und sechs Jahren unausgesetzter Propaganda, war, wie der zuständige Gestapo-Offizier seinen Vorgesetzten in Berlin berichtete, die »breite Masse, insbesondere aber der negative Teil der Arbeiterschaft ... nie in Verlegenheit, außenpolitische Begebenheiten in ihrem kommunistisch-marxistischen Licht erscheinen zu lassen«. Und weiter: »Am sinnfälligsten kam das Beiseitestehen der breiten Masse der Hamburger Schauerleute und Werftarbeiter zum Ausdruck, als sie, wie jedes Jahr, so auch an diesem ersten Mai zum Aufmarsch antreten mußten. Sie taten dies einmal, weil sie eine entsprechende Kontrolle vermuteten, zum anderen auch der Auffassung waren, daß ihnen, wie im vorigen Jahr auch, heute wieder eine Vergütung in Höhe von RM 2,50 bis 3,50 pro Kopf zuteil würde. Als das Letztere nicht eintraf, verschwand schon ein großer Teil der Arbeiter aus der Marschkolonne zum Aufmarschplatz. Noch bevor die Führerrede begann, verschwand ein weiterer Teil. Der Rest war noch vor Schluß der Führerrede verschwunden ...«[17]

Im Deutschland der zwanziger Jahre hatte der radikale, kommunistisch dominierte Schiffahrtsbund weitaus mehr Mitglieder als der sozialdemokratische Gesamtverband.

Trotzdem bestand die Moskauer Zentrale auf der Einhaltung der Kominternbeschlüsse über die Gewerkschaftsarbeit, was ein groteskes Schauspiel zur Folge hatte. Gegen den Willen vieler Mitglieder mußte die Führung des Schiffahrtsbundes um Aufnahme in den kleineren Gesamtverband bitten. Nach langem Hin und Her und demütigenden Auflagen wurde dies schließlich gewährt.

Nach dem VI. Kominternkongreß 1928 wurde das Ruder wieder herumgerissen. Jetzt galt es auf einmal, die herkömmlichen Gewerkschaften zu verlassen und eigene, sogenannte revolutionäre Gewerkschaften zu gründen.

In Deutschland begann die kurze Zeit der RGO, der revolutionären Gewerkschaftsopposition. An der Küste verließen die Kommunisten den Gesamtverband und gründeten den Einheitsverband der Seeleute und Hafenarbeiter. Jener Einheitsverband spielte unter den RGO-Verbänden Deutschlands eine Sonderrolle. Nicht nur, daß er die einzige kommunistische Branchengewerkschaft war, die einige Bedeutung erlangte. Anders als die kommunistischen Gewerkschaften anderer Branchen war er auch keinen deutschen Parteiinstanzen unterstellt. Der Einheitsverband war die deutsche Sektion der Internationale der Seeleute und Hafenarbeiter, kurz ISH, der nach dem VI. Kominternkongreß gegründeten Nachfolgeorganisation des IPK Transport; diese widmete sich nicht mehr, wie ihre Vorgängerin, der »Fraktionsarbeit« in bestehenden Gewerkschaften, sondern sollte in aller Welt eigene Verbände gründen.

Nach außen hin und in den Augen der einfachen Mitglieder war der Einheitsverband selbständig. Er hatte auch tatsächlich eine eigene Organisationsstruktur. In Wirklichkeit aber war er völlig den Weisungen der ISH unterworfen, die ihrerseits auch ein Doppelgesicht hatte. Nominell war die ISH eine eigenständige Organisation, deren Zentrale in Hamburg lag und deren Generalsekretär und nach außen hin bestimmende Figur jener Albert Walter war, den Richard Krebs bereits 1923 in Hamburg kennengelernt hatte. In Wirklichkeit wurden alle wichtigen Fragen letztlich in Moskau entschieden, und der Mann Moskaus in Hamburg und eigentliche Leiter der ISH war ein Pole mit Decknamen Adolf oder Adolf Schelley, dessen Existenz nur höheren Funktionären bekannt war und dessen wahren Namen selbst sein späterer Freund und Untergebener Richard Krebs erst lange nach ihrem letzten Zusammentreffen erfahren sollte.

Alfred Bem[18], wie Adolf Schelley in Wirklichkeit hieß, wurde 1900 als Sohn eines Lehrers in Łódź geboren und trat schon als 19jähriger Jurastudent in die KP Polens ein. Nur drei Jahre später organisierte er in den Regionen um Posen und Thorn die kommunistische Wahlkampagne für das polnische Parlament, den Sejm, und wurde Ende 1922 das erste Mal verhaftet. Das traditionell rußlandfeindliche Polen, das Anfang der zwanziger Jahre sogar einen Krieg gegen die Sowjetunion geführt und mit Hilfe der Westmächte gewonnen hatte, war eines der gefährlichsten Länder für kommunistische Agitatoren.

Alfred Bem, der rasch einer der wichtigsten Männer in der polnischen KP wurde und 1926 zum Generalsekretär der Gewerkschaft der Wassertransportarbeiter aufstieg, bekam das deutlich zu spüren. In ebenjenem Jahr 1926, als er einen vorläufigen Höhepunkt in seiner Parteikarriere erreicht hatte, wurde er von der Universität relegiert, mit einem landesweiten Studienverbot belegt und ein weiteres Mal verhaftet.

Da die KP in Polen mittlerweile verboten war, trat er von da ab nur noch als Agitator einer linkssozialistischen Partei in Erscheinung, was ihn aber nicht vor weiteren Verhaftungen bewahrte. Bis 1928 wurde er insgesamt elfmal verhaftet, verbrachte mehrere Monate im Gefängnis und wurde dort vermutlich, wie im halbfaschistischen Polen damals üblich, auch gefoltert. 1929 jedenfalls, nachdem man ihn zu zwei Jahren Zuchthaus verurteilt hatte, war sein Gesundheitszustand so schlecht, daß man ihn gegen Kaution freiließ. Er flüchtete in die Sowjetunion, wo man ihn zur Erholung erst einmal in einen kaukasischen Kurort schickte.

Da »Adolf« nicht nur der Name war, unter dem ihn Richard Krebs und die anderen Mitarbeiter der ISH kannten, sondern auch der Name, mit dem er die geheimen Rechenschafts- und Tätigkeitsberichte der ISH nach Moskau unterzeichnete, soll er der Einfachheit halber hier fürderhin so heißen. Die Gestapo kannte übrigens als weitere Decknamen noch »Fred« und »Oberle«,[19] während Richard Krebs später, nachdem er einer seiner engsten Mitarbeiter geworden war, feststellte, daß er gewöhnlich mit einem Schweizer Paß auf den Namen »Adolf Siegvert« reiste.

In seiner sehr detaillierten Auskunft viele Jahre später dem amerikanischen Geheimdienst CIC gegenüber beschrieb Richard Krebs den Mann, den er als Adolf Schelley kannte, als »mittelgroß, schlank und gut gebaut. Hellhäutig mit hellem Haar und immer hervorragend und konservativ gekleidet. Hinkte leicht und kaum merklich. Sprach hervorragend Deutsch mit jenem leichten Akzent, den man von einem Juden erwarten würde. Hermann Schubert*, der ihn haßte, sprach von ihm oft als dem ›polnischen Juden‹. Obwohl ›Adolf‹ nie irgendwelche offiziellen Verbindungen

* Hermann Schubert war ab 1931 Politischer Leiter des Bezirks Wasserkante und wurde 1932 ins Politbüro der KPD berufen.

mit der Bezirksleitung der KPD hatte, bekam er am Ende immer, was er wollte.«[20]

Adolf Schelley, ein hervorragender Redner und Organisator, dessen zahlreiche Rechenschaftsberichte nach Moskau ihn als einen Mann klarer Sprache und geschickter Formulierungen ausweisen, hatte zwei Schwächen, die später entscheidend zu seinem Untergang beitragen sollten: die Frauen, bei denen er offenbar großen Erfolg hatte, und die Neigung – wie man seinen Briefen an die Zentrale entnehmen kann –, die revolutionäre Politik der ISH allzu ernst zu nehmen. Bei den Auseinandersetzungen, die sich aus dem Interessenkonflikt zwischen der Staatsraison der Sowjetunion und den revolutionären Umtrieben der ISH zwangsläufig ergaben, kritisierte er seine Vorgesetzten in Moskau zwar sanft, aber deutlich. Normale Beziehungen des »ersten Arbeiterstaats der Welt« mit seinem kapitalistischen Umfeld und die Unterstützung subversiver Gruppen waren eben schwer zu vereinen; daß im Zweifel stets im Interesse der Sowjetunion entschieden wurde, bereitete Schelley Gewissensbisse, die ein karrierebewußter Funktionär seinen Vorgesetzten besser verschwiegen hätte.

Der CIC, der Richard Krebs' Aussage in der dritten Person aufzeichnete, notierte weiter: »Richard Krebs traf jenen Adolf zum erstenmal 1931 auf einer ISH-Konferenz. Zu dieser Zeit wurde von der Partei viel Wert auf die Jugendarbeit ihrer Gewerkschaften gelegt, und da Bremen die einzige Hafenorganisation war, in der es eine funktionierende Jugendgruppe gab, wurde Krebs um einen Bericht gebeten. Danach nahm ihn ein ihm völlig Unbekannter zur Seite und sagte: ›Ich bin an dir interessiert.‹

Von diesem Zeitpunkt an war Krebs so etwas wie Adolfs Protegé.«[21]

In den Akten der ISH im Kominternarchiv Moskau befindet sich ein Bericht über eine Konferenz, die jene sein muß, auf der Richard Krebs den eigentlichen Leiter der ISH kennenlernte. In diesem Bericht, der auf den 13. Juni 1931 datiert ist, heißt es: »Hatte am Montag, den 8. des Mnts. eine ausführliche Besprechung mit einem Vertreter aus Bremen (Genosse Krebs – ein sehr aktiver und politisch aufgeklärter Genosse).«[22] Der Bericht ist zwar nicht gezeichnet, was aus Sicherheitsgründen oft der Fall war, stammte aber wahrscheinlich, wie die Mehrzahl der ungezeichneten Berichte, bei denen der Autor aus dem Text hervorgeht, von jenem Mann, der in Kominternkreisen als »Adolf« bekannt war.

Sowjetisches Zwischenspiel

Die Begegnung mit Adolf Schelley sollte nicht nur zum raschen Aufstieg des Richard Krebs in der ISH führen, sondern ihm auch zu seiner einzigen Fahrt als Kapitän verhelfen.

Adolf Schelley war eine der Hauptschwächen des Einheitsverbandes, die mangelnde Verankerung unter den Schiffsoffizieren, nur zu gut bekannt. Nun hatte er in Richard Krebs einen patentierten Steuermann gefunden, der nicht nur Kommunist, sondern auch ein begabter Agitator war. Leider hatte dieser zwar die Seefahrtsschule abgeschlossen, konnte aber kein einziges eigenes Kommando vorweisen. Wie sollten ihm da ältere und erfahrenere Offiziere auch nur eine Minute zuhören?

In der ISH beschloß man, Richard Krebs ein Schiff zu verschaffen. Es war die »Pioner«, ein von der Sowjetunion in Auftrag gegebener Fischdampfer, der bei der Vulkanwerft in Bremen auf die Überführung nach Murmansk wartete, den einzigen eisfreien Hafen der Sowjetunion. Richard Krebs erhielt einige hundert Dollar von der sowjetischen Handelsvertretung für die Begleichung der Reisekosten und machte sich daran, eine Mannschaft zusammenzustellen. Doch er hatte die Rechnung ohne die Bremer Parteiführung gemacht. Als man dort davon hörte, daß eine Reise in das Jerusalem der deutschen Kommunisten anstand, wo laut der KPD-Propaganda das kommunistische Paradies ausgebrochen war, und diese Fahrt noch dazu tarifgerecht bezahlt wurde, beschloß man, die Überführung in eine Vergnügungsfahrt für verdiente Genossen umzufunktionieren. Richard Krebs, dem immerhin die gefährliche Umrundung der Nordspitze Skandinaviens bevorstand, beugte sich, wenn auch murrend, dem Ansinnen der Bremer Parteileitung. Als sich die Freunde der führenden Genossen dann aber als keineswegs seetauglich herausstellten, sah er sich gezwungen, noch in der Wesermündung umzudrehen, die verdienten Genossen von Bord zu schmeißen und eine andere Crew anzuheuern.

Der erzürnte Bezirksleiter von Bremen, Egon Nickel, ließ Richard Krebs aus der Partei ausschließen. Wie sich später zeigen sollte, allzu voreilig, denn das einfache KPD-Mitglied Richard Krebs hatte die Rückendeckung von Adolf Schelley, der, anders als der Bremer Parteichef, über einen direkten Draht nach Moskau zu jenen Instanzen verfügte, deren Urteil in allen Parteiangelegenheiten ausschlaggebend war. Ohne weiteres wurde Richard Krebs nach seiner Rückkehr wieder in die KPD aufgenommen.

Nachdem eine geeignete Besatzung gefunden war, die Richard Krebs aus arbeitslosen kommunistischen Seeleuten rekrutiert hatte, fuhr die »Pioner« nach Kiel, wo ein weiterer Fischdampfer, die »Lososi«, ins Schlepptau genommen wurde, und von dort ging es weiter die norwegische Küste entlang. Mitte Juli war Murmansk erreicht.

Die Erwartungen der kommunistischen Besatzungsmitglieder müssen riesengroß gewesen sein. Schließlich hatten sie alle jene glühenden Berichte über die Sowjetunion in der vom Münzenbergtrust herausgegebenen *Arbeiter-Illustrierten* gelesen. Auch für die Leitung des Einheitsverbands gehörte der Vergleich zwischen den Zuständen in der Sowjetunion und denen in Deutschland zum täglichen propagandistischen Brot. So berichtete der unvermeidliche Polizeispitzel über das Hauptreferat auf dem im September 1931 abgehaltenen Internationalen Kongreß des Einheitsverbandes: »Die jetzige Zeit sei die schwerste Zeit für den Kapitalismus, der sich unter allen Umständen zu behaupten suche ... Ein einziges Land nur gebe es ohne Arbeitslose, das sei die Sowjetunion, der Aufstieg Rußlands sei kolossal. Die Vorkriegsproduktion sei um das Dreifache überholt, und in einem Jahr würden sämtliche Betriebe den Fünfjahrplan erfüllt haben. In Deutschland dagegen gehe die Industrie von Jahr zu Jahr zurück. ... In Rußland bestehe die 28-Stundenwoche, und statt Lohnabbau werde der Lohn um 30–35% erhöht. Warum ginge das nicht auch in Deutschland? Es fehle in Deutschland leider ein Mann wie Stalin. Vielleicht sei er gar schon unter den Anwesenden, er müsse nur noch entdeckt werden. Die Bezahlung der Seeleute in Rußland sei weit besser als überall. Die Heuer erhöhe sich in den Tropen um 30% und im

Polargebiet um 60 %. Im Hafen sei eine Arbeitszeit von 6 Stunden eingeführt worden. In anderen Ländern werde den Seeleuten der Lohn gekürzt.«[23]

Selbst ein in der Wolle gefärbter Stalinist, der das Unglück hatte, während jener Jahre in der Sowjetunion zu leben, hätte bei dieser Beschreibung wahrscheinlich heimlich gelacht oder im stillen den Kopf geschüttelt.

Die Wirklichkeit dieser Jahre, eine Hungersnot, die im ganzen Land zu spüren war, war so ungeheuerlich, daß darüber erst sechzig Jahre später, nach Verkündung der Glasnost, offen gesprochen werden durfte.

Nachdem Josef Stalin die innerparteiliche Opposition zum Schweigen gebracht hatte, wurde die NEP, jener durch die Gegenwehr der Bauern erzwungene Kompromiß, verworfen und Kurs auf die »Verwirklichung des Sozialismus«, das heißt auf die Verstaatlichung aller Ressourcen und damit auf die Zwangskollektivierung der Landbevölkerung, genommen. Jetzt, wo man keine gegnerische Bürgerkriegspartei mehr zu fürchten hatte, wurde der Widerstand der Bauern brutal mit allen Mitteln gebrochen. Hunderttausende von Bauern wurden samt ihren Familien nach Sibirien deportiert. Die Übriggebliebenen antworteten mit Arbeitsverweigerung und ernteten gerade genug, um selbst überleben zu können. Die Führung, die nun um die Ernährung der Städte fürchten mußte, ließ bei den Bauern daraufhin auch das letzte Korn requirieren. Eine schreckliche Hungersnot war die Folge, der Millionen zum Opfer fielen. Doch anders als während der ähnlich kritischen Situation Anfang der zwanziger Jahre, als die Sowjetunion im Ausland um Hilfe nachsuchte, wurden diesmal die Grenzen geschlossen und alle Nachrichten über die Katastrophe unterdrückt. Um zu verhindern, daß die verhungernden Bauern in die Städte strömten, wurden die ländlichen Gebiete abgeriegelt und dem Zugpersonal die Beförderung von Personen ohne ausdrückliche Erlaubnis der Geheimpolizei verboten. Der Zynismus der Parteiführung ging so weit, daß die Sowjetunion 1932, auf dem Höhepunkt der Katastrophe, sogar Getreide exportierte. Wenn die Zwangskollektivierung trotzdem als Erfolg dargestellt wurde, so war das in gewisser Weise sogar richtig – zumindest vom Standpunkt der Strategen im Kreml aus. Denn die Verwandlung der Landbevölkerung in ein Heer von auf Staatsgütern schuftenden Heloten war die Voraussetzung, um ihnen ohne materielle Anreize jenen Mehrwert abpressen zu können, den man für die forcierte Industrialisierung benötigte. Tatsächlich kam es in den dreißiger Jahren zu einer rapiden Expansion der industriellen Produktion, die in krassem Gegensatz zur gleichzeitigen Produktionskrise in den westlichen Ländern stand und einige weltbekannte Intellektuelle wie Romain Rolland oder Lion Feuchtwanger, denen man die neuen Fabriken zeigte, zu euphorischen Berichten verführte.

Einfachen deutschen Seeleuten gegenüber, die, anders als bekannte Schriftsteller, nicht in Luxushotels untergebracht und rund um die Uhr hofiert wurden, war die Wirklichkeit nicht so leicht zu verbergen, was den Propagandisten der ISH einige Probleme bereitete.

In einem der letzten Berichte, die vor der Machtergreifung Hitlers aus Hamburg von der Führung der ISH abgeschickt wurden, heißt es: »In der letzten Zeit erhalten wir von unseren Klubaktivisten in Hamburg, die deutsche und ausländische Schiffe besuchen, Klagen darüber, daß es mit Seeleuten, die jetzt aus den Häfen der Sowjetunion, besonders aus den Häfen des Schwarzen Meeres, zurückkommen, sehr schwer ist zu diskutieren. Die Seeleute deutscher Schiffe, die in den Häfen des Schwarzen Meeres waren, erzählen z. B., daß an Bord ihrer Schiffe verschiedene Leute kommen, die für ein paar zerrissene Hosen zwanzig Rubel und noch mehr bieten, usw.

Die Seeleute erzählten auch, daß die Interklubs ihnen wohl neue Fabriken, Kinderheime zeigen und Vergnügungsabende organisieren, ihnen aber nicht die Schwierigkeiten erklären, die das Sowjetproletariat im sozialistischen Aufbau zu überwinden hat. Da wir der Ansicht sind, daß auf die Schiffe klassenfeindliche Elemente eindringen und einen Handel mit ausländischen Seeleuten betreiben, ersuchen wir Euch, durch die betreffenden Organe dafür zu sorgen, daß dies in Zukunft unterbunden wird, gleichzeitig aber die Sowjetklubs darauf hinzuweisen, daß es notwendig ist, mit den ausländischen Seeleuten über die Schwierigkeiten zu sprechen und sie aufzuklären.«[24]

Der Zufall wollte es, daß Richard Krebs und seine Mannschaft ausgerechnet nach Murmansk, auf die jenseits des Polarkreises gelegene Kolahalbinsel kamen, die mit ihren großen Rohstoffvorkommen und dem einzigen eisfreien Hafen der Sowjetunion eine der wichtigsten Zielregionen für die verbannten Bauern war, die man dort zur Zwangsarbeit einsetzte.

Die völlig ahnungslosen Bremer Kommunisten waren schokkiert. Zwar gastfreundlich aufgenommen und, soweit dies in dieser im Aufbau befindlichen Stadt möglich war, komfortabel untergebracht, konnten sie doch nicht umhin, Szenen wahrzunehmen, wie Richard Krebs sie später in *Out of the Night* beschrieben hat: »Es gab nur zwei moderne Steingebäude in der Stadt: Die Bank und das Haus der GPU. In den meisten Blockhütten war jeder Raum von einer ganzen Familie belegt, und oft waren es auch zwei Familien. Alleinstehende Arbeiter wurden zu fünft oder zu acht in einem Raum untergebracht. Der ununterbrochene Zustrom neuer Schwerarbeiter überfüllte die neuerrichteten Blockhäuser, bevor noch die Zwischenwände eingezogen, die Rohrleitungen verlegt und das Licht installiert waren. Ich sah fünfköpfige Familien in Zimmern hausen, deren einzige Einrichtung ein Haufen Lumpen, eine Kiste und ein paar Nägel in den Wänden bildeten; und über allem hing der unvermeidliche Farbdruck von Stalin ...

Die ganze Bevölkerung arbeitete in drei Schichten, und unter der trüben Mitternachtssonne ging die Arbeit weiter wie am hellen Tag. Hunderte von Frauen und einige Männer errichteten einen Zaun um einen Teil des Hafens. Sie hoben tiefe Löcher in dem sumpfigen Boden aus und versenkten Betonpfeiler in die Löcher. Wir blieben stehen, um einer Gruppe von älteren Frauen zuzusehen, die diese Arbeit verrichteten. Ihre Jacken und Kleider waren alt und zerlumpt und die Schuhe an den Nähten geplatzt. Die Gesichter waren ausgemergelt. Jedesmal, wenn sie die Hacken in die widerspenstige Erde schlugen, stöhnten sie tief auf.«[25]

Nur der fanatische Glaube daran, daß die Industrialisierung der Sowjetunion für den Sieg des Kommunismus in aller Welt unumgängliche Voraussetzung sei, habe Jan Valtin damals aufrechterhalten.

Eine weitere, bei deutschen Kommunisten damals weitverbreitete

Art, mit solchen Erlebnissen umzugehen, war der Vorsatz und die Hoffnung, es selbst anders und besser zu machen. So legt Richard Krebs in *Out of the Night* seinem Schiffsingenieur, der sich über die schlechte Wartung der gelieferten Schiffe empörte, in den Mund: »Wartet nur, bis wir ein Sowjetdeutschland haben – dann werden wir den Moskowitern zeigen, was sozialistische Leistungsfähigkeit ist.«[26]

Nach außen hin zeigte Richard Krebs keine Zweifel. Nach der Zugfahrt durch Karelien blieb er noch einige Wochen in Leningrad, wo er, wie er später dem amerikanischen Geheimdienst CIC berichten sollte, an einem Kurs der ISH teilnahm, der »mit allgemeiner Gewerkschaftsarbeit« zu tun hatte. Während dieser Zeit arbeitete er im dortigen Interklub mit.

Am 11. August schrieb die Leiterin der deutschen Sektion des Interklubs nach Hamburg und bat dringend um einen deutschen Mitarbeiter.

»Warum dieses so notwendig ist, habe ich euch in einem der letzten Briefe mitgeteilt, und Näheres wird euch Genosse Krebs, Richard noch berichten. Ich habe versucht den Genossen Krebs hier zu halten, doch die Profintern hat entschieden, daß erst der Hamburger Verband die letzte Entscheidung treffen kann, ob der Genosse zurückkommen kann.«[27]

Den Bericht des Genossen Krebs, den er in Hamburg über den Leningrader Interklub ablieferte, kann man in den Akten des Leningrader Interklubs bis heute nachlesen. Er ist der einzige auffindbare von den vielen Berichten, die er während seiner Arbeit für die Komintern geschrieben haben muß:

»18. 8. 1931
Die Organisation der Klubarbeit basiert auf den verschiedenen Sektionen. Jede Sektion stellt ihren monatlichen Arbeitsplan auf. Auffallend aber ist die ungenügende Zusammenarbeit zwischen den Sektionen untereinander, und zwischen den Sektionen und der Klubleitung. Man sieht nichts von kollektiver Arbeit, man sieht auch nichts von Instruktionen der Leitung oder einer Kontrolle der Gesamtarbeit der einzelnen Sektionen von oben. ...

Einige Beispiele: Die Matrosen des Dampfers ›Ida Blumenthal‹ kommen, berichten, daß der Kapitän Strafantrag gegen sie gestellt hätte ... weil sie an einem Sonntag ohne seine Erlaubnis an einer

Exkursion des Interklubs teilgenommen haben. Die Matrosen sollten in das Schiffstagebuch geschrieben, und sollen bei Ankunft in Holtenau entlassen werden. Was ist zu tun? – Große Diskussion. Ich schlug folgendes vor: Sendet ein Telegramm nach Hamburg und Kiel zur Mobilisierung der Bremer Heuerstelle gegen die Entlassung der Matrosen der ›Blumenthal‹, benachrichtigt die Bremer Stauerei, daß dieser Dampfer von den Hafenarbeitern blockiert werden soll. Die Antwort, die ich ... bekam, war ein passives: ›Ach, der Sekretär wird doch nichts machen.‹

Weiter: Es findet eine Seeleute-Versammlung statt. Zu gleicher Zeit spielt die Kapelle unten zum Tanz. Resultat: Die Seeleute tanzen, die Versammlung versagt. ... Weiter: Ein betrunkener Seemann wankt durch den Klub und rempelt andere Besucher an. Anstatt diesen nun einfach an die Luft zu befördern, fällt man über ihn her, hält ihn unten am Haupteingang fest und läßt den Hausmeister so lange an seiner Polizeipfeife pfeifen, bis Polizei herkommt. Ausländische Seeleute kommen herein, sehen diese Scene und kehren prompt wieder um.

Die beste Arbeit im Klub wird von jungen, russischen Aktivistinnen gemacht, die sich auf Sprachen spezialisiert haben. Wiederholt bekam ich auf meine Fragen diese Antwort: ›The work is allright, but it is not organized.‹ Auch folgende Bemerkung: ›Wir sind die Opposition gegen die Klubleitung.‹ Meine Frage: ›Offen?‹ Antwort: ›Nein, unter uns.‹ ... Die gesamte Klubleitung macht auf mich den Eindruck der Schwäche. Es fehlt die straffe Organisation der gesamten Arbeit, verbunden mit dem gänzlichen Fehlen einer scharfen Kontrolle. Die deutsche Sektion muß unbedingt besser besetzt werden, und zwar von Genossen, die sich auch durchsetzen können, und nicht ergeben und kritiklos alles hinnehmen, was sie dort bei ihrer Ankunft finden.«[28]

Der Streik

Anders, als von der überarbeiteten Genossin aus Leningrad erhofft, schickte man Richard Krebs nicht wieder zurück, um die Leitung der deutschen Sektion des dortigen Klubs zu übernehmen. Er wurde aber auch nicht weiter in Bremen eingesetzt, sondern zum Leiter des Hamburger Interklubs, des zusammen mit Leningrad bedeutendsten im weltweiten Netz der ISH, berufen. Ein Mann mit seinen agitatorischen Fähigkeiten wurde im größten deutschen Hafen dringend benötigt, denn die ISH bereitete sich auf einen weltweiten Streik der deutschen Seeleute vor, der bei Ablauf des Tarifvertrages Ende September 1931 stattfinden sollte.

Hintergrund der bevorstehenden Auseinandersetzung war die katastrophale Lage der deutschen Schiffahrt. Mehr als ein Drittel der deutschen Handelsflotte lag still. Allein im Hamburger Hafen gab es achttausend arbeitslose Seeleute. Die Reeder hatten beschlossen, denen, die noch Arbeit hatten, radikal die Löhne zu kürzen. Am 12. September gaben sie ihre Forderungen bekannt: Lohnkürzung um 30 bis 65 Prozent, Abschaffung des Dreiwachensystems, Verlängerung der Arbeitszeit auf 10, 12 und 14 Stunden, Nichtbezahlung der Überstunden und Abschaffung des Urlaubs.

Zwar sollten zunächst noch Schlichtungsverhandlungen stattfinden, aber jedem war klar, daß ein wie auch immer gearteter Kompromiß in jedem Fall Lohnkürzungen beinhalten würde, da der offizielle Tarifpartner der Reeder, der sozialdemokratische Gesamtverband, einen Streik bei einer derartigen Arbeitslosigkeit für völlig aussichtslos hielt. Noch dazu waren die beiden Seeleutegewerkschaften heftig miteinander verfeindet. Für den Einheitsverband waren die sozialdemokratischen Vertreter »Lakaien des Kapitals«, der Gesamtverband titulierte seine kommunistischen Gegner als »Söldner Moskaus«. Kein Wunder also, daß der Gesamtverband seinen Gegnern vom Einheitsverband keinerlei Informationen über den Gang der Verhandlungen zukommen ließ, was deren Planungen erheblich erschwerte.

Der kommunistische Einheitsverband war fest zum Streik entschlossen. Die Vorbereitungen liefen bereits seit Mai. Der Mann hinter den Kulissen, Bem alias »Adolf«, hielt seine Vorgesetzten in Moskau über jede Einzelheit auf dem laufenden. Vor dem Streik schrieb er dorthin: »Dieser Streik soll mit radikalsten Mitteln durchgeführt werden. Es geht nicht nur um den Lohnkampf, sondern allgemein um die Schaffung eines revolutionären Bewußtseins unter den Arbeitern und ihre Mobilisierung für die KPD.«[29]

Wozu ein erfolgreicher Streik hätte führen können, hat ein Veteran der Bewegung, Erich Krewet, der damals eine führende Rolle in der kommunistischen Hafenorganisation spielte, viele Jahre später so ausgedrückt: »Wenn die Straßenbahner streiken, dann gehen die Leute zu Fuß zur Arbeit. Streiken die Eisenbahner, so wird es schon etwas schwieriger. Die weiten Strecken und die viele Fracht kann von anderen Transportmitteln nicht so leicht bewältigt werden. Streiken aber in einem im- und exportabhängigen Land die Seeleute, so können Regierungen stürzen, ja Staaten zerbrechen.«[30]

Vom 10. bis zum 12. September fand im Hamburger Interklub eine abschließende Konferenz mit Delegierten aus allen deutschen Häfen statt. Über die dort gefaßten Beschlüsse schrieb Adolf nach Moskau:

»Die Frage der Streiktaktik. Im Gegensatz zu den gewesenen Kämpfen im Wassertransport haben wir (Genosse Walter und ich) vorgeschlagen, nicht die Parole: ›Seeleute herunter von den Schiffen‹, sondern ›streikt an Bord der Schiffe‹ aufzustellen. Dies bedeutet eine schroffe Wendung der bisherigen Praxis. Wir stellten diese Parole auf, um dadurch ... zu erzielen, daß der Streikbeschluß von der gesamten Besatzung durchgeführt wird, und um zu vermeiden, daß ein paar Kommunisten oder Mitglieder des Einheitsverbandes nach Ausbruch des Streiks in irgendeinem Hafen die Schiffe verlassen und so die Schiffe von den kommunistischen Elementen freimachen. ...

Diese Losung hat vor der Losung ›Alles von Bord‹ den Vorteil, daß sie nicht nur die Frage der Streikbruchabwehr richtig stellt, sondern auch von vornherein den Streik auf ein höheres Niveau führen mußte. Es war für uns ganz klar, daß die gesamte Polizei dafür eingesetzt werden würde, um die streikenden Besatzungen von Bord zu holen. Dies würde vor der gesamten Masse ganz klar die Tatsache aufzeigen, daß die Regierung und die Polizei keine unparteiischen Organe, sondern die Gewaltorgane der herrschenden Klasse, der Bourgeoisie sind.

Die zweite Frage, die wir im Zusammenhang mit der Streiktaktik neu aufgerollt haben, war die Parole: ›Streik auf deutschen Schiffen in allen kapitalistischen Häfen‹. Wir wollten, daß der

Streik auf allen deutschen Schiffen durchgeführt wird, und für die ausländischen Häfen konnte keine andere Parole als ›Streik an Bord der Schiffe!‹ gestellt werden. Das Verlassen der Schiffe konnte nach der Seemannsordnung als Desertion ausgelegt werden.«

An dieser Stelle ging Adolf auch auf eine für die sowjetische Regierung sehr heikle Frage ein:

»In diesem Zusammenhang haben wir allen Ernstes die Frage erwogen, ob in den Sowjethäfen die deutschen Seeleute auch streiken sollen. Der Standpunkt der ISH, daß die Parole lauten soll ›Streik in allen *kapitalistischen* Häfen‹, wurde von sämtlichen Genossen gutgeheißen. Wir begründeten unseren Standpunkt damit, ... daß der Streik in den Sowjethäfen, der bei guter Organisierung eine längere Zeit dauern konnte, zu diplomatischen Verwicklungen führen könnte. Außerdem war es für uns eine politische Frage, weil wir zur gleichen Zeit immer wieder hervorgehoben haben, daß das Tempo des sozialistischen Aufbaus, die Durchführung des Fünfjahrplans, durch den Streik nicht behindert werden dürfe.«[31]

Aus Adolfs Sicht waren die Voraussetzungen für einen erfolgreichen Streik trotz der vielen Arbeitslosen gar nicht so ungünstig. Immerhin hatte der Einheitsverband auf fast jedem deutschen Schiff wenigstens ein Mitglied, und manche Schiffsbesatzungen waren vollständig in ihm organisiert. Dazu kam die allgemeine Wut und Empörung über den anstehenden Lohnraub auch unter den nicht organisierten Mitgliedern der Besatzungen.

Trotzdem wurde der Streik zu einem Fiasko.

Zum einen waren da die »Reformisten« vom Gesamtverband, die den Streik für aussichtslos hielten und versuchten, ihn zu verhindern, da sie wenig Lust hatten, als »Handlanger des Kapitals« demaskiert zu werden. Gleich im Anschluß an die Konferenz, am 13. September, wurde der Internationale Seemannsklub vom Reichsbanner, der paramilitärischen Formation der Sozialdemokraten, überfallen. Ob dieser Überfall ein Racheakt war – nach Darstellung des Reichsbanners waren fünf seiner auswärtigen Mitglieder, die sich gerade zu einem Gautreffen in Hamburg befanden, durch Schüsse aus dem Interklub heraus verletzt worden (SPD-Flugblatt: »Bestialische Bluttaten der Kommunisten in der

Neustadt«) –, oder ob der Überfall, wie Adolf nach Moskau schrieb, doch mit der gerade dort abgehaltenen Konferenz zusammenhing, ist heute nicht mehr festzustellen.

Zum anderen war die Bezirksleitung der KPD nicht bereit, den Streik zu unterstützen. Dafür gab es verschiedene, auch persönliche Gründe. Hermann Schubert, der Hamburger Parteichef, und Adolf konnten sich »nicht riechen«.[32]

Vor allem aber hatte man es in der KPD und besonders in Hamburg gründlich satt, keinerlei Verfügungsgewalt zu haben – weder über den Interklub noch über den Einheitsverband und schon gar nicht über die ISH. So wurde zähneknirschend jede Entscheidung Adolfs zwar mitgetragen, da er direkte Rückendeckung aus Moskau besaß, aber, wenn man seinen Beschwerden nach Moskau glauben will, gleich im Anschluß sabotiert.

Alle diese Faktoren sollten eine Rolle spielen. Als ausschlaggebend erwies sich schließlich etwas anderes.

Am 1. Oktober wurde der Streik durch eine Arbeitsniederlegung der gut organisierten Danziger Hafenarbeiter eingeleitet. Hier kamen persönliche Verbindungen Adolfs, der ja Pole war, zum Tragen. Am selben Tag streikte eine Schiffsbesatzung in Bremen. Eigentlicher Beginn des Streiks war der 2. Oktober, der Tag, an dem als Urteilsspruch des Schlichters eine Senkung der Heuer um 13,6 Prozent bekanntgegeben wurde. Am 3. Oktober lagen in Hamburg bereits acht Schiffe still. Aber die Streikbruchabwehr glückte nicht in allen Fällen, und vor allem gelang es überhaupt nicht, die Hafenarbeiter zu mobilisieren. Ganz im Gegenteil, die Hafenarbeiter bearbeiteten sogar Schiffe, auf denen noch gestreikt wurde.

Auf einer Massenversammlung im Hafen am nächsten Tag wurde klarer, warum.

Zunächst lief alles gut an. Immerhin hatten sich, wie später nach Moskau berichtet wurde, ca. 2000 Hafenarbeiter und Seeleute versammelt. Zwar war der heimliche Lenker des Streiks mit den Reden von Albert Walter und Hermann Schubert nicht zufrieden, so daß er sich während dieser Versammlung »gezwungen« sah, »verkleidet als polnischer Seemann das Wort zu ergreifen«, um ein paar Punkte, wie »daß man auf Gewalt mit Gewalt antworten muß«, zu verdeutlichen. Am Ende jedoch »beschloß die Versammlung einstimmig« den Streik und die Aufforderung an die Hafenarbeiter, am folgenden Tag, dem 5. Oktober, die »Arbeit niederzulegen und den gesamten Hamburger Hafen stillzulegen«. Aber nach dem Ende der Versammlung »tauchte wieder, wie auch während der Vorbereitung des Streiks es auf zahlreichen Versammlungen der Fall gewesen war, die Frage der Stauerei Einheit auf. ... Am nächsten Tag gelang es nicht, auch nur einen Hafenbetrieb stillzulegen.«[33]

Schlimmer noch, weiterhin beluden und löschten die Hafenarbeiter auch die Schiffe, auf denen gestreikt wurde. Und am Nachmittag desselben Tages ereigneten sich Zwischenfälle, die bei Adolf »die größten Zweifel brachten. Nämlich als nachmittags die Hafenarbeiter die Betriebe verließen und Versammlungen abgehalten werden sollten, da versammelten sich von den Reformisten und den Nazis aufgehetzte Hafenarbeiter und Frauen in einer Zahl von ca. 600 Mann an dem Abfahrtssteg der Barkassen, wo die Hafenarbeiter der Stauerei Einheit zur Arbeit fahren sollten, und verhinderten die Letzteren mit Gewalt an der Abfahrt zur Arbeit.«[34]

Die Stauerei »Einheit«, einer der größten Hafenbetriebe, war in sowjetischem Besitz und für das Löschen und Beladen sowjetischer und von der Sowjetunion gecharterter Schiffe zuständig. Als solche war sie – der Fünfjahrplan sollte nicht behindert werden – von dem Streikaufruf des Einheitsverbandes ausgeschlossen.

»Das Ausschlaggebende jedoch, das direkt zu einem Haß gegen die Stauerei Einheit führte, war die Tatsache, daß die Stauerei die Vermittlung genauso und noch viel schlimmer als die kapitalistischen Betriebe durchführte.«[35]

Hafenarbeit war Stoßarbeit. Kam ein Schiff an, wurden plötzlich Dutzende von Arbeitskräften benötigt, die in mehreren Schichten rund um die Uhr arbeiteten. Doch in Zeiten der Krise waren es bei weitem nicht genug Schiffe, um alle Hafenarbeiter zu beschäftigen. Verschärfend kam hinzu, daß die Vermittlung der wenigen Arbeit, die es gab, nach Zuruf erfolgte, so daß einige wenige, die besten und kräftigsten Arbeiter nämlich, weiterhin mehr als genug zu tun hatten, während der Rest überhaupt keine Arbeit mehr hatte. Die Abschaffung dieser Willkür und die Vermittlung nach Nummern war eine uralte gewerkschaftliche Forderung, die ausgerechnet von jener Stauerei, die sich im Parteibesitz befand, nicht erfüllt wurde. Schließlich, und das war es, was das Faß zum Überlaufen brachte, ging die meiste Arbeit an Parteimitglieder. Daran war die Stauerei »Einheit« zwar zu einem gewissen Grad unschuldig, da die »normalen« Hafenbetriebe Arbeiter, die bei der »Einheit« arbeiteten, von der Vermittlung ausschlossen. Höchstwahrscheinlich war dies der Leitung der »Einheit« auch gar nicht so unrecht, wurde doch auf sowjetischen Schiffen so manches transportiert, worüber besser nichts an die Öffentlichkeit gelangen sollte.

»Schon aus dem, was oben gesagt wurde, ersieht man, daß die Arbeiter der Stauerei Einheit von den anderen Hafenarbeitern vollkommen isoliert sind ... und daß sich unter den Hafenarbeitern in den kapitalistischen Betrieben eine große Unzufriedenheit gegen die Partei und den Einheitsverband und mittelbar auch gegen die Sowjetunion eingenistet hat. ... Dieser Haß gegen die Stauerei Einheit führte auch dieses Mal dazu, daß ein Teil aufgehetzter Hafenarbeiter wörtlich folgendes gesagt hat: ›Ihr habt den Streik angezettelt, nun wollen wir, daß ihr auch wirklich streikt.‹ Diesen Ausspruch muß man erklären. Alle führenden Genossen in der Reichsleitung des Einheitsverbandes arbeiten in der Stauerei Einheit, und mindestens 95 % aller Hafenarbeiter, die in der Stauerei beschäftigt sind, sind Mitglieder des Einheitsverbandes.«[36]

Am 6. Oktober, also rund eine Woche nach Beginn des Streiks, fuhr Adolf nach Berlin, um dort an einer Sitzung des höchsten Lenkungsgremiums der Komintern außerhalb der Sowjetunion, des Westeuropäischen Büros, teilzunehmen.

Als er zurückkam, stand der Streik vor dem Abbruch. Hermann Schubert, der Bezirksleiter, hatte die Faxen dicke und setzte Albert Walter so unter Druck, daß dieser bereits an einem Flugblatt arbeitete, in dem der Abbruch des Streiks verkündet wurde. Schubert hatte, wie Adolf nach Moskau schrieb, nämlich einen Brief der Zellenversammlung der Gastwirte aus Hamburg-Zentrum erhalten, in dem »die Auffassung vertreten« wurde, »daß der Streik der Hafenarbeiter nur dann möglich ist, wenn auch die Sowjetschiffe bestreikt werden und (das ist für die Gastwirte meiner

Ansicht nach das Wichtigste)«; außerdem «wurde Klage erhoben, daß die Inhaber der Lokale nicht mehr unentgeltlich Heizung der Lokale, Licht usw. für uns hergeben können, daß die Erwerbslosen (und natürlich auch die Streikenden) nichts verzehren und daß die Opferwilligkeit der Gastwirte eine Grenze hat«.[37]

In diese Situation platzte eine Nachricht, die Adolf, selbst wenn er den Streik hätte abbrechen wollen, keine Wahl ließ: In den sowjetischen Häfen wurde gestreikt. Wie und warum dort gegen jegliche im vorhinein gefaßten Beschlüsse, ja im Gegensatz zur offiziellen Taktik des ISH gestreikt wurde, ist unklar. Möglicherweise war auf der Sitzung des Westeuropäischen Büros ein Streik in der Sowjetunion vorgeschlagen und von der Spitze in Moskau genehmigt worden, vielleicht ging er auch auf einen einsamen Beschluß der Führung in Moskau zurück. Ob Adolf über den Streik in der Sowjetunion vorher informiert war, geht aus seinem umfangreichen Bericht nicht hervor. Die entsprechende Stelle in dem Report: »Ich war ganz überrascht [daß man in Hamburg den Streik abbrechen wollte], denn gerade am 9. und am 10. Oktober früh brachte die bürgerliche Presse Nachrichten, daß die deutschen Seeleute in der Sowjetunion in den Streik getreten sind«,[38] klingt eher, als habe er gute Miene zu einem Spiel gemacht, an dem er nicht beteiligt war.

Schließlich war die Formulierung »in den Streik getreten« nichts weiter als ein Euphemismus für die Art und Weise, wie in den sowjetischen Häfen »gestreikt« wurde. Selbst wenn man nicht den Schauergeschichten der zeitgenössischen Presse glauben will, so geht doch aus internen Dokumenten der ISH klar hervor, daß die Machtorgane des sowjetischen Staates die Order »Streik« ganz auf die ihnen vertraute Art durchführten. Die Minderheit, die nicht streiken wollte, wurde dazu gezwungen, Kapitäne, die ohne ihre Mannschaften auslaufen wollten, am Verlassen des Hafens gehindert. Für die Mehrheit der Streikenden jedoch war ihr Aufenthalt in der Sowjetunion vorläufig eine äußerst angenehme Zeit. Schließlich wurde für ihr leibliches Wohl gut gesorgt, und im größten Hafen, in Leningrad, kümmerten sich jene Sprachstudentinnen, die Richard Krebs im August als tätige Aktivistinnen und »heimliche Opposition gegen die Klubleitung« kennengelernt hatte, um die ideologische Betreuung der Streikenden und hielten sie bei Stimmung.

Für die Leningrader Hafenarbeiter müssen die streikenden deutschen Seeleute, die es sich im Interklub gutgehen ließen, ein erstaunliches Schauspiel gewesen sein. Was ihnen bei »Sabotage des Fünfjahrplanes« geblüht hätte, war seit dem Schicksal der Leningrader Holzverlader bekannt, die man Mitte der zwanziger Jahre nach einem Streik binnen 24 Stunden samt ihren Familien in die entferntesten Winkel der Sowjetunion verbannt hatte.[39]

Nachdem die Nachrichten vom Streik in den sowjetischen Häfen eingetroffen war, mußte er natürlich auch in Deutschland weitergehen. Adolf und Schubert hatten eine heftige Auseinandersetzung. »Er sprach mit mir in einem Ton, in dem noch niemand in meinem Leben mit mir gesprochen hat«, berichtete Adolf nach Moskau.[40] Schließlich mußte Schubert nachgeben.

Richard Krebs war zu diesem Zeitpunkt zwar bereits Leiter des Interklubs und auch Mitglied der Reichsleitung des Einheitsverbandes, aber noch nicht so weit im inneren Kreis der ISH, daß ihm die gesamten Hintergründe des Streiks bekannt gewesen wären. Er war vollauf damit beschäftigt, die in den Hafen einlaufenden Schiffe zu besuchen und, wie sich einer seiner Leute, Ede Nikolajczik[41], erinnert, die tägliche Arbeit der Aktivisten des Einheitsverbandes zu koordinieren. Von allen Mitgliedern der Streikführung war Richard Krebs – so geht es aus Adolfs Report hervor – derjenige, der sich am meisten auf den Schiffen aufhielt und die Stimmung dort am besten kannte. Er berichtete Adolf, daß diese ausgezeichnet und die Mehrheit der Seeleute weiterhin für den Streik sei. Der Schiedsspruch, der am 9. Oktober für verbindlich erklärt wurde, hatte es tatsächlich in sich. Nicht nur, daß den Seeleuten die Heuer um mehr als zehn Prozent gekürzt wurde, man verlängerte auch die Arbeitszeit und schaffte den Urlaub ab.

Doch am 12. Oktober wurde dem Streik endgültig die Spitze gebrochen. Bei einer Versammlung im Interklub wurden 80 Seeleute, darunter die gesamte Spitze des Einheitsverbandes und auch Richard Krebs, verhaftet. Adolf kam mit knapper Not davon.

Jetzt mußte auch er einsehen, daß der Streik nicht länger durchzuhalten war. Er diktierte drei Entschließungen und ließ sie – er selbst wagte sich weniger denn je in die Öffentlichkeit – einer Versammlung der Streikenden vorlegen, bei der die Forderung Beifall gefunden hatte, aufgrund der harten Polizeieinsätze zu Terrorakten überzugehen. »Es gelang dem Genossen Deter, der sein Referat zum Schluß hielt, die Stimmungen zu überwinden, indem er die Zwischenrufer indirekt der Provokation beschuldigte. ... Ich bin der Auffassung, daß alle Versammelten es ausgezeichnet verstanden haben, warum ihnen diese Entschließung über die Aufnahme von Verhandlungen unterbreitet wurde. Mir handelte es sich darum, um im Zusammenhang mit der wüsten Hetze, die in der bürgerlichen Presse gegen die Sowjetunion geführt wurde, den deutschen Seeleuten in der Sowjetunion die Möglichkeit zu geben, den Streik abzubrechen.«[42]

Jene Entschließung wurde von den sowjetischen Behörden einige Tage später wieder auf ihre Art verstanden. Jetzt hieß es für die Streikenden: sofort und ohne weitere Verhandlungen auf die Schiffe zurück – ohne Rücksicht darauf, daß ihnen nach ihrem angenehmen Leben im Interklub nicht nur eine Anklage wegen Meuterei drohte, denn als solche wurde Streik in fremden Häfen gemäß der Seemannsordnung bestraft, sondern auch noch eine Anklage wegen Desertion, da sie das Schiff verlassen hatten. Wegen der drohenden Zuchthausstrafen weigerten sich eine Reihe von Seeleuten (in einem ISH-Dokument ist von 30 die Rede), nach Deutschland zurückzukehren; um eine größere Blamage zu verhindern, gestattete man ihnen schließlich den Verbleib in der Sowjetunion. Bei dem aufrührerischen Temperament dieser Männer konnten Konflikte nicht ausbleiben, und so landete ein Großteil von ihnen später in einem der vielen sowjetischen Lager. Von denen, die die Zwangsarbeit überlebten, wurden nach dem Hitler-Stalin-Pakt einige zurück nach Deutschland geschickt, wo die Gestapo bereits auf sie wartete.[43]

Jener Streik, der in Anbetracht seiner Erfolglosigkeit und des raschen Abbruchs wohl keine größeren Wellen geschlagen hätte, erregte wegen der Vorfälle in der Sowjetunion allgemeines Aufsehen und führte zu einer diplomatischen Krise.

Eigentlich hätte die Sowjetunion laut Handelsvertrag von 1923 einen Streik in sowjetischen Häfen nicht nur nicht unterstützen dürfen, sondern hätte etwaigen Streikbrechern sogar Schutz zukommen lassen müssen. Dieser Sachverhalt war den Kapitänen natürlich bekannt. Auf Vorhaltungen wurde ihnen von den sowjetischen Behörden scheinheilig geraten, sich doch an die Streikleitung zu wenden.[44]

Außenstehenden wie dem deutschen Generalkonsul in Leningrad war die ganze Sache ein Rätsel. Besonders unverständlich war für ihn, daß der Streik auch nach dem 12. Oktober fortgesetzt wurde, als in Hamburg die gesamte Spitze des Einheitsverbands verhaftet und der Streik damit de facto bereits zu Ende war.

Erstaunlich ist, im nachhinein betrachtet, vor allem, daß den Zeitgenossen die Rolle Adolfs völlig verborgen blieb: Für die Außenwelt waren der Generalsekretär der ISH, Albert Walter, und die führenden Genossen des Einheitsverbandes diejenigen, die den Streik beschlossen und organisiert hatten. Diesen Umstand nutzten die sowjetischen Behörden geschickt aus, um den diplomatischen Schaden zu begrenzen. In Leningrad wurde ein deutscher Kommunist, vermutlich Hermann Knüfken, vorgeschickt, der dem Generalkonsul einzureden versuchte, die Spitze des Einheitsverbandes habe hinter dem Streik in Leningrad gesteckt, »die mit dem Streik ihre Daseinsberechtigung als bezahlte Funktionäre, sowie ihren revolutionären Mut, dies allerdings auf Kosten anderer hätten beweisen wollen. ... Die Profintern habe dem Streik zugestimmt und zwar in dem Glauben, daß auf den deutschen Schiffen tatsächlich eine große Streikbewegung in Gang gekommen sei ...«[45]

In Wirklichkeit hatte kein deutscher Seeleutefunktionär mit dieser Entscheidung zu tun; man war ja dort offenbar noch nicht einmal über die Entwicklung informiert, sonst hätte man in einer Situation, als in Leningrad gestreikt wurde, kaum beschlossen, in Hamburg den Streik abzubrechen.

Möglich, daß Adolf Schelley zumindest indirekt verantwortlich war, indem er auf jener Sitzung des Westeuropäischen Büros falsche Angaben über den Streikverlauf machte. Aber selbst in diesem Fall war er über die Entscheidung, die ja nur in Moskau getroffen werden konnte, noch nicht informiert, als er in Hamburg eintraf.

Wahrscheinlich ging der Beschluß, in der Sowjetunion einen

Streik durchzuführen, auf Kräfte in der sowjetischen Staatsführung zurück, für die eine deutsche Revolution die einzige Hoffnung darstellte, die wachsende Macht Stalins doch noch durch eine Kraft von außen – und sei es die selbstbewußte Führung eines sozialistischen Deutschlands – eindämmen zu können. Darauf deutet auch die Analyse des Generalkonsuls in Leningrad hin, der am 27. Oktober nach Berlin schrieb: »Man fragt sich, weshalb aber die Streikleitung auch nach dem 11.,12. Oktober den Streik weitergehen ließ, obwohl er nach dem Einstellen des Streiks* in Deutschland ja ganz sinnlos geworden war. Es bleibt nur die eine Erklärung, daß man sich nunmehr mit seinen Hoffnungen an die inzwischen in Deutschland entstandene politische Krise klammerte. Man scheint gehofft zu haben, daß der Sturz des Kabinetts zum Ausgangspunkt neuer, innerdeutscher Unruhen politisch-wirtschaftlicher Art werden und es damit doch noch möglich sein würde, den Streik zu einem guten Ende zu führen. Die Mitteilung vom Verbleiben des Kabinetts Brüning im Amt ging dem Generalkonsulat von seiten eines kommunistischen Journalisten am Abend des 16. Oktober gleichzeitig mit der Nachricht zu, daß der Streik am 17. Mittags 12 Uhr abgebrochen würde. Nach Lage der Dinge ist anzunehmen, daß diese beiden Mitteilungen einen mehr als nur zeitlichen Zusammenhang hatten, daß vielmehr mit dem Verbleib des Kabinetts die letzten Hoffnungen der Drahtzieher zusammenbrachen.«[46]

Adolf war klar, daß der Streik nicht nur durch seine Niederlage, sondern vor allem wegen der sowjetischen Gewaltmaßnahmen in Leningrad mit einer Katastrophe für das Ansehen der Kommunisten geendet hatte.

Mit Kritik an der Art, wie in Leningrad »gestreikt« worden war, hielt er sich zurück. Er erwähnte bloß, im Hamburger Interklub gehört zu haben, man habe eine Besatzung zum Streik gezwungen, obwohl nur zwei ihrer Mitglieder für den Streik gewesen seien. Erheblich deutlicher kritisierte er, daß man die Streikenden plötzlich wieder auf die Schiffe gezwungen hatte, ohne ihnen wenigstens Gelegenheit zu geben, vorher Straffreiheit auszuhandeln.

* Offiziell war der Streik noch nicht eingestellt, de facto wurde jedoch nicht mehr gestreikt.

Ein hartgesottener Funktionär, der sich in jahrelanger Arbeit den nötigen Zynismus angeeignet hatte, mochte den Verlauf des Streiks in der Sowjetunion, vor allem wegen des propagandistischen Desasters, als »Fehler« ansehen. Für jemanden wie Richard Krebs, der noch relativ »grün« war und den Streik mit ehrlichem Engagement vorangetrieben hatte, muß die sowjetische Episode eine schwere Prüfung für seinen Glauben gewesen sein. In *Out of the Night* sollte schließlich nur noch die Leningrader Seite des Streiks eine Rolle spielen. Hier machte er Jan Valtin zum Streikleiter, der als Augenzeuge all das miterlebte, was später im Interklub erzählt wurde. Doch Richard Krebs war längst noch nicht soweit. Weder um als Spitzenfunktionär derart desillusionierende Erfahrungen zu machen, noch um hinter die Kulissen schauen zu können. Vorerst begann er mit seiner Geliebten, die ihm aus Bremen gefolgt war, ernsthaft mit der Arbeit im Hamburger Interklub.

Der Hamburger Interklub

Bis Hermine Stöver und Richard Krebs schließlich im März 1932 eine eigene Wohnung fanden, lebten sie laut Adreßregister bei Wieke in der Jacobsstraße 32 b zur Untermiete.

Beide arbeiteten im Hamburger Interklub. Als propagandistischer Leiter war Richard Krebs verantwortlich für die Veranstaltungen, für die Koordination der verschiedenen Sprachsektionen und für so alltägliche Dinge wie einen geordneten Schankbetrieb. Hermine Stöver entwarf die Plakate und kümmerte sich um den kulturellen Teil der Arbeit. Vermutlich standen sie unter ähnlich intensiver Beobachtung wie in Bremen. Allerdings sind diese Akten im Zweiten Weltkrieg verbrannt, so daß keine detaillierten Beschreibungen der Veranstaltungen mehr zu finden sind. Erhalten sind nur einige Veranstaltungsplakate und Flugblätter, entworfen und gezeichnet in jenem Stil, der für Hermine Stöver charakteristisch war.

Der internationale Seemannsklub befand sich in den ersten Stockwerken eines vierstöckigen Gebäudes in der Rothesoodstraße in der Hamburger Hafengegend. Albert Walter hatte es

1924 gekauft und dort das Internationale Hafenbüro, den Vorläufer des Interklubs, untergebracht. 1928 hatte man im Namen der Stauerei »Einheit« einen hohen Kredit aufgenommen, um das Gebäude zu renovieren. Bei dieser Renovierung war ein Hintereingang eingebaut worden, der direkt zu den Räumlichkeiten der Internationale der Seeleute und Hafenarbeiter, der ISH, führte, deren Zentrale dort, zumindest nominell, untergebracht war.[47]

Hier befanden sich außer dem Büro Albert Walters, dem Generalsekretär, noch das Büro des Vertreters des »Internationalen Negerbüros«, das seine Verbindungen in alle Welt von Hamburg aus unterhielt, die japanischen und chinesischen Sektionen der ISH, die aus ähnlichen Gründen wie das »Negerbüro« von Hamburg aus arbeiteten, und ein »Skandinavisches Büro« mit zwei Abteilungen. Mit der Abteilung, die Gewerkschaftsarbeit machte, arbeitete Richard Krebs eng zusammen, die andere Abteilung war abgesondert und schien, wie Richard Krebs dem amerikanischen Geheimdienst CIC berichten sollte, mit spezieller Verbindungsarbeit, besonders in den Fernen Osten, zu tun zu haben. Insgesamt arbeiteten jeweils acht bis zehn Leute in den Räumlichkeiten der ISH. Adolf, der sämtliche Berichte abfaßte und, wie bei dem deutschen Seeleutestreik, auch bei allen anderen wichtigeren personellen und organisatorischen Fragen nach Abstimmung mit Moskau das letzte Wort hatte, war in einem anderen, geheimen Büro untergebracht. Die Verbindung zwischen der Rothesoodstraße und diesem Büro wurde durch einen Kurier aufrechterhalten.

Der Hamburger Hafen war für die ISH wie für ihre Vorläuferorganisation, das IPK Transport, von überragender Bedeutung. Auch für den Verbindungs- und Nachrichtendienst der Komintern, den OMS, war der Hamburger Hafen ein Knotenpunkt, der an Bedeutung wahrscheinlich Leningrad gleichkam.

Die herausragende Rolle, die Hamburg für die kommunistische Weltbewegung spielte, hing mit der Situation der internationalen Seefahrt zusammen:

1932 befanden sich ein Drittel der Welttonnage in britischer und ein Fünftel in amerikanischer Hand. Mit keinem der beiden Länder unterhielt die Sowjetunion diplomatische Beziehungen. Weder in Großbritannien noch in den USA gab es zu dieser Zeit

– von Splittergruppen abgesehen – Gewerkschaften, die unter kommunistischem Einfluß standen. Die drei nächstgroßen Handelsflotten waren die Deutschlands, Norwegens und Japans mit jeweils rund sechs Prozent der Welthandelstonnage.[48] Die Sowjetunion selbst verfügte noch nicht über eine Flotte, die groß genug gewesen wäre, ihren eigenen Überseehandel abzuwickeln. Daher wurde der Großteil der für Leningrad, den wichtigsten sowjetischen Hafen, bestimmten Fracht mit gecharterten Schiffen nach Hamburg geschafft, dort von der Stauerei »Einheit« umgeladen und mit Ostseeschiffen via Kaiser-Wilhelm-Kanal in die Sowjetunion befördert.

Für den Verbindungsdienst der Komintern waren sowjetische Schiffe wegen der Gefahr diplomatischer Verwicklungen bei Aufdeckung von OMS-Fracht nur bedingt geeignet. Japanische Schiffe kamen nicht in Frage, da in Japan ein nationalistisches Regime an der Macht war, das der Sowjetunion gegenüber extrem feindlich eingestellt war. So blieben von den größeren Flotten nur die deutsche und die norwegische. Beide waren für den Verbindungsdienst seit seinen Anfängen von großer Bedeutung, wie aus den unveröffentlichten Erinnerungen des deutschen Revolutionärs Hermann Knüfken hervorgeht, der nach seiner Ausweisung aus Deutschland 1923 jenes Netz von Leningrad aus mit aufgebaut hatte. Die norwegische Flotte war dabei möglicherweise noch wichtiger als die deutsche, allein schon deswegen, weil die Mannschaften von ihren Heimathäfen aus kaum zu kontrollieren waren. Jenes kleine Land mit nur wenig mehr Einwohnern als Hamburg hatte bei weitem nicht genug Fracht, um seinen Seeleuten eine regelmäßige Heimkehr zu ermöglichen. Gut möglich, daß monatlich mehr norwegische Schiffe im Hamburger Hafen anlegten als in sämtlichen norwegischen Häfen zusammen. So ist zu erklären, daß sich die beiden skandinavischen Büros nicht in einem der Häfen Norwegens, sondern in Hamburg befanden. Die Leitung des skandinavischen »Sonder«-Büros hatte eben jener Hermann Knüfken inne, der Ende 1931 mit seiner russischen Frau aus Leningrad zurückgekehrt war. Vermutlich entsprach Knüfkens Funktion in jenem Sonderbüro der, die er 1934 in Rotterdam ausüben sollte. Dort kannte er alle Schiffe, »auf denen illegale Personen von Leningrad kamen.

Nicht nur Parteileute, sondern auch höchstverantwortliche Leute der Nachrichtenabteilung der Sowjetunion. (Militärische Spionage)«.[49] Dieses Wissen läßt darauf schließen, daß er selbst für Weiterleitung und Empfang dieser Leute zuständig war.

Als der »Genosse Pirat«, der im Leben des Richard Krebs noch eine entscheidende Rolle spielen sollte, in Hamburg auftauchte, waren wohl nicht nur der Leiter des Interklubs, sondern auch die anderen mittleren Funktionäre zutiefst erstaunt. Denn eigentlich hatte man Hermann Knüfken bereits für so gut wie tot gehalten. Im Sommer 1929 war er mit der Begründung verhaftet worden, er habe Gelder ausländischer Gewerkschaften, die ihn mit dem Einziehen ihrer Mitgliedsbeiträge im Leningrader Interklub beauftragt hatten, veruntreut. Tatsächlich sind im Archiv der Komintern Briefe skandinavischer Gewerkschaften vorhanden,[50] die nach dem Verbleib von Mitgliedsbeiträgen fragten, die Knüfken eingesammelt hatte. In Wirklichkeit, aber derartige Einzelheiten wurden einem Funktionär relativ untergeordneter Bedeutung wie Richard Krebs nicht anvertraut, hatte die GPU Hermann Knüfken daran gehindert, diese Beiträge zu überweisen, um den Mann mit dem legendären Ruf an der Wasserkante zu diskreditieren. Die Beteiligung der sowjetischen Geheimpolizei macht es um so erstaunlicher, daß man ihn nicht nur neun Monate nach seiner Verhaftung frei-, sondern ihn kaum 15 Monate später samt seiner russischen Frau sogar ausreisen ließ.

Nachdem ihn der Hamburger Senat nach seinem siebten Hungerstreik mit der Auflage begnadigt hatte, Deutschland sofort zu verlassen und nie wiederzukehren, war Hermann Knüfken 1923 in die Sowjetunion gegangen, wo er in Ehren aufgenommen wurde. Er lebte in Leningrad, wurde für das IPK Transport tätig und organisierte den dortigen Interklub. Mit Rückendeckung der Komintern, für deren Verbindungs- und Nachrichtenapparat er zuverlässige Seeleute warb, gelang es ihm, den Interklub zu seiner persönlichen Domäne auszubauen und von primitiver Propaganda (in seinen Erinnerungen nennt er es »Blutumrühren«) frei zu halten. Neben dieser Tätigkeit übernahm er Aufträge der Komintern, deren Natur er in seinen Erinnerungen nur andeutet. Wie aus den Memoiren Franz Jungs hervorgeht, eines Schriftstellers, der zu der

Delegation gehörte, die Knüfken mit dem gekaperten Fischdampfer zum II. Kominternkongreß befördert hatte, machte er in der zweiten Hälfte der zwanziger Jahre in Berlin Station. Damals war er als Kominternkurier Richtung Indonesien unterwegs, und aus seinen eigenen Erinnerungen wissen wir, daß er 1926 in Sachen Rotterdamer Interklub für einen kürzeren Zeitraum in Holland war.[51]

Sehr viel heikler waren seine Verbindungen zu bestimmten Vertretern ausländischer Mächte, die später den Vorwand für seine Verhaftung abgaben, wie er in seinen Erinnerungen schreibt. Worum genau es dabei ging, läßt er im unklaren, er erwähnt lediglich, daß er diese Verbindungen immer im Auftrag der »richtigen Stellen« und mit Wissen der GPU eingegangen sei. Wir können hier nur vermuten, daß Knüfken, der im Ersten Weltkrieg Kontakt zum Marinegeheimdienst der Briten gehabt hatte, diesen nach seiner Ankunft in Leningrad wiederaufgenommen haben muß. Dies ist um so wahrscheinlicher, als er ab Mitte der dreißiger Jahre, nach seinem Bruch mit der Komintern, wieder für die Briten tätig war.

Ab 1927 wurde Knüfkens Position schwieriger. Die wilden zwanziger Jahre gingen zu Ende, und die GPU war immer weniger bereit, Knüfkens Eigenmächtigkeiten zu dulden. Er, der die sowjetische Geheimpolizei früher ohne Federlesens aus dem Klub verwiesen hatte, konnte nun nicht mehr verhindern, daß man ihm einen Spitzel vor die Nase setzte. Trotzdem konnte er es nicht lassen, die GPU und speziell deren Grenzkontrollpunkt zu provozieren. Mit einem Boot, das der Kaiser einst dem Zaren geschenkt hatte, holte er ausländische Seeleute von ihren Schiffen ab, brachte sie ohne Kontrolle durch die Grenzbehörden direkt zum Interklub und ermöglichte ihnen so den Schmuggel von Wertgegenständen.

Für Knüfken, der noch immer wie ein Seemann dachte, war das nichts weiter als ein Akt praktischer Solidarität, da der Rubel völlig überbewertet war und die Seeleute anders keine Möglichkeit hatten, ihre Mädchen zu bezahlen.

Den Haß der Geheimpolizisten zog er durch etwas anderes zu.

Immer wieder wurden ihm Agenten der Komintern geschickt, die er als blinde Passgiere auf einem ausländischen Frachter unterbringen sollte. In der Regel waren dies dänische, norwegische oder deutsche Schiffe. Von der Anwesenheit des Agenten an Bord wußten nur seine jeweiligen Vertrauensleute. Diese Agenten waren so gut versteckt, daß sie auch den Geheimpolizisten des Grenzkontrollpunkts entgingen.

Für diese Agenten bekam er über den Kurierdienst der GPU Sondervisa, die direkt durch die Zentrale der Geheimpolizei in Moskau ausgestellt waren. Sobald sich die Kominternabgesandten außerhalb der sowjetischen Territorialgewässer befanden, übergab er die Visen den Verantwortlichen des Grenzkontrollpunkts.

Diese, die sich rühmten, daß keine Maus den Hafen ohne ihre Kenntnis verlassen könne, nahmen die Papiere jedesmal mit saurer Miene entgegen und leiteten sie nach Moskau weiter. Von dort setzte es genauso regelmäßig eine Strafe für die unaufmerksamen Hafenpolizisten. Knüfken schreibt, daß man in Moskau darüber gelacht habe, die Leiter des Grenzkontrollpunkts aber verständlicherweise weniger erfreut waren. Offiziell konnten sie wenig unternehmen, da die Ausreisegenehmigungen von ihren Vorgesetzten ausgefüllt waren. Inoffiziell aber suchten sie irgend etwas, was sie Knüfken anhängen konnten.

Die Geschichte ist in verschiedener Hinsicht aufschlußreich: Sie zeigt zum einen den Geheimhaltungsgrad, mit dem die OMS behandelt wurde, wirft aber zum anderen auch ein bezeichnendes Licht auf den Charakter des »Genossen Piraten«, der sich aus der fortgesetzten Blamage seiner Gegner vom Grenzkontrollpunkt – die er durch Absprachen hätte verhindern können – offenbar einen Spaß machte.

1929 hatte die Leningrader GPU genug Material gesammelt, um mit der Eigenständigkeit des Interklubs, dessen »Exterritorialität« mittlerweile auch von der parteiinternen Opposition genutzt wurde, Schluß zu machen.

Knüfken wurde verhaftet. Man begründete die Verhaftung offiziell damit, daß er Gewerkschaftsgelder veruntreut habe. Die interne Begründung, mit der die GPU Interventionen seitens der Komintern verhinderte, war Kontaktaufnahme mit Vertretern ausländischer Mächte. Die Führung war bei einem solchen Vorwurf hilflos, da die Komintern über keinen eigenen Gegenspionageapparat verfügte, sondern sich auf die GPU verlassen mußte. Jeder, der sich für ihn einsetzte, war nun selbst in Gefahr, unter Spionageverdacht zu geraten. Nach einigen Monaten in einem Leningrader Gefängnis wurde Knüfken in die Wnutrennaja Tjurma der Lubjanka geschafft, ein Spezialgefängnis im Hauptquartier der GPU in Moskau, in dem nur politische Häftlinge von staatspolitischer Bedeutung saßen. Der Teil seiner Erinnerungen, der von seiner Zeit in der Wnutrennaja handelt, ist möglicherweise der einzige Bericht, der überhaupt über diesen Teil der Lubjanka existiert, und Knüfken einer der ganz wenigen, der jenes Gefängnis lebend verließ.

Nach 10 Monaten war er wieder frei. Ende 1931 stellte ihm das Leningrader Generalkonsulat einen Paß aus, und ab 1932 war er wieder in Hamburg.

Aus Knüfkens Erinnerungen geht nicht hervor, wieso sein Schicksal eine so erstaunliche Wendung nahm. Jene Erinnerungen aus der Lubjanka sind mit äußerster Vorsicht formuliert. Anders als der vorausgegangene Teil sind sie nicht auf deutsch, sondern auf englisch abgefaßt, obwohl beide Teile aus derselben Zeit stammen.[52] Beim Schreiben jener Zeilen über die Lubjanka habe er sehr vorsichtig sein müssen, um der sowjetischen Geheimpolizei keine Hinweise auf seine Person zu geben. Jeder Rückschluß auf ihn als Autor könne Folgen für Menschen haben, mit denen er in Rußland zu tun hatte und die ihm immer noch lieb seien. Damit kann er kaum seine Kontakte zu Mitgliedern der innerparteilichen Opposition gemeint haben, von denen nur die allerwenigsten die Säuberungen überlebt hatten, sondern die Verwandten seiner russischen Frau. Wahrscheinlich stammen von ihr auch die handschriftlichen Korrekturen einiger russischer Ausdrücke, die am Rand von Knüfkens Manuskript auftauchen.

Vermutlich ist dies auch der Grund dafür gewesen, daß jenes Manuskript dem schwedischen Regisseur Staffan Lamm 1987 nur unter der Bedingung überlassen wurde, nichts daraus ohne Einwilligung von Sonia Knüfken zu veröffentlichen.

Zu den Umständen seiner Verhaftung schreibt Knüfken im

deutschen Teil des Manuskripts, er sei nach einer Provokation der Leningrader GPU, die ihn in ein Devisenvergehen zu verwickeln versuchte, nach Moskau gefahren, um sich bei den höchsten Stellen der Komintern Rückendeckung zu besorgen. Er habe mit allen Leuten gesprochen, die Einfluß hatten. Den Führern der roten Gewerkschaftsinternationale sei die Angst ins Gesicht geschrieben gestanden. In der Komintern sei die Lage besser gewesen. Abramov, der Leiter des OMS, habe nach Rücksprache mit Bucharin ein Treffen mit einem Vertreter der sowjetischen Geheimpolizei arrangiert. Danach bricht der deutsche Text unvermittelt ab. Wenige Tage darauf wurde Knüfken festgenommen. Die Ereignisse nach seiner Verhaftung gehören bereits zum englischen Teil des Manuskripts.

Knüfkens Verhaftung löste heftige Proteste unter den ausländischen Seeleuten aus und führte zu einer Demonstration in Leningrad, die wahrscheinlich zu seiner Freilassung beitrug, aber kaum erklärt, wieso einem Geheimnisträger derartigen Kalibers die Ausreise gestattet wurde.

Hier kann die Selbstbeschreibung hilfreich sein, die der »Captain Kidd« der Komintern in seinen Erinnerungen liefert und deren grundsätzliche Züge von Zeitzeugen wie Richard Krebs oder Franz Jung bestätigt werden. Knüfken war seinem ganzen Wesen nach ein Mensch, dessen Denken völlig jenseits des Horizonts der Geheimpolizisten lag, die darauf trainiert waren, nach ideologischen Abweichungen zu suchen oder so an das Parteigewissen ihrer Opfer zu appellieren, daß diese freiwillig ihre »Verfehlungen« einsahen und selbst den Strick lieferten, mit dem man sie später hängen konnte.

Knüfken war ein Mann der Tat, ein Abenteurer, der für ideologische Feinheiten nichts übrig hatte. Er war seiner ganzen Natur nach ein Rebell, der nie vergessen hatte, wo er herkam. Deutlich zeigte sich dies in seiner Reaktion auf den Streik der Leningrader Holzverlader, von dem er in Holland hörte. Dank der Tatsache, daß er es in Holland nicht mit Kommunisten zu tun gehabt habe, habe man – so Knüfken in seinen Erinnerungen – eine Resolution verabschieden können, die die russischen Behörden aufforderte, die Rechte der Leningrader Holzverlader zu respektieren. Aus so

einem Verhalten spricht absolute Furchtlosigkeit und ein unver-
nebelter Blick für die Lebensverhältnisse der russischen Bevölkerung, die von ausländischen Kommunisten normalerweise sou-
verän ignoriert wurden, als seien Verhältnisse, die sie zu Hause
empört hätten, in Rußland angebracht und der russische Proleta-
rier kein Mensch wie sein westlicher Zeitgenosse. Eben weil Knüfken völlig illusionslos war, was die sowjetische Wirklichkeit betraf,
bezog er auch keine Stellung in den unablässigen innerparteilichen
Kämpfen der zwanziger Jahre. Für ihn, der für die Verwirklichung
der innerparteilichen Demokratie eintrat, waren die Vertreter der
Opposition, die er sämtlich persönlich kannte, keine Alternative,
da er sie in dieser Beziehung für kein Stück besser als Stalin hielt.
Für seine Vernehmer in der Lubjanka war er, wie er schreibt, von
dieser Seite aus nicht zu fassen. Wahrscheinlich war es diese im sowjetischen Kontext »unpolitische« Haltung, die ihn rettete und
die die Geheimpolizei davon überzeugte, jenen Mann, der das
Netz des OMS mit aufgebaut hatte, freizulassen und seinen Einsatz in Westeuropa zu ermöglichen. Wenn die Vermutung des Hi-
storikers Dieter Nelles stimmt, daß Knüfken es war, der dem Leningrader Generalkonsul einzureden versuchte, die Drahtzieher
des Seemannsstreiks in Leningrad seien an der Spitze des Einheitsverbands zu suchen, dann muß er nach seiner Freilassung wieder
jene Kontakte zu Vertretern ausländischer Mächte aufgenommen
haben, die man ihm in der Lubjanka noch vorgeworfen hatte. Und
durch diese Kontakte, die sicher nicht ohne Wissen der GPU erfolgten, erklärt sich wahrscheinlich auch die erstaunliche Tatsache,
daß ihm deutsche Instanzen trotz seines Piratenakts, der Entführung der »Senator Schröder«, die Rückkehr nach Deutschland
erlaubten.

Der Verbindungsapparat der Komintern in Hamburg war sorgfältig abgeschirmt. So sorgfältig, daß ihn die Gestapo, zumindest
nach Kenntnis von Richard Krebs, auch 1937 noch nicht aufgerollt
hatte.[53] Krebs selbst kannte die wichtigsten Akteure des deutschen
Teils des Netzes seit dem Seeleutestreik. Damals wurde ihm bedeutet, welche Schiffe keinesfalls stillzulegen seien, um die Behörden nicht auf die Tatsache aufmerksam zu machen, daß sich unter
den Besatzungsmitgliedern überzeugte Kommunisten befanden.

Das Verbindungsnetz war wichtiger als der Erfolg des Streiks, wie sich im Fall der »Partia« zeigte, einem Schiff mit einer zu hundert Prozent aus Kommunisten bestehenden Mannschaft, das Richard Krebs und seine Leute in den Streik mit einbezogen hatten. Dafür setzte es später eine heftige Rüge.

Um derartige Pannen zu verhindern, wurde Richard Krebs von nun an jeweils bei Einlaufen betreffender Frachter darüber informiert, welche Schiffe nicht zu bearbeiten seien. Alle Seeleute, die in der Verbindungsarbeit tätig waren, waren für ihn und seine Agitatoren tabu. Verantwortlicher für diesen Apparat und derjenige, der Richard Krebs die Schiffe avisierte, war Hugo Marx. Viele Jahre später erinnerte sich Richard Krebs gegenüber dem amerikanischen Geheimdienst CIC an ihn als einen sehr ruhigen und kalten Mann, der nie in einem normalen Ton sprach und nie eine Ansprache hielt. Alle seine Besprechungen fanden im Flüsterton und unter vier Augen statt. Die Seeleute in Marx' Apparat waren immer gut angezogen und machten einen wohlhabenden Eindruck.

Es gab noch einen weiteren Berührungspunkt zwischen Richard Krebs und dem Verbindungsapparat der Komintern. Da er als Leiter des Interklubs und Koordinator der propagandistischen Arbeit der ihm unterstellten Agitatoren tagtäglich mit Dutzenden von Seeleuten aller Nationen in Berührung kam, wurde er immer wieder gebeten, zuverlässige Seeleute zu benennen, die in die eine oder andere Richtung unterwegs waren. Wenn jene Seeleute daraufhin nicht mehr als Kommunisten in Erscheinung traten, sondern nur noch zu den »unpolitischen« Veranstaltungen des Interklubs auftauchten, war ihm klar, daß jene Männer ab jetzt für den »Apparat« tätig waren.

Wollweber tritt auf den Plan

Je länger Richard Krebs Leiter des Hamburger Interklubs war, desto mehr Aufgaben wurden ihm anvertraut. Neben der Beaufsichtigung der propagandistischen Arbeit und der Organisation der Veranstaltungen hatte er sich um die Kassen zu kümmern. Zur Aufbesserung des Kassenstands verfiel er auf einen zynischen Trick.

Wann immer ein sowjetisches Schiff den Hafen anlief, lud Richard Krebs die Crew ein, den Interklub zu besuchen, und hielt dort eine kurze Rede über den Sieg des Sozialismus und darüber, um wieviel besser die sowjetischen Seeleute im Vergleich zu ihren westlichen Arbeitskollegen lebten. Vorher war mit dem Leiter der Parteizelle des sowjetischen Frachters abgesprochen worden, daß dieser ein hübsches Sümmchen spenden sollte, das er später zurückbekam. Den anderen Besatzungsmitgliedern blieb nichts weiter übrig, als dem Beispiel ihres Parteileiters zu folgen und ebensoviel zu spenden. Bei der damaligen hohen Bewertung des Rubels kamen dadurch jedesmal größere Beträge zusammen, die die Aufmerksamkeit des Kassenwarts des Einheitsverbandes erregten. Unter dem Vorwand einer Kassenprüfung machte er den Versuch, dieses Geld für sich zu requirieren. Mit Rückendeckung Albert Walters war es Richard Krebs ein leichtes, den Vertreter des Einheitsverbandes hinauszuwerfen.[54]

Jene Auseinandersetzung war Teil eines größeren Konfliktes, der zwischen der Führung des Einheitsverbandes und der ISH ausgebrochen war. War die Gründung des Einheitsverbandes im Februar 1931 unter Aufsicht und mit Vertrauten Adolfs alias Alfred Bems erfolgt, ohne daß die deutsche Parteiführung irgendeine Einflußmöglichkeit gehabt hatte, so gelang es der deutschen Parteileitung nach dem Fiasko des deutschen Seeleutestreiks, Adolfs Mann an der Spitze des Einheitsverbandes, den Genossen Koschnick, ablösen zu lassen und einen von ihr ausgewählten Mann an dessen Stelle zu setzen.

Dieser Mann war Ernst Wollweber, der später die Staatssicherheit der DDR leiten sollte. Ernst Wollweber wurde 1898 in Hannoversch-Münden geboren und fiel der Polizei zum ersten Mal 1917, im Alter von nur neunzehn Jahren, auf, als er an der Organisation von Streiks der Munitionsarbeiter beteiligt war. Später war er der Verbindungsmann zwischen der Liebknecht-Luxemburg-Gruppe und revolutionär gesinnten Binnenschiffern. Bei der Marinerevolte in Wilhelmshaven, die zur Novemberrevolution 1918 beitrug, war er führend beteiligt.

Anfang der zwanziger Jahre war er an den verschiedenen kommunistischen Umsturzversuchen beteiligt und wurde nach 1923 politischer Leiter der KPD in Breslau, bis er 1931 in die Führung der RGO, der Revolutionären Gewerkschafts-Opposition, gewählt wurde. In dem nach dem VI. Kominternkongreß gegründeten kommunistischen Konkurrenzverband zum ADGB war er für die Binnenschiffer und die Beschäftigten der Kommunalwirtschaft zuständig. Die 1997 in Moskau erschienenen Memoiren der GRU-Agentin und späteren engen Mitarbeiterin Wollwebers, Soja Woskressenskaja, werfen ein ganz neues Licht auf seine Parteikarriere. Wörtlich schreibt sie über Wollweber, dessen Deckname Ende der dreißiger Jahre »Anton« war: »Mit Anton stand ich bereits vor dem Krieg in Verbindung. Er war kräftig gebaut, von rauhem Äußeren und ein sehr guter und äußerst anspruchsvoller Organisator. Mit der sowjetischen Aufklärung stand er von Anbeginn ihrer Existenz an in Kontakt. Noch zu Zeiten der Weimarer Republik wurde er zum Mitglied des deutschen ZK gewählt, wonach die Verbindung mit ihm abgebrochen wurde.«[55]

Persönlich war Ernst Wollweber anspruchslos und lehnte z.B. nach seiner Wahl zum Sekretär des Einheitsverbandes das ihm zustehende Gehalt ab, da er bereits durch seine ZK-Mitgliedschaft materiell versorgt war.

Fast zwanzig Jahre später von dem amerikanischen Geheimdienst CIC befragt, erinnerte sich Richard Krebs an eine Reihe von persönlichen Eigenschaften Wollwebers, die zusammengenommen das Bild eines Mannes ergeben, der dem Idealtypus des kommunistischen Funktionärs auf fast unheimliche Weise entsprach.

Richard Krebs konnte sich an keine weichen Stellen Wollwebers oder Schwächen irgendeiner Art erinnern. Er habe nie gespielt, sei nie ins Theater gegangen und habe sich nie an andere Menschen persönlich gebunden. Nie sei er von der Parteilinie abgewichen, und nie habe man davon gehört, daß er innerparteilich des Abweichlertums oder einer der vielen anderen politischen Sünden jener Zeit bezichtigt wurde. Nach Richard Krebs' Meinung mochte Wollweber nur Menschen, die er »gebrauchen konnte«.[56]

Bei den niederen Parteifunktionären war Wollweber als »Ernst der Menschenfresser« bekannt, was aber keineswegs abwertend, sondern bewundernd gemeint war, denn er schonte sich auch selbst nie. Freunde und engere Mitarbeiter verhielten sich ihm gegenüber absolut loyal, unter seinen Gegnern, zu denen auch Richard Krebs gehören sollte, rief er Haß und Angst hervor.

Es ist kaum ein größerer Gegensatz vorstellbar als der zwischen Alfred Bem und Ernst Wollweber. Hier der ehemalige Jurastudent und weltläufige Alfred Bem, der außer seiner Muttersprache Polnisch noch zumindest Deutsch, Englisch und Russisch beherrschte, dort der Autodidakt Ernst Wollweber, der, soweit bekannt, bis zur Machtergreifung Hitlers nur in Deutschland gelebt hatte. Hier ein immer teuer gekleideter Alfred Bem, der nach allem, was man weiß, die schöneren Seiten des Lebens und vor allem die Frauen liebte, dort der Musterfunktionär, der sich weder aus eleganter Kleidung noch aus dem weiblichen Geschlecht viel machte.

Nach der Wahl Wollwebers zum Sekretär des Einheitsverbandes begann ein Machtkampf zwischen den beiden. Der deutsche Funktionär hatte die Spitze der KPD hinter sich, die es gründlich satt hatte, daß die ISH, wie beim Seeleutestreik, außerhalb ihrer Jurisdiktion agierte. Der Pole aber bekam direkte Rückendeckung aus Moskau, was sich ein ums andere Mal als wirkungsvoller erwies. Richard Krebs wurde als Protegé und Freund Alfed Bems automatisch in diese Auseinandersetzungen, bei der es auch um die Kontrolle des Hamburger Interklubs ging, mit einbezogen.

Zu diesen innerorganisatorischen Reibereien – auf der einen Seite KPD und Einheitsverband, auf der anderen ISH und Komintern – kam unterschwellig ein politischer Konflikt. In den Augen von Richard Krebs war Ernst Wollweber ein Deutscher durch und durch, für den außer seinem Heimatland nur die Sowjetunion zählte. Hatte Ernst Wollweber erkannt, daß der Umsturz in Deutschland nur noch durch die Rote Armee herbeigeführt werden konnte, hofften Krebs und Bem immer noch auf die Weltrevolution. Vielleicht in dem heimlichen Glauben, diese werde dem erdrückenden sowjetischen Einfluß in der Komintern ein Ende bereiten.

Nachdem das Fiasko des deutschen Seeleutestreiks Wollweber eine unanfechtbare Position an der Spitze des Einheitsverbands eingebracht hatte, verlangte er, daß er als Vorsitzender des größten

Mitgliedsverbandes auch Mitglied des Sekretariats der ISH würde. Diesem Anspruch mußte Adolf im Mai 1932 widerwillig nachgeben. Danach, so die Erinnerung von Richard Krebs, führte Adolf das System der doppelten Konferenzen ein. Erst fand eine Sitzung des Sekretariats unter Beteiligung Wollwebers statt; danach traf man sich noch einmal ohne Wollweber, und dann erst fielen die endgültigen Entscheidungen.[57]

Der Konflikt zwischen Bem, Walter und Krebs auf der einen Seite und Wollweber und seinen Leuten auf der anderen Seite fand Jahre später eine blutige Auflösung und weckte bei Richard Krebs einen mörderischen Haß, der ihn Wollweber in *Out of the Night* in den schwärzesten Farben malen ließ. So habe Wollweber einmal eine Geliebte loswerden wollen und sie der Gestapo in die Hände gespielt. Dies, wie auch manches andere in dem Buch, ist reine Erfindung.

Von den Amerikanern zu seinem Verhältnis mit Ernst Wollweber vor jenen schicksalshaften Ereignissen befragt, antwortete er, daß dieser für ihn »ein Funktionär aus dem Zentrum der Partei war, dessen Wort zwar jeder respektierte, der in der ISH jedoch gehaßt wurde, da man ständig damit rechnen mußte, daß von seiner Seite unliebsame Überraschungen kamen«.[58]

Der Konflikt an der Spitze der ISH war zwar ernst, kann aber für Richard Krebs 1932 nicht mehr als ein Nebenkriegsschauplatz gewesen sein, denkt man an den Aufstieg der Nationalsozialisten, der sich nicht nur an der Urne abspielte. Mit ihrer Bürgerkriegsarmee, der SA, versuchten die Nationalsozialisten schon vor der Machtergreifung, die Bevölkerung mit Aufmärschen zu beeindrucken und ihre Gegner einzuschüchtern.

Die Gefahr, die von den Nationalsozialisten ausging, wurde von der Führung der KPD, so gut es ging, ignoriert. Für sie galten die Parolen des VI. Kominternkongresses, der die Sozialdemokraten als Sozialfaschisten zu Hauptfeinden erklärt hatte. Man glaubte, mit dem Angriff auf die Sozialdemokraten, die wichtigste Stütze der Weimarer Republik, dieselbe untergraben und aus dem Zusammenbruch als Sieger hervorgehen zu können. Die Ansicht, daß es nur eines Anstoßes bedürfe, um in Deutschland einen revolutionären Flächenbrand auszulösen, war in der Führung der KPD eine beliebte Illusion. Damit drückte man sich vor der Frage, ob man mit einer derart kompromißlosen Politik nicht letztlich einer nationalsozialistischen Machtergreifung in die Hände arbeitete.

Für Funktionäre an der Basis wie Richard Krebs erwies es sich in den Jahren 1931 und 1932 Tag für Tag auf der Straße, wer der gefährlichere Gegner war. Nachdem die SA das platte Land um Hamburg unter Kontrolle gebracht hatte, ging sie zielstrebig daran, sich in der Hamburger Hafengegend, der Hochburg der Kommunisten, zu etablieren. Zahllose Schlägereien waren die Folgen, die nur noch dann in die Tagespresse kamen, wenn es Tote oder Schwerverletzte gab. Schließlich hatte keine der beiden Seiten Interesse daran, die Aufmerksamkeit der Polizei auf sich zu ziehen.

Eine andere zu dieser Zeit beliebte Form der Auseinandersetzung war es, bei politischen Veranstaltungen einen Vertreter einer »gegnerischen Partei« zu Wort kommen zu lassen. Als guter Redner, der zudem keine körperliche Auseinandersetzung zu scheuen brauchte, wurde Richard Krebs mehrmals eingesetzt, diese nicht ungefährliche Rolle zu spielen.

Einer seiner damaligen Mitstreiter, der nach seinen eigenen Worten »einfache Kommunist und Seemann« Ede Nikolajczik, erinnerte sich noch Jahrzehnte später im Altersheim bewundernd an einen Auftritt jenes Mannes, der von seinen Genossen als Gestapoagent verteufelt werden sollte. Bei einer Veranstaltung der SA in einem Hamburger Hotel bat er um das Wort. Im Saal waren über hundert Mann, viele davon Mitglieder der SA in Uniform. Richard Krebs und seine Leute waren nur 15 bis 20, alle mit einem kleinen Knüppel unter der Jacke.

»Und dann ist Krebs raufgeklettert auf die Bühne. Hat eine Rede gehalten. Alles fiel über ihn her. Und wir waren auch gleich da. Schlugen tüchtig zu. Er hat aber seine Rede zu Ende gehalten. Die Nazis, die anwesend waren, vielleicht waren nicht alle schon Nazis, die haben jetzt auch darauf gedrungen, laßt ihn doch man ausreden. – Das haben wir ausgenutzt. Aber zum Schluß sind sie doch über uns hergefallen. Wir haben jedenfalls Krebs runtergeholt. Und haben seinen Rücken gedeckt. – Und er hat so eine tiefe Stimme gehabt, wie ein Löwenorgan. – Er sprach marxistisch und auch als Seemann. Messerscharf. Und er war ein guter Redner.«[59]

Im Mai 1932 verschärften sich die Auseinandersetzungen, als die SA am Schaarmarkt, nicht weit vom Hafen, ein Versammlungslokal eröffnete. Eine unerhörte Provokation in einer Gegend, in der sich normalerweise kein SA-Mann in Uniform allein blicken ließ, und eine offene Herausforderung der Roten Marine, einer Unterabteilung des Rotfrontkämpferbundes, dem paramilitärischen Arm der KPD. Die Rote Marine, eine Truppe, die genauso erbarmungslos zuschlagen konnte wie ihre rechten Gegner, war innerhalb der KPD nicht unumstritten. Ihre Praktiken der Geldbeschaffung – wie das Einsperren und Ausräubern von Geldboten in Aufzügen, Banküberfälle und dergleichen – zogen Männer an, die diesem Gewerbe auch unter einem anderen Deckmantel nachgegangen wären. Für den Zeitzeugen Helmut Warnke, einen Hamburger Kommunisten, der einige von ihnen persönlich kannte, waren sie »Radaubrüder«, »unpolitische und kriminelle Elemente«, die sich später bei der Gestapo »gegenseitig in die Pfanne gehauen hätten«.[60] Ganz im Gegensatz dazu steht die Meinung eines der überlebenden Mitglieder der Roten Marine, der sich mit Bitterkeit daran erinnert, daß die Partei sie nach der Machtergreifung der Nationalsozialisten als »Gangster à la Chicago« abgestempelt hätte, obwohl sie die besten Kämpfer der Partei gewesen seien.[61]

Zweifellos verbreitete die Rote Marine Angst und Schrecken unter ihren Gegnern von der SA, was von der Führung der Hamburger KPD gern gesehen wurde.

Was allerdings nach der Eröffnung des SA-Lokals am Schaarmarkt passierte, ließ selbst hartgesottenen Funktionären wie Richard Krebs die Haare zu Berge stehen.

Laut den Prozeßakten von 1934 fing es damit an, daß die Rote Marine den Auftrag bekam, zu beweisen, daß sie »nicht nur noch ein Vergnügungs- und Lotterieverein sei, der sich mit Fuß- und Schlagballspiel auf dem Heiliggeistfeld die Zeit vertreibe«.[62]

Es folgte ein Überfall auf eine kleine Gruppe der SA. Bei der Messerstecherei wurden einige SA-Leute verletzt. Einer von ihnen so schwer, daß er nach Monaten im Wasserbett seinen Verletzungen erlag. Dies war an sich nichts Ungewöhnliches in einer Zeit, in der es bei den Straßenkämpfen der untergehenden Weimarer Republik fast jeden Tag Tote gab. Es war die Art der Verletzung, die

Richard Krebs noch Jahre später so empören sollte, daß er einem der beiden Beteiligten mit der Faust ins Gesicht schlug. Laut einem Zeitungsbericht hatten Angehörige der Roten Marine Heinzelmann das Rückgrat mit voller Absicht durchgeschnitten. Für diese Tat wurde Richard Krebs später mitverantwortlich gemacht.[63]

Daß Richard Krebs zu den Männern gehörte, die der Roten Marine diesen Auftrag erteilte, hat er immer bestritten. Es ist tatsächlich unwahrscheinlich, daß er in irgendeiner Form an der Befehlserteilung beteiligt war. Schließlich war er, obwohl Leiter des Interklubs, nur ein einfaches Mitglied der KPD.

In der ISH jedoch hatte er im Mai 1932 bereits einen Status erreicht, der ihn für größere Aufgaben prädestinierte. Wie er dem CIC berichtete, war er dafür zuständig, größere Geldsummen sicher an ISH-Gliederungen in aller Welt zu transferieren. Er verfuhr nach derselben Technik, die Knüfken während seiner Zeit in Leningrad angewandt hatte.

Als George Mink, der Führer einer radikalen amerikanischen Seeleutegewerkschaft, samt einer großen Geldsumme, die für die Finanzierung von Interklubs in den USA bestimmt war, sicher in die USA transportiert werden sollte, wählte Richard Krebs die »Albert Ballin«, ein Schiff der Hamburg-Amerika-Linie, aus, die eine starke kommunistische Zelle an Bord hatte. Der Leiter dieser Zelle war ein altes Parteimitglied namens Wilhelm Sievert oder Sievers. Richard Krebs hatte genug Zutrauen, ihm Mink anzuvertrauen, der als blinder Passagier an Bord geschmuggelt wurde und mit seinem Geld wohlbehalten am Zielort eintraf.

Bevor er eine noch wichtigere Funktion erhielt, traf sich Richard Krebs jede Woche mit Max Bareck, einem Spezialkurier der Komintern, der Geld vom Westbüro der Komintern in Berlin mitbrachte und mit ihm die Einzelheiten der Verschiffungen festlegte.[64]

Eiserne Kontrolle

1932 ist ein Wendejahr im Leben des Richard Krebs. Er erreichte die höchste Position, die er jemals in der Komintern innehaben sollte. In seinem Privatleben war es das erste volle Jahr seit seiner

Jugend, in dem er so etwas wie ein Familienleben hatte, aber für viele Jahre auch das letzte.

Nachdem ihm Hermine Stöver gegen den Willen ihrer Eltern im August 1931 nach Hamburg gefolgt war,[65] lebten die beiden zusammen. Erst zur Untermiete, dann ab März in einem bürgerlichen Wohnviertel und schließlich ab September im Venusberg 14, direkt um die Ecke vom Interklub. Diese Adresse sollten die beiden bis zu ihrer Emigration beibehalten.[66]

Wahrscheinlich war die Heirat im März für den Kommunisten Richard Krebs nichts weiter als eine Formalität, um dem Kind, das Hermine erwartete, die nötige Legitimität zu geben. Dafür spricht, daß einer der Trauzeugen ein Mitmieter war, der weder vorher noch nachher eine Rolle in Richard Krebs' Leben spielte, und auch, daß er sich in einem Verhör Jahre später nicht mehr an den Monat, geschweige denn das genaue Datum ihrer Hochzeit erinnern konnte.[67] Was wir über die Beziehung der beiden wissen, müssen wir uns aus dem Bericht Jan Valtins und den dürren Quellen der Nazijustiz erschließen. Sicher scheint, daß Richard Krebs Hermine und den Sohn Jan, der Ende September geboren wurde, über alles liebte. War sein Alter Ego Valtin nach dem Liebhaber in Vicki Baums Roman benannt, so war der Vorname nach dem Sohn gewählt, den er durch die späteren Ereignisse verlieren sollte.

Das Porträt, das er in *Out of the Night* von der Firelei des Jahres 1932 zeichnete, zeigt ein bürgerliches Mädchen, das ihrem Ehemann aus Idealismus und Mitleid mit den Armen und Unterdrückten in die KPD gefolgt war, aber je länger, desto mehr von den hohlen Parolen und der eisernen Parteidisziplin abgestoßen wurde, der sie und Richard unterworfen waren. Im Roman hat sie den Abstand zur Partei wahrenden Part in der Beziehung inne. Ein Abstand, den der Funktionär Richard Krebs längst verloren hatte. »Wir sind so loyal wie Grammophonplatten«, sagt Firelei. »Ein Eiffelturm aus Grammophonplatten, die alle die *Internationale* spielen.«[68] Zwei Jahre später, Richard Krebs war Gefangener des Dritten Reiches, sollte es nur wenige Monate dauern, bis sie sich von der Partei endgültig löste.

Was immer Richard Krebs selbst, ganz tief in sich, an Zweifeln gehabt haben mag, nach außen hin muß er das Musterbild eines fanatischen Kommunisten abgegeben haben, der aber noch genug Eigeninitiative und selbständiges Denken bewahrt hatte, um die schwierigsten und heikelsten Missionen anvertraut zu bekommen. Die Funktion, die er ab Juni 1932 ausübte, hat er in einem nachgelassenen Text, den er aus Gründen des Selbstschutzes nur teilweise veröffentlichte, sieben Jahre später im amerikanischen Exil beschrieben.

»Die politischen Instrukteure sind das reisende Offizierkorps der dritten Internationale. Anders als die Masse der gewöhnlichen Parteifunktionäre unterstehen sie nicht dem Zentralkomitee irgendeiner nationalen Sektion der Komintern. Tatsächlich sind sie die Peitschen, die Moskau über den Köpfen abweichender oder zu langsamer Parteibürokraten schwingt.

Wann immer sich die Komintern zu schnellen und entschlossenen Aktionen entscheidet, werden Instrukteure ins Feld geschickt. Die Instrukteure bekommen genaue Befehle. Sie studieren alle Korrespondenz und vertraulichen Berichte, die mit ihrem Auftrag zu tun haben. Nach der Ausführung oder dem Scheitern ihrer Aufgabe in einem Land werden sie sofort in das nächste geschickt.

Frecher Enthusiasmus und rücksichtslose Schläue sind die wichtigsten Eigenschaften eines erfahrenen Instrukteurs. Voll Optimismus, aber vorsichtig wie ein alter Wolf und Meister der Intrige. Schwächlinge verschwinden schnell oder werden beiseite getan. Überlebende entwickeln sich rasch zu Spezialisten in jeder Art von subversiver Tätigkeit.

Jeder Insider weiß, daß die Träger der großen Namen in den Zentralkomitees, die Zielscheiben öffentlicher Bewunderung und Angriffe, die Pollitts, Cachins, Browders und Dimitroffs nur wenig mehr als Galionsfiguren des offiziellen Teils ihrer Parteimaschinen sind. Aber die wahre untergründische, von der Parteipresse ungenannte und der Masse der Anhänger unbekannte Macht liegt in den Händen der politischen Instrukteure. Sie tauchen scheinbar aus dem Nirgendwo im Hauptquartier der Partei auf. Sie decken bestehende Schwächen auf, ordnen Kampagnen an, feuern oder befördern Parteifunktionäre und sorgen insgesamt dafür, daß etwas passiert. Wenn sie ihre Arbeit getan haben, verschwinden sie so leise, wie sie gekommen sind.«[69]

Was sich jahrelang wie eine phantastische Übertreibung an-hörte, die den offiziellen Parteiveröffentlichungen, der Wahrneh-mung der Zeitgenossen, ja dem Großteil der späteren Geschichts-schreibung widersprach, muß man heute, nach teilweiser Öffnung des Archivs der Komintern in Moskau und den daran anschließen-den Veröffentlichungen, mit ganz anderen Augen lesen.

Die Instrukteure waren die unsichtbaren Fäden, mit denen die Zentrale der Komintern in Moskau die Tätigkeit der nationalen Gliederungen dirigierte. Die Möglichkeit, ihnen derartige Voll-machten zu übertragen, geht auf das Jahr 1928 zurück, in dem je-ner VI. Kominternkongreß stattfand, dessen Ergebnis Clara Zet-kin schreiben ließ, die Komintern habe sich in einen Mechanismus verwandelt, »der auf der einen Seite Befehle in russischer Sprache einschluckt und sie auf der anderen Seite in verschiedenen Spra-chen ausspuckt«.

Die Satzung der Komintern, die auf diesem Kongreß festgelegt wurde, verpflichtete die kommunistischen Parteien weltweit An-ordnungen der Komintern ohne weitere Diskussion auszufüh-ren. Beschwerden konnten nur auf dem Weltkongreß, dem formal höchsten Organ der Komintern, vorgetragen werden. Zwischen den Kongressen war es laut Satzung das EKKI, das Exekutivkomi-tee der Komintern, das die Entscheidungen traf. Das EKKI aller-dings war ein Riesenkomitee, das aus den führenden Mitgliedern aller kommunistischen Parteien bestand und nicht öfter als alle 6 Monate zusammentrat. Die eigentliche Arbeit wurde vom Präsi-dium des EKKI geleitet, einem wesentlich exklusiveren Klub, der im Namen des Exekutivkomitees alle Entscheidungen traf und auf dem VI. Weltkongreß eine Reihe von Vollmachten zugewiesen bekommen hatte, die das EKKI auf wenig mehr als ein Diskus-sionsforum bereits getroffener Entscheidungen reduzierten. Am wichtigsten war der Paragraph 30, in dem es hieß, daß »jeglicher Führungsposten in einer Partei nicht dem Inhaber des entsprechen-den Mandats gehört, sondern der ganzen kommunistischen Inter-nationale. Gewählte Mitglieder von zentralen Führungsorganen der einzelnen Sektionen dürfen ihr Mandat vor den Neuwahlen* nur mit Einverständnis des EKKI ausüben.«[70] Da das EKKI nach dem

* Gemeint sind die Wahlen zum Weltkongreß.

VI. Weltkongreß kaum noch mehr als ein Abnickorgan der Entscheidungen seines Präsidiums war, das wiederum von Stalin selbst kontrolliert wurde, bedeutete dieser Paragraph, daß die Führung der Komintern die Repräsentanten des einzigen Kontrollorgans ihrer Entscheidungen, des Weltkongresses, selbst auswählte.

Das Ausmaß der Kontrolle, das die Komintern über die einzelnen kommunistischen Parteien weltweit ausübte, mußte um jeden Preis verborgen bleiben, um zu verhindern, daß jede gegen die Regierung eines anderen Landes gerichtete Aktion von Kommunisten auf die Sowjetunion zurückfiel. Außerdem wollte man bei den einfachen Parteimitgliedern die Fiktion aufrechterhalten, ihre Parteiführung handelte im Interesse der arbeitenden Bevölkerung der jeweiligen Länder.

Beides, das Verschleiern der Kontrolle und die Ausübung derselben, ließ sich von Moskau aus nicht bewerkstelligen. Zu diesem Zweck wurde Ende September 1928 ein operatives Zentrum mit Sitz in Berlin geschaffen, eine Art Kominternzentrale im kleinen, die nur in Fragen höchster Wichtigkeit in Moskau nachfragte: das sogenannte Westeuropäische Büro. Ihm beigeordnet war der wichtigste europäische Punkt des OMS, der wiederum über Hamburg den Großteil seiner konspirativen Fracht abwickelte.

Es war ebenjenes Büro, zu dessen Sitzung Alfred Bem fuhr, als absehbar wurde, daß der deutsche Seeleutestreik in einem Fiasko enden würde. Über das Westeuropäische Büro, das für Richard Krebs die höchste Ebene in der Komintern werden sollte, mit der er jemals persönlich Kontakt hatte, heißt es in einer 1997 von Mitarbeitern des Kominternarchivs verfaßten, auf freigegebenen Kominternakten beruhenden Organisationsgeschichte der Komintern:

»Am 1. November 1928 verschickte das Präsidium des EKKI ... einen Brief, in dem mitgeteilt wurde, daß das Präsidium des EKKI ›im Interesse der größtmöglichen Erleichterung der direkten Anleitung der Arbeit der Bruderparteien‹ dem Büro, in Übereinstimmung mit der Satzung der Komintern, folgende Rechte übertragen hat: In allen Fragen äußerster Dringlichkeit, die keine weitere Erörterung erlauben, Entscheidungen zu treffen und Resolutionen zu veröffentlichen; den Parteien in seinem Namen schriftliche Anweisungen zu geben, im Bedarfsfall Konferenzen mit den

Vertretern mehrerer kommunistischer Parteien einzuberufen, Vertreter der ZKs der entsprechenden Parteien zur Rechenschaftsablegung einzuladen, die entsprechenden Parteien zu besuchen, an Stelle des EKKI Tätigkeitsberichte entgegenzunehmen, das EKKI auf Konferenzen und Kongressen der Parteien zu vertreten, die Tätigkeit der Bevollmächtigten und Instrukteure des EKKI, der Jugendinternationale, der Bauerninternationale und der Profintern, soweit es Kommunisten sind, zu kontrollieren und über die kommunistischen Fraktionen die Tätigkeit internationaler, nicht parteigebundener Organisationen anzuleiten. ... Die Instrukteure des WEB hatten engen Kontakt mit den kommunistischen Fraktionen verwandter Organisationen zu halten, verschiedene Aufträge des Büros auszuführen, und die Parteien waren verpflichtet, ihnen die nötige Unterstützung zur Durchführung dieser Aufträge zu erweisen. ... Später, Anfang 1930, bekräftigte und erweiterte das Präsidium des EKKI die Vollmachten des WEB.«[71]

Wie genau und bis in welche Einzelheiten die Komintern in die tagtägliche Arbeit ihrer Mitgliedsparteien eingriff, ist heute am Beispiel der KP der USA nachvollziehbar, deren Moskauer Akten im Jahrzehnt nach 1990 mit finanzieller Unterstützung großer amerikanischer Universitäten bis ins letzte erforscht wurden. In mehreren Veröffentlichungen wurde nachgewiesen, daß jede Kaderentscheidung von einiger Bedeutung und jeder politische Kurswechsel spätestens ab 1930 nur noch nach vorheriger Konsultation mit Moskau vorgenommen wurde.[72]

Allerdings waren, wie sich bei Richard Krebs' erstem Auftrag erweisen sollte, die theoretischen Vollmachten eines Kominternabgesandten eine Sache, ihre Verwirklichung jedoch eine zweite, wesentlich kompliziertere Angelegenheit.

Abgesandter des »Hauptquartiers«

Am 11. Juli 1932 landete Richard Krebs mit Papieren, die ihn als den holländischen Geschäftsmann Gerhardt Smett auswiesen, in Grimsby, Großbritannien. Unter diesem Namen registrierte er sich bei der Londoner Polizei. Zur Identifikation bei den britischen

Genossen diente ein norwegischer Paß auf den Namen Alfons Petersen. Krebs' Mission bestand darin, bei der englischen Sektion der ISH »aufzuräumen«, endlich die Gründung eines radikalen Seeleuteverbandes in die Wege zu leiten und George Hardy, einen Veteranen der Komintern, aus der Führung zu entfernen. Dazu kam die Aufgabe, den Ostindischen Seemannsverband in London zu reorganisieren.

England war ein schwieriges Pflaster für die Komintern. Nach der berühmten Affäre um das Sinowjew-Telegramm 1924 – der Leiter der Komintern soll die Kommunistische Partei Großbritanniens zum Umsturz aufgerufen haben, wobei es bis heute für möglich gehalten wird, daß das Telegramm eine Fälschung des Secret Service war – hatte London alle sowjetischen Diplomaten ausgewiesen. Nach Abbruch der diplomatischen Beziehungen wurde die Botschaft durchsucht; dabei fand man reichlich Papiere, die eine umfassende Spionagetätigkeit belegten. Danach hatten die Kommunisten keinen Fuß mehr auf den Boden bekommen. Die KP Großbritanniens, obwohl wegen der Bedeutung des Landes von Moskau großzügig alimentiert, war eine der kleinsten Westeuropas, und Versuche, den britischen Genossen personell unter die Arme zu greifen, scheiterten nicht zuletzt daran, daß man in London die Verschlüsselungstechniken der Komintern kannte und somit jeden Abgesandten schnell identifiziert hatte.[73]

Auch der britische Ableger der ISH, der immerhin für die größte Handelsflotte der Welt zuständig war, glänzte durch absolute Erfolglosigkeit. Dies schmerzte um so mehr, als es 1931 nach Lohnkürzungen zu einer Revolte in der britischen Kriegsflotte gekommen war, die die Admiralität und die britische Regierung schnell zum Einlenken gezwungen hatte. Jene Revolte hatte in der Führung der Komintern zu der wilden Hoffnung geführt, dem britischen Löwen die Krallen ziehen zu können. Um den britischen Genossen, die mangels Mitgliedern kaum eigene Einkünfte hatten, bei diesem großen Ziel zu helfen, wurden von der Zentrale der ISH immer wieder bedeutende Geldbeträge nach England geschickt, was aber zu keinen Ergebnissen führte, da die Briten verdächtig wenig Eifer an den Tag legten. Frustriert hatte man in Hamburg registrieren müssen, daß sich die englischen Genossen wenig um die Direktiven der ISH scherten. Aus internen Berichten, die Adolf nach Moskau schickte, geht hervor, daß sich bei der ISH eine gehörige Wut gegen ihre englischen Vertreter und besonders gegen den Beauftragten für die Seeleute, George Hardy, angestaut hatte. George Hardy war ein altgedienter Funktionär, dessen Name schon 1919 in den Akten des IPK Transport auftauchte. In den zwanziger Jahren leitete Hardy die Arbeit des IPK Transport in allen an den Stillen Ozean grenzenden Ländern mit Ausnahme Amerikas. Nach Gründung der ISH wurde er deren Erster Generalsekretär in Hamburg, und im Mai 1931, nach seiner Ausweisung aus Deutschland, erhielt er den Auftrag, in England endlich einen revolutionären Seeleuteverband ins Leben zu rufen. Ein Jahr später war immer noch nichts daraus geworden.

Die verschiedenen Begründungen, die George Hardy für diese Verzögerung anbot, faßte die Führung der ISH als kaum verschleierte Verschleppungstaktik auf. Adolf hatte den Verdacht, daß es sich mit den Geldern der Komintern in England ganz gut leben ließ, solange die dortigen Genossen wegen der Gründung eines revolutionären Seeleuteverbands keinen Ärger mit den Behörden bekamen. Ende 1931 berichtete Adolf nach Moskau, die britischen Genossen hätten auf einem Plenum der ISH als Entschuldigung für die noch immer nicht erfolgte Gründung des Verbands den Mangel an Kadern vorgebracht. Außerdem verlangten sie, die ISH solle die Leiter des zu gründenden Verbands bezahlen. Dazu kamen eine Reihe »opportunistischer Abweichungen« der britischen Genossen. So behaupteten sie unter anderem, es sei »unter der Transportarbeiterschaft Englands eine vollständige Abwesenheit revolutionären Kampfgeistes festzustellen« und es sei in England angeblich unmöglich, »eine antireligiöse Kampagne zu führen und am Sonntag irgendeine Versammlung oder Veranstaltung zu organisieren oder Propaganda auf den Schiffen zu machen«.

Schließlich ärgerte sich Adolf über die »vollständige Unterschätzung der Wichtigkeit der Arbeit unter den kolonialen Seeleuten (die sich u. a. auch darin äußerte, daß der Genosse Hardy gegen den Vorschlag der ISH war, in der englischen Ausgabe der Broschüre der ISH ein besonderes Kapitel über die koloniale Arbeit zu bringen«.[74]

Nachdem Genosse Hardy auf Bitten der Zentrale, ihnen Informationen zu schicken, geantwortet hatte, man möge doch den *Daily Worker* lesen, und schließlich nicht einmal einen Aufruf veröffentlichte, für den man ihm sowohl den Text als auch Geld für die Herstellung der Flugblätter geschickt hatte, war das Maß voll. Adolf beschloß, jemanden über den Kanal zu schicken, der Hardy absetzen, neue Leute einsetzen und endlich den revolutionären Seeleuteverband gründen sollte. Doch das war gar nicht so einfach. Die bewährten Instrukteure waren den Engländern alle bekannt und, da sämtlich Ausländer, bei Enttarnung von sofortiger Ausweisung bedroht. So mußte Adolf dem Treiben der englischen Genossen noch ein halbes Jahr hilflos zuschauen, bevor er schließlich auf den Novizen Richard Krebs kam, der damit als Einstieg in seine neue Karriere gleich einen sehr bedeutenden, aber auch denkbar schwierigen Auftrag erhielt.

Zwar hat Richard Krebs die Bedeutung der Mission in *Out of the Night* später deutlich übertrieben – so soll Valtin nicht nur dem Seeleuteverband, sondern gleich der ganzen britischen KP auf den Zahn fühlen –, aber die Grundzüge werden durch die Berichte Adolfs über die Situation in England bestätigt, wo er als »Kr.«, »Genosse Anderson« oder »unser Instrukteur« in Erscheinung tritt.

Folgen wir also ein wenig Jan Valtins Bericht. Nachdem er als Gerhard Smett, Vertreter eines Rotterdamer Fischhändlers, von dem er auch wirklich ein Empfehlungsschreiben bekommen hat, in England eingereist ist, mietet er sich in einer Pension am Bahnhof Euston ein, bekommt einige Helfer zugewiesen (deren Namen tatsächlich in ISH-Dokumenten auftauchen) und macht sich daran, die Arbeit Hardys zu überprüfen. Hardy, ein »Leisetreter, ein Fuchs und Ränkeschmied«, der wie ein erfolgreicher Geschäftsmann aussieht, hat tatsächlich die Gelder aus Hamburg vor allem dazu verwendet, sich und seiner eleganten Frau das Leben zu versüßen – in der sicheren Hoffnung, Scotland Yard würde jeden Revisor aus der Zentrale abfangen. Der Ostindische Seemannsbund, der von Moskau aus via Hamburg finanziert wurde, stellte sich, wie auch Akten der Gestapo belegen, als Vereinigung zum Opiumschmuggel heraus.[75] Der Genosse Hardy hatte dies verheimlicht, da die Moskauer Subventionen über ihn liefen. Leider sind die Berichte von Richard Krebs, wie alle Berichte der Instrukteure, im Kominternarchiv in Moskau immer noch unter Verschluß. Aber man findet dort die Briefe George Hardys, eines begnadeten Intriganten, der sich, Hamburg überspringend, direkt an die Vorgesetzten Adolfs in Moskau wandte.

Die Unregelmäßigkeiten in den Büchern stritt er keineswegs ab, sondern schob sie seinem Konkurrenten Fred Thompson in die Schuhe. Thompson, offiziell nicht Mitglied der Kommunistischen Partei, war nichtsdestotrotz »hundertprozentig unser Mann«[76], wie Adolf nach Moskau berichtete, und dazu ausersehen, die Führung der endlich zu gründenden Gewerkschaft zu übernehmen.

Gegen ihn fuhr Hardy in seinen Briefen schwere Geschütze auf. Er deutete an, Thompson habe wissentlich Spitzel in die Kaderorganisation aufgenommen, die die neue Gewerkschaft gründen sollte, und war sich nicht zu schade, aus einem anonymen Brief zu zitieren, in dem sich der angebliche Briefschreiber über eine Festnahme Thompsons lustig macht und höhnisch fragt, wieviel dieser wohl für die Desorganisation der Hafenarbeiter bekomme.[77]

Seinen hochgestellten Freunde in Moskau präsentierte er sich in seinen Briefen als der einzige echte Revolutionär in der englischen Seeleutebewegung, der einer Intrige zum Opfer zu fallen drohte, welcher sich die ISH aus unverständlichen Gründen angeschlossen hatte.

Da Hardy die ISH einfach überging und sich direkt an die höchste Ebene in Moskau wandte, blieb Adolf seinerseits nichts anderes übrig, als ebenfalls nach Moskau zu schreiben, um seine Sicht der Dinge darzulegen.

Adolf glaubte alle Trümpfe auf seiner Seite. Schließlich hatte die ISH nach Rücksprache mit der höchsten Instanz westlich Moskaus, dem Westeuropäischen Büro in Berlin, gehandelt und dem englischen Ableger der Profintern bereits am 11. Juni 1932 mitgeteilt, daß man Hardy abberufe. Als sich daraufhin nichts getan hatte, schickte man erst Krebs und schließlich sogar den Generalsekretär der ISH, Albert Walter, nach England. Dort wurde der Beschluß auf einer Sitzung mit dem Genossen Allan, dem Kominternbeauftragten für sämtliche Gewerkschaftsfragen im britischen Weltreich, noch einmal bestätigt.

Doch George Hardy gab immer noch nicht auf. Um ihn endgültig aus dem Weg zu schaffen, wurde ihm das »Angebot« unterbreitet, sich in der Sowjetunion »ein wenig zu erholen«. Der Brief, den Hardy daraufhin an den Genossen Alexander in Moskau schickte, war ein Kabinettstück der subtilen Intrige. Geschickt begründete er seine Weigerung zu fahren: »Eigentlich hatte ich die Absicht, das Angebot, mich in einem sowjetischen Sanatorium für einen Monat oder sechs Wochen zu erholen, anzunehmen. Aber obwohl die Partei entschied, daß ich gehen könne, kam danach die Feststellung von niemand Geringerem als dem Genossen Pollitt*, daß ich, wenn ich ginge, vor dem Kampf wegliefe. ... Das war zuviel.«[78]

Also mußte sich Richard Krebs, wie Adolf – mittlerweile waren drei Monate vergangen – nach Moskau über die Affäre schrieb, weiter mit Hardy herumärgern.

»In einem ... Schreiben unseres Instrukteurs heißt es:

›Hardy proklamiert unter den Funktionären: Wartet, was das EKKI über mich zu sagen hat.‹ Wir erhielten auch tatsächlich von einigen Seeleuten, ja sogar aus einem Interklub der Sowjetunion die Anfrage, was denn mit Hardy los sei, und haben daraufhin in einem Bulletin der ISH, ohne über Hardy zu schreiben, mitgeteilt, daß in England eine neue Leitung für die Arbeit unter den Wassertransportarbeitern geschaffen wurde.«[79]

Soweit Adolf am 18. Oktober 1932. Als er seiner Sekretärin diese Zeilen diktierte, war Richard Krebs bereits wieder in Deutschland, da die britische Polizei den Abgesandten der ISH entdeckt und prompt ausgewiesen hatte.

Als die amerikanische Einwanderungsbehörde den Flüchtling Richard Krebs 1941 zum wiederholten Mal überprüfte, wurde die Botschaft der USA in London beauftragt, bei Scotland Yard nachzufragen, ob ihnen ein Richard Krebs bekannt sei. Als Antwort kam folgendes Telegramm:

»Streng vertraulich. Ich habe die Ehre, Ihnen mitteilen zu können, daß Richard Julius Hermann Krebs alias Andersen alias Petersen Gegenstand eines Rundschreibens des Scotland Yard von 1922** ist, laut dem er als aktiver Kommunist nicht nach Groß-

* Harry Pollitt, britischer KP-Führer.
** Gemeint ist 1932.

britannien einreisen darf. Tatsächlich landete er in Grimsby am 11. Juli 1932. Nachdem man ihn am 3. September in London aufgefunden hatte, wurde ihm befohlen, das Land zu verlassen, was er am 6. September auf der MS ›Bury‹ von Grimsby nach Hamburg auch tat. ... Er hat dunkelbraunes Haar, eine breite hohe Stirn, stechende dunkle braune Augen, eine gerade Nase und ein festes Kinn. Er soll englisch mit leichtem amerikanischem Akzent sprechen.«[80]

Richard Krebs war davon überzeugt, daß seine Entdeckung und Festnahme auf eine Denunziation britischer Genossen zurückzuführen war. In seiner Abhandlung über den Typus des Kominternagenten heißt es: »Viele Verhaftungen von Kominternagenten gehen auf Denunziationen höherer Parteifunktionäre zurück. Viele Genossen hassen und fürchten den Instrukteur, den sie als Spion Moskaus ansehen. Das geschieht oft, besonders in Großbritannien, wo die Partei völlig korrupt ist.«[81]

Trotz ihres Abbruchs wurde Krebs' Mission als Erfolg betrachtet. Wenig später schrieb Adolf nach Moskau, man könne »in England einen nie dagewesenen Fortschritt verzeichnen ... Neue Klubs sind entstanden, die sich selbst finanzieren; die neuen Ortsgruppen der S.M.M.* in den wichtigsten Häfen beginnen bereits, an die zentrale Leitung der S.M.M. kleine Beiträge abzuführen; bedeutender Zuwachs an neuen Mitgliedern trotz des verstärkten Terrors, zahlreiche mit Teilerfolgen beendete Einheitsfrontaktionen usw.«[82]

Am 7. November wurde noch einmal der Versuch unternommen, Richard Krebs nach England zu schicken. Anscheinend lief es dort doch nicht so gut, wie Adolf optimistisch berichtet hatte. Diesmal wurde Krebs gleich bei der Einreise festgenommen und sofort wieder zurückgeschickt. Noch am selben Tag informierte Adolf Moskau über den Fehlschlag und merkte resigniert an, es bestehe nun für die nächsten Monate keine Möglichkeit mehr, »einen Nichtengländer nach dort zu schicken«.[83]

Also mußte ein Einheimischer ran. Der unglückliche Nachfolger von Richard Krebs war ein Genosse Adams, den man aus

* Seamen's Minority Movement – das britische Pendant zum Einheitsverband.

seiner Ausbildung an der Leninschule in Moskau herausholte und nach England schickte, obwohl dort eine mehrmonatige Haftstrafe auf ihn wartete. Aber immerhin, so merkte Adolf an, könne man ihn danach gefahrlos wieder einsetzen, da er ja Engländer sei, ergo nicht ausgewiesen werden konnte.

Aber auch der Genosse Adams scheint nichts ausgerichtet zu haben. Am 10. Mai 1933 war es wieder das alte Lied: »Gebildet neue Leitung. *Differenzen in Fragen Hardy*. Praktisch eine gute SMM Organisation nur in Liverpool.«[84]

Der Meisterintrigant George Hardy sollte sowohl Richard Krebs als auch Alfred Bem alias Adolf überleben. Zwar gelang es der ISH später doch irgendwie, den lästigen Genossen in die Sowjetunion zu bugsieren. Aber auch das scheint er unbeschadet überstanden zu haben. Das ehemals führende Parteimitglied John Tarver, 1999 nach George Hardy befragt, erinnerte sich, diesen in den sechziger Jahren kennengelernt zu haben. Genosse Hardy sei ein betagter, liebenswürdiger Veteran gewesen, der ob seiner Rolle bei den sozialen Kämpfen der dreißiger Jahre bei den Genossen in hohem Ansehen stand.

Wenige Wochen nach seiner erzwungenen Rückkehr aus England bekam Richard Krebs den nächsten Auftrag. Diesmal ging es auf Inspektion nach Norwegen. Der norwegische Historiker Lars Borgersrud, der Richard Krebs' Polizeiakte in Grönland fand, schreibt über den Verlauf der Reise: »Krebs wurde mit Argusaugen verfolgt. Seine Rundreise durch das Land begann in Frederiksstad und endete in Trondheim. Die Ausländerpolizei registrierte ihn zum ersten Mal bei einer normalen Routinekontrolle der Gästemeldeformulare im Hotel Östfold in Oslo am 8. Dezember. Als jedoch ein Beamter im Hotel auftauchte, war der Vogel bereits ausgeflogen. Das gleiche passierte in anderen Hotels.«[85]

Aus einem Telegramm an die Spitze der ISH, das von der norwegischen Polizei abgefangen wurde, geht hervor, daß Richard Krebs alles andere als zufrieden war mit dem, was er in den verschiedenen Häfen des Landes vorfand. So war ein Teil des Geldes, das eigentlich zur Finanzierung der Reise einer Delegation nach Kopenhagen hatte dienen sollen, einfach vertrunken worden. Nur die Gruppen in Oslo und drei weiteren Häfen arbeiteten zufriedenstellend.

Wie in England gab es auch in Norwegen ein personelles Problem. Galt der Führer der britischen Seeleute, Genosse Hardy, bei der Zentrale als faul und unwillig, wenn nicht gar korrupt, so war der Führer der norwegischen Sektion, Arthur Samsing, geradezu übereifrig und ging so weit, seine vorgesetzten Genossen zu kritisieren. 1950 protokollierte der CIC folgende Aussage von Krebs über den Norweger: »Samsing war ein extrem fähiger Mann, geistig sehr rege, physisch sehr aktiv und trotz seines Alters (Samsing ist Jahrgang 1899) ein Veteran der norwegischen kommunistischen Bewegung. Vor 1930 hatte er in Hamburg in Verbindung mit dem Interklub gearbeitet, war festgenommen und ausgewiesen worden. Davor hatte er auch in anderen Ländern gearbeitet. Er war oft in Rußland gewesen und hatte eine gute Ausbildung als Revolutionär. In den Augen seiner Vorgesetzten war sein Hauptproblem, daß er zu unabhängig dachte. Nie akzeptierte er Instruktionen, ohne sich nach ihren Gründen zu erkundigen. Leute wie Leo* sahen Samsing als einen Querulanten ...

Er [Samsing] startete oft eigenständige revolutionäre Aktionen und versuchte dann, wenn man ihn zur Ordnung rief, den Instrukteur persönlich zu blamieren. Einmal, als man ihn rügte, ging er zu Leo, befühlte dessen schönen neuen Wollmantel und bemerkte: ›Ein schöner Mantel, Genosse Leo. Sollen wir tauschen?‹«[86]

Samsings Beschäftigung mit Leos Mantel war eine besondere Frechheit, weil er damit auf den sozialen Unterschied anspielte, der zwischen dem Vertreter Moskaus und dem einfachen Aktivisten bestand.

Arthur Samsing wurde im April 1933 als Führer der norwegischen Seeleute abgelöst und in die Sowjetunion geschickt, wo er in der skandinavischen Sektion des Leningrader Interklubs tätig wurde. An seine Stelle trat Leif O. Foss, ein Mann, der an eiserne Disziplin gewöhnt war, da er frischweg von einer Ausbildung zum »Berufsrevolutionär« in der Sowjetunion eintraf.

Richard Krebs hatte bei dieser ersten Norwegenreise wie auch

---

* Leo war ein Instrukteur, der in der Hierarchie weit über Richard Krebs stand. Richard Krebs, der ihm 1932/33 immer wieder begegnete, hielt ihn für einen Abgesandten des WEB. Die wahre Identität Leos konnte bis jetzt nicht entschlüsselt werden.

bei einer zweiten im April 1933 sicher mit dem Fall Samsing zu tun. Adolf meldete am 6. Mai 1933 nach Moskau: »Norwegen: Absetzung Samsings und Einsetzung des Genossen Leif O. Foss. Bedeutende Fortschritte in der organisatorischen Befestigung der RGO.«[87] Ob er jedoch den direkten Auftrag hatte, Samsing abzusetzen, geht weder aus seinen Aussagen gegenüber dem CIC noch aus *Out of the Night* klar hervor. Möglicherweise verschwieg er einiges aus Scham darüber, wie er mit einem Funktionär umgegangen war, der seinen eigenen Kopf bewahrt hatte.

Letzte Kämpfe

Am 30. Januar 1933 erreichte Richard Krebs ein Telegramm aus Deutschland: Seine Mutter Pauline Krebs war in Bremen gestorben. Er brach die Norwegenmission ab und kehrte nach Deutschland zurück. Viel Zeit zum Trauern hatte er nicht. An ebenjenem Tag hatte sich ein politisches Erdbeben ereignet. Adolf Hitler war Reichskanzler geworden. Richard Krebs wurde sofort wieder von seinen Genossen in Hamburg gebraucht.

Die folgenden sechs Wochen vor seinem nächsten Auslandseinsatz verbrachte er mit der Vorbereitung auf die Illegalität und der Organisation der nunmehr letzten Wahlkampagne der KPD für die Reichstagswahlen am 5. März.

Aus dieser Zeit ist über Richard Krebs außer dem, was er Valtin später berichten ließ, wenig überliefert. In den Akten der KPD finden sich zahlreiche Hinweise auf die Atmosphäre, die in der Partei nach dem Schock vom 30. Januar herrschte. Die erste Reaktion der Führung war ein Aufruf zum Generalstreik, der wegen der hohen Arbeitslosigkeit und der Stillhaltetaktik der SPD verpuffte. Danach setzte ein Strom von Direktiven ein, die von den Parteimitgliedern Unmögliches verlangten. So hieß es am 28. Februar 1933, einen Tag nach dem Reichstagsbrand, in einer von der Bezirksleitung Wasserkante/Hamburg herausgegebenen Anweisung: »Im Kampf gegen den faschistischen Terror / Entwaffnet die faschistischen Mordbanden / Die Waffen in die Hände der Arbeiter und armen Bauern / Verjagt die Braunhemden aus den Stempelstellen und Arbeitervierteln / Antifaschistische Polizeibeamte, verbrüdert euch mit der Arbeiterschaft / Proteststreik gegen faschistischen Mord und Überfälle / Durchbrecht das faschistische Demonstrationsverbot /

Im Sinne dieser Losungen muß in allen Betrieben versucht werden, Beispiele der massenhaften Entwaffnung von SA-Leuten, SA-Lokalen usw. vorzunehmen und unter den breitesten Massen zu popularisieren ...«[88]

Dieser vermutlich noch am 27. Februar geschriebene, angesichts der Passivität der Bevölkerung groteske Aufruf wurde bereits am selben Tag ad absurdum geführt. Der Reichstag brannte.

Die neue Regierung, die nach den Erfahrungen mit dem an einem Generalstreik gescheiterten Kapp-Putsch Anfang der zwanziger Jahre und angesichts ihres geringen Einflusses in der organisierten Arbeiterschaft bis dahin gezögert hatte, benutzte den angeblich kommunistischen Terrorakt als Vorwand, um mit aller Brutalität gegen ihre kommunistischen Gegner vorzugehen. Ein zügelloser Massenterror begann. Nach Einsatzplänen, die bereits 1932 unter Hitlers Vorgängern erstellt worden waren, und vorbereiteten Listen wurden Tausende von kommunistischen Funktionären verhaftet und ihre Presse verboten.

Die Privatarmee der NSDAP, die SA, wurde von der Leine gelassen, die nun mit ihren Gegnern aus den Straßenkämpfen der letzten Jahre brutal abrechnete. Ein wilder, verglichen mit der Zeit nach Etablierung der Gestapo noch relativ unorganisierter, Terror begann. Hunderte oder Tausende wurden in den improvisierten KZs der SA totgeschlagen.

Die Führung der KPD war auf das, was da losbrach, nicht vorbereitet. So lange hatte sie ihren Mitgliedern gepredigt, die Weimarer Republik sei bereits faschistisch, bis sie an ihre eigene Propaganda geglaubt hatte. Knapp eine Woche nach dem Reichstagsbrand, am 3. März 1933, war ihr Führer Ernst Thälmann in Haft.

Es sollte Jahre dauern, bis der ins Ausland entkommene Rest des Politbüros die Niederlage eingestand. Vorerst wurde weitergemacht, als sei nichts geschehen. Die Parteiführung redete sich ein, daß der Terror letztendlich zur Verschärfung der Krise des bürgerlichen Systems führen müsse. So hieß es in einer Resolution des EKKI am 1. April, die KPD müsse nunmehr alle Vorbereitungen für eine proletarische Revolution treffen. Noch im Dezember wurde aus Moskau verkündet, daß in Deutschland die Revolution vor der Türe stehe, und KPD-Funktionäre wie Fritz Heckert waren weiterhin der Meinung, daß der Kampf gegen den Faschismus nicht »gemeinsam mit der sozialdemokratischen Partei, sondern gegen sie zu führen sei«.[89]

Richard Krebs, der als Leiter des Interklubs in Hamburg ein bekanntes Gesicht war, mußte wie die meisten Funktionäre untertauchen und schlief jede Nacht in einer anderen Wohnung.

Bei konspirativen Treffen konnte er nie sicher sein, ob sein Treffpartner noch in Freiheit war oder ob er nach barbarischen Folterungen den Termin verraten hatte und bereits die Häscher auf ihn lauerten. Ein einzelner »umgefallener« Funktionär konnte Dutzende mit in den Abgrund reißen. Es kam vor, daß die neuen Machthaber einen umgedrehten Kommunisten einfach in ein Auto setzten und mit ihrem Passagier durch die Straßen von Hamburg fuhren. Hatte dieser einen Genossen erblickt, sprangen sie heraus und zerrten auch ihn in das Auto.

In diese Zeit fällt eine Episode, die den zügellosen Terror verdeutlicht, mit der die sich formierende Gestapo gegen die Kommunisten in ihrer Hamburger Hochburg vorging. Bei einer der vielen Razzien gelang es Hermine Krebs zwar, aus ihrer Wohnung zu entkommen, sie mußte aber ihren Sohn zurücklassen. Die Häscher legten das Kind auf die Fensterbank, in der Hoffnung, daß die Mutter das Geschrei nicht ertragen und sich stellen werde. Die verzweifelte Frau schickte daraufhin eine Reihe von Bekannten, die nichts von den neuen Machthabern zu befürchten hatten, in die Wohnung, um das Kind zu holen. In der Hoffnung, Hermine Krebs doch noch zu fassen, hielten die Geheimpolizisten diese Leute dort fest, bis sie einsehen mußten, daß sie nicht in die Falle gehen würde. Der kaum sechs Monte alte Säugling wurde von seinen Großeltern abgeholt, die ihn nach Bremen mitnahmen. Die Aktion der Gestapo hatte Hermine gezeigt, daß ein Leben in der Illegalität mit einem Säugling praktisch unmöglich war. Es sollte über ein Jahr dauern, bis sie ihren Sohn wiedersah.[90]

Hermine Krebs war kein Einzelfall. In einem internen Bericht des Einheitsverbands vom Oktober 1933 heißt es: »In solchen Fällen, wo es ... nicht gelingt, die gesuchten Funktionäre zu finden, werden die Frauen als Geiseln verhaftet. In einigen Fällen wurden auch die Kinder in ein sogenanntes christliches Erziehungsheim gebracht, um durch diese Methoden der Geiselfestsetzung die gesuchten Funktionäre zu veranlassen, sich selbst zu stellen. So war es der Fall bei einigen Funktionären des E.V. [des Einheitsverbands], wo die Frauen und Kinder einfach verschleppt wurden.«[91]

Erstaunlich angesichts dieser Methoden war die Hartnäckigkeit, mit der die Kommunisten den Widerstand fortsetzten. Noch in der Zeit nach Hitlers Ernennung zum Reichskanzler und sogar noch nach dem Reichstagsbrand kam es in Hamburg zu Überfällen auf SA-Leute. Tollkühn wurden illegal Flugblätter verteilt, die von immer neu gegründeten Gruppen verbreitet wurden, nachdem man die alten zerschlagen hatte. Die Antwort auf diesen Massenwiderstand waren sogenannte »Großrazzien«, bei denen die neuen Machthaber ganze Stadtviertel und Straßenzüge abriegelten, um Material sicherzustellen und gesuchte Funktionäre zu verhaften.

Erst gegen Ende 1933, als auch der Großteil der einfachen Mitglieder in Haft war, hörte die offene Gegenwehr der Kommunisten langsam auf.

Trotzdem hatte die Hamburger Gestapo während der dreißiger Jahre weiterhin Grund, auf der Hut zu sein. Die Unterdrückung jeder offenen Meinungsäußerung hatte an der Stimmung im Hafen wenig geändert, wie die Berichte der Geheimpolizei zeigen.

Repression war nicht das einzige Mittel, mit dem das Regime einem erneuten Ausbruch von Unruhen in Hamburg vorbeugte. Im Juni wurde eine der ältesten gewerkschaftlichen Forderungen erfüllt und die Nummernvermittlung im Hafen eingeführt. Jetzt wurde die Arbeit im Hafen gleichmäßig verteilt. Jeder Schauermann kam an die Reihe, auch wenn die Arbeit vorläufig nur für vier Schichten die Woche reichte. Mit dem Recht auf Arbeit verbunden war eine Arbeitspflicht und die genaueste Kontrolle all derjenigen, die in das neue System eingebunden wurden.[92]

Vor seiner Abreise Mitte März 1933 richtete Richard Krebs eine illegale Druckerei ein, die in seiner Abwesenheit von Mitstreitern aus dem Interklub und seiner Frau weiterbetrieben wurde. Er selbst brach nach Dänemark auf. In Kopenhagen, wohin das Hauptquartier der ISH verlegt worden war, bekam er Geld und Instruktionen. Seine Aufgabe war es, nach Schweden weiterzureisen und einen dort ausgebrochenen Schiffahrtsstreik im Sinne der Komintern zu verschärfen.

Der Streik war von der schwedischen Seemannsvereinigung ausgerufen worden, einem sozialdemokratischen Verband, der in heftiger Konkurrenz zur ISH stand.

Laut schwedischem Gesetz mußten die Seeleute sieben Tage nach Ankunft im Hafen abwarten, bevor sie die Schiffe bestreiken konnten. Andernfalls konnten die Reedereien Regreßansprüche bei der Seemannsvereinigung anmelden. Richard Krebs' Aufgabe bestand darin, die Seemannsvereinigung, die auf dieser Frist bestehen mußte, wollte sie nicht ihr Vermögen riskieren, als »Lakai« der Reeder zu diskreditieren und die Seeleute zu bewegen, die Schiffe schon vorher zu verlassen. Weiterhin sollte er Trupps zusammenstellen, die mit Gewalt gegen Streikbrecher vorgingen, und, wenn möglich, bürgerkriegsähnliche Unruhen auslösen. Es war dieselbe Taktik, mit der Adolf im Herbst 1931 in Deutschland gescheitert war.

In Schweden ging die Rechung auf. Mit Hilfe von Schlägertrupps, aber auch mit wohlformulierten Parolen gelang es dem Abgesandten der ISH, die Seeleute zum Verlassen der Schiffe zu bewegen und den anfänglich »unpolitischen« Streik in eine gewalttätige Konfrontation zu verwandeln. Besondere Aufmerksamkeit erregte der Angriff auf die »Kjell«, ein Schiff, das, mit Streikbrechern bemannt, im Hafen von Göteborg lag. Ein Trupp von Kommunisten enterte das Schiff, entführte einige der Männer und schaffte sie in den Göteborger Interklub. Dort wurden sie vor den Augen der Anwesenden mißhandelt und anschließend rasch weggefahren. Als die Männer einige Tage später im Landesinneren wieder auftauchten, hatte die Erregung über den Zwischenfall bereits zur Schließung des Klubs und zu einer Razzia im Büro der schwedischen Sektion der ISH geführt.

Zwar gelang es der Polizei nicht, Richard Krebs festzunehmen, aber handschriftliche Notizen von ihm, die im Büro gefunden wurden, sowie ein Verhör Gunnar Perssons, des Vorsitzenden der schwedischen Sektion der ISH, brachte die Polizei auf seine Fährte; Krebs war gezwungen, Schweden zu verlassen.

In dem schwedischen Polizeibericht, der daraufhin angefertigt wurde, heißt es: »Persson gab zu, daß der obengenannte Krebs der internationale Repräsentant der ISH war, dessen Hauptaufgabe in der Unterstützung der skandinavischen Sektionen der Profintern bestand. Krebs unterstützte Persson beim Abfassen von Rundschreiben, Streikmitteilungen und Flugblättern und gab genaue Instruktionen bei ihrer Abfassung. Weiterhin gab er finanzielle Unterstützung zur Deckung der Druckkosten. … Unter den Dokumenten, die die Polizeibehörde von Göteborg bei ihrer Razzia fand, waren auch einige Papiere, die in der Handschrift von Krebs abgefaßt waren. Dort finden sich Ausdrücke wie ›bildet Sturmbrigaden‹, ›bringt die Streikbrecher an Land‹ usw. Weiterhin ergibt sich aus diesen Dokumenten, daß Krebs Informationen über die verschiedenen Phasen des Streiks an das Sekretariat der ISH in Kopenhagen weitergab.«[93]

In diesem Polizeibericht, der 1941 in die Hände der amerikanischen Behörden gelangte, finden sich einige Zitate, die nicht, wie die anderen, nur in Schwedisch oder der englischen Übersetzung, sondern auch im deutschen Original vorliegen.

»Helsingborg
Regulus. Minna in Streik.
Hafen abgesperrt. Hafenkarten.
›Marianne‹ von Hamburg mit 20 fasch. Streikbrechern.
Ein Teil dieser Faschisten sollen auf die Minna
Alarm
Göteborg. Polizei beritten. Zieht blank. Auf Frauen i. freien
Alle Streikbrecherschiffe in den abgegitterten Freihafen verholt.
Starke Polizeikräfte
Reform Trick Teilversammlungen ›Ruhe u. Ordnung‹.
›Wallonia‹ und »Begonia« von Kopenhagen nach Helsingborg

geschleppt, mit streikender Mannschaft an Bord. In Helsingb. Als Meuterer verhaftet.

Aufruf der ISH:«

Hier bricht die Notiz ab.

In seinem autobiographischen Roman *Out of the Night* gehört die Tätigkeit des Helden als Instrukteur in Skandinavien zu den Teilen, bei denen Richard Krebs sich am genauesten an seine eigenen Erlebnisse hielt. Sätze wie: »Ich war siegestrunken« oder: »Zum ersten Mal in meiner Laufbahn wurde ich der eigentliche Diktator einer leidenschaftlich erregten Massenbewegung«, belegen, wie ihm die Macht, die er hinter den Kulissen ausübte, zu Kopf stieg. Den Überfall auf die »Kjell«, der wegen seiner schieren Brutalität das größte Aufsehen erregte, stellte er so dar, als habe er damit nichts zu tun gehabt. Wahrscheinlich fürchtete er die Reaktion der amerikanischen Öffentlichkeit. Eine Beteiligung Valtins hätte so, wie er in dem Buch den wahren Hintergrund der Entführung der Streikbrecher darstellte, ein sehr schlechtes Licht auf den Charakter seines Helden geworfen.

Folgt man *Out of the Night*, dann bestand das wahre Ziel der öffentlichen Mißhandlung der Streikbrecher in dem Arbeiterklub nicht in der Aufwiegelung der Massen durch ein Fanal, sondern in der Schließung des Klubs durch die Polizei; auf diese Weise sollte der schwedischen Sektion der ISH, die allzu große Eigenständigkeit gezeigt hatte, ihre auf dem gutgehenden Klubrestaurant beruhende finanzielle Basis entzogen und sie von Subventionen der ISH abhängig gemacht werden. Laut dem Bericht Valtins war es der ISH bereits gelungen, die Restaurants in den Klubs anderer schwedischer Häfen gegen den Widerstand der Schweden dichtzumachen. In Göteborg jedoch hatte bis zu diesem Zeitpunkt alle Überredungskunst nichts genützt. Darauf, daß dies der wahre Hintergrund der Mißhandlung der Streikbrecher gewesen sein könnte, deutet auch eine lakonische Notiz Adolfs an seine Vorgesetzten in Moskau hin: »Instruktionsreisen vor, während und nach dem Streik. Grobe Differenzen zwischen ISH und schwedischen Instanzen in Frage der Streiktaktik.«[94]

Daß der Streik mit einem Polizeieinsatz und einer Niederlage der Streikenden endete, war aus Sicht der Komintern kein Schaden. Nicht kleinere Verbesserungen der Lebensbedingungen der Seeleute waren das Ziel gewesen, sondern, im Wortlaut der damaligen Kominternparolen, die »Entlarvung der Reformisten als Lakaien des Kapitals« und die Radikalisierung der von der Weltwirtschaftskrise gebeutelten Massen.

Und dieses Ziel war schließlich auch erreicht worden.

Von Schweden reiste Richard Krebs weiter nach Norwegen. Diesmal ging es nicht mehr um die norwegische Sektion der ISH. Die wichtigste Entscheidung war bereits gefallen. Arthur Samsing befand sich in der Sowjetunion, und Leif O. Foss war der neue Mann an der Spitze.

Ziel von Krebs' neuer Mission war der Hafen von Narvik im Norden Norwegens und die Bahnlinie, die dort, aus Schweden kommend, endete. Narvik war der Verladehafen für das Eisenerz, das in einer der größten Minen der Welt, im schwedischen Kiruna, abgebaut wurde. Wegen seiner relativen Nähe zu Deutschland spielte er in den Kriegsszenarien aller europäischen Großmächte eine wichtige Rolle.

Zwar glückte es der norwegischen Polizei diesmal nicht, Richard Krebs bereits direkt nach seiner Einreise zu registrieren, aber dafür gelang es ihr, ihn am 26. April in Oslo festzunehmen, als er sich bereits auf der Rückreise befand.

In einem daraufhin angefertigten Dossier wird er als »1,86 Meter groß und kräftig gebaut« beschrieben, »mit braunen Augen, braunem lockigen Haar, hoher Stirn, leicht spitzer Nase und dichten braunen Augenbrauen«.

Die norwegische Polizei vermerkte weiter: »Er ist in Norwegen, um die revolutionäre Gewerkschaftsopposition besonders unter den Seeleuten und Hafenarbeitern zu organisieren.

Er befindet sich in Norwegen auch aus militärischen Gründen. Es geht um die Frage, inwieweit man die Transportarbeiter und Seeleute Norwegens im revolutionären Sinne beeinflussen kann. Diese Frage ist für die Sowjetunion und besonders für den Generalstab der Roten Armee im Zusammenhang mit der Bahnlinie aus Schweden von großer Bedeutung. Narvik ist daher sowohl für die

ISH als auch für die Organisationen revolutionärer Bahnarbeiter in Norwegen und in Schweden von besonderem Interesse.

Die Profintern, aber auch die Komintern haben die obengenannten Organisationen in dieser Frage mündlich instruiert. Dasselbe gilt für die Fortsetzung der Bahnlinie über Haparanda nach Finnland. Auch hat die ISH ein spezielles Rundschreiben herausgegeben, in dem die Bedeutung der Bahnlinie, die von Narvik ausgeht, besonders betont wird.«[95]

Wie auch die Schilderung der Rolle Jan Valtins beim Streik in Schweden stimmt die Darstellung der anschließenden Reise seines Helden durch Norwegen mit den verfügbaren Akten weitgehend überein. Der norwegische Historiker Lars Borgersrud, der Krebs' Reisen durch sein Heimatland akribisch untersucht hat, berichtet, die Ermittlungsabteilung des norwegischen Generalstabs habe Informationen darüber gehabt, daß Krebs' zweite Norwegenreise nicht nur der Agitierung der Transportarbeiterschaft der Hafenstadt galt, die die Erzverladung im Kriegsfall lahmlegen sollte. »Das Anliegen seiner zweiten Reise [war], Möglichkeiten der Zerstörung der Ofotbahn im Kriegsfall auszukundschaften.«[96]

Richard Krebs berichtet in seinem Roman von einem weiteren Auftrag in Narvik, der allerdings nicht zu belegen ist. Er sollte dort einen Beamten der erst kurz zuvor gegründeten Gestapo beobachten. Nach einem Einbruch in dessen Büro sei er bei den norwegischen Behörden denunziert und so zur Flucht Richtung Süden, nach Oslo, gezwungen worden.

Als die norwegische Polizei Richard Krebs dort am 26. April festsetzte, wußte sie schon recht viel. Dazu kamen noch die Angaben eines schwedischen Polizisten, den man telefonisch zum Verhör des Kominternabgesandten herbeigerufen hatte. Dieser konnte mühelos die Herkunft der Quittungen klären, die man bei Richard Krebs gefunden hatte. Es waren sämtlich Belege für Ausgaben wie Druckerei- oder Reisekosten, die beim schwedischen Seeleutestreik entstanden waren.

Genausowenig wie es den norwegischen Polizisten gelang, Krebs irgendwelche verwertbaren Informationen zu entlocken, bekam der schwedische Beamte etwas aus ihm heraus. In seinem Bericht heißt es über das Verhör: »Krebs weigerte sich, irgendwelche Informationen über seine Tätigkeit in Göteborg für den Zeitraum zu geben, in den der Angriff auf die Streikbrecher des Dampfers ›Kjell‹ und ihre Mißhandlung fällt. Allerdings gab er zu, daß er in dem obengenannten Zeitraum Repräsentant der ISH in Göteborg gewesen sei. Auf die direkte Frage, ob er den schwedischen Genossen bei dem Angriff auf die Streikbrecher auf dem Dampfer ›Kjell‹ behilflich gewesen sei, gab er keine Antwort. Im Gegenteil betonte Krebs, daß die kommunistische Partei gegen jede Art des Terrorismus sei und daß, wenn so etwas vorgekommen sei, dies auf Initiative einzelner Parteimitglieder ohne Anweisung der Partei stattgefunden habe.«[97]

Richard Krebs befand sich in einer äußerst gefährlichen Situation. Die Norweger hatten zwar nicht die Absicht, ihn vor Gericht zu stellen, doch drohte ihm etwas viel Schlimmeres: die Auslieferung nach Deutschland. Trotzdem befand er sich nur zwei Tage später auf einem Dampfer Richtung Antwerpen und nicht in das gefürchtete Hamburg.

Wie war das zu erklären? Zum einen kam ihm ein Akt der Zivilcourage zugute.

Beamte in der Senatskanzlei der sozialdemokratisch regierten Hansestadt Hamburg hatten am 10. Februar 1933, also noch nach Hitlers Wahl zum Reichskanzler, den Beamten der politischen Polizei Hamburg, Peter Kraus, wegen Verbindung zum Nachrichtendienst der NSDAP entlassen. Zwar war Inspektor Kraus am 5. März wieder eingestellt worden, hatte aber das Chaos in den Akten der politischen Polizei zu bewältigen, das seine sozialdemokratischen Kollegen vor ihrem Rausschmiß angerichtet hatten. Als die Norweger in Hamburg wegen Richard Krebs anfragten, war der Mann, der die für Kommunisten zuständige Abteilung der Hamburger Gestapo aufbaute, mit Arbeit überladen und durch das Chaos in den Akten gehandicapt.[98] So wurde aus Hamburg mitgeteilt, Richard Krebs sei weder vorbestraft, noch werde er gesucht.

Jan Valtin entkommt mit Hilfe Arne Halvorsens, einem Osloer Arzt, der dem Helden von *Out of the Night* ein präpariertes Essen bringt, das bei ihm schwere Vergiftungssymptome hervorruft. Wenig später wird Valtin in dessen Obhut entlassen. Der Arzt ist nebenbei Mitarbeiter der sowjetischen Geheimpolizei und hat den Auftrag, die Arbeit der norwegischen Kommunisten, und insbesondere die der kommunistischen Seeleute und Hafenarbeiter, im Auge zu behalten. Aus dieser Passage sollte später eine der für die Rezeption des Buches typischen Kontroversen enstehen, denn weder im Wachbuch des Gefängnisses noch im Dienstbuch der Kriminalpolizei konnte der Historiker Lars Borgersrud irgendeinen Hinweis auf einen Besuch Halvorsens finden.

Und doch muß an der Episode in *Out of the Night* etwas Wahres dran sein. 1937, lange Jahre, bevor Richard Krebs seinen Roman schrieb, in einer Situation, in der die Gestapo die Möglichkeit hatte, seine Aussagen zu überprüfen, und sein Leben von der Richtigkeit dieser Aussagen abhing, sollte er über Halvorsen berichten: »Ein bekannter Arzt in Oslo. ... Er beherbergt alle internationalen Groß-Funktionäre, die unentgeltlich bei ihm wohnen. Seine Klinik befindet sich in der Strasse Aakebergvey 22, seine Privatwohnung ist in einem großen Neubaukomplex, genannt ›Sommer Früde Komplex‹ im Stadtteil Kampen, Oslo. Er wohnt mit einer Norwegerin zusammen, mit dem Vornamen ›Karin‹. Die ›Karin‹ arbeitet als Privatsekretärin des Direktors der größten norwegischen Schiffahrtslinie, Wilhelmsen, und durch sie bekam die ISH Abschriften aller Geheimdokumente des norwegischen Reederverbandes. Ein Bruder der ›Karin‹ ist Kriminalbamter in Oslo und plaudert alles an Dr. H. bei seinen wöchentlichen Besuchen aus.

Dr. H.s Spezialität ist, zur Nachtzeit im Gefängnis eingelieferte internationale Funktionäre, die bei ihm gewohnt haben, aufzusuchen, um sie ärztlich zu untersuchen und dann für haftunfähig zu erklären, damit sie sofort auf freien Fuß kommen.«[99]

1950 fragte der CIC Richard Krebs über Halvorsen aus. Auch hier führte er – ohne allerdings die Vergiftungsgeschichte zu erwähnen – die Deportation in ein Land seiner Wahl auf den Einfluß Halvorsens zurück. Dieser habe ihm auch die Überfahrt erster Klasse nach Antwerpen bezahlt.

Die Episode mit dem präparierten Essen übrigens läßt sich am ehesten erklären, wenn wir annehmen, daß Richard Krebs hier, wie er es häufig tut, seinen Helden Jan Valtin zwar in Teilen die eigene

Lebensgeschichte nachvollziehen, ihn aber auch Dinge erleben ließ, die anderen widerfahren waren.

Anfang Mai traf Richard Krebs in Antwerpen ein. Er muß in großer Sorge um seine Frau gewesen sein. Sie war in Hitlers Terrorstaat zurückgeblieben, um in der Druckerei mitzuarbeiten, die er selbst noch vor seiner Abreise eingerichtet hatte. Die Schließung des Interklubs, die nach dem Reichstagsbrand erfolgte, vorausahnend, hatte er eine Dachwohnung angemietet; dort hatten sie die Schreibmaschine, den Vervielfältigungsapparat, das Papier und den vorhandenen Bestand an Propagandamaterial aus dem Interklub hingeschafft. Eine Handvoll zuverlässiger Genossen, unter ihnen seine Frau, wurden mit der Weiterarbeit beauftragt. Wie auch schon in der legalen Zeit war sie es, die alle Zeichnungen und Überschriften sowie alle Sätze und Parolen, die nicht mit der Maschine geschrieben wurden, in ihrem charakteristischen Stil hinzufügte, einem Stil, der der Gestapo längst bekannt war. Das Ende kam am 19. April. Wie so oft war es nicht die Ermittlungsarbeit der Geheimpolizei, die zur Entdeckung der Druckerei führte, sondern ein Nachbar, der der Polizei verdächtige Geräusche aus dem Dachgeschoß gemeldet hatte. Als die Gestapoleute in den Raum eindrangen, trafen sie niemanden an, obwohl eine »notdürftig hergestellte Schlafstelle mit frischen Lebensmitteln« darauf hinwies, daß sich hier noch kurz zuvor jemand aufgehalten hatte. Erst nach zwanzig Minuten entdeckte einer der Beamten, daß »vor einem mit schwarzem Papier beklebten Fenster auf einer schmalen Außenkante ein Mensch saß«.[100] Der ungarische Staatsbürger Popovics war der erste aus der sogenannten Interklubgruppe, der der Gestapo ins Netz ging. Nach den anderen und auch nach Hermine Krebs wurde danach um so heftiger gefahndet.

Von alldem und der Gefahr, in der seine Frau nun schwebte, muß Richard Krebs von deutschen Flüchtlingen oder von den Seeleuten eines der Schiffe erfahren haben, die regelmäßig aus Hamburg im Hafen von Antwerpen ankamen. Es gelang ihm, sie ausfindig zu machen und ihr den Kontakt zu einem Grenzdienst der Komintern zwischen Belgien und Deutschland zu vermitteln.

»Die Route verlief über Brüssel nach Lüttich. Dort wurde der

Reisende von einem Kurier abgeholt, der ihn nach Verviers begleitete, von wo ihn ein weiterer Kurier auf einem Pfad über die grüne
Grenze nach Aachen brachte, wo am Bahnhof bereits ein deutscher Begleiter auf ihn wartete. Alle Kuriere waren weiblich und
schienen die Route sehr gut zu kennen. Sie funktionierte in beide
Richtungen.«[101]

Die junge Frau, die ihr noch nicht ein Jahr altes Kind bei ihren
Eltern hatte zurücklassen müssen, ohne zu wissen, wann sie es je
wiedersehen würde, stürzte sich nun gemeinsam mit ihrem Mann
in die politische Arbeit. Zusammen verfaßten sie Flugschriften,
die von Antwerpen aus nach Deutschland geschmuggelt wurden.
Diese Aktivitäten wurden von der Gestapo genau registriert. Ein
Porträt Hitlers als Scharfrichter, das Hermine Krebs nach den
Hinrichtungen von Kommunisten anfertigte, gelangte genauso in
ihre Gestapoakte wie alle anderen Flugblätter und Untergrundschriften, auf denen ihre Handschrift zu erkennen war.

Jene zwei Monate, die die beiden von Mitte Mai bis Ende Juli in
Antwerpen verbrachten, mögen bei ihnen noch einmal die Hoffnung geweckt haben, der deutsche Spuk würde doch schneller vor-
beigehen als gedacht. In den Häfen der Länder rings um Deutschland bildeten geflüchtete deutsche Seeleute Auslandsgruppen des
Einheitsverbands. Das durch die Verfolgung gestärkte Zusammengehörigkeitsgefühl ließ in diesen Gruppen noch einmal jene utopi-
schen Hoffnungen aufleben, die für das Gefühlsleben überzeugter
Kommunisten der späten Weimarer Republik so charakteristisch
gewesen waren. Durch ihren kompromißlosen Widerstand gegen
das neue deutsche Regime hatte sich ihr Prestige unter deutschen
wie ausländischen Seeleuten gewaltig erhöht. So konnten die geflüchteten Mitglieder des Einheitsverbandes einen letzten, trauri-
gen Triumph über ihre Widersacher aus den sozialdemokratischen
Gewerkschaften feiern, die gegenüber Hitler stillgehalten hatten.
Die für Seeleute zuständige Abteilung des Hamburger ADGB
hatte sich dem neuen Regime sogar offen angebiedert und »zu jeder Mitarbeit bereit erklärt, welche die Reichsregierung zur Voll-
endung des großen Werks von ihnen fordert«.[102]

Als die Häuser der Gewerkschaften in Deutschland besetzt und
ihr Vermögen beschlagnahmt wurden, erschien ein Rundbrief der

ISH, bei dessen Lektüre man sich fragt, ob die Verfasser seinen Inhalt wirklich glaubten oder ob sie sich mit derartigen Parolen nur selbst beruhigen wollten. Das Schicksal der deutschen Gewerkschaften handelte man unter der Überschrift »Übernahme der reformistischen deutschen Gewerkschaften durch die Faschisten – wachsende Rolle der revolutionären Gewerkschaftsbewegung« ab, als hätte den Kommunisten nichts Besseres passieren können.[103]

Ebenso grotesk angesichts der Situation in Deutschland ist ein Rechenschaftsbericht über die Arbeit der Auslandsgruppen des Einheitsverbandes, der sich in den Akten der ISH in Moskau befindet. Dort heißt es unter der Überschrift »Erfolge«: »Ich füge aus eigenem Erleben hinzu, daß der Transport revolutionärer Literatur nach Deutschland sehr erfolgreich verläuft und sich die sozialdemokratischen Transportverbindungen in unserer Hand befinden. Das bedeutet, daß wir deren [der Sozialdemokraten] Literatur vernichten und an ihre Adressen unsere Literatur schikken.«[104] Wir wissen nicht, wer der Autor dieser russischen Zeilen war. Da es um die Transportverbindungen auf Rheinschiffen ging und Richard Krebs zu der Zeit die Arbeit der ISH in Antwerpen, an einer Mündung des Rheins, leitete, könnte er in die Sache verwickelt gewesen sein. Von ihm selbst sind über diese Auseinandersetzungen nur ein paar lakonische Sätze gegenüber dem CIC bekannt, die er im Zusammenhang mit einem der Sozialdemokraten äußerte, die auch nach Antwerpen geflüchtet waren: »Die Kommunisten ... trauten ihm nicht, und eine Zeitlang öffnete man sich gegenseitig die Briefe. Überhaupt arbeiteten beide Seiten eher gegeneinander, sogar wenn es um den Transport von Propaganda nach Deutschland ging.«[105]

Doch die Hauptattacken der ISH-Leute galten nicht den wenigen geflüchteten deutschen Sozialdemokraten, die gegen ihre wesentlich besser organisierten und fanatischeren Gegner sowieso meist den kürzeren zogen. Sie waren der Konkurrenz von der ITF, der Internationalen Transportarbeiterföderation, vorbehalten. Die ITF war der weltweite Dachverband einer ganzen Reihe von überwiegend sozialdemokratisch ausgerichteten Gewerkschaften, in dem 2,4 Millionen Beschäftigte aus allen Transportberufen organisiert waren. Geleitet wurde die ITF von dem Holländer Edo Fimmen, einem Sozialrevolutionär, der Anfang der zwanziger Jahre starke Sympathien für die Oktoberrevolution gezeigt hatte.

Dies allerdings zählte in den Augen der ISH wenig. In dem bereits erwähnten Rundbrief behauptete man, die ITF »faschisiere« die in ihr organisierten Verbände. Außerdem werde dort derselbe Kurs gefahren, der »die deutschen Gewerkschaften ins Lager der Faschisten brachte ... um so den Boden zu bereiten, für weitere Angriffe des Kapitals«.

Kein Wunder, daß die ITF zurückschlug, sobald sich eine Gelegenheit bot.

Und eine geradezu goldene Gelegenheit ergab sich, als die ins Ausland geflüchteten deutschen Mitglieder der ISH und des Einheitsverbandes eine Kampagne gegen das Hissen der Hakenkreuzflagge in ausländischen Häfen begannen.

In Antwerpen, wo täglich Flüchtlinge eintrafen, die über die Verfolgung und die brutale Unterdrückung zuerst der Kommunisten und dann auch der Sozialdemokraten berichteten, fanden die Boykottaufrufe offene Ohren. Richard Krebs und seine Mitstreiter waren froh, endlich etwas gegen die verhaßte neue Berliner Regierung unternehmen zu können. Tagtäglich gab es Scharmützel zwischen den Emigranten, die von den Antwerpener Arbeitern unterstützt wurden, und der belgischen Polizei, die den Auftrag hatte, jede Störung des Handels mit dem großen Nachbarn zu verhindern. Die Kampagne ließ sich gut an, wie Adolf am 15. Juli 1933 nach Moskau berichtete:

»In den meisten größeren (aber auch kleineren) Häfen aller kapitalistischen Länder haben die Hafenarbeiter in Dutzenden von Fällen die Arbeit auf deutschen Schiffen niedergelegt, die Hakenkreuzflagge heruntergeholt, zerrissen, verbrannt usw. Wir betonen, daß die ersten Aktionen (in Belgien, Holland, den skandinavischen Ländern, später in Spanien, Frankreich, Danzig, Gdynia, USA usw.) sorgfältig vorbereitet und organisiert waren.

Diese Aktionen haben sich innerhalb weniger Wochen international ausgebreitet, und wir konnten bisher 97 solcher Fälle registrieren, wo es zur Arbeitsniederlegung kam.«[106]

Leider hatten die »Bonzen der ITF« wenig Lust, ihren kommunistischen Konkurrenten den propagandistischen Triumph zu gönnen. Geschickt machten sie sich, wie Adolf in seinem Brief beklagte, die Achillesferse der ISH, ihre Abhängigkeit vom »Mutterland des Sozialismus«, zunutze.

»In den letzten Tagen haben wir jedoch ein Abflauen dieser Bewegung; aus verschiedenen unseren Sektionen, ja sogar direkt von Hafenarbeitern und Seeleuten, erhielten wir zahlreiche Briefe mit ungefähr folgendem, gleichlautendem Inhalt: Die ITF-Bonzen kommen zu den Hafenarbeitern und sagen: ›Warum wollt ihr gegen die Hakenkreuzflagge streiken, in Leningrad und Odessa weht das Hakenkreuz auf den Schiffen, und die russischen Hafenarbeiter holen sie nicht herunter.‹

… Die Argumente der reformistischen Bonzen haben viele Hafenarbeiter veranlaßt, von den Aktionen gegen die Hakenkreuzflagge, die in der ersten Zeit mit gewaltigem Elan durchgeführt wurden, Abstand zu nehmen. Es ist uns nicht im vollen Maße gelungen (obwohl wir dies wiederholt getan haben in unserem Bulletin und in Sonderartikeln u s w.), den Betrug der reformistischen Argumente vor allen Arbeitern zu entlarven.

Wir würden es begrüßen, wenn wir … die Möglichkeit überprüfen würden, etliche Aktionen gegen die Hakenkreuze auch bei Euch durchzuführen. Allerdings machen wir darauf aufmerksam, daß die Frechheit der Nazis so weit gehen kann, daß sie in Hamburg oder Bremen auf Sov. Schiffen womöglich unsere Flagge herunterholen.«[107]

Da man in der Sowjetunion zu der Zeit völlig andere, wesentlich schlimmere Sorgen hatte, muß stark bezweifelt werden, ob »Adolfs« zaghafte Anfrage überhaupt beantwortet wurde. Somit war die Kampagne, die so hoffnungsvoll begonnen hatte, bereits nach kurzer Zeit vorbei. Wie Richard Krebs auf diesen erneuten Beweis, daß das sowjetische Staatsinteresse immer an erster Stelle stand, damals reagierte, kann man nicht sagen. In dem sieben Jahre später geschriebenen *Out of the Night* jedenfalls werden die Ereignisse in Antwerpen als Etappe in Jan Valtins langsamer Desillusionierung dargestellt.

Von Antwerpen aus reiste Richard Krebs mit seiner Frau nach Paris, wo er auf einem Kongreß gegen Krieg und Faschismus als Abgesandter der deutschen Hafenarbeiter und Seeleute mit einer Gesichtsmaske auftrat. Danach übernahm er bei einem Streik der französischen Binnenschiffer eine ähnliche Rolle wie zuvor in Schweden. Seine Frau brach im August oder September 1933 Richtung Kopenhagen auf, um sich der Zentrale der ISH zur Verfügung zu stellen. Wie damals in ISH-Kreisen üblich, reiste Hermine nicht legal, sondern als blinder Passagier bis nach Göteborg, wo sie von Abgesandten der ISH in Empfang genommen wurde, die sie weiter nach Kopenhagen schleusten.[108]

Nach Beendigung des Streiks, der zwar die Kampfbereitschaft der nordfranzösischen Arbeiter gezeigt, aber wie in Schweden mit einer Niederlage geendet hatte, traf Richard Krebs im Oktober ebenfalls in Kopenhagen ein. Dort kam es zu einer Auseinandersetzung an der Spitze der ISH, die das Ende seiner Laufbahn herbeiführen sollte.

Doch bevor darüber berichtet wird, wollen wir noch einmal einen Blick auf seine Zeit als einer der führenden Funktionäre der ISH werfen, die im September 1931 mit seiner Ernennung zum Leiter des Hamburger Interklubs begann. Es drängt sich die Frage auf, ob Richard Krebs in Operationen des sowjetischen Geheimdienstes verwickelt war. Die Geschehnisse während des Streiks in Schweden und seine anschließende Reise nach Norwegen deuten darauf hin. Aufgrund der vorliegenden Dokumente ist davon ausgehen, daß er bei der Entführung der Streikbrecher der »Kjell« viel stärker involviert war, als er später zugab.

War die Beteiligung der GPU an den Gewalttaten in Göteborg nur mittelbar, indem sie den Instrukteur Richard Krebs mit den geeigneten Männern zusammenbrachte, so deuten die Untersuchungen des norwegischen Generalstabs, wie bereits dargelegt, darauf hin, daß es Krebs bei seiner Reise in den Norden Norwegens nicht nur um die Agitierung der dortigen Arbeiterschaft, sondern direkt um militärische Ziele ging. Sollte der Generalstab der norwegischen Armee recht gehabt haben, dann war der Auftraggeber dieses Teils von Krebs' Mission wahrscheinlich nicht die GPU, sondern der militärische Geheimdienst der Sowjetunion, die GRU. Ein solcher Auftag wäre in der damaligen Zeit nichts Ungewöhnliches gewesen. Schließlich galten für gläubige Kommunisten die Beschlüsse des VI. Kominternkongresses, der von einer unmittelbaren Bedrohung der Sowjetunion durch die kapitalistischen »Raubmächte« ausgegangen war, einer Bedrohung, die mit allen Mitteln abzuwehren war.

Es sind nicht nur Ermittlungsakten, die eine Beteiligung von Richard Krebs an Operationen der sowjetischen Geheimdienste vermuten lassen. Auch in seinem Nachlaß gibt es einige Dokumente und schließlich noch eine Aussage 1950 gegenüber dem CIC. Sie betreffen zwei Begebenheiten, die beide mit der geheimnisvollen Persönlichkeit Michael Avatins alias Ernest Lambert verknüpft sind, jenem Mann, den Richard Krebs bereits 1924 kennengelernt hatte, als er ihn als blinden Passagier auf die »Montpellier« schmuggelte.

Folgt man der, was die eigene Rolle betrifft, wahrscheinlich abgemilderten Aussage gegenüber dem amerikanischen Geheimdienst, dann war er zumindest peripher in eine geheimdienstliche Operation verwickelt, die sich 1932 in Hamburg abspielte. Damals kam ein Lette namens Schmitt nach Hamburg, den Richard Krebs bereits 1931 im Leningrader Interklub getroffen hatte. Schmitt wurde von Avatin herumgeführt. Krebs' Aufgabe war es, für Schmitt ein Quartier zu finden und Punkte auszuwählen, die sich für heimliche Treffen zwischen Schmitt, Avatin und dessen Leuten eigneten. Wichtig war, daß sich Treffpunkte wie Quartier nicht in der Gegend des Interklubs befanden. Erst später habe er erfahren, daß Schmitts Aufenthalt in Hamburg dem Versuch galt, in eine nationalsozialistische Seemannsvereinigung einzudringen, die zu der Zeit mit der Auslandsabteilung der NSDAP vereinigt wurde. Es gab Anhaltspunkte dafür, daß die neue Organisation auch für Spionagezwecke genutzt werden sollte, und zahlreiche Berichte, daß nationalsozialistisch eingestellte Besatzungsmitglieder Küsten, Hafeneingänge, Verteidigungseinrichtungen usw. fotografierten.

Soweit der Bericht Richard Krebs' aus seiner CIC-Akte. Daß

er überhaupt von dem Inhalt der Mission Schmitts Kenntnis hatte, legt nahe, daß seine Rolle die eines Helfers bei der Logistik überstieg. Er wäre auch genau der richtige Mann gewesen, da er als einer der wenigen Kommunisten mit Offizierspatent für die Agitation unter den Schiffsoffizieren zuständig war. Außerdem war er durch seine Herkunft besser als jeder andere in der ISH mit dem Milieu vertraut, aus dem die nationalsozialistische Seemannsvereinigung ihre Mitglieder rekrutierte.[109]

Eine zweite sowjetische Geheimoperation, mit der er wahrscheinlich zu tun hatte, läßt sich aus seinem Nachlaß und aus *Out of the Night* rekonstruieren. Sie soll 1933 in Antwerpen stattgefunden haben.

»Wir waren gerade in Straßburg, als uns die Nachricht erreichte, daß der Chef der Gestapospionage in Flandern, Ilja Raikoff – der *Ochs* – schließlich doch von Michael Avatin und seinen Gehilfen umgelegt worden war. Ich erfuhr die Einzelheiten der Aktion später, teils von Avatin selbst, teils durch Cilly, die ihm dabei geholfen hatte, in der Hauptsache aber vom Genossen Anton, dem Antwerpener Verbindungsmann, der die Berichte gesammelt hatte.«[110]

In dem Kapitel »Westlich des Rheins« wird erzählt, wie sich Avatin und seine Helfer vergeblich bemühen, den »Ochs« ohne Aufsehen aus dem Weg zu räumen. Schließlich gibt man Cilly, einer attraktiven Mitarbeiterin des sowjetischen Geheimdiensts, den Auftrag, ihn zu verführen. Nachdem es ihr gelungen ist, bekommt sie plötzlich Skrupel. Sie weigert sich, ihn zu vergiften. Als er sie jedoch im Suff schlägt, schafft sie den Betrunkenen an eine einsame Stelle in der Nähe des Rheins.

»Der *Ochs* stand am Rand der Ufermauer, als wolle er nachdenken, dann drehte er sich plötzlich um und schlug dem Griechen ins Gesicht. Im gleichen Augenblick stieß Avatin ihm den Dolch in den Unterleib und schlitzte ihn auf. Dann gab er ihm einen Tritt. Der *Ochs* grunzte. Dann fiel er ins Wasser, und die Strömung trug ihn fort.«

Daß dieser Mord stattgefunden hat und Richard Krebs mit ihm persönlich zu tun hatte, legen Papiere aus seinem Nachlaß nahe. Da wäre zum einen eine Notiz, ein paar Sätze, geschrieben 1939, wie die Adresse oben auf dem Blatt beweist, nach seiner Flucht aus Europa und bevor er mit *Out of the Night* begann. Man liest: »Ilya Raikoff Chef der Gegenspionage in Belgien – Genosse Anton entdeckt ihn – Avatin sucht Helfer – A. in ihn verliebt, weigert sich ihn zu vergiften.« Der erste Satz aber lautet: »We killed the Ox«.

Schließlich gibt es noch einen weiteren, sehr eindeutigen Hinweis. In einer der unveröffentlichten Versionen seiner Abhandlung über den Typus des Kominternagenten oder Instrukteurs liefert er als Beispiele für die Tätigkeit eines solchen Abgesandten Moskaus beinahe ausschließlich Aufträge, von denen wir sicher wissen, daß er sie selbst ausgeführt hat. Eine der wenigen Ausnahmen in dieser Aufzählung betrifft die »Liquidierung des Chefs eines gegen die Komintern gerichteten Spionagerings in Belgien«. Wie bereits dargelegt, sind dies alles Indizien und keine Beweise. Und doch spricht vieles dafür, daß Richard Krebs in jenen knapp drei Jahren, in denen er als Instrukteur tätig war, nach dem fehlgeschlagenen Attentat 1926 ein zweites Mal in Aktionen der sowjetischen Geheimpolizei verwickelt war.

Eine verhängnisvolle Affäre

Die Machtergreifung Hitlers war für die Komintern nicht nur eine schwere politische Niederlage, sondern auch eine logistische Katastrophe. Sämtliche internationalen Organisationen, die sich in Deutschland befunden hatten, an erster Stelle das Westeuropäische Büro, hatte man Hals über Kopf in Länder verlegen müssen, die von der Sowjetunion aus schwieriger zu erreichen waren. Der Hamburger Hafen, einer der wichtigsten Knotenpunkte im weltweiten Netz des OMS, kam nun nicht mehr als Relais in Frage. Teilweise wurde dessen Funktion von Kopenhagen übernommen, wohin man auch den Sitz der ISH verlegt hatte. Kopenhagen war nicht nur wegen seiner Nähe zur Sowjetunion und der liberalen Verfassung des Landes ausgewählt worden, sondern auch, weil die dänische Sektion der ISH zu den weltweit stärksten und diszipliniertesten gehörte. 1933 war der ISH in Dänemark gelungen, was ihr in Deutschland wegen des Gegensatzes zu den

Sozialdemokraten nie geglückt war: Sie hatte die offizielle Gewerkschaft der Heizer eingegliedert und durch ein geniales Manöver – die Verschmelzung des Heizer- und des Matrosenverbandes – schließlich auch letzteren, der noch im Juni 1933 aus der ISH ausgetreten war, wieder unter ihre Kontrolle bringen können. Der Mann, der diesen raffinierten Schachzug bewerkstelligte, war Richard Jensen, der Vorsitzende der Heizergewerkschaft, der nach der Vereinigung Führer des neuen Verbandes wurde.[111]

Richard Jensen, ein »Bär von einem Mann«, war ein ehemaliger Matrose und dafür bekannt, selbst die hartgesottensten Abgesandten Moskaus unter den Tisch trinken zu können. Unter den dänischen Seeleuten war er ähnlich populär wie der ehemalige Generalsekretär der ISH, Albert Walter, den die Gestapo bald nach der Machtergreifung festgenommen hatte, unter den Deutschen. Aufgrund seiner Stellung in Dänemark war Richard Jensen eine wichtige, ja unverzichtbare Figur im Sekretariat der ISH, wenngleich er – ähnlich wie Albert Walter – nie die Entscheidungsgewalt erhalten sollte, die der jeweilige »Mann Moskaus« hinter den Kulissen der ISH ausübte. Neben seinen Funktion als dänischer Gewerkschaftsvorsitzender war er auch Mitglied der Kopenhagener Bürgerschaft und staatlich angestellter Heuerbaas, ein Beamter, der »sämtliche Unterstützungen für erwerbslose Seeleute« auszahlte. Wie groß sein Einfluß in Kopenhagen war, zeigte sich auf der europäischen Seeleutekonferenz in Paris, »als er einer Gruppe von polnischen Seeleuten, die illegal und ohne Papiere reisten, durch seinen Einfluß beim dänischen Konsulat die Einreise nach Dänemark ermöglichte mit der Begründung, sie als Besatzungsmitglied zu gebrauchen«.[112]

Die Verhaftung Albert Walters und der Aufstieg Richard Jensens hatten die Position Alfred Bems in seinem Konflikt mit Ernst Wollweber geschwächt, da Jensen, anders als Walter, mit Wollweber gut auskam, ja befreundet war. Dieser Konflikt erreichte seinen vorläufigen Höhe- und Endpunkt gerade zu der Zeit, als Richard Krebs in Kopenhagen eintraf.

Anfangs war mit allen Mitteln der bürokratischen Intrige darum gestritten worden, wer im Hamburger Interklub zu bestimmen hatte – die ISH oder der Einheitsverband und damit die KPD mittels des von ihr entsandten Ernst Wollweber. Jetzt ging es ums Ganze, nämlich um die Frage, wer die ISH leiten sollte. Auf der einen Seite standen Alfred Bem alias Adolf mit seinen Vertrauten, zu denen auch Richard Krebs zu zählen war, auf der anderen Ernst Wollweber samt seinem Anhang. Zu diesem für jede größere Organisation typischen Machtkonflikt kamen politische Differenzen, die sich nach der Machtergreifung Hitlers noch verstärkt hatten. Richard Krebs gab seine Interpretation kurz vor seinem Tod dem CIC in einem langen Dossier über Wollweber zu Protokoll. Da es ihm bei dieser Aussage vor allem darum ging, möglichst genau, von einem »polizeilichen Standpunkt« aus, zu berichten, um seinen alten Feind zur Strecke zu bringen, kann man davon ausgehen, daß in dieser Binnensicht ein wahrer Kern steckt. Krebs zufolge wollte Wollweber das große Budget der ISH unter seine Kontrolle bringen, um es hauptsächlich in Deutschland einzusetzen.

Nachdem Wollweber im Sommer 1933 die Organisationen Frankreichs, Belgiens und Hollands näher kennengelernt hatte, sei er wahrscheinlich in seiner Ansicht bestärkt worden, daß es in Deutschland die einzige erfolgversprechende kommunistische Bewegung außerhalb der Sowjetunion gegeben habe. Im Gegensatz zu Adolf und Richard Krebs, die weiter dem alten Traum von der Weltrevolution anhingen, habe er ISH-Budget wie Apparat ganz der deutschen Bewegung zur Verfügung stellen wollen, da er davon überzeugt gewesen sei, daß es ohne Deutschland nie ein kommunistisches Europa geben werde.

Daß Ernst Wollweber die Machtfrage stellen konnte, obwohl ihn Adolf mittels des Systems der doppelten Konferenzen de facto kaltgestellt hatte, hatte der Pole einer schicksalhaften Liebesgeschichte zur verdanken.

Wir kennen sie aus verschiedenen Blickwinkeln. Richard Krebs berichtete dem CIC 1950, der Frauenliebling Adolf Schelley habe mit Hildegard Thingstrup ein paarmal geschlafen, sie als Freundin behalten wollen und daher in die Bewegung hineinziehen müssen. Andernfalls hätte er Ärger bekommen, da ein Funktionär seines Rangs nie mit einem Nichtparteimitglied, und schon gar nicht einer »Bürgerlichen« wie Hildegard Thingstrup, hätte zusammenbleiben dürfen.

Der dänische Autor Erik Nørgaard, der sich seit Jahren mit dem Gedanken trägt, die Geschichte der beiden aufzuschreiben, nimmt dagegen an, daß Adolf Schelley Hildegard Thingstrup tatsächlich geliebt hat. Warum hätte er ihr sonst selbstverfaßte Liebesgedichte geschenkt?[113]

Für Hildegard Thingstrup jedenfalls, so Nørgaard, der sie gut kannte, war Adolf der Mann ihres Lebens gewesen.

Sie war bereits 75, als sie niederschrieb, wie sie am Neujahrstag des Jahres 1933 im Zug von Hamburg nach Kopenhagen einen gutaussehenden, teuer gekleideten Mann kennenlernte, der sich als Alfred Siegwert vorstellte und behauptete, Schweizer zu sein. Die damals 25jährige, die trotz ihres dänisch klingenden Nachnamens in einem gutbürgerlichen Hamburger Stadtviertel aufgewachsen war, erkannte an der Art, wie der Fremde deutsch sprach, daß dieser eigentlich kein Schweizer sein konnte.

Doch das störte sie nicht weiter, nachdem ihr der attraktive Mann erklärt hatte, daß er seinen Akzent verloren habe, weil er schon lange im Ausland lebe.

Auf der Fähre von Puttgarden nach Gedser gingen die beiden zusammen an Deck, und als der Zug Kopenhagen erreichte, hatte Hildegard Thingstrup dem Fremden ihre Adresse gegeben, der versprach, sich bei ihr zu melden. Nach einigen Tagen bekam sie einen riesigen Blumenstrauß und eine Einladung in eines der teuersten Restaurants Kopenhagens. Bald hatte der charmante Fremde ihr Herz gewonnen, und schon nach wenigen Wochen zogen sie zusammen. Langsam machte er sie damit vertraut, daß er, wie sie von Anfang an vermutet hatte, in Wirklichkeit gar nicht Alfred Siegwert hieß. Er war auch nicht der Vertreter einer großen Firma, wie er anfänglich behauptete, sondern, wie er ihr nach und nach beibrachte, der heimliche Führer einer internationalen revolutionären Seeleutegewerkschaft. Daher solle sie sich nicht beunruhigen, wenn er öfters einmal für einige Tage ins Ausland verreise.

Adolf muß sich seiner Geliebten sehr bald sehr sicher gewesen sein, denn er stellte sie seinem Vorgesetzten, dem Russen Leo, und dessen Frau Anja vor und bezog sie sogar in seine Arbeit ein. In dem als »Selvo & Co« getarnten Büro erledigte sie Übersetzungs- und Schreibarbeiten für ihn.

Leo war wahrscheinlich jener Instrukteur allerhöchster Ebene, dem Richard Krebs bereits in Zusammenhang mit dem übereifrigen norwegischen Kommunisten Arthur Samsing begegnet war. Hildegard Thingstrup, die mit niemandem aus ihrem alten Bekanntenkreis offen reden konnte, schloß sich eng an Leos Frau Anja an.

Als Hildegard nur kurze Zeit vor Richard Krebs' Ankunft in Dänemark unter den Papieren ihres Geliebten parfümierte, auf polnisch geschriebene Briefe aus Paris fand, kam es zur Katastrophe. Aufgebracht und eifersüchtig, denn Adolf hatte in der französischen Hauptstadt, wie anläßlich der Seeleutekonferenz, häufiger zu tun gehabt, brachte sie die Briefe zu einem Übersetzer und erzählte die ganze Geschichte Leos Frau. Anja berichtete diesen Bruch der Konspiration sofort ihrem Mann, der wiederum die Spitze der ISH zusammenrief. Von einem Tag auf den anderen wurde Adolf jeglicher weiterer Umgang mit seiner Geliebten verboten. Ihr selbst teilte man mit, daß er sich im Ausland befinde und sie sich keine Hoffnungen machen solle, ihm je wieder zu begegnen. Auch in der zweiten Hälfte der dreißiger Jahre, als Hildegard Thingstrup Sekretärin des dänischen KP-Vorsitzenden Axel Larsen geworden war, hat sie weder Adolf wiedergesehen noch, trotz beständiger Bitten, etwas über ihn erfahren.

Aus Hildegard Thingstrups Erinnerungen spricht Bitterkeit. Sie fühlte sich von Adolf, der die Parteidisziplin über ihre Liebe gestellt hatte, zutiefst betrogen. Ob er wirklich eine Affäre in Paris gehabt hatte, hat sie offengelassen.

Adolf selbst mußte für die Zeit mit ihr bitter zahlen. Er wurde nach Moskau abberufen, um sich vor der Spitze der Profintern für seine »Verbindung mit unüberprüften Personen« und die »grobe Verletzung der elementarsten Regeln der Konspiration«[114] zu verantworten. Was er dort über Hildegard zu Protokoll gab, läßt hinter der hoffnungslos Verliebten noch eine andere Person zum Vorschein kommen: eine Frau, die sehr viel stärker, als sie gegen Ende ihres Lebens zugab, in die konspirative Arbeit ihres Geliebten mit eingebunden war.

»Sie arbeitete in einer großen Firma als Sekretärin. Dabei leistete sie unserer Firma, die mit ihrer Firma in geschäftlichem Kontakt stand, mehrere Dienste, infolge derer sie aus dieser Firma entlassen wurde. Unter meinem Einfluß trat H. in die Partei ein, arbeitete in der Zelle H und begann dann in meiner Firma zu arbeiten, wo sie Artikel überarbeitete, verschiedenes aus dem Deutschen in das Skandinavische übersetzte usw. (Umsonst versteht sich)

Im Juni lernte ich in Paris auf der internationalen antifaschistischen Konferenz eine Genossin kennen (Polin, die im zentralen Apparat unserer Firma für einen französischen Genossen tätig ist). Mit ihr begann ich einen Briefwechsel, deren Natur aus den Briefen hervorgeht, die ich bei mir habe. Aus Eifersucht nahm H. (die mich im engeren Kontakt mit dieser Genossin wähnte, Kontakte, die in Wirklichkeit nicht bestanden), da sie kein Polnisch konnte, die Briefe zu einem Bekannten und erzählte dies meinem Chef aus dem Europäischen Sekretariat der Komintern, dem unsere Firma unterstellt ist und für den sie zeitweise (gegen meinen Rat) gearbeitet hatte. Ich muß noch unterstreichen, daß sich meine Firma mit legalem Handel beschäftigt, und daß nur ich illegal bin. ... Ich muß zugeben, daß ich mich in meinem Verhältnis zu H. zweifellos leichtsinnig verhalten habe ...«[115]

Adolf sprach vor der Säuberungskommission Ende November 1933 gemäß der eisernen Geheimhaltungsregeln der Komintern verschiedenes nur verklausuliert an, etwa ihre Entlassung aus einer Firma, mit der seine eigene Firma geschäftliche Kontakte habe, weil sie nebenher auch für ihn einige Dienste geleistet habe. In seiner Aussage dem CIC gegenüber erinnert sich Richard Krebs daran, daß Hildegard Thingstrup Interna aus dem dänischen Konsulat in Hamburg an Adolf weiterreichte, wo sie zu Beginn ihrer Beziehung beschäftigt gewesen war. Da sie, wie Adolf der Säuberungskommission angab, für seinen Chef gearbeitet hat, wäre es falsch, ihre Rolle auf die einer Geliebten und nebenberuflichen Privatsekretärin zu reduzieren. Folgt man Richard Krebs' Aussagen gegenüber dem CIC, dann war sie umfassender als er selbst in Interna der ISH eingeweiht und in großem Umfang nicht nur in Sachen ISH konspirativ tätig gewesen.[116] Sie war, wie sich noch zeigen sollte, eine sehr anziehende Frau mit eisernen Nerven, die ihre Attraktivität sehr geschickt einzusetzen verstand.

Nach der erzwungenen Abreise Adolf Schelleys war Richard Krebs nun ganz der Verfügungsgewalt Ernst Wollwebers unterstellt. Das Verhältnis der beiden war seit langem vergiftet. Im Streit zwischen Wollweber und Alfred Bem hatte sich Richard Krebs ohne Zögern auf die Seite seines Mentors gestellt. Zu den politischen Differenzen kamen persönliche, die sich zum Teil aus ihrer Biographie erklären lassen.

Mit dem Musterfunktionär Ernst Wollweber, von dem weder persönliche Schwächen noch Zweifel an der Sache bekannt sind, und Richard Krebs, dem Mann, der einmal Schriftsteller werden wollte, standen sich zwei Welten gegenüber: die des Parteisoldaten aus einem Milieu, in dem höhere Bildung ein ferner Traum war und nur die Tat zählte, und die des Intellektuellen aus dem Bürgertum, der Richard Krebs trotz seiner Jahre auf See und in San Quentin im Grunde seiner Seele immer noch war. Krebs konnte von seiner Herkunft her nicht anders als in internationalen Maßstäben denken, hatte sich einmal Joseph Conrad als Leitbild gewählt und hing mit zärtlicher Liebe an Hermine; Wollweber, der nie über die Volksschule hinausgekommen war, besaß, nach allem, was man weiß, weder musische Neigungen, noch ging er feste Beziehungen ein.

Richard Krebs macht sich in *Out of the Night* über die mangelnde Bildung seines alten Feindes lustig. Während eines Gesprächs zwischen Valtin, Firelei und Wollweber fällt der Name des damals sehr bekannten Schriftstellers Henri Barbusse, der aber Wollweber gar nichts sagt. Firelei erklärt ihm, daß er der Autor des Romans *Das Feuer* war. »›Er würde es nicht lange im Feuer aushalten‹, kommentierte Wollweber finster. ›Er ist zu groß und schmächtig. Jeder Trottel von einem Geheimpolizisten könnte ihn aus einer Million anderer herauspicken.‹ Firelei lachte. ›Genosse Ernst, was weißt du über diesen Burschen Goethe?‹ – ›Goethe ist tot‹, sagte Wollweber. ›Goethe schrieb den *Faust*.‹«[117]

Die Unsicherheit, die Wollweber im Umgang mit Höhergebildeten gespürt haben muß, war einer der Gründe für sein schlechtes Verhältnis zu Adolf Schelley.

»Wollweber war eher gerissen als intelligent. Leute seines Niveaus konnte er gut einschätzen. Adolf (Alfred Bem) zum Beispiel lag völlig jenseits seines intellektuellen Horizonts. Wenn er, wie im Fall Adolfs, mit jemandem konfrontiert wurde, der ihm intellektuell überlegen war, dann zog er sich in seine Schale zurück.«[118]

Man kann diese Einschätzung des Verhältnisses von Wollweber und Schelley, die Richard Krebs 1950 dem CIC gab, auf sein eigenes Verhältnis zu ihm übertragen. Wie bei der Auseinandersetzung zwischen dem Parteitheoretiker Bucharin und dem Praktiker Stalin in der Komintern, so waren es auch in der ISH nicht die Intellektuellen, die den Machtkampf gewannen. Was Schelley und Krebs Wollweber an Bildung voraushatten, machte der engstirnige Funktionär mit seinem praktischen Verstand wieder wett. Nicht die Weltrevolution stand auf dem Progamm der dreißiger Jahre, sondern der heraufziehende Krieg.

Nach Demütigungen wie den »doppelten Konferenzen« hatte Ernst Wollweber keinerlei Veranlassung, auf Richard Krebs' Mitarbeit in Kopenhagen besonderen Wert zu legen. Außerdem mußte er befürchten, daß sich Adolf in Moskau herauswinden und nach der Rückkehr seinen Protegé weiterbefördern, vielleicht sogar ins Sekretariat der ISH berufen würde und so sein Parteifeind in diesem Gremium noch Verstärkung bekam. Vermutlich hat Wollweber deshalb kurze Zeit nach Adolfs Abreise nach Moskau Richard Krebs auf ein Himmelfahrtskommando nach Deutschland geschickt. Als seine Begleiterin wurde Hildegard Thingstrup ausgewählt.

Die beiden hatten den Auftrag, in Hamburg die Verbindung zu versprengten Mitgliedern des Einheitsverbands aufzunehmen und diesen nach dem organisatorischen Muster der Weimarer Zeit wieder aufzubauen. Aber die Weimarer Republik war endgültig Geschichte. Richard Krebs und Hildegard Thingstrup wußten, was ihnen in Deutschland bevorstand. In einem Nachbarland des Dritten Reiches wie Dänemark trafen fast täglich geflüchtete Kommunisten oder verzweifelte Berichte von noch freien Genossen ein. Wie man aus einem internen Bericht des Einheitsverbandes weiß, der der Spitze der ISH vorgelegt wurde, gab es bereits im Oktober 1933 in jedem Hamburger Häuserblock einen Blockwart, der in fast jedem Haus einen Vertrauensmann hatte. Dieser beobachtete die Wohnungen aller Hausbewohner. Er forschte nach, ob Sitzungen stattfanden, ob dort untergetauchte Kommunisten einquartiert waren, ob Pakete transportiert oder illegale Verbindungen gehalten wurden. Überall, insbesondere im Hafenviertel, lauerten Spitzel, die, als Händler oder Bettler getarnt, in die Wirtschaften geschickt wurden, um unauffällig festzustellen, ob sich dort »verdächtige« Personen aufhielten. Dazu kamen die sogenannten »Groß-Razzien«, bei denen auf der Suche nach kommunistischen Funktionären ganze Straßenviertel abgesperrt wurden. Wenn man die Verhaftungsbilanz am Ende des Berichts liest, meint man noch heute den Schrecken zu spüren, den eine Abordnung nach Deutschland bei Richard Krebs und Hildegard Thingstrup auslösen mußte: »Circa 400 Funktionäre und damit fast der gesamte alte Funktionärsstab des Einheitsverbandes wurden verhaftet. Von 27 Mann der Reichsleitung des Einheitsverbandes sind 24 verhaftet. Sämtliche Bezirks- und Stromgebietsleiter des Verbandes sind in Haft. Die Verhaftungen erstrecken sich nicht nur auf Funktionäre des Verbandes, sondern an einigen wichtigen Punkten, wie z. B. der Heuerstelle A. Hamburg, in der früher eine Betriebsgruppe von 110 bis 120 Mitgliedern des Verbandes bestand, sind 55 verhaftet. Ein ähnliches Verhältnis besteht in dem größten Arbeitsnachweis der Hafenarbeiter am Sägerplatz in Hamburg. ... Das gesamte Klubaktiv* in Hamburg ist zweimal aufgeflogen.«[119]

Der Auftrag, einen Verband wieder aufzubauen, dessen aktive Mitglieder bereits größtenteils in Haft waren, war genauso realitätsfremd wie unzählige andere, die nach der Machtergreifung Hitlers von der KPD erteilt wurden. Beim Wiederaufbau der Partei griff man trotz der veränderten Bedingungen immer wieder auf die althergebrachten Strukturen und bürokratische Existenzbeweise wie Mitgliedsausweise samt eingeklebten Beitragsmarken

* Leitung des Interklubs.

zurück. So lieferte man der Gestapo die Beweismittel frei Haus und ermöglichte ihr, nach der Festnahme eines einzigen Kommunisten ganze Parteibezirke aufzurollen. Bis April 1935, als die KPD auf der Brüsseler Konferenz die Konsequenzen aus ihrer Niederlage zog und zu geeigneteren Kampfformen überging, mußten die Bezirksleitungen wegen der Verhaftungen in den Bezirken Wasserkante, Ruhrgebiet und Hessen-Frankfurt siebenmal und im Bezirk Baden sogar achtmal ausgetauscht werden. Allein das abgelegene Mecklenburg kam mit zweimal relativ glimpflich davon.[120]

Adolf Schelley hätte seinem Mitarbeiter Richard Krebs, der sich bereits mehrmals bei schwierigen und wichtigen Missionen bewährt hatte, kaum diesen sinnlosen Auftrag gegeben, zumal fast sicher mit einer Verhaftung zu rechnen war, Hildegard Thingstrup, die übrigens in ihren Erinnerungen schreibt, man habe sie mit Absicht in eine Falle geschickt, schon gar nicht.

Allerdings gibt es keinen Grund anzunehmen, daß Richard Krebs in dem Auftrag Wollwebers etwas anderes sah als den bedingungslos auszuführenden Parteibefehl eines ihm übergeordneten Genossen. Sowohl die »fieberhafte Energie«, mit der er, wie es in seinem Urteil heißt, zu Werk gehen sollte, als auch die Standhaftigkeit, die er nach seiner Verhaftung zeigte, deuten darauf hin, daß die Differenzen mit Wollweber seine Hingabe an die Sache noch nicht im geringsten erschüttert hatten. Dazu war er zu sehr Kommunist, der an die »historische Mission« seiner Organisation glaubte. Wie seine Mitgenossen hatte er die Parole »Die Partei kommt zuerst« tief verinnerlicht.

Ende Oktober 1933 bekam Richard Krebs letzte Instruktionen und eine Reihe von Adressen, die er in Hamburg aufsuchen sollte. Bei der Kontaktaufnahme sollte er äußerst vorsichtig zu Werk gehen, da unklar war, wer bereits in Haft, wer abgesprungen und wer möglicherweise zum Verräter geworden war. Zur Tarnung sollte er sich als amerikanischer Journalist mit dem Namen Robert Williams ausgeben, und zur Einreise nach Deutschland bekam er von Richard Jensen ausgerechnet den Paß Otto Melchiors. Dieser Paß ist der deutlichste Hinweis dafür, daß Wollweber beschlossen hatte, ihn loszuwerden. Besonders »wenn man bedenkt, daß damals in Vesterport (dem Hauptquartier der ISH) sehr viele falsche Pässe fabriziert wurden«,[121] also auch bessere zur Verfügung gestanden hätten. Zu diesem Schluß zumindest kommt der dänische Autor Erik Nørgaard, der die späteren Anschuldigungen Hildegard Thingstrups untersuchte. Melchior – ein typisch jüdischer Name – mußte den Schergen des neuen Deutschlands sofort ins Auge springen. Otto Melchior selbst war ein bekannter dänischer Kommunist, der, wie die deutsche Botschaft bereits nach Berlin gemeldet hatte, durch die dänische Provinz reiste, um gegen die neue deutsche Ordnung zu hetzen, und außerdem Mitglied in einem Komitee zur Freilassung Ernst Thälmanns.

Die Verbindung mit Kopenhagen sollte Krebs mittels Kurier, einem Seemann namens Martin Holstein, halten. Hildegard Thingstrup, die der Gestapo vorläufig nicht bekannt war, sollte ein paar Tage später nachkommen und ihn bei der Kontaktaufnahme unterstützen.

Richard Krebs verabschiedete sich von seiner Frau, die mittlerweile in Kopenhagen wieder für die ISH tätig geworden war, und reiste, ohne an der Grenze weiter aufzufallen, nach Hamburg. Möglich, daß er vom ersten Moment seiner Ankunft an beobachtet wurde, denn Martin Holstein arbeitete schon lange mit der Gestapo zusammen.[122] Die wenigen Tage in Freiheit, die ihm bis zu seiner Verhaftung blieben, verbrachte er – erst allein und dann zusammen mit Hildegard Thingstrup – damit, die teils willigen, teils unwilligen, aber immer äußerst vorsichtigen und mißtrauischen Kontaktleute aufzusuchen, mit deren Adressen er in Kopenhagen versorgt worden war. Mindestens einmal übernachtete er bei seiner Schwester Cilly. Schon am 7. November war das Spiel aus. Sowohl er als auch Hildegard Thingstrup wurden verhaftet.[123]

Eine Art Postscriptum seiner Zeit als Instrukteur findet sich in den Akten der Gestapo. Es stammt von einem unbekannten Spitzel, der über einen antifaschistischen Kongreß vom 25. bis 26. November 1933 in Paris berichtete: »Zur Kenntnisnahme wird die Verhaftung Krebs' hier als sehr schmerzhaft empfunden, da derselbe als geschickter Organisator erst vor drei Wochen in

Rouen einen Streik der Hafenarbeiter, der zur Zeit noch andauert, entfacht hat. Die wichtigste Feststellung ist der Ausspruch Neumanns, daß seit der kürzlichen Verhaftung von Krebs hier in Hamburg die Verbindung der ISH mit Deutschland gerissen sei.«[124]

III Doppelspiel

Verhaftet

Vom Moment seiner Festnahme am 7. November bis zur Vorführung vor den Haftrichter am 18. Januar befand sich Richard Krebs in »Schutzhaft«. Damit war er der schrankenlosen Willkür der neuen Machthaber ausgeliefert. Wenn er nicht im Stadthaus, dem Sitz der Hamburger Gestapo, gefoltert wurde, dann befand er sich im Konzentrationslager Fuhlsbüttel, wo fanatische SSler ihre schutzlosen Gegner sadistisch quälten. Er erlebte die Anfangstage jener Schattenwelt, die die neue deutsche Regierung parallel zu dem aus der Weimarer Zeit übernommenen, noch weitgehend nach den alten Regeln arbeitenden Justizapparat ins Leben gerufen hatte. Jegliche Rechte, die jedem Gefangenen in Deutschland traditionell gewährt wurden, waren im Gewahrsam der Gestapo oder in den neugegründeten Konzentrationslagern aufgehoben. Der Willkür waren keinerlei Schranken gesetzt, und die einzige, meist vergebliche, Hoffnung war Druck aus dem Ausland. Am 10. November, drei Tage nach der Festnahme von Richard Krebs, schickte ein anonymer Hamburger Kommunist einen Bericht über die Zustände an emigrierte Genossen, mit der dringlichen Bitte, »die nachstehenden authentischen Angaben schnellstens und weitestgehends zu veröffentlichen, da eine Reihe der genannten Freunde sich in unmittelbarer Lebensgefahr befindet. ...

Die sogenannten Vernehmungen stehen unter Leitung der Beamten der Staatspolizei Kraus und Deutschmann. Diese beteiligen sich sogar persönlich an der Mißhandlung der Gefangenen, nebst weiteren Beamten. Als Prügelinstrumente werden Gummiknüppel, Stahlruten, Peitschen und Ketten angewandt. ... Im Stadthaus werden die Gefangenen in das sogenannte Leninzimmer gebracht, ein rot drapiertes Zimmer, das mit kommunistischen Emblemen und Bildern ausgestattet ist. Bei den Mißhandlungen werden sie über einen mit einer roten Fahne bedeckten Tisch gezogen. Während der Mißhandlungen, die hier mit langen Lederriemen, Ochsenziemern und Gummiknüppeln vor sich geht, spielt ein Grammophon revolutionäre Lieder und Rezitationen.«[1]

Zwischen den Vernehmungen schaffte man die Häftlinge in eines der Hamburger Konzentrationslager. Am schlimmsten waren die Zustände in Fuhlsbüttel. Der SS ging es nicht darum, aus ihren Gegnern neue Informationen herauszuholen. Sie sollten so lange erniedrigt werden, bis sie gebrochen waren und jeden Gedanken an Opposition gegen das neue Regime für immer aufgaben. Einige von denen, die es wagten zu widersprechen, wurden »auf der Flucht« erschossen. Andere provozierten ihren Tod bewußt – alles war besser als ein Leben im KZ.

»Alle SS-Leute tragen Stahlhelm, Karabiner, Pistole, Seitengewehr und einen langen, ca. fünf Zentimeter dicken Lederriemen. Die Ordnung im Lager ist streng militärisch. Neueingelieferte müssen gleich nach der Einlieferung bis zu vier Stunden lang strammstehen. Beim geringsten Rühren gibt es Kolbenschläge. Beim Öffnen der Zellentür müssen die Gefangenen zu jeder Tages- und Nachtzeit aufspringen und meldebereit am Spind stehen.

Es wird wahllos geprügelt. Zu jeder Tages- und Nachtzeit werden Inhaftierte aus den Zellen gejagt und auf dem Korridor verprügelt. Das Schreien und Stöhnen der Mißhandelten hört nie auf. Die Gefangenen können dadurch nicht schlafen, trotzdem sie sich schon die Ohren zustopfen und unter die Decke kriechen. Jeder muß damit rechnen, der nächste zu sein. Verschiedene sind infolge der dauernden Schlaflosigkeit dem Wahnsinn nahe. ... Einem Genossen, der nach stundenlanger Mißhandlung ohnmächtig dalag, nahm die SS alle Sachen ab und brüllte ihn an: ›Du Hund, wir wissen, daß du dich bei uns herauswinden willst. Du möchtest wohl gern verrecken. Wir haben an deinem Schweineleben kein Interesse, aber wir wollen noch allerhand von dir wissen und dich noch manches Mal in die Mangel nehmen, du Bolschewistenschwein.‹«

Die Vernehmungen von Richard Krebs leitete Peter Kraus, einer der beiden Gestapobeamten, die in dem Bericht über das Stadthaus besonders hervorgehoben werden. Krebs hat ihn später als »kleinen, breitschultrigen Mann« mit »dunklen, tiefliegenden

180

Augen« und einem »zerfurchten Gesicht« beschrieben.² Peter Kraus hatte bereits während der Weimarer Zeit das Sachgebiet Kommunismus geleitet. Er war, im Unterschied zu manch anderem Polizisten, den man nach der Machtergreifung mangels geschulter Kräfte in die neugegründete Geheimpolizei übernommen hatte, schon vor 1933 Mitglied der NSDAP gewesen und hatte nebenher für den Geheimdienst der NSDAP, den SD, gearbeitet. Er muß ein rücksichtsloser Fanatiker gewesen sein, dem ein Menschenleben nichts galt, sonst wäre er kaum nach dem Überfall auf die Sowjetunion bei der Gestapo in Lemberg eingesetzt worden, wo es 1941 zu einem der ersten Massenmorde an der jüdischen Bevölkerung kam.³

Während jener zweieinhalb Monate, in denen sich Richard Krebs in der Gewalt von Peter Kraus befand, wurden ihm bleibende gesundheitliche Schäden zugefügt. Auf dem rechten Ohr war er durch die Schläge fast völlig taub, und auch die Nieren waren schwer in Mitleidenschaft gezogen; noch Jahre später litt er manchmal unter so starken Schmerzen, daß er nicht schlafen konnte.

Die Ausbeute der Quälereien blieb mager. Richard Krebs charakterisierte seine Taktik 1943 einem amerikanischen Ermittlungsbeamten gegenüber: »Möglichst viel von der Wahrheit zuzugeben und nur das abzustreiten, was nicht zu beweisen ist.«⁴ Übrigens empörte sich dieser Ermittlungsbeamte in einer Gesprächsnotiz über diese »spezielle Technik des Meineids« und nahm sie als einen weiteren Beweis für die Unglaubwürdigkeit des Befragten zu den Akten.

Kaum abzustreiten war seine allgemein bekannte Rolle im Hamburger Interklub und bei der Etablierung der Geheimdruckerei, die er mit dem Material des Klubs ausgestattet hatte. Auch hatte man einige Zettel mit kurzen verschlüsselten Notizen bei ihm gefunden, deren Inhalt man aus ihm herausprügelte. Auf diese Weise kam die Gestapo einigen der Kontaktleute auf die Spur, die Richard Krebs zusammen mit Hildegard Thingstrup aufgesucht hatte. Ansonsten aber tappte sie weitgehend im dunkeln. Zu seinem und zu Hildegard Thingstrups Glück wußte die Gestapo nichts über die geheime Struktur der ISH und ahnte keineswegs, welchen Fang sie mit der Sekretärin Adolfs gemacht hatte. Die Geschichte, die sich beide zurechtgelegt hatten – das dumme, triebhafte, naive Blondchen und der zynische Agent, der ihre Verliebtheit skrupellos ausgenützt hatte –, sollte für die Gestapo bis zum Schluß unwiderlegbar bleiben.

Aus Vernehmungsakten und Anklageschrift geht hervor, wie die beiden sich die Bälle zuspielten, um Hildegard Thingstrups nicht zu bestreitende Tätigkeit für Krebs in Hamburg sowie ihre Kontakte zu bekannten dänischen Kommunisten zu erklären. Über die Angaben der Thingstrup steht dort: »Die Angeschuldigte behauptet allerdings, sich niemals politisch betätigt zu haben. Sie will in Dänemark einer Partei nicht angehört haben, sondern lediglich dem Handels- und Kontorangestelltenverband, der ihrem Eindruck nach sozialdemokratisch eingestellt ist.

Über die Tätigkeit und den Umgang der Thingstrup hat sich in Dänemark naturgemäß Näheres nicht ermitteln lassen. Fest steht jedenfalls, daß die Angeklagte dort Verkehr gepflogen hat mit mehreren Männern, die als kommunistische Funktionäre der Staatspolizei bekannt sind. Es handelt sich um Otto Melchior und einen Mann, den sie Alfred Siegwert* nennt. Mit beiden dürfte sie auch in Liebesbeziehungen gestanden haben.

Am 25.10.33 ist die Angeschuldigte nach Hamburg gefahren, wie sie angibt, lediglich zu Besuchszwecken. Allerdings sei ihr, als sie sich von ihren Freunden in Kopenhagen verabschiedete, gesagt worden, sie könne dann auch einen Freund dieser Leute, der ebenfalls nach Hamburg fahre, treffen. Daraufhin habe sie die Telefonnummer der Eltern gegeben. Das sei lediglich aus Scherz und in aufgeräumter Stimmung geschehen. Sie sei dann aber tatsächlich wenige Tage nach ihrer Ankunft in Hamburg angerufen und zu einem Treff ins Café Vaterland bestellt worden. Dort sei sie mit Krebs, der von Kopenhagen her flüchtig unter dem Namen Williams bekannt gewesen sei, zusammengetroffen. Dieser habe sich als amerikanischer Journalist ausgegeben.«[5] So geht es immer weiter in der Anklageschrift. Geheimnisvolle Treffen, deren Sinn sie nicht verstanden habe, und eine Reihe von Personen, die sie nie zuvor gesehen hatte. »Die Angeschuldigte Thingstrup will nicht gewußt haben,

* Siegwert war einer der Decknamen Alfred Bems.

welchen Zweck die geheimnisvolle Tätigkeit des Krebs gehabt habe. … Sie gibt zu, daß das merkwürdige Gebaren des Krebs ihr aufgefallen sei und sie ihn gefragt habe, um was es sich handele. Er habe ihr aber keine richtige Antwort gegeben, und sie habe sich immer wieder beruhigt, weil sie den Krebs sehr liebgewonnen habe und dieser so getan habe, als ob er die gleichen Gefühle für sie hege.«

Diese Aussagen der Thingstrup wurden von Krebs bestätigt. »Die Hildegard, mit der ich dann in Hamburg zusammengekommen bin, habe ich zuerst gesehen kurz nach meiner Ankunft in Kopenhagen, etwa Mitte Oktober, im Seemannsclub. … Ich habe damals die Hildegard mit einem Mann im Café sitzen sehen, ohne mit ihr zu sprechen. Sie fiel mir auf, weil sie deutsche Zeitungen las. Ich fragte einen Seemann, ob das eine Deutsche sei. Er erwiderte mir, daß sie eine Dänin sei. Mit meiner Frage wollte ich feststellen, ob die Hildegard nicht etwa vom deutschen Konsulat geschickt sei, um zu beobachten, ob deutsche Seeleute im Interclub verkehrten. Vor solchen Spitzeleien waren wir gewarnt worden.

In Kopenhagen habe ich dann die Hildegard nie wieder gesehen, vielmehr erst das nächste Mal in Hamburg bei meiner Ankunft. … Der Hildegard habe ich mich später in Hamburg unter dem Namen Williams vorgestellt.«[6] Dadurch, daß es sowohl Richard Krebs als auch Hildegard Thingstrup gelang, bei ihrer Version zu bleiben, hatten sie die größte Gefahr abgewendet.

Als Krebs am 1. Februar 1930 dem Untersuchungsrichter vorgeführt wurde, konnte er unwiderlegbar zu Protokoll geben: »Der ›Adolf‹, von dem ich gesprochen habe, sieht diesem Mann sehr ähnlich, der auf den beiden Lichtbildern … dargestellt ist. Er trug aber, als ich mit ihm zu tun hatte, eine Brille. Den Familiennamen des Adolf weiß ich nicht. Ich habe ihn nur einmal am Tage meiner Abreise aus Hamburg im März 1933 gesehen, nachdem Walter verhaftet worden war. Ob er in Wahrheit Alfred Siegwert heiß – vergleiche Aussage der Thingstrup Blatt 108 Blatt 109 – kann ich nicht sagen. Einen Mann dieses Namens kenne ich nicht. Die genannten Lichtbilder habe ich bei der Thingstrup nie gesehen. Ob die Thingstrup mit dem Adolf befreundet war, den ich im Auge habe, weiß ich nicht. Ich glaube, daß Adolf Engländer war, denn er sprach deutsch mit starkem englischem Akzent. Ob er jemals für eine Stahlwarenfabrik in Stockholm gereist ist, weiß ich nicht. Ob die Thingstrup den Adolf gekannt hat, weiß ich nicht, wir haben nie miteinander gesprochen.

Ich will nunmehr über das, was seit meiner Ankunft in Kopenhagen geschehen ist, die reine Wahrheit sagen, denn ich habe inzwischen die Überzeugung gewonnen, daß mit der kommunistischen Bewegung in Deutschland nichts mehr zu machen ist.«

Welche Art Wahrheit Richard Krebs der Gestapo zu servieren gedachte, zeigt bereits der nächste Satz. »Ich bin Mitte Oktober 1933 von Antwerpen nach Kopenhagen gekommen, wo ich bis dahin nie gewesen war.« Diese Mischung aus unbestreitbaren Fakten und verharmlosenden Verfälschungen setzt sich seitenlang fort. Charakteristisch die Aussage über Ernst Wollweber: »Wir trafen dort einen Mann, der sich mir als ›Ernst‹ vorstellte. Ich nehme an, daß das Ernst Wollweber gewesen ist. Diesen kannte ich bis dahin persönlich noch nicht, ich wußte aber, daß er in der Leitung der Reichssektion Wassertransport der RGO gewesen war.« Es folgt die Erzählung, wie »Ernst« den »Drückeberger« Richard Krebs zwingt, den gefährlichen Auftrag in Hamburg anzunehmen. »Ich erwog mit meiner Frau auch, was wohl geschehen würde, wenn ich dem Ersuchen des Ernst nicht nachkäme. Wir dachten, daß meine Frau dann die Arbeit verlieren könne.«

Seinen Helden Jan Valtin läßt Krebs von den Gestapoverhören berichten: »In demokratischen Ländern gilt die kommunistische Regel für verhaftete Genossen, nichts zu sagen. Wenn man hier nichts sagte, so wurde man einfach zu Tode geprügelt.«[7]

Ironischerweise war es nicht seine wahre Tätigkeit für die ISH, für die ihm die größte Strafe drohte. Viel gefährlicher war die Anschuldigung, einer der Auftraggeber jenes Überfalls der Roten Marine auf SA-Leute gewesen zu sein, bei dem ein Mitglied der Roten Marine dem SA-Mann Heinzelmann das Rückgrat durchtrennt hatte. Eine Tat, für die er als Auftraggeber schon aufgrund seiner untergeordneten Position in der KPD kaum in Frage kam. Daß die Gestapo dennoch versuchte, ihn auch in dieser Angelegenheit auf die Anklagebank zu bringen, könnte damit zusammenhängen, daß er in der Sache »Wiederaufbau des Einheitsverbandes« nicht zu mehr als drei Jahren verurteilt werden konnte, die damals noch als Höchststrafe für Hochverrat galten. Im Dritten Reich waren vor seiner Festnahme zwar bereits eine Reihe von Gesetzen verschärft worden, aber noch war es so, daß eine Verurteilung wegen Mordversuchs eine höhere Strafe nach sich zog als ein politisches Delikt.

Ende April stand er in dieser Sache vor Gericht.

Der »von-Bargen-Prozeß«, wie er nach einem der Hauptverantwortlichen genannt wurde, war ein Schauprozeß, der dem breiten Publikum zeigen sollte, vor wem es durch Hitler gerettet worden war. Nicht nur die Tötung Heinzelmanns wurde verhandelt, sondern auch ein Feuerüberfall der Roten Marine auf SA-Leute vor dem Hotel Adler, bei dem zwei Unbeteiligte ihr Leben gelassen hatten. Der Hamburger Gauleiter höchstpersönlich wie auch die Angehörigen und Kameraden der Opfer waren im Verhandlungssaal, was die Stimmung zusätzlich anheizte. 50 Männer waren angeklagt. Nur einer wurde freigesprochen, acht Kommunisten, alles ehemalige Mitglieder der Roten Marine, zum Tode verurteilt.

Über Richard Krebs steht in der Urteilsbegründung, »daß Krebs, der sich in außerordentlich geschickter Weise zu verteidigen versucht und nur die Möglichkeit seiner Teilnahme, dann allerdings als Vertreter eines anderen, einräumen will, nach der Überzeugung des Gerichts tatsächlich an der Sitzung teilgenommen hat ... Das Gericht konnte nicht mit der für eine Verurteilung wegen Mordes ausreichenden Sicherheit feststellen, daß auf der Stadtteilsitzung beschlossen worden ist, Nationalsozialisten nicht nur zu überfallen, sondern auch zu ermorden.«[8] Mit zwei Jahren und drei Monaten Gefängnis wegen Beihilfe zu schwerem Landfriedensbruch kam er noch einmal glimpflich davon.

Zwei Monate später, am 12. Juli 1934, fand die nächste Verhandlung statt. Diesmal wurde gegen ihn, Hildegard Thingstrup sowie fünf der Kontaktleute, die sie in jenen Tagen Anfang November aufgesucht hatten, verhandelt. Bei allen sieben lautete die Anklage auf Vorbereitung zum Hochverrat. Drei wurden freigesprochen, da die Treffen zwischen ihnen und den beiden Hauptangeklagten angeblich zu nichts geführt hatten. Wenn man dem folgt, was Richard Krebs später dem Vorläufer des CIA berichtete, dann war zumindest einer der Freigesprochenen, Karl Nettkau, in Wirklichkeit Mitglied des »Hafenüberwachungsdiensts«, einer kommunistischen

Organisation mit der Aufgabe, Schiffe mit Ladung und Zielhäfen zu registrieren. Richard Krebs hatte ihn dazu bestimmt, die Sektion Hafenarbeiter des Einheitsverbands zu übernehmen.

»Nettkau war ein idealer Mann für konspirative Arbeit. Er war immer ruhig und übereilte nichts. Oft wartete er tagelang, um ein Treffen zu vereinbaren. Er war sehr geduldig und sicherheitsbewußt. Sein Freispruch ist Zeugnis seiner Fähigkeiten.«[9] Verurteilt wurden Rudolf Obermüller und Carl Meinhart. Meinhart wurde in erster Linie vorgeworfen, Krebs den Kontakt zu Nettkau vermittelt zu haben. »Das Gericht hat über Meinhart eine Strafe von einem Jahr Gefängnis als angemessen verhängt, wobei berücksichtigt ist, daß Meinhart dem Drängen der Thingstrup und des Krebs erlegen sein mag.«[10]

Obermüller, ein Untermieter in Richard Krebs' letzter Hamburger Wohnung, wurde zu acht Monaten verurteilt, da er schwer krank war. Er selbst bekam die Höchststrafe.

»Bei der Strafzumessung hat das Gericht berücksichtigt, daß es sich bei dem Angeklagten Krebs um einen staatspolitisch höchst gefährlichen Mann handelt und daß die von ihm entfaltete hochverräterische Tätigkeit sich bis in den Herbst 1933 erstreckt. Es ist daher die gesetzliche Höchststrafe von drei Jahren Zuchthaus als angemessen verhängt. Diese Strafe ist mit einer am 2. Mai 1934 vom Hanseatischen Sondergericht gegen Krebs erkannten Strafe von zwei Jahren drei Monaten Gefängnis zu einer Gesamtstrafe von vier Jahren Zuchthaus zusammengezogen.«[11]

Der Höhepunkt des Prozesses war zweifellos der Auftritt von Hildegard Thingstrup. Sie stellte sich als unschuldige, tief verletzte Tochter eines Deutschnationalen dar. Ihr wütender Vater, der ja keine Ahnung von der wahren Tätigkeit seiner Tochter hatte, hätte Richard Krebs im Prozeßsaal beinahe körperlich angegriffen. Der dänische Konsul nannte sie eine loyale Dänin und wunderbare Arbeiterin. Bei der Gestapo müssen die Zähne geknirscht haben, als sie die Urteilsbegründung lasen:

»Die Angeklagte Thingstrup macht nach der Art ihres Auftretens nicht den Eindruck einer Kommunistin. Was ihren kommunistischen Kopenhagener Bekanntenkreis angeht, so mögen Lebenshunger und Triebhaftigkeit, die nach Ansicht des Senats in erster

Linie die Lebensführung der Angeklagten richtungsgebend beeinflußt haben, sie zunächst rein zufällig gerade an diesen Kreis herangebracht haben, und sie ist darin hängengeblieben und hat in ihm den ersehnten Lebensgenuß gesucht und gefunden, ohne sich jedoch von den innerhalb dieses Kreises gepflegten kommunistischen Gedankengängen selbst politisch oder weltanschaulich beeinflussen zu lassen.«[12]

Mit welcher Chuzpe Hildegard Thingstrup vorgegangen war, sollte der Gestapo erst 1937 wirklich klarwerden: Ein unschuldiges Kinderbild, das man bei Richard Krebs gefunden hatte und das sich die Thingstrup bei der Abreise mit der Begründung hatte aushändigen lassen, es sei das Bild eines Verwandten, das sie ihm nur zur Vergrößerung überlassen hatte, war nichts anderes als ein Foto der Tochter Alfred Bems, das Richard Krebs zur Legitimation bei einer Kontaktaufnahme mitbekommen hatte.[13]

Hildegard Thingstrup wurde zu sieben Monaten Haft verurteilt, die mit der erlittenen Untersuchungshaft verrechnet wurden, so daß sie am 29. August eigentlich hätte freigelassen werden müssen. Doch die Gestapo nahm noch Rache für das in ihren Augen viel zu milde Urteil. Die vier Wochen bis zu ihrer Ausweisung verbrachte sie in einem KZ.[14]

Richard Krebs kam in das Zuchthaus Fuhlsbüttel; er konnte sich ausrechnen, daß er selbst bei Berücksichtigung der Untersuchungshaft frühestens im November 1937 wieder frei sein würde. Frühestens, denn es bestand auch die Möglichkeit, danach je nach Belieben der Gestapo in Schutzhaft, d.h. auf unbestimmte Zeit in ein KZ zu kommen.

Hermine verläßt die Partei

Nach der Verhaftung ihres Mannes blieb Hermine Krebs allein in Kopenhagen zurück. Sie war 28 Jahre alt, konnte weder nach Deutschland zurückkehren noch ihren Beruf ausüben und hatte keine Aussichten, je ihr Kind wiederzusehen. Die begabte Zeichnerin aus bürgerlichen Verhältnissen wurde mit der Härte des Exils in einer Umgebung konfrontiert, deren Fremdheit ihr vorher, in Begleitung ihres Mannes, nicht so bewußt gewesen war. Sie war zwar ihrem Mann in die Partei gefolgt, hatte mitgearbeitet, sich auch ihren eigenen Bereich geschaffen, aber immer im Gefühl, an einem gemeinsamen Projekt zu arbeiten. Ohne ihn erwies sich schnell, daß das Mädchen aus einer gutbürgerlichen Bremer Kaufmannsfamilie nur schlecht in die Kopenhagener Männerwelt der Seeleute und politischen Konspirateure paßte. Hier herrschten ganz andere Regeln als in der Reklameabteilung der Norddeutschen Wollkämmerei, wo sie jahrelang beschäftigt gewesen war, bevor sie ihren Mann kennengelernt hatte. Zudem hatten sich die geflüchteten deutschen Kommunisten unter dem doppelten Druck durch Spitzel der Gestapo und die Behörden des Gastlandes noch enger zusammengeschlossen. Ihr Mißtrauen gegen Außenstehende hatte sich noch einmal gesteigert.

Hermine Krebs hatte keine Ausweichmöglichkeit. Sie war auf das Wohlwollen der Genossen ihres Mannes angewiesen, da sie als Ausländerin wegen der auch in Dänemark spürbaren Weltwirtschaftskrise kaum Aussicht auf Arbeit hatte.

Zuerst arbeitete sie noch im Kopenhagener Interklub mit. Sie brachte dort Wandgemälde an, die noch Jahrzehnte später zu sehen waren, und erstellte Zusammenfassungen von Berichten deutscher Seeleute aus dem Dritten Reich, die sie mit Zeichnungen illustrierte. Diese Berichte flossen in Untergrundschriften ein, die nach Deutschland geschmuggelt wurden.

Doch bald kam es zu schweren Konflikten mit Wollweber und zu ihrer Abkehr vom Kommunismus. Wie Firelei in *Out of the Night* hat sie den über die ISH in Kopenhagen nun uneingeschränkt Herrschenden für die Verhaftung ihres Mannes verantwortlich gemacht.

Ernst Wollweber reagierte auf seine Art. Der dänische Autor Erik Nørgaard fand bei seiner Befragung von Zeitzeugen über die Geschichte der ISH folgendes heraus: »Wollweber wies an, Hermine Krebs zu überprüfen. Michael Avatin und der dänische Seemann Rasmussen gingen an die Arbeit.« Wörtlich berichtete Rasmussen Nørgaard: »Wir haben Hermas Wohnung in der Tordenskjoldgate einen Tag durchsucht, als sie nicht zu Hause war, aber wir haben nichts gefunden, was unser Mißtrauen bestätigt hätte.«[15]

Diese Aktion muß etwa drei oder vier Monate nach der Verhaftung ihres Mannes stattgefunden haben. In dem Gerichtsurteil, das das Dritte Reich im Herbst 1934 gegen sie fällen sollte, heißt es, daß Hermine Krebs bereits im Februar ihre Tätigkeit für die ISH beendete und eine Stelle als Hausangestellte annahm.

Dies alles muß man sich aus den Veröffentlichungen Nørgaards, den Aussagen von Richard Krebs beim CIC und schließlich ihrem Urteil mühsam zusammenreimen, denn in *Out of the Night* wird die wahre Geschichte der Hermine Krebs nicht erzählt. Hier ist sie die standhafte, tapfere Genossin, die im Exil für den Geheimapparat der KPD tätig wird, bis die Gestapo sie mit Hilfe eines Spitzels nach Deutschland lockt, wo man sie festnimmt und zu sechs Jahren Zuchthaus verurteilt. Dieser Spitzel, ein Mann namens Hermann Beilich, hat wirklich existiert, jedoch in Hermines Leben eine ganz andere Rolle gespielt.

Die drei oder vier Monate, die sie nach der Verhaftung von Richard noch im Interklub mitarbeitete, müssen für Hermine eine qualvolle Zeit gewesen sein. Nur allzu deutlich spürte sie das latente Mißtrauen gegen sie als Kommunistin bürgerlicher Herkunft, das von Wollweber noch geschürt wurde. In jenen Wochen war sie wahrscheinlich eine Zeitlang Hermann Beilichs Geliebte.

Krebs selbst kannte ihn seit 1933, als er die Arbeit Beilichs im Rotterdamer Interklub überprüfte, der dort die deutsche Sektion leitete und außerdem dafür zuständig war, Propaganda nach Deutschland zu schicken und kommunistische Einheiten auf deutschen Handelsschiffen zusammenzuhalten. Richard Krebs war vollauf zufrieden mit der Arbeit jenes Mannes, dem er dem CIC viele Jahre später beschrieb als »schlank, mittelgroß, sehr gut angezogen, gut aussehend, ruhiges schmales Gesicht. Machte einen sehr angenehmen und fähigen Eindruck.«[16]

Die Affäre zwischen Hermine und Beilich kann nicht lange gedauert haben, denn Ende Februar, Anfang März 1934 wurde er von Wollweber als Nachfolger von Richard Krebs nach Hamburg geschickt. Dort nahm ihn die Gestapo bald fest – er hatte denselben Kurier wie auch Richard Krebs, den Spitzel Martin Holstein; zwei der bei ihm gefundenen Briefe hatte Hermine Krebs ihm geschrieben. Die Briefe sind nicht mehr erhalten, nur eine Erklärung, die Hermann Beilich zu diesen Briefen abgab: »Sind von Frau Herma Krebs aus Kopenhagen an mich gerichtet. Ich habe ihr näher gestanden, weshalb sich der Inhalt der Briefe mehr auf dieses unser Verhältnis bezieht. ... Ferner füge ich den ersten ... Brief bei ..., weil er einen kurzen Lichtblick in die persönlichen gehässigen Verhältnisse der dortigen deutschen Emigranten gibt.«[17]

Vermutlich ist es kein Zufall, daß Hermines Bruch mit den Genossen ihres Mannes und Beilichs Abreise zeitlich zusammenfielen. Zum zweiten Mal hatte Wollweber einen Mann, der ihr nahestand, nach Deutschland geschickt.

Sie ahnte nicht, daß der angenehme, gutaussehende Mann ihr Vertrauen von Anfang an mißbraucht und alles, was sie ihm anvertraut, an Wollweber weitergeleitet hatte.

Das zumindest läßt die weitere Geschichte des Hermann Beilich, soweit man sie aus den Akten der Geheimpolizei rekonstruieren kann, vermuten.

Der Gestapo, bei der er sofort zu reden begann, präsentierte sich der gebürtige Hamburger als kleiner Hafenspitzel. Der Sohn eines Schiffsingenieurs hatte eine landwirtschaftliche Lehre abgebrochen und war ab 1923 als Matrose auf See.

1930 lebte er ein Jahr lang als Reparateur von Schreibmaschinen in Konstantinopel und kam ein halbes Jahr später nach Italien. »Hier in Genua habe ich bis Februar 1933 für die italienische Polizei auf kriminellem und politischem Gebiet Kundschafterdienste geleistet. Meine politische Tätigkeit bestand in der Beobachtung ausländischer und in Genua einlaufender Seeleute hinsichtlich ihrer dortigen politischen Betätigung.«[18] Als Referenzen übergab er der Gestapo die Namen seiner italienischen Führungsoffiziere. Er habe Genua verlassen müssen, da der deutsche Konsul sich geweigert habe, seinen Paß zu verlängern. Im Mai 1933 sei er in Kopenhagen eingetroffen. Dort habe er gemäß »Weisung der politischen Polizei in Genua versucht, ... den Anschluß bei den Kommunisten in Kopenhagen zu finden«.

Soweit scheint die Sache klar zu sein. Doch im Fall Hermann Beilich ist, wie noch zu sehen sein wird, nicht alles so, wie es scheinen mag.

Nachdem ihn die Gestapo als Spitzel oder, wie es in den Akten steht, als »V-Mann« verpflichtet hatte, ging Beilich nach Kopenhagen zurück.

Nahm er die Affäre mit Hermine Krebs wieder auf? Wahrscheinlich nicht – falls doch, dann höchstens heimlich, denn die KPD-Führung hatte schon in der Weimarer Republik Bedenken gegen eine Liaison ihrer Funktionäre mit Nichtparteimitgliedern; erst Recht im Exil, wo deutsche Kommunisten sowohl von der Gestapo als auch den einheimischen Behörden überwacht wurden.

Nach seiner Rückkehr lieferte Beilich ISH-Interna nach Hamburg. So soll er »der Gestapo eine Liste mit Vertrauensmännern der ISH auf deutschen Schiffen« übermittelt haben.[19]

Inwieweit er Neues zu berichten hatte, ist nach mehr als einem halben Jahrhundert unmöglich zu sagen. Was Beilich aber über Hermine Krebs berichtete, steht im Widerspruch zu allem, was wir sonst über sie wissen. Angeblich begann sie eine erstaunliche Karriere und soll bis Juni 1934, als sie von dem V-Mann selbst abgelöst wurde, Leiterin der deutschen Sektion des Interklubs gewesen und dann sogar »zur näheren Unterstützung Wollwebers verwandt« worden sein.

Im August 1934 tauchte Beilich wieder in Hamburg auf. Bei der Gestapo sagte er aus, er sei enttarnt worden, als er eine Liste »sämtlicher deutscher Anlaufstellen fertigen wollte«.[20]

Anfang 1937, als Richard Krebs sein gefährliches Doppelspiel mit der Gestapo begann, kam es zwischen ihm und Inspektor Kraus zu einer Unterhaltung über Beilich. Dabei stellte sich, wie er kurz vor seinem Tod dem CIC berichten sollte, heraus, daß die Gestapo Beilich suchte und sogar, falls nötig, entführt hätte. Weshalb die Gestapo so sehr hinter ihm her war, hat Richard Krebs nie erfahren.

Wie der Historiker Dieter Nelles berichtet, verschwand Beilich im Oktober 1935 aus Hamburg und wurde seitdem steckbrieflich gesucht. »Untersuchungen ergaben, daß er 1000 DM bei der ›Volksfürsorge‹, wo er beschäftigt war, unterschlagen hatte. Bis zu seiner Flucht aus Hamburg hatte Beilich nachweisbar Kontakte zum kommunistischen Untergrund. Nach Angaben seiner Schwester, die im März 1937 verhaftet wurde, betrieb er das ›Doppelspiel‹, um die Arbeitsmethoden der Gestapo kennenzulernen.

Beim letzten Treffen mit seiner Schwester gab er an, nach Spanien zu gehen, um dort, wie er sich ausdrückte, wieder eine ›Doppelrolle‹ zu spielen. Er wollte in der Armee Francos für die Kommunisten Spitzeldienste leisten.«[21]

Damit erklären sich die Aussagen Beilichs über Hermine Krebs. Der Doppelagent, der irgend etwas liefern mußte, um das Vertrauen der Gestapo zu behalten, hatte der Geheimpolizei »brisante« Informationen über eine längst Abtrünnige übermittelt.

Hermines Mutter reiste im August 1934 nach Kopenhagen, um sie nach Deutschland zurückzuholen. Vorher hatte die Familie, gutbürgerlich, wie sie war, voller Vertrauen auf staatliche Instanzen mit der Gestapo Kontakt aufgenommen. Am 14. August schrieb Inspektor Kraus nach Berlin:

»Die Krebs hat in jüngster Zeit durch ihren in Bremen lebenden Vater hier anfragen lassen, ob gegen ihre Rückkehr hier polizeilich Bedenken erhoben werden. Ich habe diese Frage verneint und beabsichtige sie bei der Rückkehr sofort festzunehmen, da sie zur Zeit ihrer Flucht im April 1933 wegen Hochverrats gerichtlich gesucht wurde, und sich im Ausland landes- und hochverräterisch betätigt hat.«[22]

Zu diesem Entschluß dürften die Aussagen Beilichs beigetragen haben.

Nachdem man sie einige Wochen beobachtet hatte, wurde die ahnungslose Hermine Krebs festgenommen. Es muß ein fürchterlicher Schock für die junge Frau gewesen sein, die die KPD bereits vor Monaten verlassen hatte. Die ersten Wochen ihrer Haft verbrachte sie in einem KZ. Als sie vernommen wurde, brach sie sofort zusammen. Wie man aus den Erinnerungen Überlebender der Lager Hitlers weiß, ging es den Häftlingen am schlechtesten, die nicht wußten, warum man sie in diese Hölle gebracht hatte. Nach ihrer Rückkehr im Vertrauen auf die Versprechen der Gestapo fehlte Hermine Krebs jener seelische Schutzmechanismus, der es weltanschaulichen Gegnern Hitlers, seien es Christen oder Mitglieder der Linken, ermöglichte, die Folter zu überstehen, ohne ihr Innerstes preiszugeben.

Sie erzählte alles: Was sie über die Arbeit ihres Mannes wußte und, wie sich bei ihrem Prozeß herausstellen sollte, auch vieles,

1902

Pauline und Hugo Krebs 1902

Darmstädter Großmutter Marie Schmitthenner

Vater Hugo, Richard, die Schwestern Cilly und Annemarie, Bruder Julius und Mutter Pauline Krebs

Mutter Pauline mit Richard, Annemarie, Julius und Cilly in Genua vor dem Palazzo Doria, 1913

Familie Krebs in Asien

Cilly, Richard, Julius, Annemarie und Hugo

v. l. n. r.: Hermann Knüfken, Cläre Jung, Franz Jung, unbekannt, Berlin,
Unter den Linden, 1928

Der Internationale Seemannsklub in Leningrad

Großer Bäckergang im Hamburger Gängeviertel, um 1900

Internationaler Seemannsklub in Hamburg

Hermine auf Helgoland

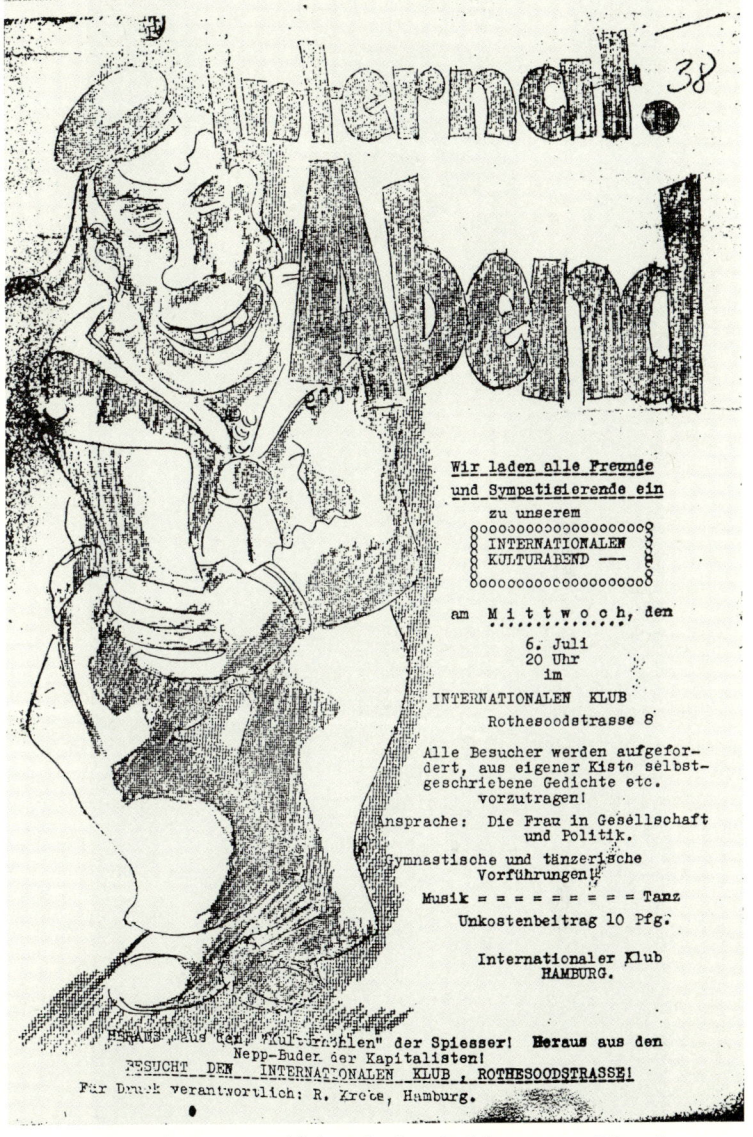

Plakat des Hamburger Interklubs mit einer Zeichnung von Hermine

Alfred Bem alias Adolf Schelley

linke Seite:
Hamburger Hafengegend, 1931

Der Hamburger Interklub nach dem Überfall des Reichsbanners im September 1931

Alfred Bem alias Adolf Schelley

Hildegard Thingstrup

ISH-Kongreß in Hamburg 1932; am Rednerpult Komissarenko, Leiter der Transportarbeitergewerkschaft der UdSSR, links von ihm Ernst Wollweber, sitzend ganz rechts George Mink, rechts (von hinten) Adolf Shelley

Zweiter von rechts Albert Walter, ganz links Richard Jensen

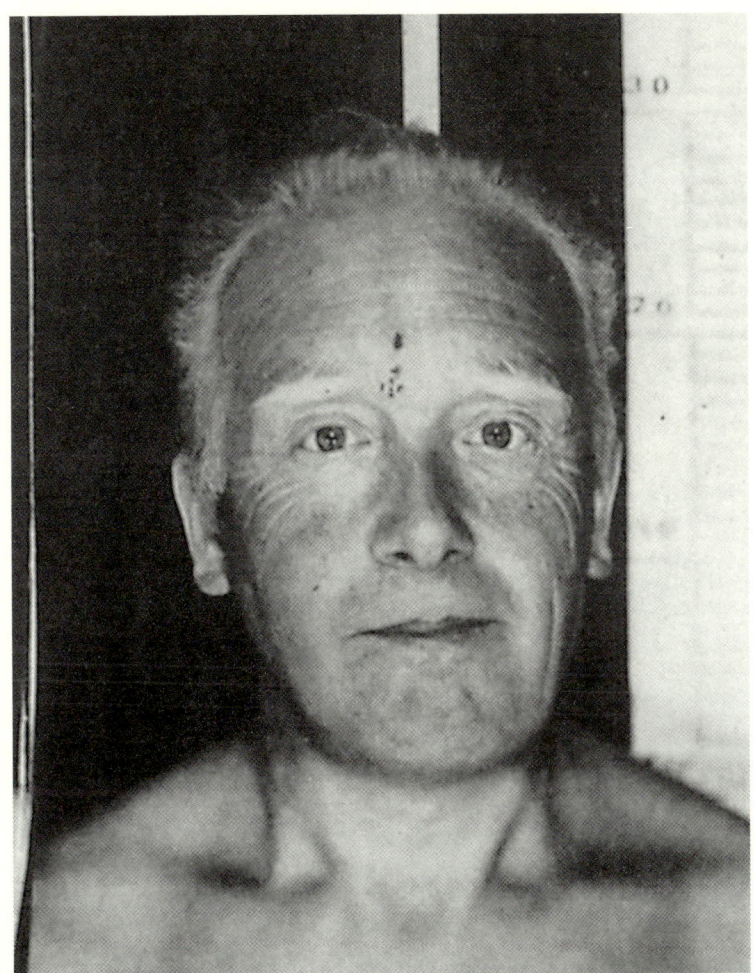

Hermann Knüfken

linke Seite oben:
Vesterport 1932; Bürohaus nicht weit von Kopenhagen, wo sich der Sitz
der ISH und das Büro von Adolf befand, getarnt als Firma »Selver & Co«.

linke Seite unten:
von links: Alfred Bem, Leo und seine Frau Anja, Serviererin

Der Internationale Seemannsklub in Kopenhagen

Ernest Lambert alias Michael Avatin mit Freundin Lisbeth bei Kopenhagen, Ende 1937/Anfang 1938

linke Seite:
Richard Jensen

Ernst Wollweber

Hildegard Thingstrup und Gert Conrad

Die Gestapo in Hamburgbefand sich in dem großen Gebäude links, Neuer Wall Ecke Stadthausbrücke. Das Gebäude wurde im Krieg zerstört.

Eines der Gebäude, die den großen Komplex des KZ und Zuchthaus Fuhlsbüttel ausmachten.

Hermine Krebs mit Sohn Jan nach ihrer Entlassung aus dem KZ

Steckbrief von Richard Krebs im *Arbejderbladet* vom 28 November 1937, für den das Paßfoto aus seinem Gestapoausweis verwendet wurde.

Bruder Hugo »Peps« 1944

Robert Bek-Gran

Jan Valtin, author of "Out of the Night," plays with his 200-lb. watchdog. He hides his face from the Secret Police of Russia and Germany

Nach Erscheinen von *Out of the Night* ließ sich Richard Krebs zunächst nur mit abgewandtem Gesicht abbilden.

Richard Krebs auf der Höhe seines Ruhms

Abigail mit Sohn Eric

Betterton Maryland, kurz vor seinem Tod

Richard Krebs an der Chesapeake Bay

Richard Krebs' dritte Ehefrau Clara Medders

was sie unnötig inkriminierte und was die Gestapo ohne sie kaum hätte erfahren können. So, daß sie im Abwehrdienst eingesetzt worden sei »mit der Aufgabe, Leute zu beobachten, die sich in verdächtiger Weise an die kommunistischen Funktionäre und die Funktionäre des Interclubs heranmachten«[23]. Diese Anschuldigung gegen sich selbst, die von der Staatsanwaltschaft offensichtlich nicht weiter belegt werden konnte, versuchte sie vergeblich bei der Verhandlung wieder zurückzunehmen. Schlimm für sie war auch, daß die Staatsanwaltschaft im Besitz all der Flugschriften war, die sie seit ihrer Flucht nach Antwerpen mit ihren Zeichnungen versehen hatte. Besonders vermerkt wurde eine Zeichnung, »in der sie den Führer als Scharfrichter darstellte«[24].

Einige der Blätter, an deren Herstellung sie beteiligt gewesen war, hatten Nachrichten über Rüstungsmaßnahmen in Deutschland enthalten, was man ihr als »Landesverrat« auslegte.

Am 10. Oktober 1935 verkündete das hanseatische Oberlandesgericht sein Urteil. Auf dem Titelblatt der Urteilsbegündung wurde der Stempel: »Geheim! L.-V.* Sache!« angebracht. »Bei der Strafausmessung hat der Senat als mildernd berücksichtigt, daß die Angeklagte, wie sie glaubhaft versichert hat, durch den starken Einfluß ihres Ehemannes in die illegale Arbeit für die KPD hineingezogen worden ist und daß sie schließlich, wie ihr nicht zu widerlegen ist, aus eigenem, freiem Entschluß sich vom Kommunismus wieder losgesagt hat. Andererseits konnte nach Art und Umfang der der Angeklagten nachgewiesenen hochverräterischen Betätigung sowie im Hinblick auf ihren Bildungsstand die Strafe nicht zu gering bemessen werden. Demgemäß ist eine Strafe von zwei Jahren als angemessen verhängt. Auf diese Strafe ist die erlittene Schutz- und Untersuchungshaft mit elf Monaten drei Wochen gemäß § 60 Stgb. angerechnet.«[25]

Drei Jahre nach der Verhaftung Hermines, im Herbst 1937, als es Richard Krebs gelungen war, aus Deutschland zu fliehen, kam es in Kopenhagen zwischen ihm und Ernst Wollweber zu einer Auseinandersetzung über die Rolle Beilichs. Krebs berichtete Wollweber, er habe Beilich im Gestapo-Hauptquartier gesehen.

* Landesverrat.

Außerdem sei die Gestapo im Besitz einer detaillierten Beschreibung eines von Beilich etablierten Sonderbüros in Rotterdam gewesen. Aus alldem schloß Richard Krebs, Beilich sei für die Verhaftung seiner Frau verantwortlich gewesen. Wollweber, der gewußt haben muß, was Beilich der Gestapo aus Kopenhagen gemeldet hatte, entgegnete, daß Krebs' Frau mit der Gestapo kooperiert habe, aber eine Zusammenarbeit Beilichs mit der Gestapo ausgeschlossen sei.

Vielleicht hat Richard Krebs von der Affäre zwischen seiner Frau und Beilich erfahren. In *Out of the Night* gibt es eine kleine Passage, die darauf deutet. In jenem Kapitel, in dem er von Valtins Folterungen durch die Gestapo erzählt, denkt der Häftling an seine Frau. »Irgendwo lebte Firelei. Wenn sie wüßte, was hier geschah, würde sie sicher weinen. Vielleicht weinte sie. Aber vielleicht schlief sie mit einem Genossen, der nach Deutschland in den Tod gehen sollte.«[26] Trotzdem blieb sie, wie sich später zeigen sollte, die große Liebe seines Lebens.

Doppelagenten

Auch wenn Geheimdienste Kenntnis davon haben, daß »ihr« Agent für den Gegner arbeitet, sind sie davon überzeugt, er arbeite »in Wirklichkeit« nur für sie. In den Akten mit Hermann Beilichs Berichten aus Kopenhagen findet sich nicht der geringste Hinweis darauf, daß der Spitzel eigentlich für die Gegenpartei tätig war. Seine Aussagen gegenüber der Gestapo bieten keine Anhaltspunkte dafür, daß Beilich mit voller Absicht und in Absprache mit seinen Genossen die Unwahrheit über Hermine Krebs berichtet hat. Beilich war nicht der einzige, der sich nach seiner Festnahme zum Schein anwerben ließ. Ein viel bekannterer und bedeutenderer Fall war der von Walter Trautzsch, der mehrere Male aus Frankreich anreiste, um die Verbindung mit dem inhaftierten KP-Führer Ernst Thälmann zu halten. Zu diesem Zweck traf er sich heimlich mit dessen Frau Rosa. Im Februar 1939 wurde er bei einer Grenzkontrolle in Aachen festgenommen und zur Gestapo nach Berlin gebracht. Zu seinem Glück hatte die Gestapo keine Ahnung von den Kontakten mit Rosa Thälmann. Als sie Interesse an einer Anwerbung erkennen ließ, ging er »auftragsgemäß«, wie die Autoren des Standardwerks über den Nachrichtendienst der KPD schreiben, darauf ein, kehrte unverzüglich nach Paris zurück und meldete sich beim Sekretariat des ZK. Nach 1945 wurden der Fall noch einmal aufgerollt und die Angaben von Trautzsch bestätigt. Trotzdem wurde er von der SED gemaßregelt.[27]

Jemand, der Akten wie die von Trautzsch oder Beilich 50 Jahre später liest, hat nur dann Chancen, die Wahrheit aufzudecken, wenn die Gestapo – wie im Fall Beilich – selbst dahinterkam oder wenn – wie im Fall Trautzsch, der im Auftrag der KPD unterwegs war – die Akten der Gegenpartei zugänglich sind. War der Gegenspieler der Gestapo die sowjetische Geheimpolizei oder eine andere Organisation, deren Akten noch immer unter Verschluß sind, ist dies fast unmöglich. Man kann daher Männer wie Beilich leicht falsch einzuschätzen, wenn man sich mit dem kommunistischen Untergrund in Hitlerdeutschland beschäftigt. Doch es war nicht nur die Gestapo, die mit Doppelagenten getäuscht wurde.

Bereits als Hitlers Bewegung die stärkste Kraft auf der Rechten wurde , aber auch noch nach der Machtergreifung, bekamen geeignete Kommunisten Order, sich der SA, der NSBO (Nationalsozialistische Betriebsorganisation) oder der SS anzuschließen. Teils, wie im Fall der SA, weil die Führung der KPD glaubte, deren Reihen unterwandern und ihr wohlbekanntes Verlangen nach einer »echten« Revolution für eigene Zwecke nutzen zu können, teils, wie im Fall der NSBO, um Unzufriedenheit zu schüren. War es gelungen, in eine NS-Massenorganisation einzudringen, sollten u.a. unzufriedene Nazis an die Gestapo denunziert werden, um die eigene Glaubwürdigkeit zu erhöhen, aber auch um Haß gegen den Unterdrückungsapparat zu schüren.

Wie viele solcher Genossen wirklich weiterarbeiteten, wie viele ihre Überzeugung änderten und wie viele das »tausendjährige Reich« untätig und unerkannt überdauerten, weil sie abgeschnitten wurden, als die Gestapo ihre Verbindungsleute festnahm, ist unmöglich festzustellen.

Mit dieser Praxis schuf die KPD nicht nur Verwirrung in den Reihen ihrer Gegner, sondern auch in den eigenen. Die Unsicherheit hielt noch lange nach dem Krieg an. Das beste Beispiel dafür ist Albert Walter und die Beurteilung seines Falls durch Paul Borowiak. Paul Borowiak, der bei der Machtergreifung Hitlers noch ein Kind war, kam aus einer kommunistischen Familie und fuhr bereits als Jugendlicher zur See. In der zweiten Hälfte der dreißiger Jahre bekam er Kontakt zu deutschen Seeleuten, die von Antwerpen aus eine Widerstandsorganisation gegen Hitler führten. Aus der Reaktion älterer Besatzungsmitglieder, denen er davon erzählte, schloß er, daß er an Bord nicht der einzige war, der mit dieser Gruppe Berührung hatte. Selbst dem einzigen Nazi unter der Besatzung waren die Gruppe in Antwerpen und einige der Besatzungsmitglieder, die Kontakt zu ihr aufgenommen hatten, bekannt. Der Hitleranhänger zog es vor, niemanden zu denunzieren, da er weiter zur See fahren wollte. Bei einem Unfall mitten auf dem Atlantik hätte ihm die Gestapo nicht helfen können. Nach dem Krieg trat Paul Borowiak in die KPD ein und wurde für die Seeleutegewerkschaft tätig. Er lernte viele alte Parteimitglieder kennen und begann ihre Erzählungen aufzuzeichnen, um ein Buch über den Widerstand der Seeleute gegen Hitler zu schreiben. 1968, nach der Niederschlagung des Prager Frühlings, brach er mit der Partei, verfolgte sein Buchprojekt aber weiter.

1999 starb Borowiak, bevor er sein Projekt abschließen konnte. Der Autor hat von diesem echten Hamburger und engagierten Gewerkschafter viel über die Welt gelernt, in der sich das Leben von Richard Krebs abgespielt hat.

Paul Borowiak sah Albert Walter nach dem Krieg, als sich dieser auf einer Versammlung der Verfolgten der NS-Diktatur einfand. Die Anwesenden warfen ihn empört hinaus. Auch Paul Borowiak war damals empört. 1995 jedoch, als er diese Episode erzählte, sagte er etwas Erstaunliches: Vielleicht habe Walter ja im Auftrag gehandelt. Vielleicht habe Walter zu jenen Funktionären gehört, die die Seite nur zum Schein gewechselt hatten. Um zu verstehen, wie überraschend diese Aussage Borowiaks ist, muß man Walters Karriere im Dritten Reich kennen, die eigentlich keine Fragen offenläßt.

Schon Richard Krebs hat 1941 in *Out of the Night* geschildert, wie es der Gestapo bereits kurz nach Walters Festnahme Ende 1933 gelang, den ehemaligen Generalsekretär der ISH zu brechen. Die Gestapo nahm die alte Mutter des Jungesellen fest und drohte, sie vor seinen Augen zu foltern. Albert Walter verhinderte die Veröffentlichung dieser Passage, als das Buch auf deutsch erschien. Vielleicht hätte Paul Borowiak den Fall Walter sonst anders beurteilt. Es ist unklar, wieviel Albert Walter der Gestapo erzählte. In der Anfangszeit zumindest scheint er sich zurückgehalten zu haben, denn sonst wären weder Richard Krebs noch Hildegard Thingstrup mit ihrer Geschichte durchgekommen. Zur selben Zeit, als Richard Krebs in Untersuchungshaft saß, wurde Walter freigelassen. Die Gelegenheit, ins Ausland zu entkommen, ließ er verstreichen. Auch mehrmalige Versuche von Emissären aus Kopenhagen, ihn zum Verlassen des Dritten Reichs zu bewegen, führten zu nichts. Walter weigerte sich.

Spätestens 1937 beriet der ehemalige Generalsekretär der ISH die Gestapo in Marineangelegenheiten, und in den Vierzigern war er für die Nazis propagandistisch tätig. Durch den Zeitzeugen Richard Krebs, durch die Akten der Gestapo wie auch durch die bloße Tatsache seiner Freilassung wird er eindeutig belastet. Richard Krebs, der ihn 1937, nach seiner Freilassung, wieder traf, schilderte ihn dem CIC als einen gebrochenen, verarmten Mann, der in tödlicher Angst vor der Gestapo lebte.

Trotzdem gab Richard Krebs dieselbe Antwort wie Paul Borowiak, als die amerikanischen Geheimdienstleute ihn 1950 fragten, ob der nunmehrige deutschnationale Bundestagsabgeordnete Albert Walter vielleicht dort »plaziert« wurde: »Bei Albert Walter ist alles möglich.«[28]

Was Beilich betrifft, hat Richard Krebs die Wahrheit geahnt. Wie er dem CIC 17 Jahre später berichten sollte, war Beilich, den er bis dahin nur als »Hertig« gekannt hatte, in Fuhlsbüttel ein heiß diskutiertes Thema. Man stritt sich »darüber, ob er im Untergrund arbeite oder ob ihm nicht mehr zu trauen sei.«[29]

Er selbst hatte während eines Verhörs erlebt, wie Beilich selbstbewußt und gut angezogen in den Raum kam, ihn dort erblickte, stutzte und sofort die Tür wieder hinter sich zuzog. Als er diese und weitere Verdachtsmomente 1937 Wollweber mitteilte, hatte dieser ja abgestritten, daß Beilich für die Gestapo tätig war.

Richard Krebs' Kommentar gegenüber dem CIC: »Es ist möglich, daß Wollweber Beilich in gutem Glauben aufgenommen hat und dies einem Untergebenen gegenüber später nicht mehr wahrhaben wollte. Es ist auch möglich, daß Beilich als kommunistischer Agent in der Gestapo tätig war.«[30]

Einzelhaft

Als Hermine Krebs festgenommen wurde, war Richard Krebs bereits zwei Monate in Einzelhaft. Wie er Valtin in *Out of the Night* berichten ließ, war die Ernährung im Zuchthaus Fuhlsbüttel völlig ungenügend. Er war immer hungrig. Ohne Beschäftigung, bei absolutem Sprechverbot während des kurzen zwanzigminütigen Hofgangs, war er oft der Verzweiflung nahe. Er bekämpfte solche Stimmungen mit Härte gegen sich selbst. Manchmal warf er das Brot aus dem Fenster und zwang sich, stundenlang in schmerzhaften Stellungen zu stehen. Um die verhaßte Zelle zu vergessen, spielte er mit sich selbst Schach, hörte sich im Geist Symphonien an und summte stundenlang Volkslieder und Kriegsgesänge der Komintern.

Nach den unruhigen Jahren, nach fast pausenlosem Einsatz im Dienst der Komintern, der unzählige Treffen, Besprechungen und ständige Reisen mit sich gebracht hatte, war er zum ersten Mal gezwungenermaßen ständig an einem Ort und völlig allein.

Auf einmal hatte er alle Zeit der Welt, um über sein bisheriges Leben und die Zukunft nach seiner Entlassung nachzudenken, die, sollte man ihn nicht in ein KZ einweisen, für Ende 1937 zu erwarten war.

Beim Versuch zu rekonstruieren, worüber er grübelte und zu welchen Schlüssen er dabei kam, geben die Erinnerungen an die Haftzeit in *Out of the Night* und die noch vor dem Schlüsselroman entstandene, gleichfalls autobiographische Kurzgeschichte *The Execution of Bert Adrian* Aufschluß. Der literarisch schwache Text wurde nie veröffentlicht. Vermutlich hat Richard Krebs *The*

Execution of Bert Adrian in einer tiefen Lebenskrise kurz nach seiner Ankunft in Amerika geschrieben. Die Charaktere sind holzschnittartig gezeichnet. Die Hauptpersonen sind Bert Adrian, ein schwacher, kleiner Funktionär, und Anne, seine Frau, eine standhafte Kommunistin, die der Held über alles liebt und die wie er wegen kommunistischer Betätigung in einem Zuchthaus einsitzt.

Krebs projiziert seine eigene Stimmung nach der Verhaftung Hermines und seine Verzweiflung, als ihre Briefe ausblieben, auf Bert Adrian:

»Durch sein winziges Zellenfenster hatte Bert Adrian den Weggang des Winters verfolgt. Er hatte gesehen, wie das Grün des Frühjahrs aus den Bäumen jenseits der Gefängnismauer brach. Der Sommer war gekommen, der Herbst und dann der Frühling und dann noch ein Frühling. Die Vögel waren aus dem Süden zurückgekehrt. ... Der quadratische Fleck Sonnenlicht, der sich faul über die Wände seiner Zelle bewegte, hatte ihn Geduld gelehrt.

Von Anne waren keine Nachrichten gekommen. Wenn sich ein glückloser Schmetterling durch das geöffnete Fenster in seine Zelle verirrte, beschützte er ihn mit unendlicher Geduld in seiner Hand und sprach zu ihm, als wäre es Anne. Wo bist du gewesen? Wie hat dich das Leben behandelt?

Oh, es war hart, geduldig zu sein. ›Unser Leben gehört nicht uns. Unser Leben gehört der Sache.‹ Das hatte er ihr erzählt, er, der Sklave einer Sache. Er hatte ihr Glück in den Wind geworfen. Er hatte ihre Liebe für sein fanatisches Ziel eingespannt und auch sie dazu gezwungen. Und jetzt hatte er alles verloren.«[31]

Richard Krebs, der sich hier gegenüber seiner Frau schuldig spricht, sollte in *Out of the Night* Annes Darstellung als »echter« Kommunistin, die Überwindung ihrer Abneigung gegen hohle Phrasen und fraglose Disziplin auf Firelei übertragen. Nur sollte der Schmetterling dort zerbrechen.

»Eines Tages im Juni flog ein Schmetterling ziellos in meiner Zelle herum. Ich beschützte ihn wie einen großen Schatz. ›Bist du von Firelei gekommen?‹ fragte ich.

Er flatterte durch die Wolken von Staub, schlug mit den Flügeln gegen die Wände und zerbrach.«

Denkt Bert Adrian während seiner Einzelhaft nur an seine Frau, so quälen Jan Valtin auch andere Probleme. Zum Beispiel die beschämende Niederlage der KPD und inwieweit sie durch die Politik der Parteiführung mit verursacht worden war, oder ob er mit seiner Tätigkeit als Instrukteur weniger den Interessen der Seeleute, sondern vielmehr dem Machtstreben Stalins gedient hatte. Vielleicht, wir wissen es nicht, dachte er auch an die Zeit nach San Quentin zurück, als er sich gegen seine »bürgerlichen Ambitionen« und für die Partei entschieden hatte. Der Zwiespalt, der sich in Richard Krebs auftat, war der zahlloser anderer Funktionäre, die erkannt hatten, daß sie einer Organisation dienten, deren ursprüngliche Ziele nur noch in ihren ständig wiederholten, längst hohlen Phrasen erkennbar waren. Den nächsten Schritt zu vollziehen, die Partei zu verlassen, bedeutete, »das Zusammengehörigkeitsgefühl zu einer die ganze Welt umspannenden internationalen Brüderschaft zu verlieren ... das wärmende, tröstende Gefühl der Solidarität, das jener ungeheuren anonymen Masse den Zusammenhalt und die intime Familienatmosphäre gab«[32], wie der Schriftsteller Arthur Koestler in seinen Erinnerungen schreibt. Koestler vollzog den innerlichen Bruch in einem Gefängnis Francos, brauchte aber noch lange Monate, um ihn sich einzugestehen, und noch länger, um ihn öffentlich zu machen. Arthur Koestler war erst als Erwachsener in die Partei eingetreten und nur sieben Jahre Mitglied gewesen. Er hatte bei weitem nicht in dem Ausmaß wie Richard Krebs für die Partei illegal gearbeitet, der bereits als Jugendlicher in die Partei eingetreten war. Anders als Arthur Koestler blieb Richard Krebs dabei. Später, im amerikanischen Exil, schrieb er über seine Zweifel in der Einzelhaft: »Es gab Stunden, in denen ich mein ganzes vergangenes Leben als einen einzigen gigantischen und jämmerlichen Irrtum betrachtete, aber ich scheute mich vor einer solchen Einsicht und bekämpfte sie bewußt dadurch, daß ich mich mit den Begriffen bolschewistischer Pflichterfüllung und bolschewistischen Stolzes vergiftete.«[33]

Im Sommer des Jahres 1935 wurde Richard Krebs in eine Gemeinschaftszelle verlegt. Daß es ausgerechnet die Zelle war, in der sich die in Fuhlsbüttel inhaftierten Spitzenfunktionäre befanden, war kein Zufall. Schon seit längerem manipulierten die in Fuhlsbüttel inhaftierten Kommunisten alle internen Abläufe in einem Ausmaß, das die Gestapo später »die Strafanstalt in Fuhlsbüttel als die Hochburg des Kommunismus«[34] beschreiben ließ. Die Zweifel, die Richard Krebs während der Einzelhaft geplagt hatten, wurden ein letztes Mal von rastloser politischer Tätigkeit überdeckt.

»Jetzt … war ich von kommunistischen Kämpfern umgeben, die von einem einzigen Gedanken beherrscht waren: Die Partei zuerst!«, wird er drei Jahre später in *Out of the Night* schreiben. »Das war einzigartig. Ich fühlte, daß es so etwas noch nie und zu keiner Zeit in irgendeinem Gefängnis gegeben hatte. Ich fühlte die Macht der Partei, und ich hatte ein heftiges Gefühl des Stolzes. Die alte revolutionäre Begeisterung erwachte in mir mit aller Macht.«[35]

In dem mit »Gefängniszauber« betitelten Kapitel seines Romans schildert er die Energie und Schläue, mit der die hervorragend organisierten kommunistischen Gefangenen erst die Vorherrschaft über die Kriminellen sicherten, indem sie die Verteilung von hereingeschmuggeltem Kautabak zentralisierten und jeden, der sich ihnen widersetzte, vom Bezug ausschlossen. Dann verteilten sie die Hausarbeiterposten, bis hin zur Schreibstube im Direktorat, unter sich. Nachdem es ihnen mittels Bestechung oder Erpressung auch noch gelungen war, einige der Wärter in die Hand zu bekommen, konnten die zur sogenannten Spitzengruppe gehörenden Häftlinge, unter ihnen Richard Krebs, auf alle Vorgänge in Fuhlsbüttel Einfluß nehmen. Zu guter Letzt gründeten sie eine »Rote Hilfe« genannte Organisation, die die Isolationshäftlinge mit Kautabak versorgte.

Selbst vier Jahre später, als er längst von seinen früheren Genossen gejagt wurde, sollte er noch mit echter Begeisterung über jene Monate schreiben.

»Sie gehörten zu den arbeitsreichsten Monaten meines Lebens. Sie zeigten mir, daß selbst in einer hoffnungslosen Niederlage die Moral hochgehalten werden kann, solange in den Köpfen der Betroffenen die Überzeugung lebt, für eine gute Sache zu kämpfen. Der einzelne mag den Kampf aufgeben und sich der Verzweiflung überlassen; zu einem gemeinsamen Zweck mit anderen

Ausgestoßenen vereint, kennt jeder den Platz, auf den er gehört, fühlt seine Stärke und rettet so seine Überzeugung, daß das Leben doch noch Sinn hat.«[36]

Eine »Hochburg des Kommunismus«

»Lieber O. – Alter Eidgenosse

Wie gehts Dir denn noch? Du hast ja schon allerhand Avancement gemacht. Was gibts denn neues? ... Weißt Du, daß Georg nach Esterwege* (auf vier Wochen) gekommen ist? Wist und Maier sagten mir, sie seien die ausgleichende Gerechtigkeit, denn er hätte nach Ansicht der Stapo zuwenig Strafe bekommen. Vier Mal war ich schon wieder bei der Stapo. Sie haben immer neue Sorgen. Haben mir beim letzten Mal eröffnet, daß man wegen meines Verhaltens bei den Vernehmungen auch bei mir von der ausgleichenden Gerechtigkeit Gebrauch machen würde. Nun bis dahin ist noch eine ganze Menge Zeit. ... Bei meinen Vernehmungen habe ich übrigens bei Gegenüberstellungen und durch Protokolle böse Sachen über mich erfahren. Was die Leute veranlaßt hat von Dingen zu reden, die ich 1933 mit ihnen besprochen hab, will mir wirklich nicht in den Sinn. Aber laß man. Kopf hoch, wir werden es schon schaffen. Halte dich munter und gesund und schreibe mir auch mal von draußen.

Es grüßt dich vielmals
Dein W.«[37]

Dieser Kassiber des Arbeiters Walter Schmedemann an einen Mitgefangenen wurde von der Zuchthausverwaltung im Februar 1936 beschlagnahmt. Als ihn die Hamburger Gestapo Anfang März 1937 in die Hände bekam, wußte sie bereits aus eigenen Ermittlungen, daß in Fuhlsbüttel ein quasi rechtsfreier Raum entstanden war. Schon 1934, Richard Krebs war noch in Einzelhaft, hatte die kommunistische Mehrheit unter den 800 Gefangenen begonnen, auf die Gefängnisleitung Einfluß zu nehmen und das Zuchthaus Fuhlsbüttel in eine »Hochburg des Kommunismus« zu verwandeln.

* Konzentrationslager Esterwege bei Oldenburg.

Im Sommer 1936 meldete sich ein Kommunist, der ein Jahr zuvor umfangreiche Aussagen gemacht, sie dann jedoch plötzlich
wieder zurückgezogen hatte, schriftlich bei der Gestapo und bat
um Vorführung.

Dieser, ein Mann namens Dose, gab am 8.7.1936 zu Protokoll:
»Meine ersten Aussagen sind richtig gewesen. Ich hatte aber derart
unter dem Druck meiner Mitgefangenen zu leiden, daß ich nicht
mehr wagte, jemanden zu belasten. ... Mir ist bekannt, daß die
politischen Gefangenen im Zuchthaus Fuhlsbüttel und auch in
Oslebshausen sich organisiert haben. Es besteht eine ›Rote Hilfe‹
und ein derartiger Zusammenhalt unter den politischen Gefangenen, daß niemand mehr wagt, etwas Belastendes auszusagen.«[38] Da
Dose, dem seine Mitgefangenen wohl schon längst nicht mehr
trauten, nichts Näheres wußte, gab er der Gestapo den Tip, sich an
seinen kriminellen Mithäftling Willi Muss zu wenden. Muss würde
sein Wissen gern preisgeben, traue sich aber nicht.

Wie sich bei der Vernehmung des Denunzianten herausstellte,
hatte ihm die Gefängnisleitung untersagt, einem Schreiben an die
Staatsanwaltschaft eines an die Gestapo beizulegen. »Ich wurde zum
leitenden Oberinspektor gerufen, der mir Vorwürfe machte und
sagte, wenn ich einen Brief für die Staatsanwaltschaft fordere, dann
dürfe ich nicht andere Sachen hineinschreiben. Wenn ich der Staatspolizei schreiben wolle, hätte ich mich an ihn zu wenden. Der Ober-
insp. fragte mich dann, was ich denn der Staatspolizei zu schreiben
hätte. Da sich im Büro einige Gefangene befanden, die mit Büro-
arbeiten beschäftigt waren, sagte ich, daß ich mich hier nicht darüber äußern möchte. ... Als ich es wieder ablehnte, wurde ich von
ihm entlassen.«[39] Die Gestapo hatte den Brief nie erhalten.

Die Ermittlungen gestalteten sich schwierig. Einer der Beamten
schrieb frustriert, »daß aus einem Kommunisten nichts mehr her-
auszubekommen« ist, sobald er sich in Strafhaft befindet«[40].

Die Geheimpolizei stützte sich bei ihren weiteren Ermittlungen
zuerst auf einen Betrüger mit »bürgerlichem Hintergrund« – die
Berufsverbrecher aus der Unterschicht hielten eher zu den Kommunisten. Bald fanden sie heraus, daß die wichtigsten Funktionäre
im Bastlager beschäftigt waren. Dies konnte kein Zufall sein, da
von dort aus alle Zellen mit dem Material beliefert wurden, das die

Häftlinge für ihre Arbeit, das Bastweben, brauchten. Die tonangebenden Gefangenen in dem Saal waren Richard Krebs und Anton Saefkow, der als »Tonio« in *Out of the Night* Eingang finden sollte. »Er war zweiunddreißig, von hünenhafter Gestalt, blond und blauäugig und ebenso unerschrocken wie heiter. Er war findig und gerecht, eine mitreißende Persönlichkeit, aber ... verlangte ... niemals von anderen Genossen, was er nicht selbst zu tun bereit war.«[41]

Wie sicher sich die Häftlinge im Bastlager gefühlt haben müssen, sieht man an den Liedern, die dort offen gesungen wurden. Richard Krebs hatte den anderen Gefangenen den Kominternmarsch beigebracht, und Saefkow hatte die Parteihymne der Nazis, das Horst-Wessel-Lied, umgedichtet.

> »Wir wollen Brot, ihr gebt uns Wachparaden,
> den braunen Rundfunk hetzt ihr auf uns los.
> Für unser Geld spielt ihr die Herrn in Gottesgnaden,
> kein Fest, kein Feuerwerk ist euch zu groß.
>
> Der Winter naht, wir haben keine Kohlen.
> Der Arbeitsdienst macht uns den Rücken krumm.
> Und unsre Kinder laufen auf zerriß'nen Sohlen
> in eurem Gottes-Gnaden-Reich herum.
>
> Und wenn ihr auch dem Volk den Mund vernietet,
> so wird es doch auch nicht vom Schweigen satt.
> Und wenn ihr auch das freie Wort verbietet,
> der Magen knurrt zur großen Flamme Statt.
>
> Die Besten unseres Volks habt ihr ermordet.
> Halb Deutschland sperrt ihr ins Gefängnis ein,
> und durch die Straßen ziehen braune Räuberhorden,
> die sich nach neuen Kriegen heiser schrei'n.
>
> Einst kommt der Tag, wo sich mit uns verbündet,
> wer Freiheit liebt und Todesfurcht nicht kennt.
> Dann werden wir ein rotes Feuerwerk entzünden,
> worin das ganze dritte Reich verbrennt.«[42]

Mitte Juli 1936 wurden Richard Krebs, Anton Saefkow und weitere Rädelsführer aus Fuhlsbüttel verlegt, um zu verhindern, daß sie die Untersuchungen behindern konnten. Saefkow, dessen Strafhaft in jenen Tagen zu Ende gegangen wäre, wurde ins Konzentrationslager Dachau und Richard Krebs am 17. Juli 1936 ins Strafgefängnis Plötzensee, wo sich die zentrale Hinrichtungsstätte des Dritten Reichs befand, eingeliefert. In einem Bericht, der unter dem Titel *Ploetzensee. Hitler's Slaughterhouse*[43] seine erste Veröffentlichung in den USA werden sollte, erinnerte er sich an die Geräusche, die eine Hinrichtung begleiteten:

»Das Scharren der Füße in den Todeszellen um sechs Uhr in der Frühe, die ächzende Tür des Schuppens auf der anderen Seite des gepflasterten Platzes, gegenüber den Todeszellen – jenes Schuppens, wo hinter einem Vorhang die mit Quecksilber gefüllte Axt hing und wo in einer Ecke das hellgrüne Gerüst stand, auf das der Verurteilte mit dem Gesicht nach oben geschnallt wurde, um auf die Wolken, die Hakenkreuzflagge und den sich herabsenkenden Tod zu blicken; das plötzliche Rütteln der Schlüssel in Eisentüren, manchmal das Geräusch eines vergeblichen Handgemenges; Brüllen und Schreie der Verzweiflung und Wut oder eine laute Stimme, die die Internationale sang und mit einem heiseren Abschiedsruf an die Hunderte endete, die in ihren Zellen zuhörten.«[44]

Ende November hatte die Gestapo die restlichen Gefangenen so weit eingeschüchtert, daß sie es wagen konnte, die als Rädelsführer Verdächtigen, unter ihnen Richard Krebs, wieder nach Hamburg zu bringen. Um sie besser unter Druck setzen zu können, kamen sie nicht wieder in das Zuchthaus, sondern in das benachbarte Konzentrationslager. Im Verlauf der nächsten drei Monaten gelangen der Gestapo erste Einblicke in die Strukturen der Geheimorganisation.

Ein genaues Bild konnte sie sich allerdings erst machen, nachdem Paul Tastesen, einer der Kommunisten mit Kontakt zur »Spitzengruppe«, zu reden begann.

Schließlich waren in der Haftanstalt Fuhlsbüttel eine »Rote Hilfe«, die die Isolationshäftlinge mit Tabak belieferte, ein Nachrichtenapparat, der über die Hofarbeiter mit der Außenwelt in Verbindung stand, und ein Instruktionsapparat, der die Weisungen der Spitzengruppe weitergeleitet hatte, bekannt.

Das alles war in unzähligen Verhören und Folterungen, mit Versprechen und Drohungen, Zuckerbrot und Peitsche in Erfahrung gebracht worden. Häftlinge waren verlegt und wieder herbeigeholt, Gefangenenwärter entlassen und angeklagt und der Gefangenenseelsorger, der beide Augen zugedrückt hatte, aus der Anstalt entfernt worden.

Jetzt konnte man die Hauptverdächtigen mit den bereits ermittelten Informationen unter Druck setzen. Anton Saefkow und Richard Krebs sollten endlich die ganze Wahrheit preisgeben. Zum Beispiel war der Gestapo noch unbekannt, so Richard Krebs gegenüber dem CIC, daß es hinter Anton Saefkow noch einen weiteren geheimen Führer der Häftlinge gegeben hatte. Wie Albert Walter in legalen Zeiten nur nach Rücksprache mit dem unsichtbaren Adolf Schelley gehandelt hatte, so hatte sich Saefkow in Fuhlsbüttel bei sämtlichen Meinungsverschiedenheiten, die die politische Arbeit im Gefängnis betrafen, an einen Isolationsgefangenen gewandt, der die letztendliche Entscheidung fällte. Doch den Namen dieses Mannes, Karl Schaar, sollte die Gestapo nie erfahren, denn plötzlich änderten erst Saefkow und dann Krebs die Taktik.[45]

So fadenscheinig die »Philosophie« der Nazis im nachhinein wirken mag – für seine Anhänger war das Dritte Reich ein auf einer Weltanschauung beruhender Staat. Anders als eine »nackte« Diktatur, wie eine Militärdiktatur, die auf der bloßen Gewaltanwendung beruht und unbedingten Gehorsam als Zeichen der »Besserung« für ausreichend hält, kannte die Diktatur der Nazis auch »Besserung« im Sinne der Umerziehung ihrer Gegner, was die Möglichkeit einer »Bekehrung« einschloß. Diese Möglichkeit gab es natürlich nur für den arischen Teil der Gefangenen, und immer weniger, je größer und unüberschaubarer die Zahl der Inhaftierten wurde.

Aber selbst 1943, als der spanische Schriftsteller Jorge Semprun in das Konzentrationslager Buchenwald kam, war dort noch etwas von der Parole »Erziehung durch Arbeit« zu spüren, die eine der ideologischen Grundlagen der deutschen Diktatur war. Für ihn war die Ratio der Konzentrationslager »dieser erzieherische Terror ... dessen Essenz daraus besteht, die Menschen bald als arbeitende und produzierende Wesen, bald als zu bessernde Wesen zu betrachten«.[46]

Es gab unter den Männern der Gestapo nicht wenige, die die offiziellen Parolen nur als Beiwerk betrachteten und dem Dritten Reich dienten, wie sie vorher der Weimarer Republik gedient hatten und später BRD und DDR dienen sollten – klassische Polizisten vom Typus Fouchés, jenes gefürchteten Polizeichefs Napoleons, der erst dessen Gegner und dann die seines Nachfolgers bespitzeln und einsperren ließ.

Inspektor Kraus und sein Gehilfe Teege, der die Untersuchungen in Fuhlsbüttel führte, gehörten nicht zu dieser Sorte. Sie waren von der unmittelbaren Einsichtigkeit ihrer Weltanschauung fest überzeugt. So wurden in Fuhlsbüttel ideologische Schulungen abgehalten, die als Abwechslung überaus willkommen waren, wie sich Jan Valtin in *Out of the Night* erinnert. Die auf Schlagwortniveau ausgebildeten Lehrkräfte waren ihren Schülern, die teilweise die Parteischulen der KPD durchlaufen hatten, oft in keinster Weise gewachsen. So habe einmal ein Lehrer den Begriff »Imperialismus« benutzt, ohne ihn definieren zu können. Ein Häftling habe ihm daraufhin mit Lenins Definition ausgeholfen, die der Lehrer dann am nächsten Tag anderen Gefangenen gegenüber stolz als die eigene ausgab.

Die Streiche, die sie dem tumben Lehrer spielten, waren für die kommunistischen Häftlinge nicht bloß erheiternd. Sie waren auch lehrreich, weil sie zeigten, wie leicht jemand zu betrügen ist, den die absolute Verfügungsgewalt für den Haß seines Opfers blind gemacht hat. Zudem konnten die Folterer der Gestapo, getreu ihrem Glauben an die naturgegebene Verbundenheit aller Germanen und ihrer Vorliebe für soldatische Tugenden, ihren standhaften Gegnern einen gewissen, heimlichen Respekt nicht versagen. Beides zusammen eröffnete den Gefangenen die Möglichkeit, ihren Wärtern etwas vorzuspielen.

Der erste, der sich dies zunutze machte, war Anton Saefkow, wie aus dem am 22.2.1937 verfaßten »Schluß- u. Nachtragsbericht« der Gestapo über die Ermittlungen in Sachen Fuhlsbüttel hervorgeht: »Saefkow erklärte mehrfach mit Nachdruck, daß er sich nunmehr endgültig vom Kommunismus losgesagt habe. Er bemühte sich aber trotzdem, die ganze Tätigkeit im Zuchthaus als möglichst harmlos und geringfügig hinzustellen.«[47]

Der Verfasser des Berichts war wahrscheinlich Kraus' Untergebener Teege. Er machte seinen Vorgesetzten einen ungewöhnlichen Vorschlag. Er unterteilte die kommunistischen Häftlinge in drei Gruppen: die als »unverbesserlich bekannten Funktionäre«, die möglichst »gänzlich von den anderen Gefangenen abgesondert« werden sollten, dann diejenigen, »die an sich als Funktionäre anzusehen sind, bei denen aber aufgrund ihres Verhaltens eine Besserung zu erwarten ist«, und schließlich »die sogenannten Mitläufer«, die man dem Einfluß ihrer Führer entziehen müsse.[48]

»Nun noch einmal zur Schulung innerhalb der Strafanstalten. Unter den früheren Spitzenfuntionären befinden sich eine Anzahl, die behaupten, sie hätten sich umgestellt, und vom Kommunismus abgewandt. ... Gut, wenn sie behaupten, sie hätten sich umgestellt, dann sollen sie es beweisen. ... Leute wie Saefkow haben einen Namen unter den Kommunisten. Wenn sie mit eigenen Ohren hören, daß ein solcher Mann wie Saefkow vom Kommunismus abgefallen ist, kann es eine ungeahnte Wirkung ausüben. Erfahrungen auf diesem Gebiete sind nicht vorhanden. Der Versuch kann aber nicht schaden und wird sich vielleicht lohnen.«[49]

Der Autor des Berichts war auch der, der die Untersuchungen führte. Seine Gefangenen wußten also wahrscheinlich von diesen Überlegungen. Der Boden für den nächsten Konvertiten war bereitet. Es war Richard Krebs. Seine Wandlung erfolgte innerhalb weniger Wochen.

Noch im Abschlußbericht am 22. Februar taucht er nur als »Mann, aus dem nichts herauszubringen war«, auf.[50] Als er aber knapp drei Wochen nach der Abfassung des Abschlußberichts, am 12. März 1937, aus dem Konzentrationslager Fuhlsbüttel vorgeführt und noch einmal in Sachen Häftlingsorganisation vernommen wurde, gab er eine lange Erklärung ab. Anfänglich stellte er sich dumm und behauptete nicht nur, daß »mit den Diskussionen über Tagesfragen unter den Gefangenen keine politische Schulung bezweckt wurde«[51]. Er bestritt auch, daß das Priemsammeln die Bedeutung einer »Roten Hilfe« gehabt hatte, ja sogar, daß es eine solche gegeben habe. Abschließend fügte er allerdings hinzu:

»Bei den Diskussionen habe ich häufig einen Standpunkt vertreten, der von dem Saefkows als der im Saale führenden Auto-
ritätsperson abwich. Auf Grund eigenen Nachdenkens und der
Lektüre der Bücher von Darwin, Schopenhauer, Günther u. a. über
Abstammungs-, Rasse-, Morallehren und andere mit der Politik
zusammenhängende Themen war ich zu Auffassungen gekommen, die von dem kommunistischen Dogma abwichen.

Ich vertrat zum Beispiel auch die Ansicht, daß ich meine Kinder
in die Hitlerjugend eintreten lassen würde, um sie nicht von vornherein in einen Gegensatz zu ihrer Umwelt zu bringen, der ihre
Entwicklung gefährden müsse. Mit solchen abweichenden Ansichten erregte ich bei anderen Gefangenen Unwillen. ... Ich halte
zwar mit dem Kommunismus die Überführung der Warenhäuser
und sonstiger Großbetriebe, insbesondere auch der Rüstungsbe-
triebe aus dem Privateigentum ins staatliche Eigentum für richtig,
stehe aber zum Beispiel insofern auf einem anderen Standpunkt
als der Kommunismus, als ich nicht wirtschaftliche Faktoren für
das Entscheidendste in der Entwicklung der Menschheit ansehe,
sondern die kulturellen, geschichtlichen und rassemäßigen Bindungen eines Volkes für mindestens ebenso starke Faktoren
halte.«[52]

Das Spiel beginnt

Natürlich wußte die Gestapo, daß Richard Krebs die Bedeutung
der »Roten Hilfe« kannte und es sehr wohl regelrechte Schulungen in Fuhlsbüttel gegeben hatte. Trotzdem sollte sie seine Weigerung, Näheres über Aktionen der Kommunisten in Fuhlsbüttel zu
berichten, auch in Zukunft akzeptieren, denn er selbst brachte sie
auf die Idee, ihn in ganz anderem Maßstab einzusetzen.

Am 12. März 1937 ließ sich Richard Krebs ein zweites Mal vor-
führen und machte mit einer zweiten Erklärung den umstrittensten und folgenreichsten Schritt seines Lebens: Er diente sich der
Gestapo an.

»Durch meine Erfahrungen als aktiver Funktionär der internationalen Arbeit der KPD und durch mein Studium und Nachdenken über weltanschauliche Fragen in den drei Jahren meiner

Strafhaft, bin ich zu folgenden grundlegenden Auffassungen gekommen:

1. Daß der Kommunismus in der Theorie nicht in Einklang zu bringen ist mit den Tatsachen des Lebens und sich in der Praxis sogar lebensfremd und lebensfeindlich auswirkt. Daß ich den Glauben daran verloren habe, daß jemals durch kommunistische Praxis die Menschheit glücklich gemacht wird.

2. Daß ich in der Strafhaft erst Gelegenheit gefunden habe, mich intensiv mit dem Studium völkischer und rassischer Fragen zu beschäftigen. Daß es meine Ansicht ist, daß volks-und rassemäßige Verbindungen sich in der Geschichte aller Völker als stärker erwiesen haben als die vom Kommunismus vertretenen klassenmäßigen Bindungen.

3. Daß die weltpolitische Entwicklung dazu geführt hat, daß der Kommunismus nicht mehr eine innerpolitische Streitfrage ist, sondern durch die Spaltung der Welt in Bolschewismus und Nationalsozialismus der Kommunismus zu einer grundsätzlichen außenpolitischen Frage geworden ist. Daraus ergibt sich, daß, wer heute noch konsequenter Kommunist ist, sich auch außenpolitisch zur Sowjetunion bekennen muß und somit zum Landesverräter an seinen eigenen Volksgenossen wird. Vor eine solche Entscheidung gestellt, habe ich mich entschlossen, offen zu bekennen, daß meine Verbindungen zu Deutschland stärker sind als zu Rußland.

4. Daß ich freiwillig alle folgenden Angaben mache mit dem Zweck, dadurch alle Reste innerer Bindung politischer und persönlicher Art mit dem Bolschewismus zu liquidieren und jede Rückkehr zu dieser Weltanschauung für alle Zeit unmöglich zu machen.

5. Ich erkläre mich dazu bereit, wenn mir Aufgaben gestellt werden, im Kampf gegen den Kommunismus teilzunehmen, und stelle es in das Ermessen der Leitung der Geheimen Staatspolizei, von diesem Gesichtspunkte aus folgende Angaben zu publizieren oder zurückzuhalten.«[53]

Die angebliche Abkehr Saefkows und Krebs' vom Kommunismus, die sich in den Akten der Gestapo als ein längerer Prozeß darstellt, blieb anderen Mitgefangenen nicht verborgen. Gert Conrad, ein unabhängiger Sozialist, wurde nach Aufdeckung der

Gefangenenorganisation entlassen und entkam nach Dänemark, wo er sich schon nach wenigen Wochen in Hildegard Thingstrup verliebte, die nach ihrer Rückkehr aus Deutschland Sekretärin des dänischen KP-Vorsitzenden Larsen geworden war. Dem dänischen Journalisten Erik Nørgaard schilderte Conrad Jahrzehnte später folgende Szene:

»Ich erinnere mich deutlich, Krebs und einige andere kommunistische Gefangene, Anton Sae[f]kow und Paul Helms, waren in Zweiergruppen aufgeteilt und übernahmen verschiedene politische Aufgaben. Es ist richtig, wir erhielten eingeschmuggeltes kommunistisches Material. Eines Tages während des Marsches auf dem Hof erhielten wir plötzlich den Befehl, uns völlig auszuziehen. Wir sollten nach illegalem Material durchsucht werden. Wir wußten alle, was das bedeutet mit Hinblick auf Mißhandlung. Von diesem Tag an gingen Krebs und Sae[f]kow in den Dienst der Gestapo.«[54]

Mehrere Umstände sprechen dafür, daß Conrads Darstellung im wesentlichen stimmt. Zum einen erinnerte er sich sowohl an Krebs, von dessen Zusammenarbeit mit der Gestapo er später erfuhr, als auch an Saefkow, was genau mit den Akten der Gestapo übereinstimmt. Zum anderen war Conrad kein Kommunist, sondern unabhängiger Sozialist und nicht darin eingeweiht, daß die »Konversion« Saefkows, der 1944 in Berlin hingerichtet wurde, nur ein Trick war. Im Standardwerk über den Nachrichtendienst der KPD heißt es, daß Entlassungen von Kommunisten aus Konzentrationslagern und Gefängnissen »auf Anweisung des Leiters der Geheimen Staatspolizei Heydrich seit Juli 1935 nur noch statthaft waren, wenn sich die Betroffenen zur Spitzeltätigkeit verpflichteten oder auf andere Weise erkennen ließen, daß sie bereit waren, ihre politischen Überzeugungen aufzugeben«[55].

Anton Saefkow wurde im Sommer 1939, knapp zwei Jahre später, entlassen, obwohl er der Führer in Fuhlsbüttel gewesen war. Er muß also den Weg, den er Ende 1936 oder Anfang 1937 eingeschlagen hatte, auch in den nächsten Jahren seiner Haft weiterverfolgt und die Gestapo erfolgreich getäuscht haben. Dies paßt natürlich nicht zu dem eindimensionalen Heldenbild, das man später in der DDR von Anton Saefkow entworfen hat, der nach seiner Entlassung eine große Widerstandsgruppe in Berlin aufbaute. Zwar benannte man eine Reihe von Einrichtungen in Ost-Berlin nach ihm und ehrte ihn mit einem langen Eintrag in das Lexikon »Deutsche Widerstandskämpfer«[56], verschwieg aber die »Abkehr vom Kommunismus«, die seine Taten erst möglich gemacht hatte.

Daß Anton Saefkows Doppelspiel mit der bald darauf folgenden »Konversion« des Richard Krebs zu tun hatte, ergibt sich fast zwingend aus den Akten. 1950, Richard Krebs wußte nichts über Saefkows weiteres Schicksal, protokollierte der CIC:

»1936 intiierte Saefkow unter den Kommunisten, die eine Gefängnisstrafe absaßen, den Trend, an die Gestapo zu schreiben, um ihre innere Umkehr zu bekräftigen. Saefkow selbst schrieb den ersten derartigen Brief, der Krebs eines Tages während eines Verhörs von Kraus gezeigt wurde. Darin stand, daß Saefkow mit der Kommunistischen Partei gebrochen habe und nichts mehr mit derartiger Arbeit zu tun haben wolle. ... Saefkows Frau hatte die Instruktion, den Brief an Kraus zu schreiben, von draußen überbracht. Sie übergab sie ihm mit dem Mund, während sie ihn küßte, kurz bevor sie Deutschland verließ.«[57]

Daß Saefkow Besuche von seiner Frau bekam und sie ihm heimlich Papiere zusteckte, wurde auch der Gestapo bekannt. Den Inhalt der Mitteilungen kannte die Geheimpolizei natürlich nicht. Ob Richard Krebs' Doppelspiel auf eine Instruktion von außen zurückzuführen war, läßt sich nicht nachprüfen. War er dem Beispiel Saefkows gefolgt, um der Haft zu entrinnen, oder hatte er tatsächlich einen Auftrag bekommen? Bezog sich die Absprache mit seinen Genossen, die man als gegeben betrachten kann, nur auf einen Widerruf, oder war er mit dem in seiner Erklärung unterbreiteten Angebot einen Schritt zu weit gegangen? Waren die Zweifel aus der Einzelhaft wiederaufgelebt, und sah er jetzt die Möglichkeit, ohne größere Gewissensbisse aus dem Gefängnis herauszukommen? Schließlich war er hauptsächlich im Ausland tätig gewesen und konnte der Gestapo viel offener ohne Gefährdung anderer berichten als ein KPD-Funktionär.

Vielleicht ergibt sich die Antwort aus einem Vergleich der Darstellung seiner Frau in *Out of the Night* mit ihrer wahren Geschichte.

In dem autobiographischen Roman findet sich nicht die geringste Spur ihrer Abkehr von der Komintern und ihrer Rückkehr aus

Kopenhagen auf ein Versprechen der Gestapo hin. Firelei wird mit einem Geheimauftrag nach Deutschland geschickt, dort von der Gestapo festgenommen und zu sechs Jahren Zuchthaus verurteilt. Mehr noch, Ernst Wollweber wird indirekt die Schuld an ihrem Schicksal gegeben, da sie auf sein Geheiß in Begleitung des Spitzels Beilich nach Deutschland reist.

Im Roman macht der Held die Freilassung Fireleis zur Bedingung für seine Zusammenarbeit mit der Gestapo. Tatsächlich sieht er sie daraufhin bald wieder. Sie wird als standhafte Genossin geschildert, in der »der soldatische Geist der Kampfjahre erhalten geblieben« war, »trotz aller Härte, trotz des Wahnsinns, trotz der Leiden und Erniedrigungen«.[58]

Hermine Krebs wurde im Herbst 1936 nach Absitzen ihrer zwei Jahre mit einer unheilbaren Krankheit entlassen. Die wahren Motive seiner Frau, der großen Liebe seines Lebens, hat Richard Krebs in einem sehr persönlichen Brief nach ihrem Tod angedeutet: »Sie hat sich entwürdigt, um ihr Kind zurückzubekommen.«[59]

Seine Liebe zu ihr könnte eine Rolle bei seinem Entschluß gespielt haben, mit der Gestapo zusammenzuarbeiten. Das geht aus der bereits erwähnten Kurzgeschichte *The Execution of Bert Adrian* hervor, die er kurz nach seiner Flucht aus Europa schrieb. Zwar ist die Frau des Helden auch hier wieder eine standhafte Kommunistin, aber ansonsten stimmt der Ablauf der Ereignisse in vielen Punkten mit den wirklichen Geschehnissen stärker überein als in *Out of the Night*.

In der Schlüsselszene der Erzählung bekommt der Held einen Brief von seiner Frau, in dem sie ihm ihre Entlassung aus dem Gefängnis mitteilt.

»Anne war frei! Bert sehnte sich danach, das in die düsteren Gängen und über die kahlen Höfe zu schreien. Sie liebte ihn. Es war nicht wahr, daß die Zeit die stärksten Bindungen löste. Das Wissen darüber erfüllte ihn mit einem wahnsinnigen Wunsch zu leben. Zu leben um jeden Preis.«[60]

Diesen Moment hat es auch im Leben des Richard Krebs gegeben. Als Hermine Krebs freigelassen wurde, befand sich ihr Ehemann in Plötzensee. Er wußte, daß er nach Aufdeckung der Häftlingsorganisation entweder eine neue Frist erhalten oder

– noch schlimmer – auf unbestimmte Zeit in ein KZ kommen würde.

Bert Adrian erliegt in dieser Situation den Einflüsterungen eines kriminellen Mitgefangenen, wird zum Verräter und nach kurzer Zeit freigelassen. Er beichtet Anne, die noch immer eine standhafte Kommunistin ist. Sie denunziert ihn bei ihren Genossen, die ihn kurz darauf hinrichten.

In der autobiographischen Geschichte des Bert Adrian werden die Rollen der beiden einfach umgekehrt. Für die KPD war Hermine Krebs die »Verräterin«. Zwar hat sie mit ihren Aussagen bei der Gestapo hauptsächlich sich selbst und ihren Mann inkriminiert – von den wahren Geheimnisträgern war sie ohnehin abgeschirmt –, und dies erst nach ihrer Festnahme und aus durchaus nachvollziehbaren Gründen. Entscheidend war jedoch, daß sie sich bereits in Kopenhagen von der Partei gelöst hatte und nach Absprache mit der Gestapo nach Deutschland zurückgekehrt war, was nach den Regeln der illegalen KPD unverzeihlich war.

Wurde schon zu legalen Zeiten nicht toleriert, daß ein kommunistischer Geheimnisträger eine Nichtkommunistin heiratete, so erst recht nicht 1937, als in der Sowjetunion wegen weit geringerer Vergehen Hunderttausende hingerichtet wurden. Aller Wahrscheinlichkeit nach war später der Hauptanklagepunkt gegen Richard Krebs, daß er sich wegen einer »Verräterin« einem Befehl seiner Vorgesetzten widersetzte. Es war eine Anklage, die ihn tief getroffen haben muß, weil er ihr die Berechtigung nicht absprechen konnte, wie jener Satz beweist, in dem er ihre Rückkehr nach Deutschland wegen des Kindes als Entwürdigung bewertet. Vielleicht mußte deshalb die Verwandlung der verzweifelten jungen Mutter, die schon lange nicht mehr an die kommunistische Sache glaubte, in eine geradezu mustergültige kommunistische Heroine in seiner Rechtfertigungsschrift *Out of the Night* weitergeführt werden. Letztlich ist dies ein Anhaltspunkt dafür, daß Richard Krebs nicht aus persönlichem Kalkül, sondern in Absprache mit seinen Genossen gehandelt hatte, als er der Gestapo seine Dienste anbot.

Seine Zusammenarbeit mit der Gestapo hat Richard Krebs sein ganzes Leben lang verfolgt. Ganz konnte er sich nie von dem Ver-

214

dacht befreien, doch ein »echter« Gestapospitzel gewesen zu sein, sich ihr in einer Mischung aus Feigheit und purem Eigennutz, wie Gert Conrad es erlebt zu haben meinte, angeschlossen zu haben. Seine früheren Genossen, die ihn übrigens erst nach Beendigung des Doppelspiels zu jagen begannen, sollten alles tun, um diesen Verdacht aufrechtzuerhalten. Viele seiner späteren amerikanischen Mitbürger, Einwohner eines Landes, in dem die Schrecken des Gestapoterrors unvorstellbar waren, betrachteten allein schon die Tatsache seines Doppelspiels als Beweis für seine »Unmoralität«.

Selbstverständlich konnte Richard Krebs in *Out of the Night* nicht schildern, was wirklich passiert war. Damit hätte er Anton Saefkow der Gestapo ausgeliefert. Statt dessen erfand er den Besuch eines Doppelagenten in seiner Zelle. Dieser Gestapobeamte namens Heitmann, der eigentlich für die GPU tätig ist, gibt ihm den Auftrag, sich in die Gestapo einzuschleichen. Wie Krebs dem CIC gegenüber aussagen sollte, hat es diesen Mann nie gegeben.

Trotzdem ist die Beschreibung dieser fiktiven Begegnung höchst aufschlußreich. Denn die Sätze, die er Heitmann in den Mund legt, schildern die Strategie, der er selbst gefolgt sein muß, um das Mißtrauen der Geheimpolizisten zu überwinden.

»Der Witz besteht darin, kein direktes Angebot zu machen. Nichts, was plump ist oder Verdacht erweckt. Das Problem besteht darin, die Konkurrenz zu dem Punkt zu bringen, wo sie von sich aus kommt und dich einlädt: ›Bruder, wie wär's?‹ Verstanden?«[61]

Valtin bezweifelt, daß die Gestapo ihm trauen wird, da er als einer der Anführer von Fühlsbüttel bekannt sei. Heitman redet ihm zu:

»Ein Mann in Ketten ist eher bereit, alles zu tun, um sich von seinen Fesseln zu befreien. Du hast jahrelang nachgedacht und alles hin- und hergedreht. Du hast deine alten Ideen aufgegeben und bist bereit zu kapitulieren. Das ist dein Weg. Es ist gar nicht so schwer, Leute zum Narren zu halten, die von sich glauben, daß sie allmächtig sind.«[62]

Nach und nach macht sich Jan Valtin mit der Terminologie und der Gedankenwelt seiner Gegner vertraut. Er liest *Mein Kampf*, beginnt sich seinen Mithäftlingen zu entfremden, vertritt abweichende Meinungen, und nach monatelangen Bemühungen, die der

Gestapo natürlich nicht verborgen geblieben sind, hat er den Boden so weit vorbereitet, daß die Gestapo ihm die »Konversion« abnimmt.

War das auch Richard Krebs' Weg gewesen? Nur daß es nicht Monate, sondern nur einige Wochen dauerte, bis der Mann, »aus dem nichts herauszubringen« war, am 12. März 1937 die Erklärung unterschrieb.

Duell im Dunkeln

Als Richard Krebs der Gestapo seine Mitarbeit im Kampf gegen den Kommunismus anbot, wußte er nicht, ob diese sich mit dem kleinen Propagandacoup zufriedengeben würde, den sie mit der Veröffentlichung seines Widerrufs erzielen konnte. Sie konnte seine »Konversion« zum Nationalsozialismus auch geheimhalten, um den »umgedrehten« Funktionär wieder in die kommunistische Bewegung einzuschleusen. Letzteres würde bedeuten, ihn in sein früheres Arbeitsfeld ISH, also ins Ausland, zu schicken.

Die Gestapo entschied sich für die zweite Variante. Ein solcher Einsatz von Richard Krebs war für die Hamburger Gestapo vor allem deshalb interessant, weil er sie wieder auf die Spur von Ernst Wollweber bringen konnte, den sie völlig aus den Augen verloren hatte. Zudem galt es die Schlappe, die Inspektor Kraus in Sachen Beilich erlitten hatte, wieder wettzumachen.

Bevor sie ihn freiließ, mußte sie seiner absolut sicher sein. Schließlich hatte die Geheimpolizei bereits Erfahrungen mit angeblich »konvertierten« Kommunisten gesammelt. Nur wenige Monate später sollte die Zentrale in Berlin ein Rundschreiben herausgeben, das derartige Praktiken kategorisch verbot.[63] Wie die Gestapo vorging, um sich ihres prospektiven V-Manns zu vergewissern, kann man aus *Out of the Night* und den Akten der Gestapo rekonstruieren.

Vieles im Roman, so der Hergang von Valtins »Konversion«, ist pure Fiktion, um der Gestapo keine Hinweise für neue Ermittlungen zu geben. Warum jedoch sollte Richard Krebs die stundenlangen Gespräche, teils Unterhaltung, teils Verhör, mit seinem Folterer Inspektor Kraus erfunden haben? Die Passagen, in denen

Jan Valtin sich in die Denkweise seiner Gegner einfühlt, seine Abkehr vom Kommunismus begründet und erklärt, warum er seine Kräfte von nun an in den Dienst des nationalsozialistischen Deutschlands stellen will, gehören zu den faszinierendsten Teilen des Buches.

Einleitend schreibt er: »Ich war mir absolut im klaren, daß ich mich auch nicht ein einziges Mal versprechen durfte und daß ein einziges falsches Wort oder eine falsche Bewegung angesichts der Erfahrung, die Inspektor Kraus in diesen Dingen besaß, zu meinem augenblicklichen Untergang führen mußte.«[64]

Zwischen den beiden begann ein Katz-und-Maus-Spiel. Anhand der Aussagebereitschaft konnte Kraus die Glaubwürdigkeit seines Gefangenen nicht überprüfen – dessen Kenntnisse des ISH-Apparates waren veraltet, und über Fuhlsbüttel weigerte sich der Gefangene zu reden, da er keine einfachen Genossen denunzieren wolle, die doch nur verführt worden seien. Also blieb Kraus nur, den von Valtin behaupteten, neu gefundenen Glauben an das Deutschland Adolf Hitlers auf die Probe zu stellen.

Anders als seiner Kunstfigur Jan Valtin kamen Richard Krebs mehrere Umstände in seinem Duell mit Kraus zu Hilfe: zum einen seine bürgerliche Herkunft, die ihn, wie seinen jüngeren Bruder Julius, der Ausbilder der Luftwaffe war, zu einem Anhänger Hitlers prädestiniert hätte. Zum anderen die Abkehr seiner Frau vom Kommunismus und schließlich die Tatsache, daß die Gestapo den wahren Hintergrund der Tat in Los Angeles nicht kannte. Die Geheimpolizisten, die nicht zuletzt wegen ihrer ideologischen Scheuklappen nur begrenzten Einblick in die internationalen Strukturen der kommunistischen Weltbewegung hatten, gingen davon aus, daß Richard Krebs erst 1931 aufgrund der Krise in seinem Steuermannsberuf zum Kommunisten geworden war.

Dennoch muß Richard Krebs mit Inspektor Kraus harte, qualvolle Stunden verbracht haben. Sein Alter Ego Jan Valtin sollte später schildern, wie ihn Kraus manchmal minutenlang schweigend angestarrt habe. Er habe daraufhin zu dem Bild Adolf Hitlers hochgeblickt oder, wenn er es nicht mehr ertrug, das Schweigen schließlich mit einem Führerzitat gebrochen.

Bei dem Versuch, Kraus zu überzeugen, kamen Valtin seine

Zweifel zupaß, die ihn in der Einzelhaft gequält hatten. All jene verbotenen Gedanken, die ein Kommunist, der nicht ausgestoßen werden wollte, für sich behielt oder, falls er sie seinen besten Freunden gegenüber zu erkennen gab, sofort mit Sätzen wie »in Sowjetdeutschland wird alles anders« oder »die Revolution hat leider im rückständigsten Land Europas gesiegt« relativierte, breitete er jetzt vor Kraus aus: So sprach er über die Umfunktionierung der Komintern in eine Agentur des sowjetischen Staatsapparats, den Zynismus der höheren Funktionäre, die wahren Zustände in dem Vaterland aller Werktätigen und vieles mehr.

Dem stellte der Gefangene die Versatzstücke der Nazipropaganda wie soziale Verbesserungen, die »Volksgemeinschaft« und die Befreiung Deutschlands vom Versailler Diktat gegenüber. Er präsentierte sich als typisches Kind seiner Zeit, das die Umstände radikalisiert hätten. Er sei aus den gleichen Gründen in die KPD eingetreten, aus denen sich andere Hitler angeschlossen hätten. Jetzt, da Hitler schon einige Jahre an der Macht sei, sei ihm klar, daß er einen schweren Fehler begangen habe.

Auf die schwierigste und gefährlichste Frage, warum er trotz früherer Einsichten so hartnäckig dabei geblieben sei, gibt Valtin eine Antwort, die sehr geschickt an die Mentalität jener ehemaligen Freikorpsmänner appelliert, aus denen sich der Großteil der Gestapoleute rekrutierte: »Die Hitlerbewegung ist auf dem soldatischen Ideal aufgebaut ... Die Komintern beruht auf militärischer Disziplin. Der Hitlerismus hat ein Ideal. Der Kommunismus lehnt Ideale ab – er erkennt nur den historischen Materialismus an. Was sie beide gemeinsam haben, ist die soldatische Haltung. Ich war Soldat. Die höchste Tugend des Soldaten ist die Treue.«[65]

Er erklärte weiter: »Ein Treueverhältnis zur Komintern war gleichbedeutend mit einem Treueverhältnis zum Kreml und damit gleichbedeutend mit dem Verbrechen des Verrats. Ich entdeckte schließlich, daß ich Deutscher bin, daß ich zu Deutschland gehöre und daß es nur einen Weg gibt, auf dem ich die Verbrechen sühnen kann, die ich begangen habe: Deutschland zu dienen, indem ich seine Feinde, die Kommunisten, die vollgefressenen Demokraten und die Sendlinge Judas bekämpfe!«[66]

Nachdem es dem Gefangenen gelungen ist, Kraus zu überzeugen, hat er eine letzte Hürde zu nehmen. Er wird dem Chef der Hamburger Gestapo, Bruno Streckenbach, vorgestellt, dessen Namen Krebs übrigens fälschlich als Schreckenbach in Erinnerung behalten sollte. Von allen Gestapoleuten, denen Richard Krebs begegnete, machte dieser die größte Karriere. Mitte Mai 1940 war er einer der drei hochrangigen Beamten des Reichssicherheitshauptamtes, die der Generalgouverneur von Polen, SS-Obergruppenführer Hans Frank, mit einer »außerordentlichen Befriedungsaktion« beauftragte, die polnische Intellektuelle, darunter die Professoren der Krakauer Universität, betraf. Sie »wurden ohne ordentliches Verfahren und von jeder Begnadigungsmöglichkeit ausgeschlossen von Gestapo und SS liquidiert«. Frank verabschiedete ihn mit den Worten: »Was Sie, Brigadeführer Streckenbach, und Ihre Leute im Generalgouvernement vollbracht haben, darf nicht vergessen werden, und Sie brauchen sich dessen nicht zu schämen.«[67]

Der Held von *Out of the Night* überzeugt den späteren Massenmörder mit einer zynischen Variation jener Landsknechtsmoral, mit der er bereits Inspektor Kraus beeindruckt hatte: »Ich bin Deutscher«, sagt er ihm. »Ich ziehe es vor, mit der Armee zu marschieren, die gewinnt.«[68]

Die Hamburger Originalakten des V-Manns Richard Krebs, dessen Agentenname »Erka« war, sind verschollen. Erhalten blieb die V-Mann-Akte der Zentrale in Berlin, in der nur die Zusammenfassungen der Hamburger Gestapo abgeheftet wurden.

Hier findet man jene Angaben über sein früheres Tätigkeitsfeld, die die Gestapo schließlich dazu bewegten, ihn als V-Mann im Ausland einzusetzen.

Darunter ist eine akribische Darstellung der zu diesem Zeitpunkt bereits aufgelösten ISH samt einem handgezeichneten Schema mit der handschriftlichen Anmerkung: Stand der Organisation Ende 33.

Dazu kommen Angaben über bedeutende Funktionäre der ISH, die den Rubriken Oststaaten (9 Namen), England (21 Namen), Nordstaaten (23 Namen) sowie Farbige und Amerika (6 Namen) zugeordnet sind.

Fakten zur Organisation dürften die Gestapo kaum aus operativen Gründen interessiert haben, denn sie waren eindeutig veraltet;

allerdings gaben sie Aufschluß über die Glaubwürdigkeit von Richard Krebs und seinen Kenntnisstand. Krebs muß klar gewesen sein, daß die Gestapo die Möglichkeit hatte, seine Angaben anhand der Aussagen eines ungleich kompetenteren Mannes zu überprüfen. Folgender Satz deutet darauf hin: »Über die Höhe der Subventionen in legaler Zeit müßte Albert Walter Auskunft geben können.«[69]

Ob Krebs der Gestapo über Personen Neues mitteilte oder nur bestätigte, was sie bereits durch Albert Walter wußte, der von Anbeginn an beim Aufbau des IPK Transport und seiner Nachfolgerin, der ISH, führend mitwirkte, ist ohne Kenntnis der betreffenden Personenakten nicht zu beurteilen.

Wieviel er verschwieg, kann man in den Akten des amerikanischen Geheimdienstes CIC nachlesen, dem gegenüber Richard Krebs später über die gleichen Personen und Vorgänge wesentlich mehr preisgab als der Gestapo. Ein Beispiel dafür sind die Angaben über Avatin. In der Gestapoakte fehlt jeglicher Hinweis darauf, daß Richard Krebs ihn für einen Vertreter der GPU hielt. Auch von Avatins Versuch, eine nationalsozialistische Offiziersvereinigung in Hamburg zu infiltrieren, in den Krebs nach eigenen Angaben, zumindest am Rand, selbst verwickelt war, berichtete er nur dem CIC. Natürlich äußerte er sich gegenüber der Gestapo nun über Dinge, die er 1933 noch verschwiegen hatte. So machte er Angaben über die wirkliche Rolle Bems. Allerdings wußte die Gestapo bereits mehr als er. Sie kannte seinen wahren Namen, während Bem für Richard Krebs immer noch Adolf Schelley hieß, und war auch über seinen biographischen Hintergrund informiert.

Der Historiker Dieter Nelles hält Krebs zwar nach der Untersuchung des weiteren Verlaufs seiner V-Mann-Karriere für einen »echten« Gestapospitzel, kommt aber betreffs dieses Teils seiner V-Mann-Akte zu dem Schluß, daß »die Gestapo bereits von Albert Walter und anderen über alles Wissenswerte bis zu seiner Verhaftung im November 1933 informiert war«.[70]

Am 1. April 1937 schrieb Bruno Streckenbach an den späteren Gestapochef, Standartenführer Müller, es sei gelungen, »den früheren aktiven Funktionär der internationalen Arbeit der ISH, Richard Krebs, zur Abkehr von der kommunistischen Idee zu bewegen und als Folge hiervon zum Kampf gegen den Kommunismus zu gewinnen«.[71]

Krebs habe die beigefügten Berichte freiwillig gemacht und auch eine Erklärung gegeben, wie es dazu kam. Seine Strafe sei im November des Jahres verbüßt.

»Hier besteht die Absicht, Krebs jetzt schon durch einen Gnadenerlaß auf freien Fuß zu bekommen, um ihn als V-Mann international anzusetzen, da er ganz zweifellos über die Fähigkeiten hierzu verfügt und seine Arbeit deshalb von außerordentlicher Wichtigkeit ist.«[72]

Ein verzweifelter Plan

Ende Juli fuhr Richard Krebs nach Kopenhagen. Von dort schickte er Anfang August seinen ersten V-Mann-Bericht. Die Monate bis zu seiner Abreise gehören zu jenen Abschnitten in seinem Leben, über die außer Selbstaussagen fast nichts vorliegt.

Out of the Night weicht von den tatsächlichen Ereignissen in manchem stark ab. Die Geschichte der Firelei hat definitiv keine Ähnlichkeit mehr mit der Geschichte seiner Frau. Und Jan Valtin reist bereits Ende Mai, Anfang Juni nach Kopenhagen. Beides hat Gründe: Krebs hielt sich zu dieser Zeit in Deutschland auf, und seine Schilderungen konnten für Freunde und Verwandte zur Gefahr werden. Denkbar ist auch, daß er nach den Folterungen, die seiner »Konversion« wahrscheinlich vorausgingen, und den aufreibenden Gesprächen und Verhören danach zusammenbrach und diese Schwäche in *Out of the Night* verschwieg, da sie nicht zum heldenhaften Gestus seines Protagonisten gepaßt hätte.

Einiges in Jan Valtins Berichten ist durchaus vorstellbar. Zum Beispiel, daß seine Vorgesetzten von der Gestapo eine »Legende« für ihren V-Mann fabrizierten, die schlüssig erklären sollte, warum er vor Beendigung seiner Haftstrafe plötzlich im Ausland auftauchte. Die Gestapo verlegt Valtin in das Stadtgefängnis in Hamburg, eine kaum noch benutzte Haftanstalt im Zentrum der Stadt, und fingiert seinen Ausbruch von dort so geschickt, daß es gelingt, selbst die Wachen zu täuschen. Danach, »aus der Freiheit«, schickt er im

Auftrag von Kraus ein verschlüsseltes Telegramm an Richard Jensen mit der Bitte um Hilfe. Jensen läßt Valtin sofort 200 Dollar zukommen. Diese Reaktion überzeugt Kraus davon, daß er immer noch beste Verbindungen nach Kopenhagen hat und es dem Agenten somit leicht fallen wird, in Dänemark Anschluß an die kommunistische Emigration und vor allem an Wollweber zu finden.

Krebs' Aussagen gegenüber dem CIC bestätigen, daß die Grundzüge der Geschichte stimmen; zwar war Krebs nicht »aus dem Gefängnis entkommen«, jedoch tatsächlich »auf der Flucht«. Auch erwähnt Krebs, daß Inspektor Kraus die Hälfte der Dollars, die Jensen ihm unter einem Decknamen postlagernd überwies, in die eigene Tasche gesteckt habe.

Besonders interessant ist eine Passage über Otto Kemnitz, seinen Stellvertreter, der während seiner Instruktionsreisen den Interklub geleitet hatte, die der CIC wie immer in der dritten Person protokollierte: »1937, kurz bevor er Deutschland verließ, fragte Paul Kraus* Krebs, ob er bei Kemnitz vorbeischauen könne, um zu sehen, was dieser im Sinn habe. Kemnitz lebte damals in einer sauberen kleinen Wohnung am Stadtrand von Hamburg. Das Bemerkenswerte an dem Treffen war, daß Kemnitz, der glücklich schien, Krebs wiederzusehen, auf dessen Bemerkung hin, daß er Deutschland verlassen werde, sagte ›Mein Gott, ich wünschte, ich könnte mit dir gehen, aber ich muß hier bleiben‹.

Danach fragte er, ob er Krebs' Erlaubnis habe, Kraus mitzuteilen, daß Krebs aus Deutschland entkommen sei, und Krebs sagte ja.

Kemnitz gab dies an Kraus weiter, was ihm bei dem, was er tat, eine bessere Position verschafft haben muß. Er war damals in irgendeine Art illegaler Tätigkeit verstrickt, die nichts mit dem Hafen zu tun hatte. Nach seiner Entlassung hatte er ein Hamburger Mädchen geheiratet und einen Spezialkurs besucht, der mit U-Boot-Bau zu tun hatte. Es kann sein, daß die Gestapo bestimmte Bedingungen gestellt hatte, bevor er die Arbeit bekam, und er daher um die Erlaubnis gebeten hatte, Krebs' Ausreise weiterzumelden. Er machte den Eindruck, der Bewegung gegenüber weiterhin vollkommen treu zu sein.«[73]

* Gemeint ist Peter Kraus.

Der kommunistische Geheimapparat, der bei der Machtergreifung Hitlers so erbärmlich versagt hatte, hatte sich durch die Verfolgungen in gewisser Hinsicht stabilisiert. Genossen, die noch in Freiheit waren, gingen zu jener perfekten Mimikry über, die sich auch andere verfolgte Minderheiten, so die Juden im Spanien der Inquisition, angeeignet hatten. Nur so läßt sich der Verlauf des Treffens der beiden ehemaligen Funktionäre begreifen, die voneinander gewußt haben müssen, daß sie noch auf der gleichen Seite standen.

Außer dem Bericht Valtins und seinen Aussagen gegenüber dem CIC hat Richard Krebs nichts über jene vier Monate zwischen dem Schreiben Streckenbachs nach Berlin und seiner Ankunft in Kopenhagen überliefert. Mit Sicherheit hat es einige Tage oder sogar Wochen gedauert, bis die Entscheidung in Berlin gefallen war. Zumindest so lange war Krebs noch in Haft. Genauso sicher scheint, daß die Gestapo ihren V-Mann noch einmal in sämtlichen Geheimtechniken geschult hat.

Nebenbei erwarb er sich während dieser Zeit eine umfassende Kenntnis des von Hamburg aus agierenden Auslandsapparates der Gestapo. Vier Jahre später sollte er einen Untersuchungsausschuß des US-Kongresses mit diesen Kenntnissen nachhaltig beeindrucken.

Wie die letzten Treffen zwischen ihm und Hermine verlaufen sind, sollte Richard Krebs' Geheimnis bleiben. Die entsprechenden Passagen in seinem autobiographischen Roman sind auf jeden Fall Fiktion. Am Ende eines mehrtägigen gemeinsamen Aufenthalts an der Nordsee bespricht die »standhafte Genossin« außer Hörweite der ständig anwesenden Gestapospitzel mit ihrem Mann, wie es weitergehen soll. Firelei ist nur aufgrund von Valtins Zusammenarbeit mit der Gestapo freigekommen, und beiden ist klar, daß sie nicht allein fliehen können, da die Grenzen Deutschlands zu gut bewacht sind. Ungebrochen und bereit, den Kampf wieder aufzunehmen, sagt Firelei zum Schluß zu ihm: »Du mußt zuerst ins Ausland gehen. … Du hast eine schwere Arbeit vor dir. Ich bin sicher, daß du einen Weg finden wirst, Jan und mich herauszuschaffen, nachdem du wieder in der Organisation Fuß gefaßt hast.«[74]

Hermine Krebs war jedoch nach Ablauf ihrer Haftstrafe im September 1936 aus dem Gefängnis entlassen worden.

Sie war nicht mehr die gleiche. Im Gefängnis hatte sie sich ein schweres, schmerzhaftes Nervenleiden zugezogen, das sie mitunter tagelang ans Bett fesselte. Sie lebte mit ihrem Sohn in Bremen bei ihren Eltern, in der Hoffnung, irgendwann wieder gesund zu werden und dann an der Kunsthochschule in Hamburg zu studieren. Ob die beiden – wie in *Out of the Night* – einige Zeit gemeinsam in einem Dorf an der Nordsee verbrachten, ist ungewiß. Seine Schwester Cilly war dabei, als sie sich ein letztes Mal voneinander verabschiedeten. Das geht aus einem Brief hervor, den sie ihm nach dem Krieg schrieb.

Wahrscheinlich haben sich in jenen Frühjahrstagen des Jahres 1937 alle Kinder des Kapitäns Hugo Krebs und seiner Frau Pauline noch einmal getroffen. Anlaß war der Tod ihres Bruders Julius. Julius, genau wie sein zwei Jahre älterer Bruder Richard Steuermann von Beruf, hatte politisch den entgegengesetzten Weg eingeschlagen: Er war der NSDAP beigetreten und nach der Machtergreifung Hitlers einer der ersten Offiziere der neu aufgebauten Luftwaffe geworden. Er kam ums Leben, als er sich aus einem brennenden Flugzeug nicht mehr befreien konnte. Wie Richard Krebs ein Jahr später in einem Brief und noch später in *Out of the Night* andeutete, hing der Tod von Julius, der in seinem Flugzeug verbrannte, mit kommunistischen Sabotageaktionen zusammen.

Während Julius in *Out of the Night* kursorisch unter dem Namen Hermann auftaucht, kommt Richards jüngster Bruder Hugo, genannt Peps, überhaupt nicht vor. Auch bei allen späteren Untersuchungen und Verhören, die amerikanische Behörden gegen ihn führen sollten, hat Richard Krebs außer dem Namen nichts über ihn ausgesagt.

Peps fühlte er sich neben Cilly von seinen Geschwistern am meisten verbunden, und er war der einzige, den er in seine illegale Arbeit einbezog. So erinnert sich seine Tochter Martina, daß ihr Vater Anfang der dreißiger Jahre mit Richard und Hermine in Hamburg zusammen lebte und sogar mit der illegalen Druckerei zu tun hatte, die sein Bruder eingerichtet hatte.

Peps, der Benjamin der Familie, war in vieler Hinsicht das genaue Gegenteil des sieben Jahre älteren Richard. Er war ein eher ruhiger, bedächtiger und bodenständiger Mensch, der leicht stotterte. Nach Jahren als einfacher Seemann war er im Begriff, sich wie seine beiden älteren Brüder bei der Bremer Seefahrtsschule zu bewerben, als Richard Krebs überraschend aus dem Gefängnis entlassen wurde und ihn aufs neue in seine Aktivitäten verwikkelte.

Peps sollte versuchen, der Gestapo ein Schnippchen zu schlagen und Hermine Krebs und ihren gemeinsamen Sohn Jan aus Deutschland herauszuschmuggeln.

Kein Wunder also, daß Richard Krebs seinen jüngsten Bruder nirgendwo näher erwähnt hat. Denn hätte die Gestapo jemals von diesem Plan erfahren, dann wäre Peps seinem Bruder in ein KZ gefolgt. Wie weit die beiden die Vorbereitungen bereits vorangetrieben hatten, als Richard Krebs nach Kopenhagen abreiste, ist nicht bekannt. Aus späteren Briefen geht zumindest hervor, daß Krebs versprach, das nötige Geld für den Kauf eines Kutters zu organisieren, mit dem die Flucht bewerkstelligt werden sollte. Weiter müssen sie Verabredungen getroffen haben, wie sie in Kontakt bleiben konnten. Denn auch nach Richard Krebs' Flucht nach Amerika schrieben sie sich, bis der kommunistische Geheimapparat den Kontakt endgültig unterbrach.

Der Betrug an seinen früheren Folterern, die Rettung von Frau und Kind, konnten nur gelingen, wenn die Gestapo Hermine und Jan nicht allzu eng beschattete. Und das wiederum hing vom Benehmen des Agenten Richard Krebs ab. Es war klar, daß die Geheimpolizei nur wenig Druck auszuüben brauchte, um Hermine Krebs endgültig zu zerbrechen. Sie war das Faustpfand, das die Gestapo gegen ihren Mann in der Hand behielt, als er nach Kopenhagen aufbrach.

V-Mann »Erka«

Wir können nur spekulieren, wie es in Richard Krebs ausgesehen haben muß, als er Ende Juli 1937 in Kopenhagen ankam. Auf jeden Fall hatte er nicht vor, das Spiel der Gestapo »ehrlich« mitzuspielen. Schließlich hatte er seinem Bruder den Auftrag gegeben, Frau und Kind aus Deutschland herauszuschmuggeln. Aber wie stand es mit seinen eigenen Genossen? Er konnte kaum auf ihre Hilfe rechnen, wenn es darum ging, eine Abtrünnige aus Deutschland herauszuholen.

Er wäre in ernsthafte Schwierigkeiten geraten, falls sie von diesem Plan erfahren hätten. Schließlich hatte Hermine sich an die Gestapo gewandt, war freiwillig nach Deutschland zurückgekehrt und somit zur »Verräterin« geworden.

Richard Krebs war wie schon 1930, dem Jahr, als er Hermine kennenlernte, dabei, sich in der Quadratur des Kreises zu versuchen. Hatte er sich damals bemüht, seine »bürgerlichen« Ambitionen, die schriftstellerischen Versuche und den Erwerb des Steuermannpatents mit seiner kommunistischen Überzeugung zu verbinden, so ging es sieben Jahre später darum, die Frau, die er liebte, und die Bewegung, der er angehörte, miteinander zu vereinbaren. Zu einem früheren Zeitpunkt hätte ihm das vielleicht gelingen können, aber im Jahr 1937 war es sogar unmöglich geworden, im Einvernehmen von seinen Genossen zu scheiden.

Zunächst wurde er freundlich von Richard Jensen aufgenommen, wie dieser selbst bestätigt hat. Wahrscheinlich war er bereits über die Vorgänge in Fuhlsbüttel informiert, bevor Krebs eintraf, da Gert Conrad, der Saefkows und Krebs' »Übertritt in die Dienste der Gestapo« beobachtet hatte, nach seiner Emigration mit Hildegard Thingstrup zusammen lebte, die damals Sekretärin des dänischen KP-Vorsitzenden Larsen war. Daß Jensen ihn freundlich aufnahm, ist ein weiteres Indiz dafür, daß Richard Krebs' Zusammenarbeit mit der Gestapo mit voller Kenntnis und Billigung seiner Genossen erfolgte.

Äußerlich hatte sich in Kopenhagen wenig verändert. Das Büro Richard Jensens befand sich immer noch in jenem modernen Bürogebäude Toldbogade 10, und Richard Jensen selbst war immer noch angesehenes Mitglied der Kopenhagener Stadtverordnetenversammlung, einflußreicher Gewerkschafter und prominenter Kommunist, der mit seiner Überzeugung nicht hinter dem Berg hielt. Aber sonst war nichts mehr wie früher.

In der kommunistischen Weltbewegung waren Veränderungen vor sich gegangen, die der in einem deutschen Zuchthaus isolierte

Häftling nicht in ihrer ganzen Tragweite erfaßt haben konnte. Zwar waren die Nachrichten über die Moskauer Schauprozesse auch bis hinter die Gefängnismauern gedrungen, aber in den deutschen Zuchthäusern und Konzentrationslagern waren die alte Solidarität und Brüderlichkeit, die die Anfänge der kommunistischen Bewegung gekennzeichnet hatten, unter dem Zwang der Verhältnisse noch ungebrochen, sie hatten sich sogar verstärkt.

In der Zentrale der Weltrevolution dagegen, in Moskau, wurde zu dieser Zeit die gesamte alte Garde der Bolschewiken vor Gericht gestellt und hingerichtet: Bucharin, der Cheftheoretiker, den Lenin den Liebling der Partei genannt hatte, Sinowjew, der ehemalige Führer der Komintern, Antonow-Owsejenko, der Leiter des Sturms auf den Winterpalast, Kamenew, Radek und viele der deutschen Parteiführer, die sich in die Sowjetunion geflüchtet hatten. Die meisten der ausländischen Mitarbeiter im Zentralapparat der Komintern wurden liquidiert oder arbeiteten sich in einem Lager zu Tode, und keine Abteilung hatte prozentual mehr Opfer zu verzeichnen als der OMS, der Verbindungsdienst der Komintern, dessen geheimdienstlicher Charakter hervorragenden Stoff für die paranoiden Phantasien der Folterer abgab.

Richard Krebs konnte nicht wissen – und sollte auch nie erfahren –, daß zum Zeitpunkt seiner Ankunft sein Förderer Alfred Bem alias Adolf wahrscheinlich ebenfalls nicht mehr am Leben war. Die Untersuchung Ende 1933 hatte er noch überstanden und war im Frühjahr 1934 nach Kopenhagen zurückgekehrt. Dort nahm er wieder seinen alten Posten ein und siedelte 1935, als der Sitz der ISH verlegt wurde, nach Paris über. Doch in Moskau hatte man ihn nicht vergessen. Ein unbekannter Inquisitor hinterließ im Dezember 1935 diese Zeilen in seiner Akte: »Unserer Meinung nach eine äußerst zweifelhafte Person. Ich glaube, daß wir uns äußerst ernsthaft mit ihm beschäftigen müssen, um ihn zu entlarven ... Daher müssen wir seinen Rückruf bewerkstelligen.«[75]

Nach seiner Ankunft in Moskau im Februar 1936 wurde er zum zeitweiligen Leiter des sowjetischen Büros der ISH ernannt. Dann begannen monatelange Verhöre. Wieder und wieder mußte er sich wegen seiner Beziehung mit Hildegard Thingstrup rechtfertigen und dafür, 1921 als Wehrpflichtiger beim Kampf der polnischen gegen die Rote Armee teilgenommen zu haben. Beides zusammen nahmen die Inquisitoren als Begründung für den Verdacht, Bem alias Adolf sei ein »polnischer Spion«. Der letzte ihn betreffende Eintrag in seiner Kaderakte ist auf den 13. Mai 1936 datiert: »dem EKKI zur Entscheidung vorlegen«.[76] Aus der Lebensgeschichte seiner damals sieben Jahre alten Tochter Danuta, um die es bei allen späteren Eintragungen in seiner Kaderakte ging, ist zu schließen, daß er danach entweder hingerichtet wurde oder in einem Arbeitslager ums Leben kam.

Nach der Festnahme ihres Vaters kam sie in ein Waisenhaus, da ihre Mutter, von der Adolf getrennt lebte, gleichfalls festgenommen wurde und genauso spurlos für immer verschwand. 1955 nahmen die Behörden Kontakt mit Danuta Alfredowna auf, um der jungen Schauspielerin die glückliche Nachricht mitzuteilen, daß ihr Vater postum rehabilitiert worden sei. Die allerletzte Eintragung in Adolfs Akte stammt von 1960. Die polnische KP hatte Adolfs Tochter zum ersten Besuch in ihrem Geburtsland nach dem Verschwinden der Eltern eingeladen und bei einer Moskauer Behörde nachgefragt, ob denn »Adolf« wirklich »sauber« sei. Er war es, und Danuta Alfredowna durfte nach Polen.

Daß Ernst Wollweber, der sich 1936 ebenfalls in der Sowjetunion aufhielt, zu Alfred Bem befragt wurde, ist zwar nicht erwiesen, angesichts des Verlaufs derartiger Untersuchungen aber stark anzunehmen. In Anbetracht des Schicksals Bems kann man davon ausgehen, daß Richard Krebs 1937 schon nicht mehr am Leben gewesen wäre, hätte Wollweber ihn nicht nach Deutschland geschickt.

Wer in jenen Jahren in sowjetischen Diensten überleben wollte – und das galt natürlich auch für Ernst Wollweber und Richard Jensen –, tat gut daran, jeden, der mit der Gestapo in Berührung gekommen war, auf größtmöglichem Abstand zu halten.

Über die Ereignisse, die dazu führten, daß Richard Krebs knapp vier Monate nach seiner Ankunft in Kopenhagen von der Komintern für vogelfrei erklärt und weltweit zum Abschuß freigegeben wurde, gibt es verschiedene Versionen. Sowohl Wollweber als auch Jensen haben ihre Sicht der Dinge mehrfach zu Protokoll gegeben. Dazu kommen unzählige Meldungen des V-Mannes Richard Krebs, die aus Kopenhagen nach Hamburg geschickt wurden, und schließlich die Schilderung in *Out of the Night*.

Im Roman trifft Jan Valtin in Kopenhagen ein, wird wieder in die Organisation aufgenommen und dann dazu benutzt, die Gestapo mit einer Flut halbwahrer Berichte in die Irre zu führen. Von Anfang an fordert er, die »gute Genossin Firelei« mit Hilfe des kommunistischen Geheimapparats aus Deutschland herauszuschleusen, was Wollweber ihm aber verweigert. Je länger das Doppelspiel dauert, desto größer wird die Gefahr, daß die Gestapo den Betrug bemerken und sich an seine Frau halten würde. Schließlich meldet er sich eigenmächtig ab, indem er der Gestapo mitteilt, er würde zu einer Schulung in die Sowjetunion geschickt. Nach diesem Bruch der Parteidisziplin legen Wollweber und Jensen ihn vorläufig auf Eis, setzen ihn noch einmal kurz in den Niederlanden ein und holen ihn schließlich zur endgültigen Verhandlung seines Falls nach Kopenhagen zurück. Dort wird die Entscheidung getroffen, ihn in die Sowjetunion zu bringen. Bis zum Eintreffen eines geeigneten Schiffes setzt man ihn im Landhaus Jensens fest, aus dem er sich schließlich unter abenteuerlichen Umständen befreien kann. Von dort gelangt er nach einer Odyssee durch Dänemark und Frankreich bis nach Antwerpen, von wo er schließlich mit Hilfe Edo Fimmens, des Führers der ITF, jener Konkurrenzorganisation der ISH, mit der sich die Kommunisten noch 1933 heftige Propagandaschlachten geliefert hatten, aus Europa flüchtet.

Wie bereits die Geschichte vom Besuch Heitmanns im KZ, der ihm angeblich den Auftrag erteilte, sich in die Gestapo einzuschleichen, diente auch die Version von Valtins Bruch mit der Komintern zum einen dazu, den Gestapovorwurf zu widerlegen, und zum anderen dazu, sich selbst, das Andenken seiner Frau und das Leben seines Bruders zu schützen. Richard Krebs war in Kopenhagen nichts weiter als eine kleine Figur in einem Fernduell zwischen der sowjetischen Geheimpolizei und der Gestapo, das er zeit seines Lebens nie völlig durchschauen sollte. Eine Rolle als Spielball, die er sich nicht eingestehen wollte und die auch schlecht zu dem heroischen Gestus seines Helden gepaßt hätte. So ist der autobiographische Romane für die Rekonstruktion der folgenden Ereignisse vor allem wegen seiner fiktiven Teile interessant, die wie die Legende von der »guten Genossin Firelei« auf Richard Krebs' Innenleben schließen lassen.

In *Out of the Night* wird Jan Valtin in Jensens Landhaus gefangen gehalten, nachdem er sich geweigert hat, der Gestapo weiter falsche Informationen zuzuspielen. Richard Jensen, eine prominente Figur des öffentlichen Lebens in Dänemark, war mit dieser Version nicht einverstanden und setzte nach dem Krieg seine eigene dagegen. Richard Krebs habe nach seinem Eintreffen in Kopenhagen keineswegs seinen Gestapoausweis auf den Tisch gelegt und damit seinen Auftrag sofort bekanntgegeben, sondern heimlich mit Hamburg Kontakt aufgenommen. Wörtlich berichtete er dem dänischen Autor Erik Nørgaard: »Diesen Sommer hatte ich ein kleines Sommerhaus gemietet, draußen in Jägerkron auf Köge. Ich schlug Krebs vor, mitzukommen und im Garten zu zelten. So könne er in der frischen Luft bei gutem dänischen Essen nach seinem Aufenthalt in Fuhlsbüttel wieder zu Kräften kommen. Krebs erschien dies eine gute Idee. So war er dicht an dem, was er für die Organisation hielt.«[77] Da sie Krebs' Korrespondenz kontrollierten, wußten die Genossen bald: »Krebs war Gestapoagent Nr. 51. Über eine Deckadresse stand er in Verbindung mit Inspektor Kraus, der Experte in skandinavischen Angelegenheiten war. In seinen Briefen teilte Krebs dem Kriminalrat Kraus die wertlosen Informationen mit, die ich (Jensen) ihm gab. Jedesmal, wenn er in die Stadt fuhr, hatte er einen von unseren Leuten hinter sich, und wir stellten fest, er besuchte auch die deutsche Botschaft. Die Briefe, die Krebs erhielt, wurden von uns vorher fotografiert. Krebs legte in die Briefe ein Haar von sich, und wir sorgten dafür, daß das Haar nach unserer Kontrolle wieder im Brief lag.«[78]

Richard Krebs, erzählt Jensen, habe sogar versucht, ihn zum Hafen zu locken, um ihn dort von der Gestapo entführen zu lassen. Seine sehr detaillierte Schilderung jenes angeblichen Entführungsversuchs klingt jedoch sehr unwahrscheinlich. Warum hätte das Deutsche Reich einen prominenten und angesehenen

Staatsbürger eines Nachbarlandes entführen sollen, das man in wohlwollender Neutralität zu halten gedachte? Im Zweiten Weltkrieg zeigte es sich, daß die Gestapo nicht einmal während der Besatzung Dänemarks auf der Auslieferung Jensens bestand, der die Kriegsjahre in einem dänischen Gefängnis verbrachte. Auch in den Akten der Gestapo, in denen die Meldungen von Richard Krebs verzeichnet wurden, findet sich nicht der leiseste Hinweis auf einen solchen Plan.

Wollweber beschreibt Krebs' Ankunft in Kopenhagen anders als Jensen. Seine Version ist um so glaubwürdiger, als sie zweimal – das erste Mal 1941 aus schwedischer Haft gegenüber der schwedischen Sicherheitspolizei und das zweite Mal aus nicht für die Öffentlichkeit bestimmten Erinnerungen – überliefert ist.

Laut Erik Nørgaard, der Zugang zu den schwedischen Akten hatte, berichtete Wollweber der schwedischen Polizei, »daß Krebs sofort bei seiner Ankunft in Dänemark über seine neue Rolle bei der Gestapo erzählte und danach erklärte, daß er wieder für die Komintern arbeiten wolle, aber in Wirklichkeit versuchte, seine Spitzeltätigkeit fortzusetzen«[79]. Nørgaard hat dieser Widerspruch zu der Darstellung Jensens, die er in seinen früheren Veröffentlichungen übernommen hatte, offensichtlich irritiert. Er kam zu dem Schluß, daß Krebs seine Spitzelrolle in Absprache mit der Gestapo verraten haben mußte.

Folgt man der von Nørgaard referierten Begründung Wollwebers gegenüber den Schweden, warum Richard Krebs ein Spitzel gewesen sei, läßt sich eine solche Absprache allerdings so gut wie ausschließen. Interessanterweise hob Wollweber nämlich nicht auf die von Jensen behauptete »Aufdeckung« seiner Verbindung mit Hamburg ab, sondern stellte in seiner Argumentation etwas ganz anderes in den Vordergrund:

»Wollweber bestätigte nicht, daß er Krebs 1937 wiedersah. Er sagte über diese Zeit nur, daß Krebs als Werkzeug eines anderen Mannes in der ISH gearbeitet habe, der nachweislich im Dienst einer fremden Macht stand. Dieser Mann sei Adolf Schelley gewesen, der, wie bekannt, in Moskau als Verräter und Spion entlarvt worden sei.«[80]

Schließlich seien noch kurz Wollwebers Erinnerungen zitiert, die er niederschrieb, nachdem ihn 1957 Erich Mielke als Chef der Staatsicherheit der DDR abgelöst hatte: »Krebs kam nach Kopenhagen mit einem falschen Dokument und erklärte bei seiner Ankunft, daß er von der Gestapo geworben sei. Legte sofort den ihm von der Gestapo angeblich erteilten Auftrag auf den Tisch, seine Dokumente, Bankschecks, um auf diese Weise Vertrauen zu bekommen. Zwischen Krebs und mir haben dann tatsächlich auch Besprechungen stattgefunden, da wir ihm aber nicht trauten, wurde er vollständig von der Außenwelt abgeschnitten, Krebs wurde isoliert.«[81]

Beide Versionen können so nicht stimmen. Entweder erhielt Richard Krebs, wie Jensen berichtet, wertlose Informationen, die er nach Hamburg weitergab, oder er wurde, wie Wollweber behauptet, vollständig von der Außenwelt isoliert.

In Wirklichkeit ergoß sich vom 8. August bis zum 27. September 1937 eine wahre Informationsflut aus Kopenhagen, die von der Gestapo Hamburg zusammengefaßt und nach Berlin weitergegeben wurde, wo man sie in der V-Mann-Akte Richard Krebs abheftete. Im Wochenrhythmus kamen seitenlange Berichte mit unterschiedlichsten Informationen: daß Thomas Mann Vorsitzender einer internationalen antifaschistischen Gesellschaft sei – was die Gestapo wahrscheinlich weniger interessierte –, Informationen über die Untergrundverbindungen der »Skania Hjaelp« nach Deutschland (die nach der Verhaftung einer Kurierin bereits bekannt waren), über Schiffsverbindungen der Komintern, über ein Scotland-Yard-Büro in Hamburg, über die Enttarnung eines Spitzels, über die dänische Freidenkergesellschaft, international tätige Kommunisten, skandinavische Seeleutefunktionäre, über Spanienhilfe und und und. Bereits für die erste Lieferung muß der Gestapokurier einen kleinen Koffer gebraucht haben. Am 5. August schickte der V-Mann S50 (der andere, häufigere Deckname für Richard Krebs war »Erka«) der Gestapo die *Deutsche Volkszeitung*, die *Kommunistische Internationale*, Heft 6, sieben weitere Broschüren, darunter »Über die Besonderheiten der spanischen Revolution« und »Vernichtet den Trotzkismus« sowie 13 getarnte Broschüren.

Am 7. September benötigte die Hamburger Gestapo nicht weniger als sieben Schreibmaschinenseiten, um der Zentrale »Erkas« neueste Meldungen mitzuteilen. Dazu wurde angemerkt, »Erka« habe 11 Broschüren übersandt.

Diese Flut ist ein Indiz dafür, daß der angebliche Spitzel, genau wie der Held von *Out of the Night*, in Kopenhagen dazu benutzt wurde, die Gestapo mit einer geheimdiensttypischen Mischung aus Wahrem, Halbwahrem und Erfundenem in die Irre zu führen. Dabei muß Richard Krebs in Kopenhagen, wie Wollweber berichtet, tatsächlich fast vollkommen isoliert gewesen sein, denn von der Verhaftung Bems, die in Kreisen ehemaliger ISH-Leute zu diesem Zeitpunkt längst bekannt war, hat er ja nie erfahren. Um so unwahrscheinlicher ist es, daß dieser Mann, dem man noch nicht einmal die Wahrheit über seinen Freund mitteilte, diese Riesenmenge an Informationen selbst zusammengetragen hat.

Wie bereits am Fall Beilich geschildert, liefern die Berichte eines V-Mannes der Gestapo, der in Wirklichkeit für die Gegenseite arbeitet, für sich genommen keinerlei Hinweise auf die Doppelrolle des angeblichen Spitzels. Um die Glaubwürdigkeit eines Doppelagenten nicht zu beschädigen, wird ein Geheimdienst immer darauf achten, ihn niemals nachweisbar falsche Informationen liefern zu lassen, sondern stets solche, die einen gewissen Bezug zur Realität haben. Werden der Gegenseite doch Falschinformationen zugespielt, dann nur solche, die sie nicht überprüfen kann.

Man kann den Wahrheitsgehalt und die wahre Absicht der Berichte eines Doppelagenten nur erschließen, wenn man den Kenntnisstand beider Parteien vergleicht. Bei den Berichten des V-Mannes »Erka« ist das oftmals unmöglich. Wie soll man nach 60 Jahren überprüfen, ob die Schiffsverbindungsleute Jensens, die »Erka« in seiner ersten Meldung am 5. August aufzählte, tatsächlich die Rolle spielten, die er ihnen zuwies? Andere Nachrichten »Erkas« waren kaum geheim zu nennen. So etwa die Mitarbeit Bert Brechts an der Zeitschrift *Das Wort*, die von Lion Feuchtwanger herausgegeben wurde (dessen Personalien von den tumben Gestaposchergen daraufhin mühsam aus den Akten ermittelt wurden), oder der Kongreßverlauf samt anschließender Neuwahl des dänischen Heizerverbandes.

Eine der Meldungen, die am ehesten zu belegen scheint, daß

Richard Krebs ein »echter« Agent war, beweist bei näherer Analyse das genaue Gegenteil. Wegen ihres »authentischen« Klangs sei sie hier vollständig zitiert:

»Hamburg den 21. 8. 1937

Betrifft: Richard Jensen Dänemark

Durch den Stiefsohn Jensens, dem durch Alkohol die Zunge gelöst werden konnte, wurde hinsichtlich der Funktionen des Richard Jensen folgendes bekannt:

Offiziell: Leiter des Heizerverbandes für Kopenhagen, Stadtratsmitglied, Mitglied der Leitung des zentralen dänischen Gewerkschaftskartells, Mitglied des Politbüros des ZK der KP Dänemarks;

Inoffiziell: Zentrale Anlaufstelle für alle internationalen Leute, die von der UdSSR nach Westeuropa reisen. Wahrscheinlich so, daß diese Leute über Finnland und Schweden bis Kopenhagen fahren und dabei legale Papiere führen. Bei Jensen werden ihre legalen Pässe gegen falsche ausgetauscht, und erst hier erhalten sie ihre schriftlichen bzw. mündlichen Instruktionen und sonstiges Material.

Bei Jensen geht allerlei für Moskau bestimmte Post ein, um von dort aus durch spezielle Kuriere und Verbindungsleute (ohne Benutzung des regulären Postwegs) weitergeleitet zu werden. Wo diese Fäden zusammenlaufen, d. h. wo das Abfertigungsbüro für diese Dinge ist, konnte der V.-Mann bisher nicht feststellen; die Wohnung Jensens dient nicht solchen Zwecken. Die offizielle Verteilungsstelle für illegale deutsche Literatur befindet sich in Kopenhagen, Larsbjörnstr. 15.«[82]

Was auf den ersten Blick absolut »echt« wirkt und sicher auch so kalkuliert war, entpuppt sich bei genauerem Hinsehen als ein Haufen alter Kamellen. Schließlich war Jensens Rolle bei der Beherbergung internationaler Funktionäre spätestens durch Albert Walter wohlbekannt, die Relaisfunktion Kopenhagens ein alter Hut und die Paßfälschereien ebenfalls.

Schließlich hatte die Gestapo nicht nur Richard Krebs, sondern auch andere deutsche Kommunisten mit Papieren gefaßt, die von Jensen stammten. Ein anderer V-Mann, ein Beamter der politischen Polizei Dänemarks und strikter Antikommunist, meldete kaum drei Monate nach dem Bericht »Erkas«, es sei sehr unwahrscheinlich, daß Jensen sich mit Paßfälschereien beschäftige.[83] Dagegen sei es sicher, daß er Matrosen für Waffentransporte nach Spanien anheuere, was in Gewerkschaftskreisen einige Unruhe auslöse, da Jensen daran gut verdiene. Richard Jensens Rolle bei Waffentransporten nach Spanien ging noch weit darüber hinaus, wie Nørgaard in seinen Veröffentlichungen schreibt, in denen er sich wesentlich auf Jensens eigene Angaben stützt. »Es sollte sich schnell zeigen, daß Jensen einer der wertvollsten Männer in dem etablierten Waffennetz für Spanien wurde. Wo andere sich in unüberschaubaren Schwierigkeiten festliefen, gelang es Jensen in kurzer Zeit, über eine Flotte neuer Schiffe zu disponieren, alle bemannt mit zuverlässigen Leuten, auf labyrinthische Weise in ganz Europa Schiffe zu dirigieren, sie zu beladen und umzuladen und große Mengen Munition nach Spanien zu schmuggeln. Durch eine schlaue Transaktion über Schweden glückte es Jensen, Gewehre und Munition in Hamburg aufzukaufen.«[84]

Wäre es also »Erka« wirklich gelungen, Martin Jensen, dem Leibwächter seines Vaters, »die Zunge zu lösen«, dann hätte er der Gestapo tatsächlich sehr wertvolle Informationen zukommen lassen können. Da aber Richard Krebs erst nach dem Krieg erfuhr, welcher Tätigkeit Richard Jensen zu jener Zeit nachging, muß man die Meldung »Erkas« als ein sehr geschicktes Desinformationsmanöver betrachten.

Wie die Aussagen Beilichs über Hermine Krebs eine falsche Spur legten und einer Frau, die sich längst vom Kommunismus abgewandt hatte, eine leitende Rolle andichteten, so muß auch bei den Meldungen »Erkas« eine bestimmte Absicht vermutet werden. Soweit die Auswertungen der Angaben »Erkas« durch die Gestapo erhalten sind, wird deutlich, daß die einzige wirklich brisante Information, die »Erka« über den kommunistischen Untergrund in Deutschland mitzuteilen hatte, die Verbindungsarbeit der »Skania Hjaelp«, der Gestapo längst bekannt war.

Dagegen waren jene Mitteilungen, die sich auf den englischen Geheimdienst und die ITF, den alten Widersacher der ISH, bezogen, zutreffend und der Gestapo völlig neu.

Um zu verstehen, welche Rolle der V-Mann »Erka« wirklich spielte, muß man wissen, daß die deutsche Sektion schon vor Auflösung der ISH praktisch nicht mehr existierte. Der »Genosse Pirat«, Hermann Knüfken, hatte Mitte 1935 gegen die Führung der ISH und deren bürokratische Arbeitsweise gemeutert, die Mehrheit der deutschen Kader von ISH und Einheitsverband auf seine Seite gezogen und in die ITF geführt. Ihm und seinen Mitstreitern war das einzigartige Kunststück gelungen, »die Partei hinsichtlich Mitgliederzahl und politischem Einfluß in einer ganzen Berufsbranche zu überflügeln«.[85] Mit charakteristischem Schwung setzte der erfahrene Meuterer seinen Gefolgsleuten das Ziel, bei Kriegsausbruch an der deutschen Küste Aufstände wie 1918 herbeizuführen und dafür zu sorgen, daß im Kriegsfall kein deutsches Schiff in den Hafen zurückkehrt. Daß diese Pläne, die auf den ersten Blick wie die Phantasien eines Größenwahnsinnigen klingen, nicht ganz abwegig waren, wird durch Berichte der Gestapo, die die Stimmung in der Hamburger Betrieben genau beobachtete und für den Kriegsfall ebensolche Aufstände befürchtete, bestätigt.

War schon in den Hamburger Werften die Ablehnung des Führers deutlich spürbar, so war die Stimmung unter den Seeleuten, die weder der Dauerberieselung durch die Propaganda noch der permanenten Bedrohung durch die Gestapo ausgesetzt waren, offen gegen das neue Regime eingestellt. Glaubt man den Erinnerungen von Zeitzeugen, zogen es auch die Nazis unter der Besatzung vor, Andersdenkende nicht zu denunzieren, wenn sie nicht bei der nächsten Fahrt selbst über Bord gehen wollten.[86] Die Gruppe Knüfkens verzichtete, dem Temparament ihres Führers gemäß, weitgehend auf Theorie und beschränkte sich im wesentlichen auf die Ablehnung der beiden Arbeiterparteien und die Propagierung von Meutereien wie denen, die zur Revolution 1918 geführt hatten. Ihr Programm kam bei den auch von der KPD tief enttäuschten Seeleuten so gut an, daß es einer kleinen Schar Aktivisten von ihrer Basis in Antwerpen aus gelang, 300 Vertrauensleute auf deutschen Schiffen zu gewinnen und die Mehrheit der ehemaligen Kader des Einheitsverbandes auf ihre Seite zu ziehen.

Die Abschottung der Gruppe, die wie die Aufständischen von 1918 ohne jede formale Struktur auskam, klappte so perfekt, daß die deutschen Behörden vor Richard Krebs' Eintreffen in Kopenhagen keine Ahnung von der neuen Lage hatten und hinter jeder Agitationsarbeit immer noch die ISH vermuteten. So wurden, wie der Historiker Dieter Nelles schreibt, »in einer Studie des Amtes Information der Deutschen Arbeitsfront über ›Störungen des Wirtschaftsfriedens in der Seeschiffahrt‹ aus dem Jahre 1937 ... der ›Zersetzungstaktik der Komintern‹ fünf Seiten gewidmet und der ›Gewerkschaftsinternationalen‹ ITF ganze zwei Sätze«.[87]

»Erka« klärte die Gestapo über ihren Irrtum auf. Gleich seine zweite Lieferung enthielt eine Information, die sie elektrisierte: »Die ISH wurde zwischenzeitlich liquidiert; ihre Sektionen schlossen sich auf Anweisung den Landes-Sektionen der ITF an (Dimitroffs Trojanisches Pferd), was eine außerordentliche Radikalisierung auch führender ITF-Kreise zur Folge hatte. Selbstverständlich sind auch frühere führende ISH-Funktionäre eingesetzt und tätig, um die ISH immer mehr in das kommunistische Fahrwasser hinüberzuleiten.«[88]

Daß diese Meldung die gewünschte Wirkung hatte, kann man einem Schreiben der Berliner Gestapozentrale vom 9. November 1937 entnehmen: »Anfang September wurde hier bekannt, daß die ISH auf Weisung Moskaus als solche aufgehört hat zu bestehen. Sie ist in der ITF aufgegangen, um so die illegale Arbeit besser und noch getarnter fortsetzen zu können. Diese Maßnahme hatte eine außerordentliche Radikalisierung führender ITF-Kreise zur Folge. Selbstverständlich sind auch führende ISH-Funktionäre innerhalb der ITF eingesetzt worden.

Sämtliche an der Nord- und Ostseeküste zuständigen Stapoleit- bzw. Stapostellen haben die gleiche Mitteilung erhalten.

Sollte dort näheres in dieser Angelegenheit bekannt werden, so ersuche ich um Übersendung eines Berichts.«[89]

Knüfken und seine Leute hatten mit ihrer Loslösung von der Komintern eine Sünde begangen, die im unmittelbaren Machtbereich der GPU unweigerlich die Todesstrafe nach sich gezogen hätte. Aber man war in Westeuropa. Wollweber persönlich war sich nicht zu schade gewesen, zu Edo Fimmen, dem Führer der ITF, zu reisen, um die Abtrünnigen als Mitarbeiter der Gestapo zu denunzieren. Doch damit hatte er nur das Mißtrauen des alten Sozialrevolutionärs geweckt, der die Antwerpener Gruppe nun erst recht unterstützte.

Für Knüfken persönlich war die Situation nach seinem Bruch der Parteidisziplin wesentlich gefährlicher als für seine Mitstreiter. Schließlich war er, als einer der Männer, die das Seeleutenetz des OMS mit aufgebaut hatten, Geheimnisträger ersten Rangs.

Bereits Ende der zwanziger Jahre hatte er eine Untersuchung der sowjetischen Geheimpolizei knapp überlebt und mußte daher genau wissen, in welche Gefahr er sich begab. Erstaunlicherweise sollte er den Bruch, anders als die meisten anderen Mitarbeiter sowjetischer Dienste, die sich zu dieser Zeit von Stalin abwandten, mit heiler Haut überstehen.

Vielleicht rettete ihm ein Schweigegelübde den Kopf. Darauf deutet die Passage seiner Erinnerungen über die Haft in der Sowjetunion hin, die so abgefaßt ist, daß sie keinerlei Rückschlüsse auf den Autor zuläßt.

Außerdem war der alte Fuchs nicht so leicht zu erledigen, wie die Führung der ISH feststellen mußte. Nachdem sie ihn vergeblich als Gestapoagenten denunziert hatte, schickte sie 1936 einen Genossen los, der Knüfkens Briefverkehr kontrollierte. Dabei kam heraus, daß Knüfken offensichtlich geheimdienstliche Kontakte hatte.

Zur Rede gestellt, behauptete der »Genosse Pirat«, es sei die GPU, mit der er Kontakt halte. Der schnüffelnde Genosse zuckte bei der Erwähnung der gefürchteten Geheimpolizei zurück und schrieb einen Brief nach Moskau, um in Erfahrung zu bringen, ob das denn stimme. Leider ist nur dieser Brief, aber nicht die Antwort in Knüfkens Kaderakte enthalten, und so ist unklar, ob Knüfken nur geblufft hatte.

Daß Knüfken ab 1936 mit dem britischen Geheimdienst zusammenarbeitete, ist dagegen sicher. Für den Secret Service wurde Knüfken im Laufe der dreißiger Jahre immer wichtiger. Als er 1940 in Schweden bei dem Versuch festgenommen wurde, Möglichkeiten der Zerstörung ebenjener Erzbahn zu erkunden, die bereits Richard Krebs 1933 nach Norwegen geführt hatte, ließ der britische Geheimdienst alle diplomatischen Mittel einsetzen, um seine Auslieferung nach Deutschland zu verhindern. In Kominternkreisen wurde eine Tätigkeit Knüfkens für die Briten relativ früh vermutet; schon Adolf hatte dies Anfang 1936 nach seiner Ankunft in Moskau berichtet.

Nur die Gestapo wußte davon noch nichts. Erst durch »Erka« wurde sie am 21. 8. 1937 darauf hingewiesen. Der Doppelagent teilte mit, er habe zufälligerweise einen Brief vom 1. Januar 1937 eingesehen, in dem ein gewisser Grebjakow berichte, »daß Knüfken seit Jahr und Tag für die Scotland-Yard arbeitet und auch von dort besoldet wird«[90].

Der Mann, der die Gestapo am meisten interessiert haben muß, war Ernst Wollweber. Sie hatte ihn aus den Augen verloren, als er 1935 in die Sowjetunion gegangen war. Was er dort genau gemacht hat, ob er kurzfristig ins Visier der »Säuberer« geriet, ist nicht mit letzter Sicherheit zu sagen. 1937 jedenfalls – das ist vielfach nachgewiesen und von ihm selbst in seinen Erinnerungen detailliert geschildert worden – hatte er mit gewerkschaftlicher Arbeit oder mit Agitation gegen das Dritte Reich nichts mehr zu tun. Der Mann, der laut der sowjetischen Geheimdienstlerin Soja Woskressenskaja bereits Anfang der zwanziger Jahre für den sowjetischen Geheimdienst tätig gewesen war und den man »abgeschaltet« hatte, als er ins ZK der KPD gewählt wurde, war nun im Auftrag Stalins und mit Unterstüzung der sowjetischen Geheimdienste dabei, eine weltweite Anschlagsserie auf die Schiffahrt der Achsenmächte zu organisieren, die ihm später den Namen »König der Saboteure« eintragen sollte. Seine Mitarbeiter rekrutierte er aus nord- und mitteleuropäischen Kadern der ISH, die, genau wie er selbst, aus jeglicher offenen Arbeit ausschieden. Eine wichtige Rolle spielte der Lette Ernest Lambert alias Michael Avotin oder Avatin, den Richard Krebs bei seiner ersten Reise im Auftrag des IPK Transport als blinden Passagier auf der Montpellier untergebracht hatte. Als Richard Krebs in Kopenhagen eintraf, war die Sabotageorganisation bereits in Aktion.

Folgte Wollweber nur den Regeln der Konspiration oder traute er Richard Krebs aus ganz anderen, möglicherweise persönlichen Gründen nicht? War er sich in der paranoiden Atmosphäre jener

Jahre der Gefahren bewußt, die für ihn persönlich von einem allzu engen Kontakt mit Richard Krebs ausgingen? Jedenfalls erhielt der ehemalige Häftling nicht die geringsten Informationen über das neue Tätigkeitsfeld seines früheren Chefs. Andernfalls hätte er später keine Minute gezögert, sie öffentlich zu machen.

Trotzdem kam Wollweber Richard Krebs in Kopenhagen anscheinend gerade recht, um die Gestapo von seinem neuen Tätigkeitsfeld abzulenken. Über die ITF und Knüfken meldete der angebliche Gestapospitzel äußerst Interessantes und Richtiges, über Wollweber und seine Leute Irreführendes und Falsches.

So wird in den von der Hamburger Gestapo für Berlin zusammengefaßten Berichten »Erkas« nirgendwo von einer persönlichen Begegnung des V-Manns mit Wollweber berichtet, obwohl derartige Treffen nach Angaben aller Beteiligten stattgefunden haben. Dafür findet sich gleich im ersten Bericht »Erkas« folgende Passage über Ernst Wollweber: »Der bisherige Leiter der ISH in Kopenhagen – siehe Band I, deutsche Funktionäre, der ISH-Akte – Ernst Wollweber wurde bei der Generalreinigung gegen die ›deutschen Sektierer‹ nach dem VII. Weltkongreß, zusammen mit vielen anderen leitenden Leuten kalt gestellt. Er war lange krank und dieserhalb in russischen Sanatorien, um sich jetzt in Leningrad aufzuhalten.«[91]

Die nächste Meldung »Erkas« über Wollweber scheint der These, daß Richard Krebs Falschinformationen weitergab, auf den ersten Blick zu widersprechen.

»Wollweber, Ernst – siehe Verzeichnis der flüchtig gegangenen Kommunisten – ist seit 3 Monaten aus Leningrad zurück und unter dem Decknamen ›Valentin‹ als Instrukteur der Komintern für Norwegen und Schweden tätig. Als solcher ist er bald in Oslo, bald in Stockholm aufhältlich. Er ist in Oslo mit der Norwegerin ›Kitty‹ geb. Andresen verheiratet und soll fließend skandinavisch sprechen. Wollweber soll recht dick geworden sein.«[92]

In Wirklichkeit war dies eine weitere, sehr geschickte Falschmeldung. Wollweber war keineswegs Instrukteur der Komintern. Im Gegenteil: Kontakt mit Parteikreisen mußte er beim Aufbau seiner Sabotageorganisation völlig vermeiden, da Kommunisten überall von der Polizei beobachtet wurden. Auch hatte er sich mit einer Norwegerin verheiratet, aber nicht mit Kitty Andresen. Allerdings war Kitty Andresen der Gestapo bereits als norwegische Kommunistin bekannt, was dem Bericht weitere Glaubwürdigkeit verlieh. Dies war zweifellos auch so beabsichtigt gewesen. Aus einer späteren Aussage von Richard Krebs kann man rekonstruieren, wie diese Meldung zustande kam.

1950, zu Beginn des Kalten Krieges, stellte der amerikanische Geheimdienst CIC sämtliche Informationen zusammen, die man aus *Out of the Night* herauslesen konnte, und bat Richard Krebs um alle auch noch so unwichtigen Einzelheiten, die er über Wollweber in Erinnerung hatte. Laut *Out of the Night* war Wollweber, als Valtin ihn in Kopenhagen traf, mit der Schwester Arthur Samsings verheiratet. Hier nun das Protokoll seiner Aussage 13 Jahre später:

»Krebs nimmt an, daß die Geschichte, daß Wollweber Sylvia Samsing geheiratet habe, stimme. Er schließt das aus der Aufregung, die in Kopenhagen entstand, als er erwähnte, daß Kraus ihm eine Botschaft geschickt habe mit der Mitteilung, daß ein derartiger Bericht vorläge, und der Bitte, ihn zu überprüfen.«[93]

Anlaß der Meldung »Erkas« war also die »Überprüfung« von Informationen der Gestapo gewesen. Offensichtlich wußte die Gestapo bereits, daß Wollweber sich nicht mehr, wie von »Erka« gemeldet, in der Sowjetunion aufhielt. Den Inhalt der Botschaft von Kraus an »Erka« rundheraus abzustreiten hätte die Glaubwürdigkeit des Doppelagenten gefährdet. Also stellten die wahren Auftraggeber »Erkas« einen Bericht zusammen, der plausibel klang und die Gestapo von Wollwebers eigentlicher Mission ablenken sollte. Wollweber die falsche Frau anzudichten war nicht schwer, weil die Informationen der Gestapo einen kleinen, aber wesentlichen Fehler enthielten: Wollweber war nicht mit der Schwester des bekannten norwegischen Kommunisten verheiratet, sondern mit dessen Schwägerin. Dies ist die einzige Szene aus dem Fernduell zwischen sowjetischem und deutschem Geheimdienst, das die beiden mittels »Erka« austrugen, die wir rekonstruieren können. Da die Akten der Hamburger Gestapo im Zweiten Weltkrieg verbrannten, werden wir nie wissen, wie viele weitere Meldungen »Erkas« auf ähnliche Weise zustande gekommen sind.

In *Out of the Night* wird der Held von Richard Jensen in allen Ehren wieder aufgenommen. Anfangs bereitwillig, dann immer zögerlicher, spielt er der Gestapo das Material zu, das von Avatins Leuten für ihn zusammengestellt wird.

Auf sein Drängen, Firelei aus Deutschland herauszuholen, wird er immer wieder vertröstet. Der einzige, der ihn unterstützt, ist der Mann der Tat, Avatin, den jede Aktion gegen die verhaßte Geheimpolizei begeistert. Von ihm erhält er hinter dem Rücken Wollwebers für eine Fahrt nach Deutschland »Spielmaterial«, d. h. Schriftstücke mit scheinbar brisanten Informationen, die ihm im Fall der Festnahme durch die Gestapo ein Alibi für seinen Aufenthalt im Dritten Reich verschaffen sollen. Schon bei seiner Einreise wird Valtin festgenommen. Ihn rettet Avatins Material. Er kehrt nach Kopenhagen zurück und spielt der Gestapo bald darauf die Nachricht zu, daß Wollweber sich nach Sonderburg in der Nähe der deutschen Grenze begeben werde. Damit wollte man die Gestapo veranlassen, ein Entführungskommando zusammenzustellen; dem wiederum sollten Avatins Leute auflauern. Die Gestapoleute sollten dann als Faustpfand zum Austausch gegen einen wichtigen sowjetischen Agenten dienen. Nachdem dieser Plan fehlgeschlagen ist, wird ein Gestapoagent entführt, den Valtin mit einer Falschmeldung nach Kopenhagen gelockt hatte. Danach meldet sich Valtin bei der Gestapo ab, indem er ihr mitteilt, er sei unterwegs in die Sowjetunion. Er fürchtet, daß es nicht mehr lange dauern wird, bis die Gestapo sein Doppelspiel enttarnt und an seiner Frau Rache nimmt.

Wegen Firelei kommt es zu einer heftigen Auseinandersetzung mit »zwei der mächtigsten Gestalten des sowjetischen Geheimdienstes und der Komintern«[94], mit Wollweber und dem Finnen Otto Kuusinen.

»Kuusinen schrak zurück. Er hatte Angst ... Meine Fäuste waren immer noch die eines Matrosen ... Wollweber meinte, ich versuchte, das Westbüro als Mittel für die Lösung meiner persönlichen Schwierigkeiten zu benutzen. ›Private Schwierigkeiten!‹ schrie ich Wollweber ins Gesicht. ›Die vielen tausend Genossen in den Konzentrationslagern der Nazis würden das sicher mit besonderem Vergnügen hören! Jene, denen man die Köpfe abgehauen hat, jene, die man aufgehängt hat, die man in Stücke geschnitten und zu Tode geprügelt hat. Jene, die mit dem Ruf in den Tod gingen: ›Lang lebe die kommunistische Partei‹. Sie alle hätten ein besonderes Vergnügen daran, das mit anzuhören – die Haltung des Genossen Wollweber, ihres Führers, der sich in Sicherheit befindet und ein Gehalt von sechshundert Dollar im Monat bezieht.«[95]

Nach dieser Anklage wird Valtin vorerst auf Eis gelegt, dann schickt man ihn nach Rotterdam. Dort geht er ein letztes Mal seiner Tätigkeit als Hafenorganisator nach, bis man ihm den Auftrag erteilt, der Gestapo einen unliebsam gewordenen Genossen in die Hände zu spielen. Er sabotiert diesen Auftrag, wird denunziert und zurück nach Dänemark gerufen. Dort kommt es zu einer letzten, schicksalhaften Auseinandersetzung mit Wollweber, die damit endet, daß Valtin in Jensens Landhaus festgesetzt wird.

Die Wirklichkeit war wohl weit weniger spektakulär. Die Szene mit Wollweber und Kuusinen, die wütenden Anklagen und der Konflikt um Firelei können in dieser Form nicht stattgefunden haben. Zum einen ist es völlig ausgeschlossen, daß Richard Krebs auch nur den Vorschlag gewagt hätte, seine Frau, die als Verräterin galt, aus Deutschland herauszuschmuggeln. Zum anderen hätte sich Wollweber, der unter dem Decknamen »Anton« kreuz und quer durch Skandinavien und Westeuropa reiste, um im Auftrag des sowjetischen politischen Geheimdienstes eine Vielzahl von Bombenanschlägen zu organisieren, wohl kaum auf einen Streit mit dem Doppelagenten Richard Krebs eingelassen.

Aus dem wenigen, was Richard Krebs wenige Monate vor seinem Tod dem CIC über seine Zeit in Kopenhagen zu Protokoll gab, geht hervor, daß er Wollweber nicht mehr als zwei- oder dreimal und stets unter extremen Sicherheitsvorkehrungen zu Gesicht bekam. Das gleiche galt für Avatin, die rechte Hand Wollwebers in der Sabotageorganisation. Der einzige, den er regelmäßig traf, war Richard Jensen, der ihm hin und wieder hundert Kronen zusteckte. Den Kontakt mit ihm hielt er über das Büro des dänischen Heizerverbands.

Von dem, womit sich Wollweber, Avatin und auch Jensen wirklich beschäftigten, hatte er keine Ahnung. Ihm war nur klar, daß Jensen trotz seiner Prominenz in der Öffentlichkeit für Avatin und Wollweber nicht mehr als ein Werkzeug war. Und Richard Krebs daher, wie man heute hinzufügen kann, nicht mehr als das Werkzeug eines Werkzeugs. Über Jensen bekam er all die Broschüren und Namenslisten, die wahren und falschen Meldungen, die von Avatin und seinen Leuten für die Gestapo zusammengestellt wurden.

Trotzdem findet sich in der Geschichte Jan Valtins ein wahrer Kern. Der Moment, in dem Richard Krebs aufhörte, die Doppelrolle zu spielen, läßt sich exakt belegen. Am 28. September 1937 meldete die Hamburger Gestapo der Zentrale in Berlin, daß der V-Mann »Erka« nach Moskau zu einer »Konferenz der Leiter der kommunistischen Fraktionen in allen nennenswerten Seeleute- und Hafenarbeiterverbänden Europas, Ostasiens und Nordamerikas« aufgebrochen sei, die »unter der Leitung des bekannten Alfred Bem alias Adolf Schelley« stattfinde.[96] Von deutscher Seite nähmen außer dem V-Mann noch Erich Krewet, Wilhelm Siebert und Mike Appelman teil.

Alfred Bem war aller Wahrscheinlichkeit nach bereits tot. Erich Krewet und wahrscheinlich auch Mike Appelman befanden sich zu dieser Zeit in den USA, und Wilhelm Siebert war eine Woche vorher, am 20. September, in ein Leningrader Untersuchungsgefängnis eingeliefert worden, wie das dortige deutsche Generalkonsulat wenig später nach Deutschland meldete.

An der Falschmeldung konnte nur einer Interesse haben: Der V-Mann selbst. Je länger das Spiel dauerte, desto wahrscheinlicher wurde es, daß die Gestapo ihm auf die Schliche kam. Das Warten auf diesen Moment muß für Richard Krebs nervenaufreibend gewesen sein. Was war, wenn die Gestapo herausfand, daß Wollweber nicht mit Kitty Andresen, sondern mit der Schwägerin Samsings verheiratet war oder Avatin sich nicht, wie von »Erka« gemeldet, in Lettland aufhielt, um die dortige KP zu reorganisieren, sondern im Auftrag Wollwebers die Hafenstädte Skandinaviens und Westeuropas bereiste? Wenn er so weitermachte, war es nur noch eine Frage der Zeit, bis sich die Geheimpolizei Hermine Krebs vornehmen würde. Der Plan, den er mit seinem Bruder geschmiedet hatte, war dann nicht mehr ausführbar.

Mit dem Brief nach Hamburg hatte er sich de facto »abgeschaltet« und sein zukünftiges Schweigen hinreichend erklärt, ohne irgendeinen Argwohn zu wecken. Sollte die Gestapo nie wieder von ihm hören, dann lag die Annahme nahe, daß er das Schicksal Tausender anderer deutscher Kommunisten geteilt hatte, die den Fehler gemacht hatten, sich aus dem Dritten Reich in die Sowjetunion zu flüchten.

Tatsächlich lassen sich von diesem Datum an keine Berichte »Erkas« mehr belegen, bis der Agent Mitte November überraschend in der deutschen Botschaft in Paris auftauchte, dort eine kurze Erklärung abgab, wieder verschwand und sich im Februar mit einem rätselhaften Schreiben ein letztes Mal zurückmeldete.

In diesem Zeitraum zwischen der Abmeldung »Erkas« und seinem Auftauchen in Paris muß die letzte Auseinandersetzung zwischen Richard Krebs und der Komintern stattgefunden haben, denn am 28. November 1937 wurde er das erste Mal öffentlich als Gestapoagent angeprangert.

Nach seiner Abmeldung bei der Gestapo war Richard Krebs für Wollweber und Jensen nutzlos geworden.

Die Frage war nun, was sie mit ihm machen sollten. Auf keinen Fall konnten sie ihn einfach laufenlassen, immerhin hätte er ja trotz der Abschottung wesentliche Details erfahren haben können. In Moskau wäre die Sache schnell erledigt worden. Eine kurze Anklage wegen Kontakt mit der deutschen Geheimpolizei, ein Schuß ins Genick, und von Richard Krebs hätte man nie wieder gehört.

In Kopenhagen mußte man jedoch anders vorgehen. Seine Kontakte zur Gestapo konnte man ihm nicht vorhalten, waren sie doch, mit Ausnahme der letzten Meldung, ganz im Einvernehmen mit der Komintern erfolgt. Zu dem, was ihm nach seiner eigenmächtigen Abmeldung bei der Gestapo genau vorgeworfen wurde, haben sich später weder Wollweber noch Jensen noch er selbst geäußert. Wollweber, der seine recht lahme Geschichte von der angeblichen Verbindung des Agenten Richard Krebs mit dem Spion Alfred Bem 1941 den Schweden zu Protokoll gab, wußte in seinen Erinnerungen, wie ja auch Jensen, nur noch lapidar von Krebs' Gestapomitarbeit zu berichten, die man plötzlich aufgedeckt habe.

Auch Jan Valtins abenteuerliche Geschichte von dem Agenten,

den er in Rotterdam der Gestapo hätte in die Hände spielen sollen, kann so nicht stimmen: Für ein Rotterdamer Zwischenspiel zwischen seiner »Abmeldung« am 26. September und seinem Auftauchen in Paris Mitte November wäre nicht genug Zeit gewesen.

Es muß eine andere, sehr viel härtere und vor allem auch treffendere Anklage gewesen sein, die man gegen ihn vorbrachte: der Vorwurf, eine Verräterin zu decken. Denn wenn er versucht hat, sein eigenmächtiges Vorgehen durch irgend etwas zu rechtfertigen, so sicherlich mit der Angst um seine Frau. Und damit hatte man ihn. Daß er sich wegen ihr, zu der er nach allen Regeln der illegalen KPD schon längst jeden Kontakt hätte abbrechen müssen, einem Parteibefehl widersetzte, behaftete ihn selbst mit dem Odium des Verräters. Insofern stimmt der Bericht Jan Valtins: Es war nach dem Brief an die Gestapo durchaus zu einer wüsten Auseinandersetzung wegen Firelei gekommen sei, nur verlief diese anders als im Buch beschrieben. Und nur jemand, dem die Regeln der illegalen KPD in Fleisch und Blut übergegangen waren, der die Notwendigkeit, auf der Einhaltung solcher Regeln zu bestehen, zutiefst bejahte und verstand, sein Leben lang gelernt hatte, sich nicht mit »Verrätern« abzugeben, konnte von diesem Vorwurf so tief getroffen werden, daß er ihn für den Rest seines Lebens wütend abstreiten, ja sogar in sein Gegenteil verkehren sollte.

Es gibt verschiedene Anhaltspunkte für die Vermutung, daß dies die Anklage gegen ihn war, mit der man vor sich selbst wie auch vor ihm den Verratsvorwurf begründen konnte. Richard Jensen schrieb 1948 in seiner als Widerlegung von *Out of the Night* gedachten Broschüre *Frem I Lyset*, Hermine Krebs sei nicht, wie in dem Buch behauptet, in einem KZ ums Leben gekommen, sondern habe einen SA-Mann geheiratet. Eine völlig aus der Luft gegriffene, zusammenhanglose Behauptung, die nichts zu seiner Darstellung des »tatsächlichen« Ablaufs von Richard Krebs' Gestapotätigkeit beitrug. Sie ist nur verständlich, wenn man sie als hämische Anspielung auf ihre wahre Geschichte und Richard Krebs als Adressaten begreift.

Ernst Wollweber, der seine Behauptung, Krebs sei ein feindlicher Agent gewesen, gegenüber den Schweden 1940 kurioserweise mit Krebs' angeblicher Tätigkeit für den »erwiesenen« Spion Schelley begründete, sagte weiter aus, daß man Richard Krebs wegen seiner Verbindung mit der »bürgerlichen« Hermine ohnehin nicht getraut habe.

Richard Krebs selbst hat nie berichtet, was man ihm in Kopenhagen vorgeworfen hat. Seinem wunden Punkt, den Vorwürfen gegen seine Frau, hat er sich nur einmal, dem CIC gegenüber genähert, als er zu Protokoll gab, Wollweber habe seine Frau in Kopenhagen als Verräterin bezeichnet, wobei er gleich – als hätte die tote Hermine Krebs die Kommunistenjäger im geringsten interessiert – noch anfügen ließ, daß dies nicht gestimmt habe.

Flucht

Folgt man den Erinnerungen Jensens wie auch dem Protokoll des CIC, wurde nach der Anklage noch kein offizielles Urteil gefällt. Wie Jensen dem Historiker Erik Nørgaard später berichtete, war die Entscheidung inoffziell jedoch bereits gefallen. Nur sollte die Abrechung nicht in Dänemark vorgenommen werden. Um den »Spitzel« nicht zur Flucht zu veranlassen, teilte man Richard Krebs mit, sein Verfahren sei noch in der Schwebe. Von da an wurde Richard Krebs ständig überwacht. Es müssen einige der düstersten Wochen seines Lebens gewesen sein.

Auf absehbare Zeit schien es ausgeschlossen, Frau und Kind mit Hilfe des Bruders die Flucht zu ermöglichen. Nicht nur das quälte ihn.

Richard Krebs war, wie auch immer er intellektuell zur Komintern stehen, welch ketzerische Gedanken er auch hegen mochte, doch im wahrsten Sinne des Wortes ihr Kind. Nach dem Tod des Vaters war Richard Krebs, noch nicht siebzehnjährig, in die Partei eingetreten und dann drei Jahre fast ununterbrochen in ihrem Auftrag unterwegs gewesen, hatte im Alter von zwanzig Jahren eine Haftstrafe unbestimmter Dauer angetreten, ohne die Auftraggeber der Tat, für die er verurteilt worden war, jemals zu verraten. Seinen Traum, Schriftsteller zu werden, hatte er zurückgestellt, um wieder voll für die Komintern tätig sein zu können. Als

Erwachsener hatte er kaum ein anderes Zuhause gekannt als die Gesellschaft seiner Genossen. Er war an die kommunistische Weltbewegung in einer Weise emotional gebunden, wie es sonst nur von Anhängern obskurer Sekten bekannt ist. Viele jener Tausende von deutschen und ausländischen Kommunisten, die man in diesen Jahren unter den fadenscheinigsten Vorwänden in der Sowjetunion verhaftete, folterte und der Hölle der Lager überantwortete, klammerten sich bis zum Schluß an den Glauben, ihre Verhaftung sei nur ein Irrtum gewesen. Sie starben mit dem Satz »Es lebe der Kommunismus« auf den Lippen.

So sehr er auch sein Alter Ego Jan Valtin überhöht hat, der den Kampf mit der Komintern im Alleingang aufnimmt und mit seiner Flucht gewinnt, so sehr er die Autonomie seines Helden unterstreicht – gerade *Out of the Night* zeigt, daß der Bruch nicht von ihm aus erfolgt sein kann. Die Rezensenten der Erstauflage wie auch der Literaturwissenschaftler Michael Rohrwasser, der den Text 50 Jahre später noch einmal analysiert hat, betonen, daß das Buch – trotz aller desillusionierenden Erfahrungen des Protagonisten – weder eine Konversion noch einen Lernprozeß schildert.

Nachdem Valtin sich geweigert hatte, einen unliebsam gewordenen Genossen der Gestapo auszuliefern, wurde er selbst angeklagt, »absichtlich Sabotageakte gegen den *Apparat* in Hitlerdeutschland organisiert zu haben«,[97] und mußte um sein Leben fürchten. Jetzt war er gezwungen, sich von der Komintern abzuwenden. »Ich kämpfte mit mir. Ich verfluchte mich als Schwächling bei meinen wahnsinnigen Versuchen, Entschuldigungen zur Rechtfertigung meines zusammenbrechenden Glaubens zu finden. Mit achtzehn war ich mir wie ein Riese vorgekommen. Mit einundzwanzig war alles ganz einfach: ›Eine Handgranate ins Gesicht der Gegenrevolution!‹ Mit zweiundzwanzig hatte ich im Dienste der Komintern die Erde umkreist, mager, hungrig, wild – und stolz auf sie! Mit neunundzwanzig machten die Polizeibehörden von einem halben Dutzend Nationen auf mich Jagd, weil sie in mir den Hauptunruhestifter der Komintern an den Küsten Europas sahen. Mit einunddreißig war ich damit beschäftigt, Hitlers Gefängnisse in Schulen für den proletarischen Internationalismus zu verwandeln. Und jetzt, mit dreiunddreißig, stand ich vor der Frage: ›War das alles Lüge gewesen, Betrug, ein elender Spuk?‹ Niemand kann sich selbst die Haut abziehen.«[98]

Tatsächlich sollte eine emotionale Bindung bestehenbleiben, die, ins Negative gewendet, auch den Rest seines Lebens bestimmte.

Über das Ende der Karriere des V-Manns »Erka« oder des Agenten Nr. 51, wie Jensen schrieb, sind sich dieser und Wollweber weitgehend einig.

In seinen Erinnerungen schreibt Ernst Wollweber über Richard Krebs: »Es wurde die Variante ausgearbeitet, Krebs nach Spanien zu bringen. Mit Hilfe dänischer Seeleute wurde er bis Paris gebracht. In Paris gelang es ihm, kurz vor der deutschen Botschaft, aus dem Omnibus zu springen und in die deutsche Botschaft zu rennen.«[99]

Als Richard Krebs, so Jensen, den Wunsch äußerte, nach Spanien zu gehen, um im dortigen Bürgerkrieg mitzukämpfen, kamen er und seine Genossen diesem gerne nach. »Ich rechnete damit, daß, wenn wir ihn südwärts schickten, es andere wären, die das Nötige mit ihm tun würden. ... Mit demselben Boot sandte ich einen jungen Genossen, der aufpassen sollte. Außerdem reiste ich selbst nach Paris und lieferte ein Bild von Krebs an meine Verbindungen und orientierte sie, was er für ein Mann ist. Vier Tage nach meiner Rückkehr erhielt ich die Mitteilung, daß Krebs in einer Metrostation seinen Bewachern entkommen sei. Nach einigen Wochen hatte Krebs die Frechheit, nach Liverpool zu schreiben. Er entschuldigte sich, aber nach langen Überlegungen habe er sich entschlossen, seinen alten Traum zu verwirklichen, Schriftsteller zu werden und nach Amerika zu reisen. Er habe auf einem deutschen Schiff angemustert und wolle vor seiner Abreise für alles Gute danken. Ich machte nun einen letzten Versuch, den Gauner zu bremsen, und sandte über Gestapoagent Nr. 51 ein Telegramm an Scotland Yard. Als das Telegramm ankam, war er schon weg. Mir blieb nur noch übrig, an alle Seefahrts- und Hafenorganisationen Warnungen zu senden, mit dem Ersuchen, die Polizei auf Krebs' Spuren zu setzen.«[100]

Es ist es höchst unwahrscheinlich, daß Richard Krebs Jensen, nach allem, was geschehen war, für alles Gute gedankt hat. Wahrscheinlich hat er ihn gebeten, seine Doppelrolle nicht öffentlich zu machen, um das Leben seiner Frau nicht zu gefährden.

Nimmt man die Berichte Wollwebers und Jensens und die nächste Meldung »Erkas« bei der Gestapo, die überraschenderweise aus Paris kam, zusammen, dann ergibt sich folgendes Bild: Nachdem Jensen und Wollweber Krebs mitgeteilt hatten, sein Verfahren sei noch in der Schwebe, aber er könne sich in Spanien bewähren, wagten sie es, ihn unter relativ lockerer Bewachung quer durch Europa zu schicken. Es ist anzunehmen, daß Richard Krebs gute Miene zum bösen Spiel machte und vorgab, wirklich nach Spanien reisen zu wollen. Hätte er dies getan, wäre sein Schicksal besiegelt gewesen. Im republikanischen Lager hatten sich die Kommunisten mit sowjetischer Hilfe durchgesetzt und einen Terror gegen alle Andersdenkenden entfesselt, der dem in der Sowjetunion in nichts nachstand. Tausende von Anarchisten, angeblichen und wirklichen Trotzkisten sowie Anhängern der linkssozialistischen POUM, kurz, jeder auf der Linken, der nicht an die allumfassende Weisheit Stalins und seiner Politik glauben wollte, wurden festgenommen, gefoltert und hingerichtet. Ein Wort von Jensen hätte genügt, und Richard Krebs wäre nie wiedergekehrt.

In Paris tat Richard Krebs nun das, was später alle kommunistischen Fahndungsaufrufe als Beweis seiner Agententätigkeit anführen sollten: Er rettete sich in die deutsche Botschaft. Um seinen Feinden nicht recht geben zu müssen, hat Richard Krebs davon später nie ein Wort verlauten lassen. In *Out of the Night* blieb von diesem Versuch, sein Leben zu retten, nur eine seltsam unmotivierte Reise Valtins nach Paris.

Von dort stammt die vorletzte Meldung »Erkas«. Anders als die vorherigen Berichte ist sie sehr kurz und klingt, als sei sie unter Zeitdruck verfaßt worden. Richard Krebs muß sie wenige Tage vor dem 28. November 1937 abgegeben haben, da die in Kopenhagen erscheinende *Arbeiterbladet* ihn an ebenjenem Tag zum ersten Mal als Gestapoagenten bezeichnete.

»Deter ist gegenwärtig als Gewerkschaftsspezialist beim ZK in Paris. Er sprach 5 Minuten mit mir. Er meinte, daß die gegenwärtige Affäre Ernst Wollweber das Genick brechen kann, wegen seiner ›früheren Verbindung mit Holstein und Hermann‹ (Kurt Beilich). Ich werde weiter in diese Richtung vorstoßen. Die Personenkämpfe innerhalb des ZK scheinen ziemlich erbitterter Natur zu sein. Franz Pietrzak (Bremen) gegenwärtig Vertreter in Stockholm.«[101]

Möglicherweise war Deter, ein ehemals führender deutscher ISH-Kader, zu dieser Zeit tatsächlich Gewerkschaftsspezialist beim ZK in Paris.

Allerdings ist kaum zu vermuten, daß irgendeine offizielle Parteiinstanz in Paris auch nur die leiseste Ahnung davon hatte, was Wollweber zu dieser Zeit trieb. Geschweige denn, daß die vor einem Ruf nach Moskau zitternden deutschen Funktionäre die Möglichkeit gehabt hätten, Wollweber, der sich einer viel wirksameren Protektion erfreute, mit irgendeiner Affäre das Genick zu brechen. Schließlich ist es so gut wie ausgeschlossen, daß Richard Krebs in Interna des ZK eingeweiht war.

Der Inhalt der Meldung erklärt sich vielmehr so: Richard Krebs betrat die Deutsche Botschaft und gab dort seine Verbindung mit der Gestapo preis. Man wird ihn an den für die Gestapo zuständigen Mitarbeiter der Botschaft verwiesen haben. Ihm gegenüber, oder sogar telefonisch gegenüber Inspektor Kraus, hatte der Agent zu begründen, warum er sich an eine offizielle deutsche Institution gewandt hatte, obwohl er damit seine Enttarnung riskierte. Die Wahrheit – daß er nämlich bereits »enttarnt«, ja zur Liquidierung vorgesehen sei – konnte er nicht offenbaren, da die Gestapo den für sie nutzlos gewordenen Spion sofort nach Deutschland zurückbeordert hätte.

Um das Vertrauen der Gestapo zu behalten, das die Voraussetzung für die Flucht von Frau und Kind war, mußte Richard Krebs für sie »Erka« bleiben. Das hieß, er mußte neue Informationen liefern. Da er nichts Konkretes über Wollwebers Tätigkeit wußte, reimte er sich etwas zusammen. Wichtig war, daß es zu den vorangegangenen Meldungen »Erkas« paßte. Wie zum Beispiel Intrigen in Zusammenhang mit der Postenverteilung nach der Vereinigung von ITF und ISH.

Sein Manöver glückte. Es sollte lange dauern, bis die Gestapo die von »Erka« aus Kopenhagen gelieferten Informationen als falsch erkannte. Noch am 23. April 1938 glaubte die Geheimpolizei, Ernst Wollweber sei als Kominterninstrukteur unter dem Decknamen »Valentin« tätig und »verheiratet mit ›Kitty‹ geb. Andreesen«.[102]

Dies war, bis auf eine rätselhafte Ausnahme, das letzte Mal, daß die Gestapo eine Meldung von »Erka« erhielt. Beim Verlassen der Botschaft muß Richard Krebs angegeben haben, er reise jetzt nach Spanien weiter. Die Gestapozentrale in Berlin vermerkte am 10. Dezember im Zusammenhang mit der Vereinigung von ISH und ITF: »Nach Mitteilung der Stapo Hamburg soll er sich zur Zeit in Spanien aufhalten. Da nur der V-Mann ›Erka‹ über die ISH wertvolle Angaben machen kann, erübrigt sich zur Zeit eine Anfrage bei der Stapo Hamburg.«[103]

So hatte Richard Krebs ein zweites Mal versucht, sich bei der Gestapo abzumelden, ohne ihr Mißtrauen zu wecken.

Statt nach Süden reiste Richard Krebs auf unbekanntem Weg nach Norden. In Belgien nahm er mit der Gruppe Knüfkens Kontakt auf. In einem Brief vom 25. November 1937 erwähnt ein Mitglied der Gruppe, Hans Jahn, einen deutschen Flüchtling, bei dem es sich nur um Richard Krebs handeln kann: »Das Auftauchen eines ehemaligen höheren KP-Funktionärs, der vor ca. 6 Wochen seine 4jährige Zuchthausstrafe wegen Hochverrats abgebüßt hat, gibt mir Veranlassung, Dir einige Worte aus seinem Bericht zu übermitteln. Da dessen Familie noch im Reich ist, sind diese paar Worte nur für Dich bestimmt. Außer seinen Erlebnissen in den verschiedenen Zuchthäusern, der Stimmung der politischen Gefangenen, teilte er auch seine Erfahrungen mit, über die unzähligen Vernehmungen mit den Beamten der Gestapo. Wichtig erscheint mir nun, daß fast alle der höheren Gestapobeamten erklärt haben, sie wären genau im Bilde, daß die K. P. und S. P. keine Massenarbeit in D. mehr zu leisten imstande wären, dafür spricht auch die Tatsache, daß Massenverhaftungen und Massenprozesse, wie sie noch vor einem Jahr stattfanden, so gut wie aufgehört haben.«[104]

Vier Wochen später bekam Richard Krebs durch die Vermittlung

Knüfkens einen Platz auf der »Ary Lensen«, einem englischen Schiff, das am 1. Januar von Gent aus Richtung Newport News, einen kleinen Hafen unweit des Kriegshafens Norfolk, in See stach. Dort traf er am 3. Februar 1938 ein. Nach einer Überprüfung seiner Personalien stellte man fest, daß er 1929 mit der Auflage ausgewiesen worden war, nie wieder in die USA einzureisen. Er erhielt das strikte Verbot, an Land zu gehen, und die Auflage, die USA mit demselben Schiff wieder zu verlassen.

Doch die »Ary Lensen« bekam keine Ladung, und so zog sich sein Aufenthalt an Bord wochenlang hin.

Am 3. Februar 1938 schrieb Hermann Knüfken an den Vorsitzenden der ITF, Edo Fimmen, und legte einen Zeitungsausschnitt bei, der das Foto aus Richard Krebs' Gestapoausweis zeigte: »Inzwischen hier beiliegende Neuigkeit. Man hat also den Richard Krebs doch zum Gestapospitzel gemacht. ... Wir sind der Meinung, daß, wenn R. Krebs Spitzel wäre und tatsächlich für die Gestapo arbeiten würde, dann könnten sich verschiedene Kominternleute auf etwas gefaßt machen. Der Junge weiß Bescheid und kennt eine ganze Menge von Schweinerein. Aber weil er abtrünnig wurde von der Parteilinie und man Angst hat, daß er einige Schweinereien ausplaudern würde, macht man ihn kurzerhand zum Spitzel.

Solltest Du eine Gelegenheit haben, die Sache zu untersuchen, tue, was Du kannst. Vielleicht kannst Du von den Parisern den Grund ihres Verdachts erfahren?

Immerhin handelt es sich um einen Genossen, der fast 4 Jahre bekommen hat und sich im Unterschied zu anderen sehr gut benommen hat, sowohl in Untersuchungshaft, als auch im Zuchthaus.«[105]

Knapp drei Wochen nach Knüfkens Brief an Fimmen, am 21. Februar, traf der letzte Bericht »Erkas« in Berlin ein. Neben viel Nebensächlichem und Falschem enthielt er eine Fülle von Detailinformationen über die Gruppe Knüfkens, die der Gestapo völlig neu waren und zum Teil wortwörtlich in die Anklage gegen einige Mitglieder der Gruppe einflossen, die man nach Beginn des Zweiten Weltkriegs verhaften konnte.

Dieser Bericht und die Tatsache, daß er sein Doppelspiel in Antwerpen offenbar verschwiegen hatte, scheinen auf den ersten Blick zu belegen, daß Richard Krebs ein »echter« Agent der Gestapo war.

Doch die Gründe für das Verschweigen seiner Tätigkeit für die Gestapo und, indirekt, für die GPU liegen auf der Hand. Weder konnte er es sich erlauben, das Vertrauen Knüfkens zu erschüttern, auf dessen Hilfe er angewiesen war, noch konnte er das Risiko einer Verzögerung eingehen, die die Offenlegung seines Doppelspiels zur Folge gehabt hätte.

Im übrigen ist es sehr zweifelhaft, daß der Bericht tatsächlich von Richard Krebs stammt. Schon das Datum wirft gravierende Zweifel auf. Selbst wenn man annimmt, daß die Meldung zunächst nach Hamburg ging und erst dann nach Berlin, gibt es keine schlüssige Erklärung dafür, warum es fast acht Wochen gedauert haben soll, bis die letzte Meldung »Erkas« aus Belgien in Berlin eintraf, denn aus den USA kann sie kaum stammen. Erstens hätte ein Brief – angenommen, er wäre am 3. Februar 1938, dem Tag von Richard Krebs' Ankunft in Newport News, abgeschickt worden und an Inspektor Kraus, »Erkas« Agentenführer, adressiert gewesen – kaum in nur 18 Tagen von der Ostküste der USA über Hamburg nach Berlin gelangen können. Zweitens suchte ihn die Gestapo die nächsten Monate über vergeblich. Hätte sie einen Poststempel als Anhaltspunkt gehabt, dann wären kaum Spitzel losgeschickt worden, die in Antwerpen nach ihm fragten.

Schließlich hätte die Meldung, wie man sie auch dreht und wendet, Krebs absolut keinen Vorteil verschafft, denn die Geheimpolizei wähnte ihn bereits auf dem Weg nach Spanien.

Aber nicht nur die Datierung, auch der Bericht selbst ist rätselhaft. Er umfaßt acht Schreibmaschinenseiten und ist samt einer sechsseitigen Auswertung vom 23. April 1938 im Original erhalten.

Er beginnt: »Die ITF ist seit der Liquidierung der ISH die einzige internationale Organisation der Transportarbeiter mit einer Mitgliedschaft, die mehr als 10 mal so stark ist wie die ISH.« Es folgt die gesamte Geschichte des Bruchs Knüfkens und seiner Leute mit der Leitung der ISH und der darauffolgenden endlosen

Querelen bis hin zu einer Beschreibung der Arbeitsweise der Antwerpener Organisation.

Über die Vereinigungsbestrebungen von ITF und ISH heißt es, Edo Fimmen habe auf einer Konferenz in Paris »Wollweber, Deter, Atschkanow und Schelley ... als Fraktionsschieber entlarvt ... Wollweber ist nun wieder kaltgestellt.«[106]

Der Teil, der sich mit Knüfken und seinen Leuten befaßt, ist größtenteils zutreffend, der Abschnitt, in dem die ISH-Leute und Wollweber vorkommen, eindeutig nicht. Abschließend heißt es zur Knüfken-Organisation: »Die Hauptlosung, mit der gegenwärtig in der ITF gearbeitet wird und die von Knüfken ausgeht, ist: ›Bei Kriegsausbruch darf kein deutsches Schiff aus dem Ausland in einen deutschen Hafen zurückkehren.‹ Insofern spielen hier wahrscheinlich seine Verbindungen mit Scotland Yard eine Rolle.«

Bis hierhin könnte der Bericht von Richard Krebs stammen. Die Passagen über Knüfken und seine Leute entsprächen wahrscheinlich seinem Kenntnisstand. Allerdings kann man sich keinen einleuchtenden Grund vorstellen, warum er weiter Falschinformationen über Wollweber hätte verbreiten sollen. Mit den zutreffenden Informationen hätte er die Gestapo schon vollauf zufriedengestellt.

Lassen schon die ersten fünf Seiten daran zweifeln, daß Richard Krebs ihr Autor war, so gilt dies für mehrere Passagen der letzten drei Seiten erst recht. Besonders die folgende Stelle ergibt, angenommen Richard Krebs sollte der Autor sein, überhaupt keinen Sinn.

»Der Lehmann-Gruppe in Antwerpen gehören an:

1) der frühere Sekretär der Eisenbahnersektion des Gesamtverbandes in Duisburg

2) ein gewisser ›Karl‹ aus Hamburg.

Personenbeschreibung: Etwa 36 Jahre alt, mittelgroß, schmächtig, hat blondes Haar und leicht gebogene Nase, Seemann. Er soll bald nach der nationalen Erhebung in Antwerpen aufgetaucht sein mit der Information, von der Hamburger Gestapo als Agent geschickt worden zu sein. Er ist früheres KPD-Mitglied, der sich dann der Lehmanngruppe anschloß.«

Kurt Lehmann war die zweite Führungspersönlichkeit der Antwerpener Gruppe. Ein Außenstehender mochte sie daher auch als

Lehmann-Gruppe wahrnehmen. Doch weiter. Es gab nur ein Mitglied der ITF-Gruppe, auf den die unter 1) aufgeführte Beschreibung zutraf: Hans Jahn, von dem die erste Nachricht über Krebs' Eintreffen in Belgien stammt.

Der gewisse Karl aus Hamburg schließlich konnte niemand anders als Knüfken selbst sein, wie die Gestapo bald darauf feststellte. Die Beschreibung paßte haargenau auf ihn, und außerdem war, wie die Geheimpolizei später herausfand, »Karl« das Pseudonym, das Knüfken in Antwerpen benutzte. Angenommen, Richard Krebs hätte den Bericht geschrieben, um die Gestapo weiter ruhigzustellen, seine Frau zu schützen und die Fluchtpläne ungestört vorantreiben zu können – welchen Sinn hätte es gehabt, Knüfken und Jahn zu beschreiben, aber nicht zu benennen?

Der Bericht schließt mit einem ausdrücklichen Hinweis auf die angeblich geringe Bedeutung Wollwebers: »Interessant ist, daß heute kein einziger nennenswerter Seemannsfunktionär der Wollweber-Deter-Gruppe mehr zur Verfügung steht.«

Gewiß fielen die Diskrepanzen in dem Bericht der Gestapo bald auf. V-Mann »Erka« kannte ausgerechnet den legendären Knüfken nicht, der sich ab 1932 genau wie Richard Krebs in Hamburg aufgehalten hatte? Tatsächlich deutet das letzte Schreiben der Gestapo, das in Sachen Richard Krebs bekannt ist, darauf hin, daß man die Pariser Meldung als die letzte »echte« Information des V-Mannes »Erka« ansah.

Nach Erscheinen von *Out of the Night* von der Botschaft in Washington um Auskunft über den Autor gebeten, teilte die Geheimpolizei folgendes mit:

»Während seiner Strafverbüßung hat K. wiederholt seine Handlungsweise bereut und sich dahingehend ausgedrückt, daß er mit dem Kommunismus gebrochen habe. Nach Verbüßung seiner Strafe wurde ihm daher Gelegenheit gegeben, seine Verfehlungen an Deutschland wieder gut zu machen. Krebs versuchte dann im Ausland wieder Anschluß an die ISH zu bekommen. Dies gelang ihm angeblich nicht, da er aus unbekannten Gründen als Gestapoagent bezeichnet wurde. Nach einiger Zeit tauchte K. in Paris auf

256

und wollte sich für die Internationale Brigade in Spanien anwerben lassen. In Wirklichkeit aber reiste er über London nach USA aus.«[107]

Das letzte Wort in Sachen V-Mann »Erka« gebührt wahrscheinlich Ernst Wollweber. In Nørgaards Buch *Krigen for Krigen* ist zu lesen: »Der schwedischen Polizei sagte Wollweber 1941, er habe davon Kenntnis gehabt, daß Krebs im Frühjahr 1938 in Amerika angekommen sei. Gegen Ende seiner Zeit in Kopenhagen habe er den alten revolutionären Seemann Hermann Knüfken in Antwerpen der Gestapo gemeldet.«[108]

Woher wußte Wollweber das? Erklärt sich so »Erkas« letzter Bericht? Hatte man einen der geheimen Kanäle »Erkas«, von denen Richard Krebs selbst bei seiner Ankunft in Kopenhagen erfahren haben könnte, benutzt, um die Aufmerksamkeit der Gestapo ein letztes Mal von Wollwebers Sabotageorganisation abzulenken und auf Knüfkens Gruppe zu richten? Mit dem angenehmen Nebeneffekt, den abtrünnigen »Genossen Piraten« zu erledigen und Richard Krebs – sollte das Schreiben bekannt werden – auf ewig zu diskreditieren? Wahrscheinlich wird man dies nie mit Sicherheit sagen können. Allenfalls in Moskauer Geheimdienstarchiven könnte noch irgendwo ein Hinweis schlummern.

Angenommen, die letzte Meldung »Erkas« wäre in Wirklichkeit wie jene Flut an Meldungen zustande gekommen, die im August und September aus Kopenhagen nach Hamburg gelangte. Dann hätten Wollweber und seine Leute über Interna der Knüfken-Gruppe wie jene Bescheid wissen müssen, die in dem letzten »Erka«-Bericht auftauchen. Und das war mit einiger Sicherheit der Fall. *Paa Törn*, die Zeitschrift der skandinischen Seemannsklubs in den USA, veröffentlichte bereits vor Richard Krebs' Ankunft in den USA einen Steckbrief von ihm, in dem es hieß, er sei zuletzt in Antwerpen gewesen und jetzt auf dem Weg in die USA.[109] Woher kamen diese Informationen, wenn nicht aus dem Innern der Knüfken-Gruppe? Und wer hatte sie mit solcher Geschwindigkeit in die USA transferiert, wenn nicht der kommunistische Geheimapparat?

Die Gestapo tappte noch lange im dunkeln. Ihrem einzigen Spitzel mit Kontakt zur Knüfken-Gruppe sah man seine Tätigkeit schon von weitem an. Der V-Mann Heinz König kam mit immer neuen, stets falschen oder halbwahren Nachrichten über Richard Krebs aus Antwerpen zurück. Ende März berichtete er, Krebs befinde sich zur Zeit auf einem englischen Dampfer und besitze das volle Vertrauen der Knüfken-Gruppe. Am 12. Mai – Richard Krebs war längst in New York untergetaucht – meldete Heinz König noch einmal, Krebs befinde sich auf einem englischen Dampfer. Diesmal mit dem Zusatz, Krebs habe ausgepackt und zugegeben, als Spitzel der Gestapo geschickt worden zu sein. Am 21. Mai war die Karriere des V-Manns König beendet. Offensichtlich hatten die Antwerpener ihren Spaß gehabt, nun aber beschlossen, es gut sein zu lassen. Nachdem ein Mitglied der Gruppe dem V-Mann noch weisgemacht hatte, Krebs sei jetzt auf einem holländischen Schiff in der Spanienfahrt bedienstet, sagte er ihm zum Abschied: »Du brauchst mich nicht zu beobachten. Ich gehe jetzt zum Bahnhof, und um 9 Uhr gehe ich wieder nach Hause.«[110]

Mangels besserer Informanten entschied sich die Gestapo, wenigstens die ersten Nachrichten Königs für wahr zu halten. Am 15. Juni 1938 heftete sie Richard Krebs wieder unter der Rubrik ISH-Funktionäre ab mit dem ergänzenden Hinweis: »Mitteilung des V.-Mannes ›Heinz König‹: ›K. soll sich zur Zeit auf einem englischen Dampfer befinden. Er ist von dort mit fremden Papieren ausgerüstet und vermittelt; er soll das volle Vertrauen besitzen.‹«[111]

Nicht nur in Belgien suchte die Gestapo nach Richard Krebs. Am 29. März 1939 wurde in Kopenhagen ein gewisser Eiler Pontopiddan wegen prodeutscher Spionageaktivitäten vor Gericht vernommen. Auf die Frage, über wen er Material gesammelt habe, antwortete er: »Über Kommunisten wie Wollweber, einen Mann namens Richard Krebs, alle dänischen Kommunisten und viele andere.«[112]

Erst 1941, nach Erscheinen von *Out of the Night*, ist mit Sicherheit erwiesen, daß auch die Gestapo wußte, wo Richard Krebs war. Wie sich zeigen sollte, kam Inspektor Kraus allerdings schon viel früher zu dem Schluß, »Erka« habe ihn betrogen.

IV Amerika

Untergetaucht in New York

Nach seiner Ankunft in Newport News am 3. Februar 1938 wechselte das Schiff in den wenige Kilometer entfernten, sehr viel größeren Hafen Norfolk. Woche um Woche verging, ohne daß absehbar gewesen wäre, wann und mit welchem Ziel die »Ary Lensen« wieder in See stechen würde. Richard Krebs verblieb an Bord und wurde mit den üblichen Arbeiten auf Trab gehalten, mit denen Kapitäne ihre beschäftigungslosen Leute vom Nichtstun abzuhalten pflegen: Brassen polieren, Deck streichen und die Kombüse putzen. Plötzlich, am 6. März, verschwand er vom Schiff. Schon am 9. März war er in New York, meldete er sich unter dem Namen Jan Valtin, den er im Wechsel mit dem Pseudonym Eric Holmberg die nächsten Jahre beibehalten sollte, bei einer Beschäftigungsagentur an und bekam eine Arbeit als Austräger für eine Großküche in der Bronx vermittelt.

Das Jahr nach seiner Ankunft in New York ist in mancher Hinsicht ungewöhnlich gut dokumentiert. Richard Krebs bewahrte in der Hoffnung, sich eines Tages legalisieren zu können, sämtliche Quittungen für geleistete Arbeit, Anmeldungen bei einer privaten Arbeitsvermittlungsagentur etc. auf, so daß man Woche für Woche nachvollziehen kann, wie er sich durchschlug.

Alles andere muß man sich mühsam aus den verschiedensten Quellen zusammenreimen, denn über die zentralen Ereignisse während dieser Zeit, der bittersten seines bisherigen Lebens, sind uns nur einige wenige Äußerungen überliefert, die Richard Krebs kurz vor seinem Tod dem CIC zu Protokoll gab. Sein Schweigen hat mit einer Akte zu tun, die das FBI am 20. April in Richmond, Virginia, anlegte und die den Spionagefall Richard Krebs betraf.

Die Akte, die an den Marinegeheimdienst der USA weitergegeben wurde und daher ohne die bei FBI-Akten üblichen Einschwärzungen erhalten ist, enthält in Übersetzung sieben im Original deutschsprachige Briefe, zwei Postkarten und zwei handschriftliche Notizen, die offensichtlich von Richard Krebs selbst angefertigt wurden, sowie jenen Ausschnitt aus der skandinavischen Seeleutezeitschrift *Paa Törn*, in dem das Foto aus Richard Krebs' Gestapoausweis abgedruckt ist. Vier der Briefe stammen von Hermine Krebs und einer von Hans Felix Jeschke, einem Freund in Gent, der zur Gruppe Knüfkens gehörte. Wahrscheinlich kannte Richard Krebs den Seemann bereits aus Hamburger Tagen. Ein weiterer sehr persönlicher Brief stammte von einem oder einer Unbekannten in Belgien und die beiden Postkarten von Hugo Krebs.

Der erste Brief ist von Hermine. Er ist auf Bremen, den 6. Januar datiert, ohne Anrede und mit Fitsch unterzeichnet.

»Du Böser. Wieder hast Du mein Luftschloß zerstört, aber warte, bis ich wieder meine Beine gebrauchen kann. Ich hoffe, daß ich mich in vier Wochen soweit erholt habe, daß ich Dich besuchen kann, und dann werde ich Dich bei den Ohren packen. Du kannst Dich darauf verlassen. Tu, was Du für richtig hältst. Heute weiß ich zuwenig über Dich und die Umstände. Bleib gesund und sei ein bißchen tapfer. Gib genug und gib weise – aber gib es auf, Briefe vierzehn Tage mit Dir herumzutragen. Das Warten ist schrecklich …
P.S. Schreib an Stove, den Postbeamten des Dorfes«[1]

Den nächsten Brief schickte sie am 31. Januar ab. Jetzt sprach sie ihn mit Braun an.

»Ich weiß nicht, wo und wie Dich dieser Brief erreichen wird, und Du kannst Dir vorstellen, was es für mich bedeutet, wochenlang nichts von Dir zu hören.
Mein Herz und meine Seele sind so verletzt, daß ich die ganze Zeit nicht in der Stimmung gewesen bin zu schreiben. … Ich besuche niemanden mehr, und mein einziger Sonnenschein ist Tau (das ist das Kind). Ich kann vorläufig nichts Größeres unternehmen.

Hin und wieder leide ich unter rheumatischen Schmerzen im Bein, aber es ist wieder gerade. Meine Nerven haben während dieser Krankheit beträchtlich gelitten, und zwei schlaflose Nächte lang hatte ich Herzdrücken beim Gedanken an die Zukunft. Es wäre sehr einfach, wenn mich dieses Leiden nicht bedrücken würde. Es ist nun einmal so, und ich muß trotz allem weitermachen. ...

Du schlägst vor, daß ich kommen soll, aber im Moment kann ich einfach nicht. Ich habe mich noch nicht so weit erholt.

Heute bitte ich Dich, selbst zu kommen. Nichts steht dem im Weg. Du kannst zurückkommen. Wir sollten die Sache endlich klären und eine gute Grundlage schaffen. Ich kann es einfach nicht aushalten. Ich bin für nichts gut, weil es keine Hoffnung für die Zukunft gibt. Und wie froh, wie hoffnungsvoll war ich zu Weihnachten. Hör zu, Braun: Wenn Du an mein Glück und meine Sorgen denkst, an Tau und an mich, dann mach es möglich zu kommen. ...«

Am 25. Februar hatte sie ihm ein weiteres Mal geschrieben:

»Mein lieber Braun

Vor einigen Tagen erhielt ich Deinen Brief. Es waren böse Wochen des Wartens, böse Wochen in jeder Hinsicht. Wie schön es ist, daß Dir Dein Leben jetzt so gut gefällt. Du schreibst darüber in einer Weise, daß ich es bedaure, kein Seemann zu sein.

... Hör zu – ich konnte wieder gut laufen. Dann kam das Leiden zurück, und ich mußte das Bein einer ›Chaiselougine‹, einer Strahlenbehandlung, unterziehen lassen. Ich wußte, daß die Hüfte wieder nicht in Ordnung ist. Man muß dem Bein vier Wochen lang völlige Ruhe gönnen. Übermorgen werden drei Wochen vorüber sein und dann nur noch eine, und ich kann wieder von vorne beginnen. ... Du mußt daher auf meinen Besuch verzichten. Vor Mai kann ich unter keinen Umständen kommen. Ein ganzes Jahr lang werde ich nichts heben, tragen und keine schwere Arbeit verrichten können. Die Schmerzen sind schrecklich, wenn das Bein ausgekugelt ist. Wenn es wieder eingerenkt wird, wird man ohnmächtig. ... All das muß ertragen werden. Wenn eine undurchdringliche Finsternis die Zukunft verdüstert und die Gegenwart nichts zu bieten hat, was treibt, was ermutigt und zwingt einen dann noch? ...«

Zwei Postkarten mit unbekanntem Absendedatum waren von seinem Bruder Hugo.

»Lieber Richard

Ich hoffe, daß Du diesen Gruß bekommst, obwohl du irgendwo unterwegs bist. Bis zum 22. Dezember war ich auf der U.S. [unleserlich] Einigkeit und habe vergeblich nach einem bestimmten Seemann gesucht. Heute kam ich auf die S.S. Erpel, und ich werde dort bis Ende März bleiben. Dann brechen die Seeleute wieder Richtung Ostsee auf, und dann werde ich wahrscheinlich meine volle Segelzeit erreichen. Es fehlen immer noch fünf Monate. Ich habe oft an unser Boot gedacht. Ich war in A. am Ort der heiligen Anna untergebracht. Dort kannte Dich niemand. Ich wünsche Dir gutes Segeln. Laß die ›östlichen Gefährten‹ links liegen.«

»Lieber Richard

Ich bin Dir sehr dankbar für die Karte vom vierten März aus Norfolk. Ich habe Dir schon einige Male nach Gent geschrieben. Was mich angeht, so könnten wir morgen ›nach Westen‹ fahren, aber ich muß erst auf die 2 000 U [unleserlich] warten, die ich erhalten soll. Vorher kann ich nichts tun, und es darf vor dem Start auch niemand etwas wissen. Es wäre idiotisch, mit einem seeuntüchtigen Schiff zu segeln. Ich denke an ein Fischerboot aus der Ostsee. Nicht schnell und kompliziert, sondern stabil. Als Treffpunkt käme einer der ersten dänischen Häfen in Frage. Schreib, wie Du darüber denkst. Auch was die Ausrüstung und so weiter angeht. …

Grüße
Dein Peps«

Hugos Tochter Martina erinnert sich aus ihrer Kindheit daran, daß Jan Krebs, der Sohn von Richard und Hermine, lange nach dem Krieg einmal stundenlang mit ihrem Vater über Pläne sprach, ihn und seine Mutter heimlich aus Deutschland herauszubringen. Pläne, die ein mit den Umständen Vertrauter unschwer aus den Briefen von Fitsch und Peps herauslesen kann.

Wahrscheinlich stand Richard Krebs mit Frau und Bruder über

eine belgische Adresse in Verbindung. Einem langen Brief von Hans Felix Jeschke vom 1. März aus Gent kann man entnehmen, daß er diesem seine Adresse anvertraut haben muß. Jeschke schreibt, er habe Richard Krebs' Adresse an »Karl«, d.h. an Knüfken, weitergegeben, der ihn dringend wegen der Kommune sprechen wolle.

»Vielleicht weißt Du noch nicht, daß dich die Kommune in ihren Veröffentlichungen als Spitzel und was weiß ich nicht alles bezeichnet und dazu noch ein Photo abdruckt. Daran kannst Du sehen, was für primitive Methoden diese Gauner verwenden. Leider hast Du für diese Gauner die vier kostbaren Jahre deines Lebens geopfert, die Du vergeblich hinter Gardinen verbracht hast. Auf alle Fälle weißt Du jetzt, daß Dich Karl aus der Gruppe vom Anker genau instruieren wird. Weiterhin hoffe ich alter Junge, daß mit Dir und ›deiner Vergangenheit‹ alles gut läuft. Ich gebe Dir eine Adresse, so daß mich Deine Post immer erreichen wird, bis ich Dir eine neue mitteile. Ich hoffe auch, daß ich bald aus dem verfluchten Gent verschwunden bin und nicht den Gendarmen in die Hände falle. …

Hans Felix
Nimm Dich vor der Kommune in acht«[2]

Dies war nicht der einzige Versuch aus dem Umfeld Knüfkens, mit Richard Krebs Kontakt aufzunehmen. Aus einem Brief Edo Fimmens eineinhalb Jahre später geht hervor, daß ihn auch der Vorsitzende der ITF über New Yorker Kontaktleute mehrmals zu erreichen versucht hatte. Immer vergeblich.

Kommen wir noch einmal auf Richard Krebs' Situation Anfang März in Norfolk zurück. Die »Ary Lensen« kam und kam nicht vom Fleck. Sie lag bereits einen Monat vor Anker. Alles war möglich: daß sie, wie erhofft, in neutrale Gewässer – am besten in die englischsprachige Karibik – schipperte oder plötzlich den Auftrag bekam, in einem der Achsenländer Ladung aufzunehmen. Einfach von Deck zu gehen und in den USA unterzutauchen war gefährlich, da die Chancen, sich dort jemals legalisieren zu können, minimal waren. Eine Möglichkeit allerdings könnte er gehabt haben. Eine Möglichkeit, die erklären würde, warum ihn Fimmen und Knüfken immer wieder zu erreichen versuchten. In dem Sammelsurium aus unzusammenhängenden, richtigen und falschen Informationen, aus dem der letzte »Erka«-Bericht besteht, gibt es eine seltsame Passage, die von jemandem handelt, der nur Richard Krebs gewesen sein kann: »Vor einiger Zeit tauchte ein Hamburger in Antwerpen auf und nahm Verbindung mit der ITF auf. Es fand eine Konferenz statt, an der Edo Fimmen, Lehmann, Knüfken und der Hamburger teilnahmen, und in der von Fimmen der Vorschlag gemacht wurde, den Hamburger als Vertreter der deutschen Sektion der ITF nach New York zu entsenden, da ihm durch seine Vertrauensleute in der Umgebung Atschkanows (Leningrad) und Jensen bekanntgeworden war, daß der Hamburger mit Moskau gebrochen habe. Fimmen zeigte großes Interesse für Informationen aus dem Kreis der ISH-Funktionäre Wollweber-Deter-Jensen und über ihr Treiben hinter den Kulissen. Der Hamburger sagte, er müsse sich die Sache überlegen, da er in Amerika illegal sei. Fimmen versprach, ihn als Amerikaner zu installieren, da er entsprechende Verbindungen in New York habe.«[3]

Wenn Richard Krebs jener Hamburger war, warum nahm er das Angebot nicht an, sondern blieb mehr als einen Monat an Deck der »Ary Lensen«? Wahrscheinlich, weil eine Arbeit für die ITF vorläufig nicht in seine Pläne paßte, da er jede Art von Aufsehen vermeiden mußte. Auf keinen Fall durfte er die Gestapo darauf aufmerksam machen, daß er aus Paris gar nicht nach Spanien weitergereist war, sondern sich in den USA befand. Schließlich hingen die Pläne für Frau und Kind von der Arglosigkeit der deutschen Geheimpolizei ab.

Und es gab einen weiteren Grund für seine Zurückhaltung: Er mußte vermuten, daß ihm die ITF keine Sicherheit vor der sowjetischen Geheimpolizei bieten konnte. Schließlich war er lange genug selbst im Geschäft gewesen, um zu wissen, daß es in Knüfkens Gruppe wahrscheinlich den einen oder anderen deutschen Seemann gab, der sich nur zum Schein von der KPD abgewandt hatte. Möglicherweise war diese Vermutung bereits in Norfolk zur Gewißheit geworden, wenn er nämlich von der Warnung vor ihm erfahren hatte, die *Paa Törn*, die Zeitschrift der skandinavischen Seemannsclubs in den USA, schon im Januar ausgesprochen hatte. In dem Steckbrief hieß es, der »Gestapoagent« befinde sich auf dem Weg in die USA – eine Information, die nur aus dem Innern der Knüfkengruppe kommen konnte.

Trotzdem brach Richard Krebs am 6. März nach New York auf. Ihm blieb wahrscheinlich nichts anderes mehr übrig. Der Einwanderungsbehörde gegenüber gab er 1941 an, es hätte geheißen, die »Ary Lensen« steche demnächst Richtung Italien in See.

Nach seiner Ankunft in der Metropole ging Richard Krebs das Risiko ein und nahm mit ehemaligen ISH-Kadern Kontakt auf. Die Adressen konnte er nur in Antwerpen von Knüfken selbst oder von Mitgliedern seiner Gruppe erhalten haben. Einer von ihnen war Max Bareck, jener Sonderkurier, der ihm jede Woche aus Berlin das Geld für die Subventionierung von ISH-Einheiten in aller Welt überbracht hatte. Max Bareck war jetzt Hausmeister in einem Manhattaner Apartmenthaus, wo Richard Krebs vorläufig Unterschlupf fand. Schon nach wenigen Wochen hatte die sowjetische Geheimpolizei oder Kommunisten, die ihr zuarbeiteten, den »Gestapospitzel« entdeckt. Möglicherweise stammte die Information von Bareck selbst. Man darf nicht vergessen, daß alle ehemaligen Kommunisten, die sich legal in den USA aufhielten, mit ihrer Vergangenheit erpreßbar waren. Schließlich mußte damals, wie auch noch vor wenigen Jahren, jeder, der in die USA einreisen wollte, unterschreiben, nie Kommunist gewesen zu sein. Man durchsuchte das Zimmer von Richard Krebs und nahm die Briefe Hermines mit. Das alles geht aus einigen Äußerungen hervor, die er dem CIC in ganz anderem Zusammenhang zu Protokoll gab.[4]

Rätselhaft ist, wie die Briefe Ende April in die Hände des FBI in Richmond gerieten, mehr als tausend Kilometer von New York entfernt. In der Akte selbst findet sich nicht der geringste Hinweis. Mangels anderer Erklärungen kann man nur vermuten, daß diejenigen, die die Briefe an sich genommen hatten, selbst nichts mit ihnen anfangen konnten, aber auf die Idee kamen, sie dem FBI zuzuspielen. Um den rätselhaften Briefen stärkere Beachtung zu verschaffen, legte man den Ausschnitt aus *Paa Törn* dazu. Richmond wurde ausgewählt, weil das dortige FBI für Norfolk zuständig war, jenen

Hafen, in den die »Ary Lensen« nach ihrer Ankunft in Newport News gewechselt war. Norfolk war damals eine der größten Marinebasen der USA und wurde dementsprechend intensiv überwacht. Gleichzeitig war es auch der letzte Ort, an dem amerikanische Behörden die Anwesenheit eines gewissen Richard Krebs registriert hatten. Der gewünschte Effekt trat ein: Auch der Marinegeheimdienst wurde in die Untersuchung eingeschaltet.

Ganz ging das Spiel jedoch nicht auf. Verglichen mit Europa, wo sich alle Welt auf den nächsten Krieg vorbereitete, war in den USA von erhöhter Wachsamkeit noch nichts zu spüren. FBI und Marinegeheimdienst kamen zum Schluß, Krebs sei zwar in Europa offensichtlich nachrichtendienstlich tätig gewesen, soweit ersichtlich jedoch nicht in den USA. Am 24. August 1938 wurde der Fall wieder zu den Akten gelegt.

Nach der Durchsuchung seines Zimmers mußte Richard Krebs wieder untertauchen.

Er war nun völlig auf sich allein gestellt. In seinem späteren, gleichfalls autobiographischen Roman *Castle in the Sand* hat er beschrieben, wie sich ein illegaler Einwanderer dieser Jahre in New York durchschlug. Nachts schlief er, wenn das Wetter es erlaubte, auf einer Parkbank, sonst, in einen Mantel gewickelt, am Eingang der U-Bahnhöfe oder schlug sich die Nacht, über einen Kaffee gebeugt, in einem der Schnellrestaurants um die Ohren, die 24 Stunden lang offen hatten.

Morgens ging er in das Viertel rund um die Sixth Avenue in der Lower Eastside, wo sich eine Reihe von Arbeitsvermittlern befanden. Er hoffte, dort Arbeit in einem Hotel als Anstreicher, Tellerwäscher oder Handlanger zu finden, da ein Hoteljob gewöhnlich auch einen Schlafplatz in irgendeiner Besenkammer mit sich brachte.

Doch er mußte vorsichtig sein. Nicht nur *Paa Törn*, auch die *Schiffahrt*, ein Organ KP-treuer deutscher Seeleute in New York, sowie der *Daily Worker*, die Tageszeitung der amerikanischen KP, hatten mittlerweile sein Bild veröffentlicht und ihn als »Gestapospitzel« tituliert. Kurze Zeit nach Anlegen der Akte in Richmond, am 5. Mai 1938, schrieb der *Daily Worker*:

»Richard Krebs, Spitzenagent der Gestapo, des deutschen Geheimdienstes, ist in der letzten Woche zweimal in St. George und New Brighton, Staten Island, gesehen worden. Krebs, der in Paris enttarnt wurde, entkam nach Antwerpen und heuerte dort auf einem englischen Frachtschiff an. Der *Daily Worker* enthüllte, daß er in Norfolk, Virginia, von dem Schiff desertierte und eine Zeitlang verschwand. Der Verdacht, daß Staten Island Zentrum eines Nazispionagerings ist, gewinnt durch Krebs' Auftauchen dort an Gewicht. Das Justizministerium ist benachrichtigt worden. Er ist mittelgroß, spricht fließend Englisch und ist ungefähr dreißig Jahre alt.«[5]

Folgt man den Erinnerungen seines späteren Freundes Benjamin Gitlow, Ende der zwanziger Jahre Spitzenfunktionär der amerikanischen KP und später, wie Richard Krebs selbst, als Abtrünniger verteufelt, dann hatten ungenannte Informanten des *Daily Worker* den deutschen Flüchtling nicht bloß zweimal wie zufällig »gesehen«. Der sowjetische Geheimdienst hatte Richard Krebs nach Staten Island, eine vor Manhattan, mitten in der Schiffahrtsrinne gelegene, große, dichtbesiedelte Insel, entführt und in einen Holzschuppen gesperrt. »Dort war er geistesgegenwärtig genug, eine Öllampe umzuwerfen, so ein Feuer auszulösen und in der entstandenen Verwirrung zu entkommen. Die Story des *Daily Worker* wurde geschrieben, um die Stümperei der OGPU und die Tatsache zu verdecken, daß sie sich in Staten Island aus demselben Grund wie die Gestapo etabliert hatte: die amerikanische Schiffahrt auszuspionieren.«[6]

Richard Krebs übertrug diese Episode auf Jan Valtin. In *Out of the Night* läßt er ihn auf genau dieselbe Art aus Jensens Landhaus entkommen, wo man ihn nach dem Bruch der Kominterndisziplin festgesetzt hat. Es ist bezeichnend für Richard Krebs, dem nach vielen Jahren auf Schiffen, in Haft und als Kominternagent in Fleisch und Blut übergegangen war, niemals Schwäche zu zeigen, daß er sich seinen Helden aus eigener Kraft aus Jensens Landhaus befreien läßt, statt die eigene Hilflosigkeit einzugestehen: die Rettung in die deutsche Botschaft in Paris, die ihn vor dem sicheren Tod in Spanien bewahrt hatte.

Aus den Quittungen seiner Arbeitgeber geht hervor, daß Richard Krebs vom 11. bis zum 18. März 1938 in einem Hotel in dem New Yorker Stadtteil Bronx gearbeitet hatte. Am 31. März, als er seine nächste Arbeit antrat, hatte er die Stadt verlassen. Diesmal hatte er einen Job als Anstreicher in Rockaway Beach, einem damals noch kleinen Ort an der Küste, gefunden.

Erst im Juni kehrte er nach New York City zurück.

Offensichtlich war es ihm gelungen, seine Spuren zu verwischen, denn der Artikel vom 5. Mai 1938 war vorläufig der letzte, der über ihn in der kommunistischen Presse erscheinen sollte. Erst mit Veröffentlichung von *Out of the Night* kamen ihm seine Feinde wieder auf die Fährte.

Nach der Durchsuchung seines Zimmers und dem knappen Entkommen auf Staten Island muß der Kontakt mit Hermine abgebrochen sein. Ein undatierter Brief von Fitsch, der seinem Inhalt nach zeitlich der letzte von ihr an ihn ist, den die Spionageakte Richard Krebs enthält, könnte sein letzter Kontakt mit ihr überhaupt gewesen sein.

»... Morgen wird mein Zimmer eingeräumt, und der Himmel steht mir offen. Ich werde noch einmal meine gesamte Kraft und Energie zusammenreißen und mit meiner Rüstung einen Platz an der Sonne erkämpfen, die mich wärmt und ohne die ich nicht leben kann. In vier Wochen wird Tau mit Oma an die Ostsee reisen und dort Deinen Wünschen gemäß den Rest des Sommers verbringen. Und was dann? Dann werden ich und Tau nach Hamburg reisen, und ich werde dort die Hanseatische Zeichenschule besuchen. Verstehst Du, was das für mich bedeutet? Ha, das soll Dir beweisen, daß die alte Fitsch voll sprühender Ideen, voll der alten Arbeitskraft ist. Und dann, auf zu einem Ort, um sich auszustatten und das Ziel ins Auge zu nehmen. ... Ja, ich bin wieder glücklich. Daher solltest Du Dein Ziel mit unverminderter Energie weiterverfolgen. Mein Gott, Liebling, wenn Du eines Tages triumphieren solltest, dann triumphiere. ›Und wir haben trotz alledem triumphiert.‹ Das wird ein Tag unvergleichlicher Feierlichkeiten sein. – Was meine Reise zu Dir betrifft, so wirst Du Dich noch ein wenig gedulden müssen. Dieses Bein ist der Teufel selbst, und alles, was ich dagegen machen kann, ist, mit dem Finger zu schnipsen. – Schau, ich bin nicht imstande, Peps zu besuchen, aber ich werde ihm schreiben. Er war nie wieder hier. Nun, mein Lied, grüß mir das Meer und die Sonne und teile ihm mit, daß ich auch dabei bin, die Melodie langsam mitzusummen. Machs gut. Braun, vergiß uns nicht, und bestimmt nicht, was es heißt, wenn jemand sechs Wochen auf einen Brief von Dir warten muß.

Alles Liebe von deinen beiden Streunern Fitsch«[7]

Eine Kusine von Hermine Krebs, die sechzehn war, als diese starb, erinnert sich noch, daß sie vor ihrem Tod mit ihrem Sohn nach Hamburg ging und dort eine Zeichenschule besuchte. Eine kleine braune Karteikarte der Gestapo vom 17. Juni 1938 mit der Aufschrift »Richard Krebs« und »ISH-Funktionär« und der Information, »soll sich auf einem englischen Schiff befinden«[8], deutet darauf hin, daß Inspektor Kraus nicht länger auf Nachricht von V-Mann »Erka« wartete. Vermutlich hatte Richard Krebs ihn betrogen. Was lag näher, als seine in Deutschland verbliebene Frau zu verhören? Am 4. Dezember, Richard Krebs hatte in einem kleinen Ort außerhalb New Yorks Arbeit gefunden, schrieb er an eine Verwandte seiner Mutter, die im Mittleren Westen der USA lebte:

»Far Bookaway N. Y.

Liebe Margarete

Gestern kam mir eine Botschaft aus Deutschland in die Hände. Hermine ist tot.

Hätte sie mich nie kennengelernt, wäre sie noch am Leben. Ihr Weggehen trifft mich härter als der Tod meiner Mutter.

Nachdem sie 1936 das Gefängnis verlassen hatte, litt sie unter verschiedenen Krankheiten. Ein Geschenk Adolf Hitlers an eine der lieblichsten Töchter seines Landes. Nervenzusammenbruch, Herzprobleme, allgemeine Depression.

Ihr fröhlicher Geist war dort ermordet worden.

Sie bewegte sich achtzehn Monate lang zwischen Ärzten und Krankenhäusern, bei großen, aber vergeblichen Willensanstrengungen, wieder ihr altes Selbst zu sein. Aber sobald ihr Leiden nachließ, sobald sie wieder imstande war, ohne fremde Hilfe zu laufen, rief sie der Obermörder nach Hamburg zu sich an diesen

Ort, um sie als Geisel festzuhalten. Wie es scheint, besuchte sie dort eine Kunstschule. Das hielt sie davon ab, hierher zu mir zu kommen. Dann plötzlich ist sie gestorben. Einfach gestorben.

Ihr Herz war nobel. Sie liebte Schönheit und Harmonie und hat in ihrem ganzen Leben nicht einer Kreatur wehgetan. Sie haßte Arroganz und die Dogmen selbsternannter Autorität. Sie ist das Beste in meinem Leben gewesen, und ich war das Beste in dem ihren. Sie hat ihren Sohn zärtlich geliebt und sich entwürdigt, um ihn zurückzugewinnen. So bin ich nun hier, einsamer denn je, und kann noch nicht einmal eine Blume auf ihr Grab legen. Weiße Lilien, die sie am allermeisten geliebt hat. Weiße Lilien mit langen Stengeln, sauber und keusch, die ihre Blüten zur Sonne neigen. Sie glaubte nicht an Gott oder Himmel. Sie glaubte an den Kampf um ein anständiges Leben hier auf der Mutter Erde, die sie jetzt ganz umgibt; endgültig, unwiderruflich; und ich sehe sie kalt und weiß und starr in der Erde; ihr Gesicht sieht ruhig und süß aus und ein bißchen verwundert über ihr plötzliches und ungerechtes Ende und über ihr sehe ich die kalte, flache Landschaft und den eisigen Nordwestwind, der in den Wipfeln der nackten Bäume singt. Er singt ein Lied, das ich sie hundertmal habe singen hören: Grüßet mir die grüne Erde …

Es gibt noch Jan, unseren Sohn. Er ist jetzt sechs. Wir hatten geplant, aus ihm einen Architekten zu machen, oder einen Schiffsbauer, oder sogar einen einfachen Handwerker. Jemand, der Dinge erschafft, die gut sind. Er ist bei ihren Eltern. Sie sind sehr gut zu ihm. Zu gut! Sie machen aus ihm einen verwöhnten Angsthasen.

Zu alt, um die Jugend zu verstehen. Und nächstes Jahr bekommt ihn die Schule und macht aus ihm einen lebenslangen Jasager des Gangsters Hitler. Niemals!

Ich will ihn hier. Dieses Land ist gut. Es wird gut zu ihm sein. Es gäbe meiner verfluchten Existenz einen guten Sinn.

Es gibt zwei Wege:

1. Jemand in diesem Land adoptiert ihn, und er kommt hier rüber. Bald. So bald wie möglich. Ich könnte ein gutes Mädchen heiraten und sie rüberschicken, um ihn zu holen. Zu bedenken: So bald wie die Gestapo erfährt, daß ich es bin, der ihn will, wird sie ihn als Geisel in eines ihrer verfluchten Heime stecken.

2. Ich fahre hinüber und kidnappe ihn.

Bitte gib mir Deinen Rat. Ich habe niemanden, mit dem ich über dieses Problem sprechen kann. Was wären die Formalitäten einer Adoption? Die Gerichtsentscheidung hier oder in Deutschland? Eine Konsularentscheidung? Ich habe keine Ahnung von der damit verbundenen Bürokratie. Die direkte Tat gefiel mir immer am meisten.

Etwas anderes. Alle Photos von Hermine vor 1933 wurden bei den Durchsuchungen vernichtet. Ich besitze nicht ein einziges. Aber ich erinnere mich, daß dir 1930 oder später einige geschickt wurden. Ich flehe Dich an, sie mir zu überlassen. Zumindest Kopien, ich brauche sie. Besonders den Schnappschuß von Hermine, auf dem sie auf den Felsen Helgolands die Arme hoch in den Wind wirft.

Das ist die Art, wie ich mich mein ganzes Leben lang an sie erinnern möchte.

Am Tag, als Hitler zur Macht kam, starb meine Mutter. Meine Freunde starben unter dem Henkersbeil; manche durch Selbstmord, andere wurden zu Tode gefoltert. Der Rest wurde lebendig begraben. Mein Bruder wurde unter dem Kommando Görings lebendig verbrannt. Und jetzt das. Ich finde es grotesk, daß ich noch am Leben bin.

Dein R.

Meine Adresse: Wird dich separat erreichen. Wenn du nichts bekommst, benutz die alte Adresse. Vernichte dies hier und schreib nichts über mich.«[9]

Laut Totenschein starb Hermine Krebs im Alter von 33 Jahren am 15.11.1938 im Allgemeinen Krankenhaus Barmbeck in der Nähe von Hamburg an einer seltenen, leukämieähnlichen Bluterkrankung. Ihre Kusine berichtet, es habe in ihrer Familie immer geheißen, daß sie den Folgen von Haft und Konzentrationslager erlegen sei.

Richard Krebs sollte die Schuldgefühle wegen ihres frühen Todes nie überwinden. Nicht nur, daß er es gewesen war, der sie in die KPD geführt hatte – mit seinem Doppelspiel hatte er sie in dem Moment, als sie dabei war, sich langsam zu erholen, wieder der Gestapo ausgeliefert.

Kurz darauf schrieb Richard Krebs in einem Brief an seinen Mentor und ehemaligen Journalismusdozenten in San Quentin, Arthur L. Price:

»Ich habe nichts Neues geschrieben. Ich habe es satt. Aber ich werde wieder schreiben. Hatte verschiedene harte Jobs und sie wieder aufgegeben. Von außen sehe ich stark und fähig aus. Aber innen drin bin ich fertig. Außerdem ist ein Mann, dessen Gehör zerstört ist, völlig allein. Ich habe jetzt einen Hund, einen irischen Setter. Er ist rostbraun, langhaarig und 10 Wochen alt: ›Smoke‹. Er teilt meine Mahlzeiten, schläft auf meiner Decke und zerreißt Sachen, wenn ich weg bin. Aber er zeigt eine ehrliche, stürmische Freude, wenn ich zurückkomme. … Wir leben in einem Mietshaus unter dem Dach, zwischen den Negern in Harlem. Nächste Woche werden wir einen Christbaum haben. Der letzte, den ich hatte, war in Bremen 1931.«[10]

Kurz nachdem Richard Krebs diesen Brief geschrieben hatte, fand er Arbeit als Anstreicher für eine Immobilienfirma an der Eighth Avenue.

Drei Monate später, im März 1939, war Richard Krebs selbst dem Tod nahe. Der mittellose Flüchtling wurde mit Lungen- und Rippenfellentzündung in ein New Yorker Krankenhaus eingeliefert. Wäre dort nicht zufällig ein deutscher Arzt gewesen, der ihn mit dem gerade entdeckten Penicillin behandelte, dann hätte er, laut Aussage seiner zweiten Frau, die Krankheit nicht überlebt. Dieser Arzt, Friedrich Rost, war nicht nur ein Menschenfreund, sondern hatte auch Verbindungen zu dem Kreis um Robert Bek-Gran, einen deutschen Anarchisten, der schon Mitte der zwanziger Jahre in die USA gekommen war. Nach seiner Entlassung fand Richard Krebs dort vorläufig eine Unterkunft.

Ein neuer Anfang

Robert Bek-Gran war ein Maler, Schriftsteller und Liebhaber der chinesischen Literatur, dessen kleine Druckerei in Manhattan nur unwesentlich zum Familieneneinkommen beitrug. Dies wurde hauptsächlich von seiner Frau Mary Watson, einer gebürtigen

Amerikanerin, bestritten. Bek-Gran stammte aus einer Münchner Künstlerfamilie, hatte sich 1919 an der kurzlebigen Münchner Räterepublik beteiligt und war Mitte der zwanziger Jahre in die USA ausgewandert. Er war ein Mann, der wenig Aufhebens um seine Person machte und so manches Rätsel hinterließ, da er persönliche Papiere zu vernichten pflegte. Er glich darin seinem Freund, dem geheimnisvollen B. Traven, den man mehrmals mit ihm verwechselt hat. Daß er dem berühmten Schriftsteller bereits in München begegnet war, ihm versprochen hatte, das Geheimnis seiner Herkunft zu wahren, und dieses Versprechen auch hielt, war nur im engsten Familienkreis bekannt.[11] Robert Bek-Gran blieb nach seiner Einreise in die Vereinigten Staaten Kommunist, bis er sich Mitte der dreißiger Jahre offen gegen die stalinistische Diktatur wandte. Er gründetete die deutschsprachige Zeitschrift *Gegen den Strom* und druckte als erster die Passage aus Kurt Tucholskys Abschiedsbrief an Arnold Zweig, die sich mit Stalin befaßte. Vor allem führte er mit *Gegen den Strom* eine Kampagne gegen Versuche, den Deutsch-Amerikanischen Kulturverband in eine sogenannte Frontorganisation, eine nach außen hin unabhängige, unter dem Mantel der »Volksfront« gegen Hitler firmierende, in Wirklichkeit aber von Kommunisten dominierte Organisation zu verwandeln. Dieser vom ihm und einer kleinen Schar von New Yorker Individualisten geführte Kampf scheiterte letztendlich an der Überlegenheit der wohlorganisierten Gegner. Eine Äußerung von Richard Krebs' zweiter Frau Abigail läßt ahnen, daß wohl manches von den Aktivitäten Bek-Grans im dunkeln bleiben wird. Sie erinnerte sich, daß er Kontakt zu einer Untergrundorganisation im New Yorker Hafen hatte, die sich sowohl mit Nationalsozialisten wie auch Kommunisten tätliche Auseinandersetzungen lieferte. »Diese Leute pflegten Armbänder mit Rasierklingen zu tragen. Sie gingen zum Beispiel mit den Stauern in die Docks und auf die Schiffe. Wenn das jemandem nicht gefiel, gab es Schlägereien, und diese Leute wurden von der Pier geworfen oder von Deck geprügelt. Es ging ziemlich rauh zu. Manchmal kam es zu einem Mord. ... Es war nur nicht allgemein bekannt, es stand nie etwas darüber in den Zeitungen, weil es geheim war.«[12]

Mit Bek-Gran und seinem Kreis hatte Richard Krebs zum

ersten Mal nach seiner Ankunft in Amerika Kontakt zu Menschen gefunden, denen er uneingeschränkt vertrauen konnte. Als Krebs aus dem Krankenhaus zu Bek-Gran gebracht wurde, war er »an Leib und Seele krank«[13], wie sich Bek-Grans Frau Mary Watson später erinnerte. Beide lösten erst einmal sein dringendstes Problem: Sie besorgten ihm über eine deutsche christliche Flüchtlingsorganisation einen Flüchtlingsausweis, der auf seinen wirklichen Namen ausgestellt war. Dieses Papier trug zwar die Unterschrift Cordel Hulls, des damaligen Außenministers, bedeutete aber keinerlei Aufenthaltsrecht. Es war allenfalls dazu geeignet, eine Straßenkontrolle unbeschadet zu überstehen.

Nachdem er sich von seiner schweren Lungenentzündung erholt hatte, reiste Richard Krebs in die Catskills, eine Mittelgebirgslandschaft im Westen des Staates New York, lebte dort einige Wochen in einem Zelt in den Bergen und begann ernsthaft zu schreiben. Er hatte einen Schlußstrich unter sein bisheriges Leben gezogen. Nun versuchte er den Tod seiner Frau und die Trennung von der Komintern zu verarbeiten.

Richard Krebs hatte sich nicht freiwillig von der Komintern gelöst. Erst als er in Lebensgefahr war, hatte er die Flucht ergriffen. Er glich damit eher einem sowjetischen Funktionär wie General Walter Krivitzki als Intellektuellen wie Arthur Koestler oder Manès Sperber. Krivitzki, Chef der sowjetischen Militärspionageabteilung für Westeuropa, war seinem Rückruf nach Moskau und der Hinrichtung zuvorgekommen, als er sich absetzte. Die genannten Schriftsteller, eine Zeitlang nicht weniger überzeugte bzw. »gläubige« Kommunisten, vollzogen dagegen den Bruch nach langen Überlegungen von sich aus. Arthur Koestler vermochte nach seiner Abwendung die Verführungskraft der kommunistischen Idee sowie die Motive und die Denkweise der Kommunisten klarer zu analysieren als Außenstehende, weil er sich selbst für die Partei und die Weltrevolution engagiert hatte.

In seinem Roman *Sonnenfinsternis* fand er eine einleuchtende Erklärung für das größte Rätsel, das die Moskauer Prozesse den Zeitgenossen aufgaben. Warum hatten sich die alten Bolschewiken, Helden und Führer der Revolution, die mit dem Tod so oft in Berührung gekommen waren, daß sie sich selbst »Tote auf Urlaub«

nannten, zu den absurdesten und haarsträubendsten Anklagen bekannt? Zu Plänen, Lenin zu vergiften, vor der Revolution Spitzel der Ochrana, der zaristischen Geheimpolizei, und danach Spione der Engländer gewesen zu sein? Klammert man die Revolutionsführer aus, »die wie Radek nur ihr Leben retten wollten, und jene, die wie Sinowjew seelisch zerbrochen waren; – dann blieb noch immer ein harter Kern von Männern ... mit einer revolutionären Vergangenheit von dreißig, vierzig Jahren, Veteranen der zaristischen Gefängnisse und der sibirischen Verbannung, deren vollständige und freudige Erniedrigung unerklärlich blieb«.[14]

Koestler hatte intuitiv erfaßt, was der ehemalige GPU-Offizier Walter Krivitzki in seinem Buch *I was Stalin's Agent* später aus persönlichem Erleben schildern sollte: Die Geheimpolizisten hatten an das Parteigewissen der Angeklagten appelliert, bis diese zugaben, »daß keine bolschewistische Gruppe stark genug war, die Parteimaschine von innen zu reformieren oder Stalins Führung zu stürzen. Es herrschte wirklich tiefe Unzufriedenheit im Lande; dagegen aber von außerhalb der bolschewistischen Reihen anzukämpfen mußte das Ende der bolschewistischen Diktatur bedeuten. ...

Der Untersuchungsrichter und der Gefangene stimmten darin überein, daß alle Bolschewisten ihren Willen und ihre Gedanken dem Willen und den Gedanken der Partei unterzuordnen haben. Sie stimmten darin überein, daß man im Dienste der Partei den Tod oder die Entehrung oder auch den Tod und die Entehrung auf sich zu nehmen hatte, wenn die Konsolodierung der Sowjetmacht das erforderte. Es war Sache der Partei, den Selbstanklägern Anerkennung für ihre Selbstaufopferung zu zollen, wenn sie das wollte.«[15]

Auch Richard Krebs war ein »Toter auf Urlaub« gewesen. Schon als Jugendlicher hatte er sich das Credo »Die Partei zuerst« zu eigen gemacht. Der unbedingte Glaube an die historische Mission der Partei, der alle Opfer im Namen einer »lichten Zukunft« rechtfertigte, hatte ihn um die halbe Welt sowie in die Haftanstalten der USA und des Dritten Reiches geführt. Trotz ernüchterndster Erfahrungen war er bis zum bitteren Ende dabeigeblieben. Arthur Koestler bezeichnete die sieben Jahre seiner Parteimitgliedschaft als die »besten Jahre« seines Lebens »sowohl dem Alter nach, als auch aufgrund der bedingungslosen Hingabe, die sie ausfüllte«.[16] Ein solcher Satz hätte auch von Richard Krebs stammen können, der sein gesamtes Erwachsenenleben der Arbeit für die Partei gewidmet hatte.

Die Kränkung, die er mit seinem erzwungenen Abschied und der Verteufelung als Gestapoagent erfahren hatte, konnte Richard Krebs erst überwinden, nachdem er einen klaren Schlußstrich gezogen hatte. Wie stark ihn dies alles belastet hatte, zeigt die Geschichte vom Tod des Bert Adrian. Die Adresse auf der Titelseite – 148 eighth Avenue – deutet daraufhin, daß sie noch vor seiner schweren Erkrankung geschrieben wurde, als er in Harlem lebte. Hier spricht Richard Krebs sich nicht nur seiner Frau gegenüber schuldig, sondern übernimmt stellvertretend für sie die Rolle des Verräters und wird hingerichtet. Es ist, als hätte er noch einmal die Zeit zurückdrehen wollen, um statt ihrer in den Tod zu gehen.

Seine erste Veröffentlichung unter dem Pseudonym Jan Valtin erschien in der Zeitschrift *Ken* unter dem Titel »Hitler's Slaughterhouse: the living hell of Ploetzensee«. Nach dieser Beschreibung der zentralen Hinrichtungsstätte des Dritten Reiches publizierte er dort im nächsten Monat »A pillar of the Komintern«, die Skizze über einen gewissen Ernst, der für Eingeweihte unschwer als Ernst Wollweber erkennbar war. Das Porträt ist eine Mischung aus tatsächlichen Geschehnissen, Gerüchten und frei Erfundenem, der Protagonist mit seiner Skrupellosigkeit und Menschenverachtung, aber auch Nervenstärke ein Vorläufer der Figur des Ernst Wollweber in *Out of the Night*.

Von den paar Dollars, die Richard Krebs für die Veröffentlichungen erhielt, konnte er nicht leben. Im Juni sowie im Oktober und November verdingte er sich noch einmal als Anstreicher bei verschiedenen Firmen und Leuten. Es war seine letzte Tätigkeit als einfacher Arbeiter.

Im November 1939 druckte der *American Mercury* »Comintern Agent«, eine Beschreibung der Tätigkeit eines Kominterninstrukteurs. Dadurch lernte Richard Krebs Eugene Lyons, den Herausgeber der Zeitschrift, kennen. Der frühere Kommunist und Mitarbeiter der sowjetischen Nachrichtenagentur in New York hatte sich zunächst einen Namen mit einem Buch über den Justizskandal *Sacco und Vanzetti* gemacht, das in die meisten europäischen Sprachen übersetzt wurde. In *Assignment in Utopia*, einem heute noch faszinierenden Bericht über seine Zeit als Korrespondent einer Nachrichtenagentur in der Sowjetunion der frühen dreißiger Jahre, schildert Eugene Lyons seine wachsende Desillusionierung angesichts der sowjetischen Wirklichkeit.

Während seiner seltenen Reisen in die USA war es ihm immer schwerer gefallen, gegenüber den Genossen seine Zweifel am Gelingen des sowjetischen Experiments zu verbergen. Im Buch übt er harte Kritik an westlichen Kollegen in Moskau, die mit Verachtung auf die schlechtgekleideten Massen in der sowjetischen Hauptstadt blickten und sich davor hüteten, die Wahrheit über das Massensterben während der Kollektivierung Anfang der dreißiger Jahre zu schreiben, da sie um ihre Akkreditierung fürchteten. Besonders der Korrespondent der quasioffiziellen *New York Times* gefiel sich im Rückzug auf die Omelette-These – um ein Omelette zu machen, muß man die rohen Eier zerschlagen – als Begründung dafür, die Hungerkatastrophe zu verschweigen. Anders hingegen Lyons, dem nach mehreren Zusammenstößen mit der Zensurbehörde die Akkreditierung entzogen wurde.

Lyons, der in *Assignment in Utopia* unter anderem berichtet, welchen Beifall das Fehlen gewerkschaftlicher Rechte in der Sowjetunion bei amerikanischen Industriellen fand, die Moskau besuchten, war weiterhin Sozialist und gleichzeitig erbitterter Gegner der amerikanischen KP, die in den dreißiger Jahren einen solchen Einfluß in den USA gewonnen hatte, daß sie als das »rote Jahrzehnt« in die amerikanische Geschichtsschreibung eingegangen sind.

Man kann den Einfluß der Kommunisten in den USA jener Jahre durchaus dialektisch sehen. Nach dem völligen Zusammenbruch des Laissez-faire-Kapitalismus amerikanischer Prägung, der dem Börsenkrach von 1929 folgte, mußten Präsident Roosevelt und seine Leute, die sogenannten New Dealer, den Kapitalismus vor sich selbst retten. Roosevelts Vorgänger im Amt des Präsidenten, Herbert Hoover, hatte auf die Krise und das Sinken der Steuereinnahmen mit den alten Rezepten reagiert und die

Wirtschaft mit der Senkung der Staatsausgaben noch mehr geschwächt. Tatenlos hatte die Regierung zugesehen, wie die Industriellen die Krise für immer weitere Einschnitte in ohnehin klägliche Arbeiterrechte, für Lohnkürzungen und eine Verlängerung der Arbeitszeit nützten. Die dadurch sinkende Nachfrage verschärfte die Krise und heizte die sozialen Unruhen an.

Die New Dealer erhöhten die Staatsausgaben, führten zum ersten Mal in der Geschichte der USA eine Reihe von Sozialgesetzen ein und stärkten die Gewerkschaften. Dabei arbeiteten sie mit der KP der USA zusammen, der einzigen Kraft auf der Linken, die nach der Zerschlagung der IWW in den zwanziger Jahren übriggeblieben war. Im Zuge dieser Zusammenarbeit gelang es einer Reihe von getarnten Kommunisten, in der Washingtoner Bürokratie Fuß zu fassen. Wie von amerikanischen Historikern nach Öffnung der Moskauer Archive Anfang der neunziger Jahre belegt wurde, existierte Ende der dreißiger Jahre in der Hauptstadt der USA ein Netzwerk, das den Geheimdiensten der Sowjetunion zuarbeitete und die Regierungspolitik unmerklich beeinflußte.

Die härtesten und erbittertsten Gegner der Kommunisten waren neben reaktionären Geschäftsleuten, die den ganzen New Deal ablehnten, vor allem Trotzkisten und ehemalige Parteimitglieder, die genauer als die Öffentlichkeit über Stalins Diktatur informiert waren und oft genug am eigenen Leib erfahren hatten, wie die Komintern mit Abtrünnigen umging. Der Haß, den die Mordaktionen Stalins in der Sowjetunion und während des spanischen Bürgerkrieges bei ihnen ausgelöst hatte, ging so weit, daß sich Leo Trotzki bereit erklärt hatte, vor dem »Kongreßausschuß für unamerikanische Umtriebe« auszusagen. Seine Ermordung verhinderte das.

Durch die Veröffentlichung von »Comintern Agent« und Lyons' Fürsprache kam Richard Krebs mit diesen Kreisen in Kontakt. Für die erste Verabredung mit Ben Mandel, einem Ermittler beim »Kongreßausschuß für unamerikanische Umtriebe«, der bis 1929 dem ZK der amerikanischen KP angehört hatte, wählte Krebs einen Treffpunkt unter dem großen L in der 114ten Straße in Manhattan aus. Dort hätte er, falls nötig, schnell in der Menge verschwinden können. Nach Mandel lernte er eine Reihe weiterer Exkommunisten aus Lyons' Bekanntenkreis kennen. Unter ihnen waren der bekannte Humorist, Trotzki-Biograph und -Anhänger Max Eastman, der 1941 mit den Ideen seines Mentors brach, der Trotzki-Übersetzer Malamud, der später sein engster Freund wurde und ihm nach Trotzkis Tod dessen Wintermantel schenkte, sowie der ehemalige Vizepräsidentschaftskandidat der KP der USA, Benjamin Gitlow, der sich Anfang der dreißiger Jahre von der Partei getrennt hatte.

In seinen Erinnerungen beschrieb Gitlow, wie er Richard Krebs kennenlernte.

»1940 nahm ein großer, gutaussehender, nervöser junger Mann mit einem kleinen Kreis von Antikommunisten in New York Kontakt auf, die es wagten, sich gegen die prosowjetische und prokommunistische Stimmung im Land zu stellen. Er hatte eine Geschichte zu erzählen und brauchte Hilfe. Niemand hätte sich beim Anblick jenes gejagten, verängstigten Mannes, der unter dem Pseudonym Jan Valtin schrieb, vorstellen können, daß er eine fiktionalisierte Autobiographie verfassen würde, die von seinen Erfahrungen als kommunistischer Hafenagent handelte und mehr als 700 000mal verkauft werden sollte.

In den zwei Jahren nach dem Zwischenfall in Staten Island versuchte die OGPU, Valtin zu finden. Wann immer sie ihm auf die Spur kam, wechselte er den Namen und zog um …

Sobald er unter Freunden war, fiel die Angst von dem gehetzten jungen Mann ab. Er sprach gerne über seine Abenteuer und Heldentaten, die er farbig ausmalte und so noch interessanter und wichtiger machte. Oft fühlten sich die Zuhörer von der Gedankenwelt dieses jungen Mannes provoziert, der sich mit Gewalt- und Mordtaten brüstete, die die Anwesenden ängstigten und verstörten.

Sie vergaßen meist, daß Valtin nur die Gedanken und Gefühle von Mitstreitern der Bewegung widerspiegelte, die er gerade hinter sich gelassen hatte. Obwohl es ihm vor allem darum ging, die schockierende Wahrheit über den Nationalsozialismus Hitlers und den Kommunismus Stalins zu verbreiten, konnte er die Vergangenheit und die Prägung nicht plötzlich abschütteln, die jene Jahre in der kommunistischen Bewegung in ihm hinterlassen hatten.«[17]

Die größte Bedeutung für seine Zukunft sollte Isaac Don

Levine erlangen. Der in Rußland geborene Jude war nach der Revolution dorthin zurückgekehrt und schrieb ein Buch über dieses welthistorische Ereignis. Seinen Angaben zufolge war es das erste Buch über die Oktoberrevolution, das in den USA veröffentlicht wurde. Zuerst begeistert über den Umsturz, hatte sich Isaac Don Levine bereits in den zwanziger Jahren gegen die Bolschewiki gekehrt und war nun einer der maßgeblichen Publizisten in den USA. Er veröffentlichte in der Hearst-Presse, der größten und einflußreichsten US-amerikanischen Zeitungskette, saß im Vorstand des Book-of-the-Month Club, dem Buchring mit der größten Auflage, und hatte gute Verbindungen nach Hollywood; unter anderem verfaßte er für die Filmstudios Drehbücher für Kassenschlager wie Jack Londons *Lockruf der Wildnis*. Als ihm Richard Krebs ein Bündel mit Notizen zeigte, die Vorarbeiten für ein geplantes Buch mit autobiographischem Hintergrund, witterte Levine sofort einen potentiellen Bestseller. Um sicherzugehen, daß es sich bei dem Buch nicht um die Erzählungen eines Hochstaplers handelte, ließ er Richard Krebs die Ereignisse in Kopenhagen detailliert aufschreiben und den Text in Washington vom Außenministerium überprüfen. Nachdem ihm die Beamten mitgeteilt hatten, daß die Beschreibung Richard Jensens und Wollwebers sowie ihre Rolle in der Komintern den eigenen Erkenntnissen entsprach, kehrte Levine befriedigt nach New York zurück. Levine selbst hatte noch nie von den beiden gehört, obwohl er sich zwanzig Jahre lang mit dem Kommunismus beschäftigt hatte.[18]

Am 23. Dezember gab Levine den endgültigen Startschuß für *Out of the Night*. Er und Ben Mandel stellten Richard Krebs ein monatliches Stipendium zur Verfügung. Befreit von Geldsorgen, begann dieser die Arbeit an dem Buch. Er zog in das Landhaus der Bek-Grans in Stanford, Connecticut, wo er in sieben Monaten über 1 000 Schreibmaschinenseiten vollschrieb und nebenbei das Haus der Bek-Grans strich. Während seines Aufenthalts in Stanford lernte er die 16jährige Abigail Harris kennen, die im Sommer die beiden Kinder der Bek-Grans beaufsichtigte.

Abigail Harris stammte aus einer wohlhabenden jüdischen Familie, ihr Großvater war ein bekannter Rabbi gewesen. Ihre Mutter und sie selbst waren säkulare Juden, die jenem intellektuellen

Milieu Manhattans angehörten, in dem sich europäische Einwanderer noch am besten zurechtfanden. Als Abigail Harris Richard Krebs zum ersten Mal sah, hatte sie schon viele Europäer wie ihn kennengelernt. Ihre Mutter und die Bek-Grans gehörten zu einem kleinen Kreis von New Yorkern, die die Bürgschaft für Flüchtlinge aus Europa übernahmen, ohne die keine Einreise in die USA möglich war. Auch Europäer, die sich illegal in New York aufhielten, fanden bei Abigails Mutter Unterschlupf. Bek-Gran brachte sie zu ihr, und sie versteckte sie auf dem Dachboden. Da es dort keine Toilette gab, gehörte es zu Abigails Aufgaben, zweimal täglich den Nachttopf zu leeren.

Das großgewachsene Mädchen verliebte sich in den geheimnisvollen Deutschen. Sechzig Jahre später erinnerte sie sich an ihre erste Begegnung:

»Richard und ich kamen ins Gespräch, weil er einen großen Hund hatte. Ich interessierte mich für Hunde, und zuerst unterhielten wir uns über den Hund. Später sprachen wir über Literatur, welche Bücher mich interessierten. Ich hatte, glaube ich, gerade *Herz der Finsternis* von Joseph Conrad gelesen. Außerdem gab es im Haus eine Trilogie von Conrad, die ich gelesen hatte und die mir sehr gefallen hatte, und auch einiges von Galsworthy. Dies waren beides Autoren, die Richard sehr am Herzen lagen.

Nachdem die Kinder zu Bett gegangen waren, bat mich Richard in dieser Nacht, mit ihm hinunter zum Bach zu gehen. Es gab da einen alten Mühlenbach und einen Damm, den er gebaut hatte, dort gingen sie mit den kleinen Kindern schwimmen. Ich glaube, wir nahmen ein Bad, ich weiß es nicht mehr genau, dann saßen wir am Ufer des Baches, unterhielten uns, und er legte seinen Arm um mich.«[19]

Out of the Night

Mit *Out of the Night*, einem zornigen Manifest gegen den Zynismus der Funktionäre und die menschenverachtenden Praktiken der Komintern, wendete Richard Krebs seine Kränkung nach außen, ging zum Angriff über und rechnete mit den Parteifunktionären ab. Die Identifikation mit den einfachen Genossen, den anonymen und unbeugsamen Kämpfern gegen die Nazidiktatur, war jedoch geblieben. Für Morde, die die Nazis begangen hatten, verwendete er den Ausdruck »brutal murder«, für Morde seiner Genossen das viel neutralere »assassination«. Nach Erscheinen des Buches bei einer Pressekonferenz um eine Erklärung gebeten, meinte Richard Krebs, die »Eierschalen« der kommunistischen Terminologie seien noch nicht von ihm abgefallen. In Wahrheit waren es nicht bloß die Eierschalen der Terminologie, die ihm noch anhafteten.

Im Bemühen, sich gegenüber den »einfachen« Genossen zu rechtfertigen, schildert Richard Krebs Valtin als Kommunisten mit der »richtigen«, der proletarischen Herkunft. Der »Fleck« in seiner eigenen Biographie, die bürgerliche Herkunft und der »Verrat« der Geliebten, wurde in der Schilderung seines Alter Ego ausgespart. Er wollte sich weder seine eigene Schwäche, seine Rolle als Spielball zwischen GPU und Gestapo und die Rettung in die deutsche Botschaft in Paris, eingestehen noch die von Firelei, die er der Nachwelt nicht als verzweifelte Mutter, sondern als harte Kommunistin überlieferte. Hierin zeigte sich, daß er die Maßstäbe seiner ehemaligen Genossen übernommen hatte, die Prägungen seiner Jugend und Grundmaximen illegaler Tätigkeit nicht abschütteln konnte, die er in der erbarmungslosen Männerwelt der Seefahrt und später in den Gefängnissen und Konzentrationslagern verinnerlicht hatte: das Gebot, sich nie eine Blöße zu geben, keine Kontakte mit Verrätern zu haben, selbst wenn es sich um die eigene Frau handelte, die Regeln der Konspiration um jeden Preis einzuhalten. Damit trug der Prozeß der Aufarbeitung seiner traumatischen Erfahrungen, der mit dem Rückzug in die Berge der Catskills begonnen hatte, bereits den Keim des Scheiterns in sich.

Als Richard Krebs im Spätsommer 1940 aus dem Haus des deutschen Emigranten Bek-Gran in das des erprobten Hollywoodautors und erfahrenen Ghostwriters Don Levine umzog, erhielt die Kunstfigur Jan Valtin den letzten Schliff. Don Levine wußte genau, wie ein Buch und sein Held beschaffen sein mußten, um damit in Amerika einen Bestsellererfolg zu erzielen. War die proletarische Herkunft Valtins mit dem Vater im Soldatenrat dem

Bemühen des Autors geschuldet, seinen ehemaligen Genossen nicht die geringste Angriffsfläche zu bieten, so war die Verwandlung Valtins in den allgegenwärtigen Funktionär, der seine Weisungen von Dimitroff persönlich erhält, vermutlich auf Levines Eingriffe zurückzuführen.

Der Hintergrund von Krebs' Arbeit als Instrukteur, seine langen und für ein amerikanisches Publikum ermüdenden Erörterungen der innerparteilichen Intrigen und ideologischen Zerwürfnisse wurden entweder stark vereinfacht oder ausgeblendet. Um den Leser in atemloser Spannung zu halten, erlebt Valtin eine Reihe von Begebenheiten, von denen Richard Krebs nur gesprächsweise erfahren hatte.

Dasselbe gilt für wichtige Etappen in der Entwicklung der Komintern. So ist Valtin bei dem Beschluß in Moskau anwesend, der der offiziellen Gründung der ISH vorausging, obwohl Richard Krebs zu dieser Zeit gerade die Schiffahrtsschule in Bremen besuchte, und so dirigiert der Held von *Out of the Night* den Streik der deutschen Seeleute in Leningrad, während Richard Krebs damals in Hamburg war. Robert Bek-Gran, der das ursprüngliche Manuskript kannte, war entrüstet, als das Buch erschien. In einem Brief soll er Richard Krebs aufgefordert haben: »Komm von Deinem Holzpferd herunter, und vergiß den Heldendarsteller.«[20] Einem Journalisten erzählte er, daß sich Valtins Geschichte aus den Erlebnissen mehrerer zusammensetzt, ein mittlerer Funktionär sei zu einem Mann stilisiert worden, der mit den Spitzen der Komintern auf vertrautem Fuß stand. Aus dem Bericht eines Parteiarbeiters, der völlig am Ende und in Wahrheit ein Bauernopfer gewesen war, sei eine Heldensaga geworden. Zumindest hätte man dem Buch den Hinweis voranstellen müssen, das Originalmanuskript sei in einem Stück niedergeschrieben worden und seine Diskrepanzen seien durch Erinnerungslücken zu erklären. Der Autor habe seine lebhafte Phantasie nicht zu zügeln vermocht, deshalb gebe es eine Reihe von Fehldeutungen.

Robert Bek-Gran hat Richard Krebs die Veränderungen am Manuskript nie verziehen. Mit ihm verlor Richard Krebs einen Freund, der wußte, was der deutsche Flüchtling wirklich hinter sich gelassen hatte. Von jetzt an war er nur noch von Menschen umgeben, für die seine Vergangenheit in Deutschland ein fernes Gerücht war und die Jan Valtins Schilderungen seiner Herkunft und Jugend für die des Autors hielten.

Vermutlich hatte Richard Krebs die Eingriffe Don Levines zugelassen, weil er in jeder Hinsicht auf die Hilfe des einflußreichen Publizisten angewiesen war. Er brauchte ihn, um einen Verlag zu finden, und seine Verbindungen nach Washington, um den Sturm, der sich nach der Veröffentlichung erheben würde, unbeschadet zu überstehen. Sollte die Einwanderungsbehörde auf ihn aufmerksam werden und seinen Fall genauer untersuchen, hätte ihm das von Bek-Gran beschaffte Duldungspapier nichts genützt, da er seit seiner Abschiebung 1929 absolutes Einreiseverbot hatte. Weil Richard Krebs wußte, wie gering seine Aussichten waren, sich in den USA zu legalisieren, hatte er im Sommer 1939 bei der Botschaft Santo Domingos eine Einwanderungserlaubnis beantragt. Das Gesuch war abgelehnt worden.

Weder Richard Krebs noch Levine selbst haben dessen Eingriffe in *Out of the Night* jemals zugegeben. Richard Krebs wollte den Eindruck vermeiden, er sei nicht der eigentliche Autor gewesen, und Levine hatte – wie sich herausstellen sollte – berechtigte Befürchtungen, das Buch könne Gegenstand von Gerichtsverhandlungen werden. Die Arbeit am Manuskript ließ sich Levine gut bezahlen. Nach der Veröffentlichung erhielt er nicht nur die 10 Prozent, die ihm als Agent und Lektor maximal zugestanden hätten, sondern insgesamt 35 Prozent aller Einnahmen.

Um den Verkauf zu fördern, wurde *Out of the Night* als absolut authentisch vermarktet. Nach dem Erscheinen des Romans kam sofort die Frage auf, welchen Einfluß Don Levine auf die endgültige Gestalt des Buches gehabt hatte. Besonders die kommunistische Presse erklärte, das Buch könne nur ein Machwerk Goebbels' oder die Fabrikation eines Autorenkollektivs unter Leitung Levines sein; ein deutscher Seemann sei zu einem derart ausgefeilten Englisch gar nicht fähig.

Das war natürlich stark übertrieben. Es ist zwar nicht möglich, die Eingriffe Don Levines, die vor allem der Figur des Helden gegolten hatten, im einzelnen nachzuvollziehen, da das Originalmanuskript in den späten Vierzigern von Unbekannten aus der Library of Congress entwendet wurde, doch steht fest, daß der Roman das Werk von Richard Krebs ist. Sowohl die Kurzgeschichten, die er in San Quentin geschrieben hatte, als auch die Notizen, Miniaturen und Kurzgeschichten, die nach seiner Flucht aus Europa entstanden waren, weisen ihn als eigenständigen und begabten Autor aus; viele ihrer Motive und Handlungsstränge finden sich in den ersten Kapiteln von *Out of the Night* wieder.

Zweifellos hat sich Richard Krebs, der sein bisheriges soziales Umfeld durch die Flucht verloren hatte, mit der Figur des Valtin ein Stück weit selbst neu erfunden. Viele Autoren sind zuerst mit einem autobiographischen Roman an die Öffentlichkeit getreten. Richard Krebs wurde dies später zum Verhängnis, da *Out of the Night* der amerikanischen Öffentlichkeit ohne jeden Abstrich als Lebensgeschichte des Autors verkauft wurde. So wurde er erst der freiwillig-unfreiwillige Gefangene und zwei Jahre später, nachdem seine Gegner einige der Widersprüche aufgedeckt hatten, das Opfer seiner eigenen Figur.

Jan Valtin war ein Held ohne Furcht und Tadel mit geistigen und körperlichen Gaben, die ans Unwahrscheinliche grenzten. Mit seinem Aufstieg und Fall verkörperte er einen durch die Zeitläufte getriebenen Helden, wie ihn die amerikanische Öffentlichkeit liebte. Die politische Geschichte des Protagonisten entsprach weitgehend der des Autors, mit einem wesentlichen Unterschied: Valtins Tätigkeit als Instrukteur beschränkte sich nicht auf die ISH, sondern erstreckte sich auf die gesamte Parteiorganisation jener Länder, in denen er eingesetzt wurde. Daß Jan Valtin die Mechanismen der internen Machtausübung, die Richard Krebs in der ISH kennengelernt hatte, gegenüber den Spitzenmännern der Parteiorganisationen Norwegens und Großbritanniens einsetzte, verstärkte den Entlarvungscharakter des Buches, erhöhte die Bedeutung seines Protagonisten und verschärfte die Anklage gegen die Diktatur Stalins, wie sie mittels der Komintern auch im Ausland ausgeübt wurde.

Die Spannung und lebhafte Schilderung des farbigen Milieus der Seeleute, Prostituierten und Hafenstädte, der sozialen Kämpfe und Geheimdienstintrigen machen die Stärke des Buches aus.

Obwohl in vielen Details fragwürdig bzw. unüberprüfbar, ist *Out of the Night* ein einzigartiges zeitgeschichtliches Dokument; der Historiker Bernhard H. Bayerlein bezeichnete es als »Kominternsaga«. Schließlich gehörte der Autor zu den wenigen, die den Dienst in der Komintern jener Jahre überlebten, und er war der einzige, der darüber mit wenig Schonung gegen sich selbst berichtete. Die meisten anderen Kominternkader, die die Verfolgungen Stalins und Hitlers überlebten, erhielten nach dem Krieg hohe Posten in dem Ring von Satellitenstaaten, der rund um die Sowjetunion errichtet wurde. Wenn überhaupt, schrieben sie geschönte Erinnerungen an ihre Vergangenheit.

Die Schwäche des Buches, die es mit anderen Romanen jener Zeit teilt – man denke an die Bücher Steinbecks –, liegt in der mangelnden psychologischen Gestaltung aller Figuren. Deren Beweggründe und innere Entwicklung werden weitgehend ausgespart. Die Charaktere tendieren zu gut und böse, schwarz und weiß. Sie verdanken ihre Entstehung wohl eher der Prägung des Autors durch den »sozialistischen Realismus« als der Hoffnung, sich dadurch als rechtschaffener künftiger Amerikaner zu empfehlen. Dieser Schwarz-Weiß-Malerei gemäß, aber auch, um die Betreffenden zu schonen, wurden gerade jene Weggefährten, für die er die meiste Sympathie empfand, gar nicht oder nur verschlüsselt erwähnt. Sein neben Atschkanow und Walter wichtigster Freund und Förderer Alfred Bem geht in der Figur Wollwebers auf; dieser nimmt in *Out of the Night* auch die Stellung in der ISH ein, die in Wirklichkeit Bem innehatte. Hildegard Thingstrup, der er im Buch den Namen seiner Schwester Cilly gibt, ist dort die Geliebte Wollwebers. Eine ganze Reihe seiner ehemaligen Genossen, deren weiteres Schicksal in Wirklichkeit ganz anders verlief, ließ Richard Krebs in Hitlers KZs verschwinden oder in Stalins Lagern enden. Manchmal allerdings lag er zufällig richtig. So bei Hans Wonneberger, seinem Nachfolger im Bremer Interklub, den er in *Out of the Night* vom kommunistischen Geheimapparat kidnappen läßt, um die Gestapo nach Erscheinen des Buches nicht auf seine Spur zu bringen. Tatsächlich wurde Hans Wonneberger in der Sowjetunion 1937 wegen angeblicher Verbreitung von Nazipropaganda verhaftet und nach dem Hitler-Stalin-Pakt 1940 an die Gestapo ausgeliefert.

Mengenangaben sind in *Out of the Night* häufig stark übertrieben. Die genannte Auflage der Flugblätter ist zehnmal höher als in Wirklichkeit, und während seiner ersten Zeit im KZ Fuhlsbüttel kamen in der Weihnachtsnacht 1933 nicht 24 Kommunisten ums Leben, sondern zwei.

Die erstaunlichste »Korrektur« in der angeblichen Autobiographie betrifft die Gefängnisstrafe des Helden. Im Rote-Marine-Prozeß wird Jan Valtin zu 10 Jahren Zuchthaus verurteilt, so daß er nach dem zweiten Prozeß wegen Hochverrats insgesamt 13 Jahre abzusitzen hat. Gut vorstellbar, daß diese Verlängerung der Haftzeit auf die Einwirkung Levines zurückzuführen war. Der PR-Profi konnte sich ausmalen, wie Richard Krebs' relativ mildes Urteil von vier Jahren auf die amerikanische Öffentlichkeit gewirkt hätte. Zum einen wäre gefragt worden, wieso der Spitzenfunktionär Valtin so billig davonkam, zum anderen wäre der Terrorstaat Hitlers geradezu als harmlos erschienen, wenn man bedenkt, welch harte Urteile amerikanische Gerichte nach dem Ersten Weltkrieg gegen Aktivisten der IWW gefällt hatten.

Out of the Night wurde nicht zuletzt deshalb mit einem großen Werbebudget auf den Markt gebracht und in den Literaturbeilagen der wichtigsten Zeitungen als Aufmacher besprochen, weil die tragische Liebesgeschichte zwischen dem Helden und der im KZ umgekommenen Firelei erstklassige Propaganda war, als Roosevelt größte Mühe hatte, die skeptische amerikanische Öffentlichkeit auf eine Kriegsteilnahme einzuschwören. Während des Hitler-Stalin-Paktes war die andere Stoßrichtung des Buches, die Anklage der Diktatur Stalins und des menschenverachtenden Zynismus der Kominternfunktionäre, vom propagandistischen Standpunkt aus nicht minder wertvoll.

Wie stark der Erfolg des Buches von der politischen Situation zum Zeitpunkt seiner Veröffentlichung abhing, zeigte sich, als die USA und die Sowjetunion Verbündete wurden. Dieselben Medien, die Buch und Autor bei Erscheinen noch hoch gelobt hatten, sollten Ende 1942 beide verdammen.

Im November 1940 kehrte Richard Krebs nach New York zurück. Dort traf er sich wieder mit Abigail Harris. Sie erinnerte sich, daß er in einer »sehr gefährlichen Gegend« im siebten Stock lebte und den Namen Eric Holmberg benutzte. Erst am Tag der Hochzeit, am 1. Dezember 1940, erfuhr sie den richtigen Familiennamen ihres Mannes.

Out of the Night war damals gerade bei Alliance erschienen, einem renommierten Haus, in dem viele deutsche Exilautoren veröffentlichten. Bereits die ungekürzte Erstauflage erregte großes Aufsehen.

Die *New York Times* machte ihre Literaturbeilage unter dem Titel »Das Leben eines Revolutionärs – Ein Agent Moskaus und Opfer der Gestapo erzählt seine Geschichte« auf und widmete dem Buch eineinhalb Seiten. »Abgesehen von seinem Wert als dramatische Schilderung persönlicher Erlebnisse wirft Valtins Buch ein Licht auf eine internationale Unterwelt, die im Schatten der totalitären Diktaturen entstand … Generell kann man sagen, daß sich der Autor nicht scheut, die Dinge beim Namen zu nennen. Sein Buch ist nichts für Anhänger viktorianischer Zurückhaltung in Sachen Sex und Brutalität, denn beides spielt eine wichtige Rolle. Valtin fällt in die Hände der Gestapo, und die Darstellung der Folter, der er und andere Gefangene unterzogen wurden, ist das Schrecklichste, was der Rezensent je über dieses schlimme Thema gelesen hat.« Die Rezension schließt mit folgendem Satz: »Das Buch entfaltet ein grausiges, abstoßendes Panorama des Mordes, der Spionage und der Intrige in einer Welt, in der keiner keinem traut, und liefert so ein recht genaues Abbild des täglichen Lebens in einer totalitären Gesellschaft.«[21]

Die kommunistische Zeitung *New Masses* überschrieb ihre Besprechung mit: »Out of the Sewer«*. »Die antisowjetischen Experten Hearsts sponsern das Buch eines Naziagenten. Der ›Book-of-the-Month-Club‹ preist der Öffentlichkeit eine Fälschung an.«[22]

Der Kommunist und Philosoph Ernst Bloch bezeichnete *Out of the Night* in der Exilzeitschrift *Freies Deutschland* als »offenen Schmutz- und Schundroman«[23].

Die Rezensionen jener Kritiker, die das Buch nicht allein vom politischen Standpunkt aus beurteilten, fielen meist recht positiv aus. Pearl S. Buck bewertete *Out of the Night* als einzigartig, le-

* Sewer – Abfluß, Kanalisation.

bendig und von hoher literarischer Qualität. Auch H. G. Wells äußerte sich lobend. Selbst ein so ablehnender Rezensent wie Karl Korsch, leitender Kader in der Frühzeit der KPD, hob »die wirklich epische Qualität« jener Teile des Buches hervor, »die mit Schiffen, Häfen und Seeleuten zu tun haben«.[24]

Über all den Kontroversen, die das Buch später wegen seiner Beschreibung der Komintern und der angeblichen Erfindung ihrer zynischen Praktiken hervorgerufen hat, wird leicht vergessen, daß es in der breiten Öffentlichkeit zuerst vor allem wegen seiner Schilderung der deutschen Konzentrationslager Aufsehen erregte. Die schlimmsten Passagen wurden in der deutschen Übersetzung von 1957 übrigens weggelassen. Darin schildert Krebs den sexuell gefärbten Sadismus, mit dem die SS-Leute in Fuhlsbüttel einige ihrer jüdischen Gefangenen zu Tode quälten.

Nicht verwunderlich, daß, abgesehen von der kommunistischen Presse, vor allem Blätter aus dem konservativen Friedenslager das Buch ablehnten. Nach den Erfahrungen mit den Berichten über deutsche Greueltaten während des Ersten Weltkriegs, die sich danach als weit übertrieben herausgestellt hatten, hielten sie Valtins Schilderung der Zustände in den deutschen Konzentrationslagern für neuerliche Greuelpropaganda.

Beispielhaft für diese Haltung war die Rezension der Kulturzeitschrift *Sribner's Commentary*.

»Ich kann nur sagen, die Grundidee wurde, vom Standpunkt eines Propagandisten aus, so clever ausgeführt, daß es mich wundert, daß noch niemand anders darauf gekommen ist. ... Mr. Valtin läßt die kommunistischen Brüder mit einer umfassenden Schmutzwäsche, die meistenteils aus außerehelichem Geschlechtsverkehr besteht, noch recht gut wegkommen. Wenn er auf seine Leiden durch die Höllenknechte Bruder Himmlers zu sprechen kommt, kennt er allerdings kein Halten mehr. In abstoßenden Details beschreibt er Akte ärgster Bestialität ... Der moderne Krieg muß ein Volkskrieg sein. ... Daher muß man den Leuten diesen Krieg als einen zwischen Gut und Böse verkaufen.«[25]

Der Erstauflage bei Alliance folgte im März die gekürzte Fassung für den Book-of-the-Month Club, die allen späteren Auflagen und Übersetzungen zugrunde gelegt wurde. Der Buchklub verbreitete *Out of the Night* in einer in die Hunderttausende gehenden Auflage. Damit war der Roman endgültig auf dem Weg zum auflagenstärksten Werk, das je ein Exkommunist über seine Zeit in der Partei veröffentlicht hat. Nachdem *Reader's Digest* 1941 eine nochmals gekürzte Ausgabe in einer Auflage von sieben Millionen verbreitet hatte, gab es kaum einen erwachsenen Amerikaner, der nicht von Jan Valtin gehört hatte. Das Buch hielt sich das ganze Jahr über an der Spitze der Bestsellerlisten.

Noch im Jahr 1941 erschienen schwedische und britische Ausgaben – beide mit bezeichnenden Kürzungen: In der schwedischen Ausgabe fehlten die Kapitel über Gestapofolter und Konzentrationslager, in der britischen Ausgabe der größte Teil von Valtins Mission in Großbritannien. Schweden übte damals eine wohlwollende Neutralität gegenüber dem mächtigen Nazideutschland, und in Großbritannien war die Regierung Ihrer Majestät offenbar der Meinung, ihren Untertanen die Schilderung der allumfassenden Bespitzelung und Unterwanderung der englischen KP durch Scotland Yard nicht zumuten zu können.

Der Rummel um seine Person, der nach der Auswahl für den Book-of-the-Month Club die Form einer Menschenjagd annahm, wurde dadurch angeheizt, daß der Autor sich beharrlich weigerte, sein Gesicht zu zeigen. In dieser Zeit schickte die linke New Yorker Tageszeitung *P. M.* einen ihrer Reporter auf Valtins Fersen. In der Redaktion war zuvor ein Journalist namens Roe aufgetaucht, der behauptete, herausgefunden zu haben, daß *Out of the Night* pure Fiktion sei, zusammengeschustert von Isaac Don Levine, dem Bestsellerautor Oliver LaFarge und einigen anderen. Valtin sei in Wirklichkeit Richard Krebs, ein deutscher Hafenterrorist, der vom FBI gedeckt werde, da er ihm helfe, andere kriminelle Radikale ausfindig zu machen. Nach tagelangen Recherchen, Begegnungen mit FBI-Leuten und unfreundlichen Vertretern der »Alliance Book Corporation« stellten sich die Behauptungen Roes als falsch heraus, und es gelang dem Reporter durch einen Zufall, Valtin zu finden. Er schilderte seine Begegnung mit dem geheimnisvollen Autor:

»Zwei Stunden lang saß ich in einem kleinen Hinterzimmer auf einem Sofa neben Valtin. Seine Frau saß gegenüber und nah genug, um von Zeit zu Zeit anbetungsvoll seine Knie streicheln zu können. Ein Hund saß zu unseren Füßen – nicht die große dänische Dogge aus *Life*, sondern eine Art Mischling; mit Hunden kenne ich mich nicht aus. ...

Valtin ist kräftig und groß, ungefähr 6 Fuß, und hat welliges mittelbraunes Haar, so wie Roe ihn beschrieben hat. Sein beinahe kindliches, teutonisches Gesicht ist angenehm, verfinstert sich aber hin und wieder. Dann meint man, Gewalttätigkeit und Turbulenz unter der Oberfläche zu erkennen. Einmal, als er auf deutsch Dimitroff zitierte, erschreckte er mich zu Tode, und dann wieder, als er Roe und PM drohte, falls wir ihm komisch kämen. Ich war sicher, daß er es ernst meinte. Ich glaube auch, daß er Angst hat. Nach der kurzen, aber freundlichen Begegnung vorher hatte ich den Eindruck gewonnen, er sei ein ziemlich harmloser Bursche, der seit seinem Eintritt in die revolutionäre Bewegung von jedem bloß völlig ausgenutzt worden sei. Jetzt bin ich mir nicht mehr so sicher.

Ich glaube, daß er zu fast allem fähig ist, auch dazu, *Out of the Night* zu schreiben. Er zeigte in der Unterhaltung etwas von demselben bemerkenswerten Gedächtnis, das die Voraussetzung für *Out of the Night* gewesen sein muß. ... Ich bezweifle nicht, daß er das Geschäft der Komintern und auch der Gestapo in- und auswendig kennt. Das spricht ihn natürlich nicht von Übertreibungen oder Erfindungen frei. Er ist auf einem Ohr taub, manchmal bekam er meine Fragen nicht mit oder ignorierte sie völlig. Für fast jeden Punkt, den ich zu dem Buch vorbrachte ... hatte er eine plausible Erklärung.

... Gerade als ich ging, befühlte er seine Tasche und deutete an, daß er die Erlaubnis besäße, eine Pistole zu tragen. Er sei ein guter Schütze, und er würde es herausfinden, sollte Roe versuchen, ihm komisch zu kommen. Seine Schwiegermutter, die kurz vorher in das Zimmer gekommen war, lachte und meinte, daß er doch gar nicht so schlecht sei, wie er sich selbst darstelle ...«[26]

Der Artikel war eine Sensation und der erste Versuch, *Out of the Night* gerecht zu werden, ohne seinen Inhalt entweder als fiktiv abzutun oder für völlig authentisch zu halten. Der Autor kam zu folgendem Schluß:

»Ich bezweifele nicht, daß die Beschreibung der böswilligen Untergrundtätigkeiten in dem Buch prinzipiell wahr ist.

Ich bin sicher, daß das Buch der Öffentlichkeit eingetrichtert wird – ohne daß nachgefragt wird. Valtins Version von jedem Detail wird angepriesen, als ob sie in der Bibel stehe. Die Werbeabteilung des ›Book-of-the-month Club‹, *Life* und *Reader's Digest* interessieren sich offenbar mehr dafür, unsere Feinde unglaubwürdig zu machen, als genügend Skepsis aufzubringen. ...

Wieviel davon auch immer wahr sein mag und wieviel Erfindung, *Out of the Night* bleibt eine erschreckende Geschichte über Betrug und Hinterhalt. Beim Versuch, den Hintergrund aufzuklären, stieß ich auf weitere Betrügereien und Fallstricke. Wie lange man sich damit auch noch beschäftigen mag, näher wird man der Wahrheit nicht kommen.«[27]

Ein amerikanischer Held

Zum ersten Mal in seinem Leben hatte Richard Krebs mehr als genug Geld. Mit Unbehagen beobachtete seine junge Frau, mit welcher Freizügigkeit er Bekannte und Freunde aus früheren Tagen aushielt und welche Geldsummen verschwanden, wenn er mit ihnen durch die Kneipen und Restaurants Manhattans zog.

Eine andere Folge des plötzlichen Erfolgs war, daß der frischgebackene Bestsellerautor eine Unzahl von Briefen erhielt. Darunter waren jede Menge geschäftliche Angebote, wie der eines Versicherungsmaklers, der dem Autor dieses »unschlagbare« Angebot machte:

»Nachdem ich Ihr Buch *Out of the Night* gelesen habe, kam mir der Gedanke, daß es für Sie vielleicht nicht leicht sei, eine Lebensversicherung zu bekommen. Da ich mit jeder Art von Risiko Erfahrung habe, schreibe ich an Sie mit dem Angebot, doch einmal mit mir zu sprechen.«[28]

In den Bergen von Briefen aus dieser Zeit finden sich Heiratsgesuche und weniger sittliche Angebote, Briefe von alten Knastgenossen aus San Quentin, die er, soweit er konnte, unterstützte – einen von ihnen stellte er als Privatsekretär ein –, von wirklichen und angeblichen Verwandten, Gegnern und Bewunderern. Getreulich versuchte er alle zu beantworten. Einem ihm völlig unbekannten Schwarzen, dessen Bruder das Dritte Reich schnellstens verlassen mußte, aber kein Geld hatte, schickte er 200 Dollar. Vom »Comittee for a Jewish Army« über die »Workers' Defence League« bis hin zur »American Civil Liberties Union« wurde er zahlendes Mitglied verschiedenster Vereinigungen.

Auch bei der deutschen Botschaft merkte man auf. Am 24. Februar wurde der erste Brief nach Berlin abgeschickt. »Die unter dem Titel ›Out of the Night‹ erschienene Selbstbiographie eines ehemaligen kommunistischen deutschen Agenten ist mit einem selbst für Amerika ungewöhnlich lauten Werbefeldzug auf dem hiesigen Büchermarkt angekündigt worden. Eine sensationelle Handlung und zahlreiche Schreckensszenen, teilweise mit erotischem Beigeschmack, versprachen dem Buch einen schnellen Erfolg bei dem breiten Leserpublikum, den die Verleger durch ungewöhnlich hohe Anfangsauflagen (200 000 Stück) vorweggenommen haben. Hieraus kann überdies mit Sicherheit angenommen werden, daß die Veröffentlichung von interessierter Seite finanzielle Rückendeckung erhalten hat, da es sich um wirkungsvolle Propaganda gegen den Nationalsozialismus, in zweiter Linie auch gegen den Kommunismus handelt. ... Die illustrierte Zeitschrift ›LIFE‹ vom 24. Februar und vom 3. März d. Js. stellt einer ausführlichen Artikelserie über das Buch und den Verfasser eine ganzseitige Photographie voran, auf der jedoch sein Gesicht verdeckt ist. ›Out of the Night‹ ist trotz des verhältnismäßig hohen Preises ein gewaltiger Verkaufserfolg, ein ›best seller‹ des letzten Monats. Es ist z. Zt. überall Gesprächsthema und daher von starker propagandistischer Wirkung. Die Verfilmung ist zu erwarten.«[29]

Am 27. März gab Richard Krebs sein erstes Interview im Radio. *P. M.* titelte ihren Bericht über die Übertragung ironisch mit »Valtin ist verrückt nach den guten, alten USA«. Weiter hieß es: »Nun, jetzt ist es vorbei, und man kann aufatmen bei WOL in Washington. Jan Valtin, der wortreiche Book-of-the-Month-Flüchtling vor der OGPU, schlich in die Stadt, sprach zur Nation von einem heimlichen Schlupfwinkel aus und entkam, ohne daß ein Schuß fiel. Das, was Jan Valtin zu sagen hatte, war nichts Neues für die Leser von ›Out of the Night‹. Aber der Klang seiner Stimme – echt, robust und mit einem seltsamen Akzent, der an Erich von Stroheim erinnerte – reichte, um aus der Sendung eine echte Sensation zu machen, besonders für die, die Jan Valtin bis dahin für den deutschen Akzent Isaac Don Levines gehalten hatten. ... Mr. Valtin rumpelte über die Radiogeräte der Nation wie ein Geheimagent aus der Jack-Armstrong-Show... Mr. Valtin erklärte, er habe ›Out of the Night‹ nicht geschrieben, um zu Geld zu kommen, ›sondern um die Amerikaner zu warnen‹.«[30]

Dieser ersten Übertragung folgten zahlreiche weitere. Nachdem der prominenteste Radiomann Amerikas, Walter Winchell, davon Wind bekommen hatte, daß und mit wem Valtin verheiratet war, gab es einen kleinen Skandal, da Abigail erst 17 war. Sofort wurde sie der Schule verwiesen. Sie war bereits schwanger, und im Juli bekam sie ihr erstes Kind, einen Sohn, den die beiden Conrad Freeman nannten.

Der ehedem fanatische Kommunist hatte eine neue ideologische Heimat gefunden. In Amerika, wo man Richard Krebs eins zu eins mit seinem Helden Jan Valtin identifizierte und er auf einer Woge des Wohlwollens schwamm, war er wie viele andere ehemalige Kommunisten der Versuchung erlegen, »zum anderen Extrem überzuwechseln oder sich zu einer Religion zu bekehren«, wie Artur Koestler es formulierte.[31] Es war zwar keine Religion, die Richard Krebs gefunden hatte, aber die Interviews aus dieser Zeit weisen ihn als Mann aus, der an den *American way of life* mit ähnlicher Inbrunst glaubte, wie zuvor an das *Kommunistische Manifest*.

Zum Abschluß seines ersten Radiointerviews erklärte er fromm: »Ich sage Ihnen, daß es in San Quentin heute mehr Freiheit und Toleranz gibt als auf dem gesamten europäischen Kontinent.«[32] Einer Radiointerviewerin, die ihn fragte, ob es ihm nach seinen Erfahrungen in Deutschland nicht wie ein Traum vorkomme, jetzt in Amerika zu sein, antwortete er: »Ich finde das Leben in Amerika sehr real, und zu den Gerüchten über ›Out of the Night‹, die behaupten, daß die Erfahrungen, die in dem Buch geschildert werden, phantastisch sind, möchte ich sagen, daß ich alles, was ich hier in Amerika erfahren habe, viel phantastischer finde als alles, was in ›Out of the Night‹ vorkommt. Ich bin froh, in Amerika zu sein und wieder unter freien Menschen zu leben.«[33]

Eine erste Vorahnung von dem, was ihm noch bevorstand, bekam er, nachdem ein Reporter des *Sacramento Bee* herausgefunden hatte, daß Jan Valtin niemand anders als der ehemalige Zuchthäusler Richard Krebs war, der lebenslanges Einreiseverbot für die Vereinigten Staaten hatte. Nach dem Buchstaben des Gesetzes hätte ihn nun auch seine Heirat mit Abigail nicht mehr vor der Abschiebung schützen können; er war aber mittlerweile so prominent, daß man vorläufig ein Auge zudrückte. Trotzdem mußte er sich der Einwanderungsbehörde stellen, einer Institution, die in den USA traditionell weitreichende Befugnisse hat und gegen deren Entscheidungen ein Nichtstaatsbürger praktisch keine Rechtsmittel einlegen kann. Die Beamten, die wie alle weiteren Mitarbeiter der diversen Behörden, die ihn in den kommenden Jahren unter die Lupe nahmen, praktisch nur *Out of the Night* als Grundlage ihrer Befragung hatten, untersuchten ihn vor allem auf seine »moralische« Eignung als Einwanderer. Mit seiner offenherzigen Schilderung der Sitten in den europäischen Hafenstädten sowie der Bekanntschaft des Helden mit diversen Prostituierten hatte sich der Autor von *Out of the Night* keinen Gefallen getan. Zudem sah man im puritanisch geprägten Amerika, das dem Meineid seit jeher eine Bedeutung als Straftatbestand zumißt, die im zynischeren Europa unbekannt ist, die diversen Lügen, die der Held, je nach Bedarf, britischen, norwegischen oder auch deutschen Polizisten auftischte, mit ganz anderen Augen als auf dem alten Kontinent.

Bei dem ersten Verhör durch die Einwanderungsbehörde am 17. April 1941 wurde ihm vorgeworfen, illegal eingereist zu sein, obwohl er 1929 unterschrieben habe, nie wieder den Boden der Vereinigten Staaten zu betreten, bei seiner Einreise zu einer Organisation gehört zu haben, die den Umsturz der Vereinigten Staaten plante, und in der Vergangenheit »moralisch bedenkliche« Taten begangen zu haben.

Jeder andere wäre aufgrund dieser Anschuldigungen interniert und nach Deutschland abgeschoben worden. Im Zusammenhang mit der in *Out of the Night* aus dem Gedächtnis wiedergegebenen Verpflichtungserklärung für die Gestapo kam es zu diesem für den Verlauf der tagelangen Befragung typischen Dialog:

»– Geben Sie zu, daß Sie damals, als Sie diese Verpflichtungserklärung unterschrieben und angeblich Ihre Mitgliedschaft in der Kommunistischen Partei aufgaben, daß Sie da nicht mit ehrlicher Absicht handelten?

– Ich unterzeichnete diese Erklärung ehrlichen Herzens, da die Unterschrift es mir ermöglichen würde, den Kampf gegen Hitler wieder aufzunehmen.

– Bedeutet Ihre Antwort, daß Sie diese Erklärung ohne jede Ernsthaftigkeit unterzeichnet haben, oder bedeutet sie, daß Sie das meinten, was Sie unterzeichneten?

– Ich unterzeichnete diese Erklärung mit der größten Ernsthaftigkeit, um die eigenen Methoden der Gestapo im Kampf gegen Hitlers Bewegung zu benutzen. Ich habe niemals und ich werde niemals eine Verpflichtung, die der Gestapo gegeben wurde, als im guten Glauben gegeben betrachten.

– Und als Sie diese Verpflichtungserklärung unterzeichneten, hatten Sie da die Absicht, irgend etwas von dem auszuführen, wozu Sie sich in der Erklärung verpflichten?

– Keinesfalls.

– Dann haben Sie damals also auch Ihre Abkehr vom Kommunismus aus derselben Geisteshaltung heraus behauptet?«[34]

So ging es stundenlang weiter. Die Beamten stellten anhand vieler Passagen der angeblichen Autobiographie fest, der Befragte sei ein notorischer Lügner und weise keineswegs die von einem prospektiven Amerikaner verlangte moralische Eignung auf. Richard Krebs wiederum war schon die Richtung der Fragestellung völlig unverständlich. Das Verhör durch die Einwanderungsbehörde endete schließlich mit einer Duldung. Ein rechtlich wasserdichter Status war nicht erreichbar, solange das Urteil von 1926 und das dort ausgesprochene Einwanderungsverbot Bestand hatte.

Das Aufdecken seiner wahren Identität und die Veröffentlichung der Gerichtsprotokolle von 1926 hatte eine weitere, eher nebensächliche Folge. Die kommunistische Presse stützte sich auf einen aus dem Zusammenhang gerissenen Satz des damals Zwanzigjährigen – »Der Jude hatte mich wütend gemacht«[35] –, mit dem er 1926 gegenüber dem Gericht sein Attentat auf Goodstein begründet hatte, um den Autor von *Out of the Night* als Antisemiten hinzustellen. Morris L. Goodstein selbst drohte mit einer Verleumdungsklage, da er keineswegs, wie in dem Buch dargestellt, mit Kommunisten irgendwelche Beziehungen unterhalten habe. Richard Krebs schickte daraufhin einen ehemaligen Mithäftling los, der Goodsteins Vergangenheit untersuchen sollte. Dieser fand nicht sehr viel heraus, stellte aber fest, daß er nicht der einzige war, der sich für Goodstein interessierte. Einen der anderen Interessenten erkannte er als einen ehemaligen Zollfahnder, mit dem er in seiner Vergangenheit einmal einen unangenehmen Zusammenstoß gehabt hatte. Der gewesene Insasse von San Quentin, der Polizisten auch in Zivil schon von weitem erkannte, tippte auf das FBI als jetzigen Arbeitgeber des Mannes.

Mit Morris L. Goodstein, der nicht unbedingt an der Wiederherstellung seiner gekränkten Ehre, sondern vor allem an Bargeld interessiert war, begannen nun langwierige Verhandlungen, die erst 1943 abgeschlossen wurden. Zu seinem Pech hatte sich die Sowjetunion in der Zwischenzeit zu einem geachteten Verbündeten der USA gewandelt, so daß angebliche Beziehungen zu Kommunisten nicht mehr halb so ehrenrührig waren wie vor dem Krieg. Goodstein mußte sich mit relativ bescheidenen 500 Dollar zufriedengeben, wo er noch zwei Jahre vorher das Vierfache hätte bekommen können.[36]

Das Problem mit seiner Vergangenheit in San Quentin löste sich auch in anderer Hinsicht. Seine Freunde gründeten eine »Aid Valtin Association«, die den Gouverneur von Kalifornien, Culbert L. Olson, so lange mit Eingaben, Unterschriftenaktionen und einer Pressekampagne unter Druck setzte, bis dieser ihn noch 1941 für die 1926 begangene Tat nachträglich mit der Begründung begnadigte, er sei schließlich nur Handlanger gewissenloser Auftraggeber gewesen. Richard Krebs erhielt eine unbefristete Aufenthaltserlaubnis.

Trotz seiner ungeheuren Popularität und landesweiten Berühmtheit lebte Richard Krebs anfangs immer noch in Angst, wie sich Abigail erinnert. Er fürchete beide, GPU und Gestapo, aber die sowjetische noch mehr als die deutsche Geheimpolizei. Im

Frühjahr 1941 wurde der Familienhund, eine große, harmlose dänische Dogge, von Unbekannten erstochen.

Wenn die zwei nachts nach Hause kamen, durchsuchte ihr Mann erst einmal alle Schränke, schaute hinter alle Türen und unter alle Betten, um sicherzugehen, daß nicht irgendwo ein Attentäter lauerte. Einmal – die beiden lebten mittlerweile in einem Haus in der Nähe von New York – klingelte ein angeblicher Vertreter an der Tür, den die hochschwangere Abigail nach einer Beschreibung des FBI als Agenten erkannte. In Panik verließ sie das Haus und lief zu einem Nachbarn. Sofort zogen sie um. Auch in New York wurde die junge Frau immer wieder beschattet. »Ich erinnere mich, wie mich einmal ein Mann in der U-Bahn verfolgte und ich direkt zum FBI-Gebäude in der Wallstreet ging.

Ich weiß noch, daß ich mehrmals den Zug wechselte, aber der Mann folgte mir und war nach jedem Umsteigen wieder da. ... Richard hat mich da in etwas hineingezogen, von dem ich vorher keine Ahnung hatte ... Richard sagte mir, sollte ich jemals vermuten, daß mir jemand folgt, dann sollte ich irgend etwas auf die Straße fallen lassen, mich umdrehen und es auflesen. Erblickte ich dann jemand, sollte ich eine andere Richtung einschlagen. Wenn mir dann immer noch jemand folgte, dann wüßte ich es.«[37]

Ziemlich bald hatte Abigail dieses Leben und das Versteckspiel ihres Mannes, der sich nur mit verdecktem Gesicht fotografieren ließ, gründlich satt. Sie überredete ihn, endlich an die Öffentlichkeit zu gehen und nach seinem Bestsellererfolg eine Vortragsreise anzutreten. Je bekannter und berühmter er werde, desto weniger würden es seine Feinde wagen, aus ihm einen Märtyrer zu machen.

Er folgte diesem Rat. Einer der ersten Auftritte, bei denen er sein Gesicht zeigte, fand im »National Press Club« Ende Mai 1941 in Washington statt. Der Propagandasekretär der deutschen Botschaft meldete nach Berlin:

»Von einem Teilnehmer habe ich folgende Schilderung des Abends erhalten, die ich vertraulich zu behandeln bitte:

›Valtin sieht aus wie ein Hamburger Hafenarbeiter, spricht sehr gutes, gewähltes Englisch, wenn auch mit etwas europäischem Akzent. Er spricht laut wie ein Agitator und machte lediglich Anklagen, ohne eine einzige zu beweisen. Er behauptete, daß die Gestapo und die GPU in Amerika die Streiks anzettelten nicht zum Wohl der Arbeiter, sondern ihrer eigenen Interessen halber. Stalin selbst glaube nicht an die Weltrevolution, sondern wolle nur seine eigene Stellung stärken. Die GPU habe in jeder amerikanischen Industrie Agenten, insgesamt mindestens 300 Mann. Die Gestapo habe bei jeder deutschen Firma in den USA Beamte sitzen. Die Fifth Column-Bewegung müsse man durch gleiche und noch kräftigere Methoden bekämpfen und zwar nicht nur hier, sondern in der ganzen Welt. Auf dieser Linie bewegte sich seine ganze Rede, ohne Einzelheiten, ohne Beispiele.‹«[38]

Die Pressekonferenz war die Auftaktveranstaltung zu seiner wenige Tage später beginnenden Aussage vor dem »Ausschuß für unamerikanische Umtriebe«, dem sogenannten Dies Committee.

Zu diesem Auftritt, der von seinen Feinden genüßlich als weiterer Beleg seiner »Denunziantennatur« gewertet wurde, hatte ihn Levine nach Richard Krebs' anfänglicher Weigerung erst überreden müssen. Dies, der Vorsitzende und Namensgeber des Ausschusses, war ein einflußreicher und mächtiger Kongreßabgeordneter der Demokraten, der Partei des Präsidenten. Er war ein Mann, den sich jemand wie Richard Krebs besser nicht zum Feind machte, solange es den Plan gab, ihm durch einen Kongreßbeschluß die Staatsbürgerschaft verleihen zu lassen.[39]

Die Aussage von Richard Krebs dauerte zwei Tage und füllte 50 Seiten der offiziellen Mitschrift. Es ging gleichermaßen um die Tätigkeit der Gestapo wie die des sowjetischen Geheimdienstes in den USA. Wie bei Richard Krebs' Kenntnisstand nicht anders zu erwarten, waren seine Aussagen über die deutsche Geheimdienstarbeit sowohl aktueller als auch genauer.

Eine seiner Aussagen, die Gestapo zwinge jeden aus dem Zuchthaus oder KZ Entlassenen zu einer Verpflichtungserklärung und schicke als Flüchtlinge getarnte Agenten ins Ausland, entsprach zwar den Tatsachen, rief aber in deutschen Exilkreisen wütende Reaktionen hervor. Die sozialdemokratische, in New York erscheinende *Neue Volkszeitung* schrieb am 14. Juni, daß sich der »ehemalige Gestapoagent« in einem treu geblieben sei: »in der souveränen Verachtung all dessen, was in der Politik Moral heißt«. Es mißfalle, daß »in diesem Land mit einem Krebs-Valtin ein förmlicher Kult getrieben wird« und daß sich »angesehene Männer und Frauen beinahe dazu drängen, sich öffentlich mit ihm zu zeigen«.

Richard Krebs antwortete mit einem langen Brief an den Herausgeber, den Sozialdemokraten Friedrich Stampfer, in dem er die Meinung vertrat, es könne keine härtere Verurteilung des totalitären Naziregimes geben als das Offenlegen eben dieser menschenverachtenden Praxis.[40] Stampfer ließ sich nicht überzeugen. Vielleicht auch deswegen, weil ihm Richard Krebs auf englisch geschrieben hatte. Damit distanzierte er sich von dem Herausgeber der *Neuen Volkszeitung*, einem wichtigen Vertreter der deutschen Emigranten, und unterstrich noch einmal, wie sehr er glaubte, seine Vergangenheit hinter sich gelassen zu haben. Daß Richard Krebs mit seinem Auftritt vor dem Dies Committee nun auch die nichtkommunistischen Teile der deutschen Exilgemeinde gegen sich aufgebracht hatte, war zwar unangenehm, blieb aber ohne weitere Konsequenzen. Nicht folgenlos blieb etwas anderes: Mit seiner Aussage hatte er sich die Abneigung von J. Edgar Hoover, dem mächtigen Chef des FBI, zugezogen.

Erste Schatten

Im Herbst 1939 war Richard Krebs wieder in das Blickfeld der Bundespolizei geraten.

Die FBI Akte von Erich Krewet, einem Genossen aus Hamburger Tagen, enthält einen Brief des New Yorker FBI-Agenten Foxworth, der J. Edgar Hoover am 12. Oktober 1939 die Beobachtungen eines unbekannten Informanten mitteilte:

»In Verbindung mit Informationen des vertraulichen Informanten [geschwärzt], wird mitgeteilt, daß er mit einem gewissen Jan Walten erfolgreich Kontakt aufgenommen hat. Die vorläufigen Informationen in Bezug auf Walten, so wie sie von [geschwärzt] stammen, ergeben, daß Walten ein Mitglied der Komintern war und vertrauliche Missionen für die sowjetische Kontrollkommission, die OGPU, und den sowjetischen Militärgeheimdienst ausführte und in dieser Eigenschaft kommunistische Streiks und Unruhen in Europa und den USA anzettelte. ... [Geschwärzt] teilt mit, daß Walten über erhebliche Informationen über Gestapo und GPU verfügt, aber Angst um sein Leben hat ...

Seine Beschreibung ist nach persönlicher Beobachtung die folgende:

Alter	etwa dreißig
Größe	8 Fuß 1 Inches
Gewicht	130 Pfund
Bau	mittel
Haar	schwarz
Augen	dunkel
Gesichtszüge	grob
Zähne	zwei oder drei fehlen am rechten Oberkiefer

Walten scheint nicht sehr gut Englisch zu sprechen. Seine Körperhaltung ist recht linkisch.«[41]

Da Richard Krebs zu dieser Zeit gerade in Eugene Lyons' Bekanntenkreis aufgenommen wurde, ist zu vermuten, daß es einer dieser strikten Antistalinisten war, der das FBI auf ihn aufmerksam machte. Möglicherweise sogar mit seinem Einverständnis, denn was lag näher, als sich selbst an die Bundespolizei zu wenden, bevor das FBI aufgrund der Berichte in der kommunistischen Presse oder einer anonymen Denunziation gegen ihn tätig wurde.

Mochte auch J. Edgar Hoover den Namen Richard Krebs bereits aus dem Schreiben von 1939 in Erinnerung haben; mit dessen Auftritt vor dem Kongreßausschuss bekam er plötzlich eine besondere Bedeutung für ihn. Am 31. Mai 1941 schickte Thomsen, der Propagandasekretär der deutschen Botschaft in Washington, ein Telegramm an seine Vorgesetzten in Berlin:

»Richard Julius Hermann Krebs, alias Jan Valtin, dessen Hetz- und Greuelbuch *Out of the Night* zur Zeit meistgelesenes Buch mit über 400 000 Auflage, auftritt neuerdings auch als Kronzeuge des Dies-Ausschusses über angebliche 5. Kolonnetätigkeit in USA: Außerdem hält Krebs beinahe täglich von der Presse groß aufgebauschte Vorträge vor Klubs und politischen Organisationen, worin er neben seinen sadistischen Greuelgeschichten über die Mißhandlung in deutschen Konzentrationslagern phantastische Lügen über deutsche Spionage in Amerika auftischt, die von verhetzter Zuhörerschaft geglaubt werden.

Wie ich vertraulich erfahre, ist Chef Regierungs-Geheimpolizei, Edgar Hoover, sehr darüber verärgert, daß Abgeordneter Dies Krebs dazu benutzt, um für sich und seinen Ausschuß billige Propaganda zu machen. Auch beabsichtigte Justizministerium Krebs als notorischen Verbrecher, der hier im Lande wegen Raubüberfall zu mehrjähriger Zuchthausstrafe verurteilt wurde, zu deportieren und hatte bereits Verfahren gegen ihn eingeleitet, wage ihn aber jetzt nicht, solange er Roosevelts Propaganda so glänzende Dienste leiste, anzurühren, ehe nicht stärkeres Belastungsmaterial gegen ihn vorliege. Amerikanische Vertrauensleute haben mir zu verstehen gegeben, daß Hoover es begrüßen würde, wenn deutscherseits Angaben über Verbrecherlaufbahn von Krebs ausführlich bekanntgegeben würden, womöglich Angaben über frühere Zuchthausstrafen wegen Sexualverbrechens, Anstiftung zu Mord und Totschlag, Brandstiftung und ähnliches. Propagandistische Möglichkeiten solcher Angaben könnten von mir beziehungsweise meinen Vertrauensleuten ausgewertet werden.«[42]

Hatte Thomsen den Chef des FBI nur vorgeschoben, um die Gestapo zur Herausgabe von Material zu bewegen, oder hatte J. Edgar Hoover tatsächlich Kontakt mit dem Vertreter einer Macht aufgenommen, die herzlich schlechte Beziehungen zu den USA unterhielt?

Der amerikanische Historiker und Spezialist für die KP der USA, Earl Haynes, zu diesem Schreiben befragt, traute J. Edgar Hoover eine solche Anfrage sofort zu.

Das amerikanische Regierungssystem beruht auf den berühmten *checks and balances*, der strikten Abschottung der verschiedenen Behörden untereinander. Konkurrenz und Machtgerangel sind politisch gewollt, damit keine einzelne Behörde ein Übergewicht erhalten kann. Eifersüchtig wachen die verschiedenen Washingtoner Machtinstanzen darüber, daß sich niemand in ihren Kompetenzbereich einmischt. Auch wenn das System der *checks and balances* durch den Kalten Krieg und den Machtzuwachs von FBI und CIA aufgeweicht wurde, ist es in Ansätzen immer noch vorhanden. So konnte das FBI bis heute nicht durchsetzen, daß Akten, die von der Bundespolizei an andere Behörden weitergegeben wurden, denselben strengen Geheimhaltungsregeln unterworfen werden, die das FBI bei der Herausgabe seiner Akten selbst anwendet. Im Fall von Richard Krebs hat dies die kuriose Folge, daß seine FBI-Akte von Schwärzungen strotzt und etliche Seiten fehlen, man aber viele dieser fehlenden Teile ohne jede Schwärzung in den Akten anderer Behörden findet, die beim FBI nach Informationen über Richard Krebs nachgefragt hatten.

J. Edgar Hoover war ein äußerst machtbewußter Mann und unübertroffen in der Kunst der bürokratischen Intrige. Er setzte alles daran, die Macht des erst 1934 gegründeten FBI auszuweiten, das noch 1937 nicht mehr als 800 Agenten zählte.

Für ihn war der »Kongreßausschuß für unamerikanische Umtriebe«, der mit eigenen Ermittlern und einem großen Apparat ausgestattet war, ein unerwünschter Konkurrent um Geld und Einfluß, der sich mit seinen Untersuchungen sowjetischer und deutscher Agententätigkeit in Dinge einmischte, die Hoover für die ureigene Domäne der Bundespolizei hielt. Jede Schlagzeile, die der Ausschuß auslöste, betrachtete Hoover als persönliche Niederlage. Weil Hoover gegen den Ausschuß nicht offen vorgehen konnte, ließ er seine Wut an dessen Informanten aus. Richard Krebs war in dieser Hinsicht kein Einzelfall. Noch 1950 – das FBI war längst zu einer Mammutbehörde geworden – ließ Hoover den sowjetischen Überläufer Alexander Orlow, der dem Ausschuß nach Meinung der Bundespolizei mehr Informationen als ihr selbst gegeben hatte, wieder und wieder schikanös verhören.[43]

Die leicht säuerliche Antwort übrigens, die die Gestapo auf Thomsens Anfrag hin nach Washington schickte, gab aus propagandistischer Sicht wenig her. Ja, Richard Krebs habe während der Haft mehrmals bekundet, sich vom Kommunismus abgewandt zu haben. Die Gestapo habe ihm Gelegenheit gegeben, seine Verfehlungen wiedergutzumachen. Krebs habe dann versucht, im Ausland wieder Anschluß an die ISH zu bekommen, was aber gescheitert sei, weil man ihn aus unbekannten Gründen als Gestapoagent bezeichnet habe. Schließlich habe er sich in Paris den Internationalen Brigaden anschließen wollen, sei aber in Wirklichkeit über London in die USA ausgereist.[44]

Aus seinen Kontakten zum FBI machte Richard Krebs später

kein Geheimnis. Nach einer langen Auflistung all der Jobs, mit denen er sich seit seiner Ankunft durchgeschlagen hatte, verschwieg er der Einwanderungsbehörde 1941 auch nicht, Verbindung mit dem FBI gehabt zu haben.

»Im Oktober 1939 traten zum ersten Mal Agenten des FBI an mich heran, die um meine Unterstützung bei ihrer Aufgabe baten, subversive Aktivitäten in Amerika zu bekämpfen. Ich gab diese Unterstützung, so gut ich konnte, bei vielen Gelegenheiten, und das FBI dankte mir wiederholt für meine Zusammenarbeit.«[45]

Wie der CIC, der Armeegeheimdienst der USA, 1950 nach Anforderung seiner FBI-Akte erstaunt festellen sollte, hat das FBI Richard Krebs nie eingehend über seine Vergangenheit befragt. Da viele Seiten in Krebs' FBI-Akte geschwärzt sind oder überhaupt fehlen, ist es unmöglich, bis ins letzte festzustellen, welche Informationen er geliefert hat. Einiges kann man jedoch aus Akten der Bundespolizei, die in den Beständen anderer Behörden auftauchen, rekonstruieren. Zumindest über Erich Krewet, den Mann, dessen FBI-Akte die erste Information über ihn enthält, hat Richard Krebs alles berichtet, was er über dessen frühere und jetzige Aktivitäten in den USA wußte. Das war kein Wunder, hatte Erich Krewet doch engen Kontakt zu einer Gruppe moskautreuer deutscher Kommunisten in New York, die ihn in ihrer Zeitschrift *Schiffahrt* als Gestapoagenten denunziert hatten. Mit Sicherheit nahm Richard Krebs die Gelegenheit wahr und berichtete dem FBI auch alles weitere, was ihm über Kommunisten und Anhänger Hitlers in den USA zu Ohren gekommen war.

Bis ans Ende seines Lebens blieb Richard Krebs in dem Glauben, in dem ihn das FBI auch gerne ließ, daß die tapferen Schützer der amerikanischen Demokratie auf seiner Seite stünden. Die Wirklichkeit sah anders aus.

Zwar gaben sich die FBI-Leute, mit denen er, wie anläßlich seiner Internierung als verdächtiger Ausländer 1942, zu tun hatte, ihm gegenüber immer leutselig und freundlich, aber die vielen Schreiben J. Edgar Hoovers an alle möglichen Instanzen, die um Informationen über Richard Krebs nachfragten, sprechen eine andere Sprache. Was Richard Krebs betraf, war J. Edgar Hoover zu keiner positiven Auskunft bereit.

Schon am 11. Oktober 1941, als der Generalstaatsanwalt vom FBI wissen wollte,

»1. Ob sich Richard Krebs von allen Bindungen an Kommunisten oder Nazis völlig gelöst hat.

2. Ob er dem Justizministerium irgendwie behiflich gewesen ist«,

gab Hoover folgende Antwort: »Zu Punkt eins: Das FBI kann nicht sagen, ob sich Krebs von allen Bindungen an Kommunisten oder Nazis getrennt hat, da er einem Vertreter dieser Behörde gegenüber keine solche Feststellung getroffen hat. … Im besonderen wird nun auf Punkt zwei eingegangen: Agenten dieses Büros haben gelegentlich mit Krebs gesprochen. Während solcher Gespräche hat er nie irgendwelche Informationen geliefert, die dem Büro neu gewesen wären oder die das Büro noch nicht gekannt hätte. Während dieser Gespräche hat sich auch herausgestellt, daß Krebs keine Informationen über kommunistische Aktivitäten nach 33 besaß, als er nach außen hin Mitglied der Nazi-Bewegung wurde.«[46]

Möglicherweise wollte Hoover Richard Krebs mit der Behauptung, er sei bereits 1933 Mitglied der Hitlerbewegung geworden, absichtlich schaden. Dafür sprechen mehrere weitere Schreiben an die Behörde zur Kontrolle feindlicher Ausländer, die 1942 bei Hoover anfragte, wie er zu einer Internierung von Richard Krebs als angeblicher Gestapoagent stehe. Hoovers Antwort war stets dieselbe: Er habe keine Informationen, die gegen die Vermutung sprächen, Richard Krebs sei ein deutscher Agent.

Es war nicht nur sein Auftritt vor dem Dies Committee, mit dem sich Richard Krebs die Abneigung Hoovers zugezogen hatte. Als guter Amerikaner, der er sein wollte, war Richard Krebs der Einwanderungsbehörde 1941 gegenüber viel zu offen gewesen. Ungefragt teilte er über seine Beziehungen zum FBI noch folgendes mit:

»Im November 1939 wurde ich in das New Yorker Büro des FBI gebeten, wo mir Mr. Foxworth, damals der verantwortliche Agent, eine Arbeit auf Wochenlohnbasis anbot. Ich lehnte ab mit der Begründung, daß ich keine Informationen zu verkaufen hätte, aber daß ich mit ihnen, wann immer nötig, nach bestem Wissen und Gewissen zusammenarbeiten würde.«[47]

War diese Aussage schon reichlich naiv, denn das Angebot erstreckte sich offenkundig auf eine bezahlte Spitzeltätigkeit, so war es eine spätere Aussage 1942 vor dem Internierungstribunal um so mehr. Hier erklärte er vor aller Ohren, daß man ihn in New York als Spitzel habe einstellen wollen, er aber abgelehnt habe. Richard Krebs konnte sich offensichtlich nicht vorstellen, daß das FBI eine Offenlegung seiner Praktiken genauso ungern sah wie seine europäischen Pendants. Diese Aussage zwang Hoover dazu, offiziell mitzuteilen, daß »das Einschleusen von Personen in subversive Organisationen den Grundsätzen des FBI widerspricht und daß man ihm nie ein solches Angebot gemacht hat«[48].

Das, was nach seinem Auftritt vor dem Dies Committee hinter den Kulissen ablief, hat Richard Krebs nie erfahren. Nur die Auswirkungen sollte er später zu spüren bekommen.

Sommer und Herbst 1941 waren einige der glücklichsten Monate seines Lebens. Mit den Bucheinnahmen kaufte er eine Obstfarm in Montville, Connecticut, wo Ende Juli sein zweiter Sohn geboren wurde. Nach der Begnadigung in Kalifornien besaß er ein unbefristetes Aufenthaltsrecht in den Vereinigten Staaten von Amerika. Er war ein berühmter, allseits anerkannter Mann, der völlig mit seiner Romanfigur Valtin identifiziert wurde. Aus dem »gejagten, verängstigten jungen Mann«, den Benjamin Gitlow 1939 kennengelernt hatte, war binnen zwei Jahren ein selbstsicherer *All American hero* geworden, um den sich die Reichen und Berühmten rissen. Nicht alle Begegnungen verliefen zu beiderseitiger Zufriedenheit.

Mit Henry Ford, dem Autoindustriellen und notorischen Antisemiten, gab es einen Zusammenstoß. Richard Krebs war zwar bereit, in einer Radiostation der »Ford Corporation« vor dem Kommunismus zu warnen, aber nur unter der Bedingung, auch Ansprachen gegen Hitler zu halten, die die »Ford Corporation« ins Dritte Reich abstrahlen sollte. Da Ford mit dieser Bedingung nicht einverstanden war, wurde aus der ganzen Sache nichts.

Im Herbst ging Richard Krebs auf eine Vortrags- und Lesereise, die ihn von Ohio über Wisconsin, Michigan, Illinois, Massachusetts, Minnesota, Pennsylvania, Connecticut, Oklahoma, Texas und Louisiana quer durch das Riesenland führte. Am 7. Dezember

1941 war er in Texas, als sämtliche Radiostationen der USA ihr Progamm mit der Nachricht vom japanischen Angriff auf Pearl Harbour unterbrachen.

Die Vergangenheit kehrt zurück

Bereits am nächsten Tag meldete sich Richard Krebs als Kriegsfreiwilliger. Doch sollte er gehofft haben, daß man die Europakenntnisse des begeisterten Amerikaners zu nutzen gedachte, so hatte er sich gründlich getäuscht. Er war nun in erster Linie Angehöriger einer Feindnation. Zudem waren seine Angriffe auf Stalin jetzt nicht mehr gern gesehen. Über Nacht war aus Josef Stalin, dem blutrünstigen Drahtzieher der Weltrevolution, der gute »Uncle Joe« geworden, der zwar leicht anrüchige, aber legitime Führer der heldenhaften russischen Nation im Abwehrkampf gegen die deutsche Barbarei. Die KP der USA, die nach dem deutschen Überfall auf die Sowjetunion und dem Ende des Pakts zwischen den beiden Diktatoren bereits Aufwind verspürt hatte, setzte zu ihrem letzten Höhenflug in der amerikanischen Innenpolitik an. Hollywood beendete sofort sämtliche Verhandlungen über eine Verfilmung von *Out of the Night*. Möglicherweise ist dem Zuschauer dadurch einiges erspart worden, wie ein Drehbuchvorschlag zeigt.

»Eines Tages, als sich Firelei und Valtin (der sich für eine Stunde von seinen Pflichten im Untergrund frei gemacht hat) am Strand vergnügen, werden sie von Wollwegen belästigt, der ein Auge auf Firelei geworfen hat. Wollwegen berichtet Kraus, daß Valtin verliebt sei. ›Schnapp dir sein Mädchen, und du hast Valtin in der Hand. ... Die Verschwörer sprengen die Göring-Ansprache, als dieser gerade seine berühmte Kanonen-statt-Butter-Rede hält. Kurz danach wird die U-Boot-Basis in die Luft gejagt. Die Gestapo konzentriert sich jetzt darauf, Valtin zu fangen. Die Menschenjagd erreicht ihren Höhepunkt. Vor diesem Hintergrund und um Valtin nicht zu verlieren, beschließt Firelei, sich dem Untergrund anzuschließen. Es folgen Untergrundabenteuer, an denen Firelei teilnimmt, wobei Wollwegen hier und da auf finstere und geheimnisvolle Art auftaucht ...«[49]

Wollweber heißt hier übrigens Wollwegen, da Hollywood einen Prozeß fürchtete. Wer konnte schon wissen, ob Wollweber nicht, wie sein Erzfeind Valtin, eines Tages auch in Hollywood auftauchte?

Richard Krebs wollte zwar die Niederlage Deutschlands und hatte immer den Kriegseintritt der USA gefordert, warnte jedoch auch nach Pearl Harbour weiter vor den Absichten der Sowjetunion, nun einem Verbündeten. Andere wußten, was die Stunde geschlagen hatte. So Don Levine. Sofort nach Pearl Harbour war die UdSSR für ihn kein Thema mehr. Er begann mit der Biographie eines amerikanischen Helden, des Air-Force-Generals Billy Mitchell.[50]

Richards Krebs befand sich in dem Dreivierteljahr bis zu seiner Festnahme in einem Schwebezustand. Einerseits war er immer noch populär genug, um Einladungen zu Vorträgen überall in den USA zu erhalten. Auch das Finanzministerium bediente sich seiner rhetorischen Fähigkeiten, um Kriegsanleihen zu verkaufen. So trat er im August, September und Oktober mehrere Male vor Tausenden von Zuhörern auf. Er selbst investierte nicht nur die angefragten 10 Prozent, sondern sogar 20 Prozent seines Vermögens in derartige Anleihen.

Andererseits war seine Bewegungsfreiheit stark eingeschränkt, da er für jede dieser Reisen eine Genehmigung brauchte. Außerdem zerplatzte sein Traum von einem ruhigen Leben auf der Obstfarm, die er in Connecticut gekauft hatte.

Zufällig lag jene Farm in der Nähe eines U-Boot-Stützpunkts und eines großen Kraftwerks, was seine Nachbarn zu einer Flut von Eingaben an die Behörden anregte, die vom FBI getreulich untersucht wurden. Wie sich herausstellte, hatte keine dieser Denunziationen irgendeinen faktischen Hintergrund; sie beruhten einzig und allein auf der Tatsache, daß Richard Krebs Deutscher und der Autor von *Out of the Night* war, was bei den Nachbarn die wildesten Spekulationen hervorrief. Ein Mann schrieb sogar, daß die Lages seines Hauses sich perfekt dazu eigne, Lichtsignale an deutsche U-Boote auszusenden.

Nachdem sich in dem kleinen Ort Montville das Gerücht zu verbreiten begann, er habe sein Haus nur deswegen weiß angestrichen, um deutschen U-Booten die Lage der Marinebasis zu signalisieren, wie auch ein weiteres Fenster in die Hauswand brechen lassen, um Schiffsbewegungen besser beobachten zu können, gab er entnervt auf, verkaufte im Juni 1942 die Farm und zog in einen anderen kleinen Ort, nach Bethel im selben Bundesstaat.

Bereits Ende Januar hatte er an eine Freundin geschrieben:
»Liebe Dorothy

… Mir wird zwar erlaubt, mich auf Vortragsreisen zu begeben, obwohl es mich jedesmal Energie und viele Stunden kostet, um den bürokratischen Anforderungen zu genügen.

… Ich werde unter den gegebenen Umständen nicht fähig sein, mein neues Buch ›Politische Reise‹ zu beginnen. Man braucht Einsamkeit, die ich nicht habe, und Ruhe im Kopf, die ich auch nicht habe. Ich müßte mich irgendwohin in ferne Wälder begeben – aber auch dafür wäre die Erlaubnis der Regierung erforderlich.

Daher verschiebe ich alle Schreibbemühungen bis zum Sommer.

Ich breche heute nach dem Mittleren Westen auf. Ich werde wohl Mitte März zurückkehren. Es scheint absurd, Amerikanern Dinge über Hitler zu erzählen, die sie wissen müssen, um ihn besser bekämpfen zu können, wenn die von ihnen gewählte Regierung Leute, die Hitler schon lange vor Amerika bekämpft haben, als ›feindliche Ausländer‹ einstuft. Fast möchte man sagen: Was zum Teufel soll das Ganze?«[51]

1942 veröffentlichte Jan Valtin ein Buch und zwei größere Artikel. Die Verhandlungen hatte bereits sein neuer Agent, John Schaffner, geführt. Mit Levine hatte es Probleme wegen der Einkünfte aus den Übersetzungen von *Out of the Night* gegeben; Probleme, die auch in den nächsten Jahren anhalten sollten. Außerdem wollte Richard Krebs endgültig jeglichen Verdacht loswerden, kein eigenständiger Schriftsteller, sondern der deutsche Akzent Levines zu sein.

Bend in the River war eine Sammlung seiner bereits in San Quentin geschriebenen Kurzgeschichten, denen eine Reihe von autobiographischen Notizen vorangestellt waren. Anders als in *Out of the Night*, wo die Erlebnisse des Helden in dem kalifornischen Zuchthaus kaum eine Seite füllten, ging er hier auch auf die alptraumhaften Erfahrungen des jungen Seemanns ein, die neben seinen Studien- und schriftstellerischen Erfolgen den dreijährigen

Zuchthausaufenthalt geprägt hatten. Die Reaktionen der Kritiker reichten von einem gönnerhaften »für einen angehenden Schriftsteller nicht schlecht« der *New York Times* bis zu »der beste Schriftsteller nichtenglischer Muttersprache« in der *Los Angeles Times*.[52]

Mit den beiden längeren Artikeln hatte er sich keinen Gefallen getan. Der eine war ein »ABC der Sabotage«, eine Beschreibung der diversen Techniken, wie man mit einfachsten Mitteln ein Schiff lahmlegen oder sogar versenken kann.[53] Er wurde von der US-Marine als Schulungsmaterial weiterverbreitet, rief aber auch Mißtrauen gegen ihn als potentiellen Saboteur wach. Die andere Veröffentlichung zeigte, daß er seine Situation als zweifelhafter Ausländer immer noch nicht begreifen konnte oder wollte. Unter dem Titel »Kein Aufstand in Europa, wenn wir ihn nicht herbeiführen« erschien der Text in der Juliausgabe von *Reader's Digest*.[54] Diesem Artikel lag die Befürchtung zugrunde, daß die Kommunisten den absehbaren Niedergang der deutschen Herrschaft in Europa ausnützen würden, um sich an die Spitze des Widerstands zu setzen und nach dem Krieg die Herrschaft in Westeuropa zu erringen. Valtins Rezept dagegen lautete, die Demokratien sollten, um den Kommunisten zuvorzukommen, deren Techniken kopieren und den Widerstand selbst organisieren. Bei der Auflistung dessen, was zu tun sei, griff er auf seine Erfahrungen als Instrukteur der Komintern zurück.

So solle man Attentate organisieren, um durch die folgenden Repressalien Massenwiderstand hervorzurufen, kleine Zellen von Verschwörern gründen und Sabotage in Kriegsfabriken propagieren. Betreffs der Deutschen meinte er, sie seien im Grunde sentimental. Ihr Verhalten schwanke zwischen Grausamkeit und Unterwürfigkeit. Drohpropaganda, wieder und wieder in die Köpfe eingehämmert, sei das richtige Rezept, um ihre Moral zu untergraben. Im Prinzip entsprach seine Ansicht über die Deutschen der vieler anderer Exilanten und eines großen Teils der amerikanischen Öffentlichkeit.

Richard Krebs war sich nur nicht der Tatsache bewußt, daß er zwar in seinen eigenen Augen ein »echter« Amerikaner war, der auf seine Art an dem Kreuzzug für die Grundwerte seiner neuen Heimat teilnahm, in den Augen vieler Einheimischer aber nichts weiter als einen ehemaligen Doppelagenten zweifelhafter Herkunft darstellte, der sich sehr weit aus dem Fenster lehnte.

Mit diesem Artikel gab Richard Krebs einem alten Bekannten Gelegenheit, sich nachdrücklich in Erinnerung zu rufen. Am 28. Juli 1942 schickte Erich Krewet aus einem kalifornischen Internierungslager einen sehr geschickten offenen Brief an *Reader's Digest*.

»Richard,
Ich habe Deinen Artikel ›Keinen Aufstand in Europa‹ in *Reader's Digest* gelesen. Weil Du mit diesem Artikel anfängst, Dich in die Politik der Zukunft einzumischen, muß ich mein Versprechen (Dir niemals zu schreiben) brechen und Dich daran erinnern, daß Deine Blufferei jetzt zu Ende geht. Als ich Dein Buch *Out of the Night* las, mußte ich mich schämen, daß ich Dich jemals gekannt habe. Einige Leute, die wußten, daß ein paar Kapitel in dem Buch fehlten, baten mich, diese Kapitel zu schreiben. Ich weigerte mich aus drei Gründen. 1) Weil ich nicht glaubte, daß Du wichtig und wertvoll genug bist, um einer Antwort wert zu sein, 2) weil ich nicht vorhabe, einige Leute der Gestapo und damit dem Henker auszuliefern, indem ich Deine fantastischen Behauptungen klarstelle, und 3) weil ich, obwohl Du es nicht wert bist, keinerlei Interesse daran habe, daß Du, indem ich Deine hohle Geschichte entlarve, auf die Deportationsliste kommst und zu den Nazis geschickt wirst.«

Weiter machte er sich über Krebs' Sabotagevorschläge lustig und reihte sie in die lange Geschichte terroristischer Akte ein, die niemals zu irgend etwas geführt hätten. Nebenbei teilte Krewet, der selbst als Saboteur verdächtigt wurde, mit, daß für ihn so etwas nie in Frage käme. Die von Richard Krebs für Deutschland vorgeschlagene Propaganda regte Krewet zu einem Bekenntnis zu Roosevelt und seinen vier Freiheiten der *Atlantic Charter* an. Für diese würde schließlich der Krieg gefochten. Krebs' Vorschläge stünden dazu in krassem Gegensatz. »Du denkst und predigst immer noch die alten Bürgerkriegstaktiken. – Schaffe eine Lage ohne Hoffnung und jede Aussicht auf Hilfe, und dann schreie laut, lauter als der Rest, bis die Massen Dir gehören.« Damit leitete er zu einem Schluß über, der es in sich hatte:

»Daher vergiß besser Deine Schlagwortartikel und begreife, daß Du nichts weiter als ein Ärgernis bist. Genauso, wie Du zum Verhängnis für alle wurdest, die jemals mit Dir in Kontakt kamen. Erinnerst Du Dich an die Liste, die zur Verhaftung von 26 Nazigegnern, einschließlich Hermas, in Hamburg führte? Erinnerst Du Dich an den 28. Februar vor dem obersten Gericht in Hamburg und den Mann, der für die Gestapo aussagte? Erinnerst Du Dich an die Männer, die Dir ihr Geld gaben, zur Freiheit verhalfen und jetzt in einem Konzentrationslager sitzen, obwohl Du ihnen mit ein paar tausend Dollar Deines schmutzigen Geldes hättest helfen können? Erinnerst Du Dich an die, die Dir vertraut haben und die Du für 3 Dollar pro Buch an die Nazihenker ausgeliefert hast?

Du hast Deine Freiheit, Deine Familie und Sicherheit. Aber laß die Hände von der Politik. Zu viele Menschen haben zu sehr wegen Dir gelitten. Zu viele ehrliche Arbeiter sind wegen Dir in den Abgrund geglitten. Aber jetzt nicht mehr. Sei zufrieden mit dem, was Du hast.«[55]

Erich Krewet und Richard Krebs waren alte Rivalen. Fünf Jahre älter als der Kapitänssohn, stammte Erich Krewet aus jenem Arbeitermilieu, in dem Richard Krebs die Kindheit seines Helden Jan Valtin angesiedelt hatte. Seemann von Beruf, hatte Erich Krewet die zwanziger Jahre, wenn er nicht gerade auf See war, an der Wasserkante verbracht. 1931, als Richard Krebs scheinbar aus dem Nirgendwo in Hamburg auftauchte und sofort den Schlüsselposten des örtlichen Interklubleiters erhielt, war Erich Krewet bereits gestandenes Mitglied der KPD und Leiter der Zelle Schifffahrt. Diese Organisation vereinigte zwar alle kommunistischen Seeleute, unterstand aber der KPD und hatte damit im Hafen, wo die ISH die Hauptrolle spielte, eine relativ untergeordnete Bedeutung. Laut Richard Krebs war der Absolvent der Reichsparteischule der KPD empört darüber, daß ein Mann, der in Hamburg unbekannt war, ihm bei der Führung des Interklubs vorgezogen wurde. Um so mehr, als Erich Krewet ebenfalls literarische Ambitionen hatte und an mindestens einem Theaterstück beteiligt war, das damals im Interklub aufgeführt wurde. Offensichtlich waren die beiden schon in Hamburg keine guten Freunde gewesen.

Erich Krewet war ein Mann mit beträchtlichem persönlichem Mut, der noch nach der Machtergreifung Hitlers die auf Arbeit wartenden Seeleute der Hamburger Heuerstelle zu agitieren versuchte. Er war eine bekannte Figur im Hafen und nach diversen Festnahmen schon in der Weimarer Republik behördlich als Kommunist festgestellt worden.[56]

Im Mai 1933 wurde er verhaftet und am 28. Februar 1934 beim sogenannten Interklubprozeß vor Gericht gestellt. Der Interklubprozeß betraf die Untergrunddruckerei, die Richard Krebs vor seiner Abreise nach Schweden zusammen mit seiner Frau und weiteren Mitarbeitern des Interklubs eingerichtet hatte.

An jenem letzten Februartag 1934 standen Erich Krewet und drei weitere Kommunisten vor Gericht. Als Zeugen waren außer zwei Gestapoleuten ein gewisser Julius Emmerich, ein früherer Kommunist, der nun mit der Gestapo zusammenarbeitete, und Richard Krebs vorgeladen.

Auf diesen Prozeß hatte Erich Krewet in seinem offenen Brief an *Reader's Digest* angespielt. So naiv zu glauben, daß *Reader's Digest* den Brief veröffentlichen und den eigenen Autor desavouieren würde, war Krewet nicht. Der wahre Adressat war eine Stelle in Washington, an die alle Briefe von der Lagerzensur weitergeleitet wurden. Das »Enemy Alien Control Unit« war eine nach Kriegsausbruch gegründete Behörde, die dem Generalstaatsanwalt unterstand und Ausländer »feindlicher Nationalität« zu kontrollieren und gegebenenfalls zu internieren hatte. Sie setzte sich aus Beamten der Einwanderungsbehörde zusammen, die der Freibrief, den man dem prominenten Autor Valtin ausgestellt hatte, immer noch wurmte, sowie einigen Juristen aus dem Zivilleben.

Zuständig für Richard Krebs wie Erich Krewet war ein ehemaliger Rechtsanwalt namens Burling. Nachdem er Krewets Brief gelesen und Krebs' Akte durchgesehen hatte, die die wenig freundlichen Beurteilungen der Einwanderungsbeamten enthielt, flog Burling nach Kalifornien, um herauszufinden, was es mit Krewets Anspielungen in dem offenen Brief auf sich hatte.

Daß Richard Krebs bei dem Interklubprozeß ausgesagt hatte, ohne dies in seinem Buch zu erwähnen, war der erste Anklagepunkt Krewets. Da Richard Krebs nolens volens zugelassen hatte, daß *Out of the Night* als Autobiographie verstanden wurde, konnte jemand wie Erich Krewet, der den Autor bereits seit langem kannte, jede Auslassung in dem Buch gegen ihn verwenden.

Diese und alle weiteren Anklagen untermauerte Krewet mit der Urteilsbegründung des Hamburger Gerichts.

Bevor wir sie im einzelnen auflisten, ein Blick auf das, was 1934 im Zusammenhang mit dem Prozeß schriftlich fixiert wurde. Überliefert ist in Gänze nur die Anklageschrift. Von der Urteilsbegründung sind bloß ein paar Sätze bekannt, die man zur Verwendung gegen Richard Krebs ins Englische übersetzt hatte.

Aus der Anklageschrift geht hervor, daß Richard Krebs zugab, die illegale Druckerei eingerichtet zu haben. Weiter ließ er sich weitschweifig über die Natur des Interklubs aus und behauptete fälschlicherweise, er sei dem Einheitsverband, der deutschen Sektion der ISH, untergeordnet gewesen. Schließlich stellte er der ISH, die »gewerkschaftliche Arbeit« geleistet habe, die »kommunistische Seemannszelle als politische Organisation der KPD« gegenüber. Es sei »häufiger zu erheblichen Konflikten zwischen der ISH und der KPD gekommen«. Hier band er dem Staatsanwalt einen Bären auf. Zwar hatte es tatsächlich laufend Ärger zwischen KPD und ISH gegeben. Der Grund war jedoch einzig und allein Machtgerangel gewesen und keineswegs ein Gegensatz zwischen gewerkschaftlicher und politischer Ausrichtung der beiden Organisationen.

Offensichtlich wollte Richard Krebs von den wahren Machtverhältnissen ablenken. Zum einen sollte die Gestapo aus seiner untergeordneten Rolle in der KPD auf eine geringe Bedeutung des Funktionärs Richard Krebs schließen. Zum anderen wollte er der Gestapo keinerlei Hinweise auf die Geheimorganisationen im Hamburger Hafen liefern, um zu verhindern, daß diese auf die Idee kam, sein Wissen aus ihm herauszuprügeln.

In diesem Zusammenhang ist Krebs' Aussage über Erich Krewet zu sehen. Er bestätigte eine Aussage Emmerichs, eines früheren Genossen der beiden. Dieser hatte dem Staatsanwalt mitgeteilt, was in Hamburg Hunderte wußten: Krewet sei nämlich »nicht Funktionär des Interclub, sondern der Leiter der ... kommunistischen Zelle Seefahrt« (der Organisation aller in der Seefahrt beschäftigter Kommunisten) gewesen. Außerdem behauptete Richard Krebs, er habe »Krewet von seiner bevorstehenden Flucht Mitteilung gemacht, woraufhin Krewet ihm gesagt haben soll, das gäbe es gar nicht. Krewet soll überhaupt nach der Bekundung des Krebs als Vertrauensmann der KPD die Tätigkeit des Interclubs beobachtet und beeinflußt haben.«[57]

Richard Krebs war als Steuermann und Kommunist natürlich auch Mitglied der Zelle Seefahrt. Somit war Krewet sein Vorgesetzter in der KPD, was in der Praxis für den Instrukteur der ISH keinerlei Rolle spielte. Bei der »Flucht«, von der Richard Krebs sprach, handelte es sich um seine Abreise nach Schweden, wo er den Streik anfachen sollte. Wäre Richard Krebs nur einfaches Mitglied der KPD gewesen, dann hätte er vor seiner Reise tatächlich Erich Krewet um Erlaubnis fragen müssen.

Bei seinem Status als Instrukteur war dies nicht der Fall. Möglich allerdings, daß man bei der Zelle Schiffahrt aufgrund der strengen Konspiration, unter der Richard Krebs arbeitete, von seiner wahren Rolle keine Ahnung hatte und ihm seine Abreise tatsächlich als Flucht auslegte. Dieses ganze Lügengebäude krönte er mit seiner Behauptung, Erich Krewet habe die Arbeit des Interklubs beobachtet und parteipolitisch beeinflußt. Damit erweckte er den Eindruck, der Interklub sei eine unabhängige, überparteiliche Organisation gewesen.

Erich Krewet wußte natürlich, daß das meiste, was der ehemalige Leiter des Interklubs ausgesagt hatte, falsch war. Als guter Kommunist wird er die Gestapo aber kaum auf die wahren Machtverhältnisse im Hamburger Hafen hingewiesen haben. Hat er Richard Krebs die Aussagen damals persönlich übelgenommen?

Einem der amerikanischen Beamten, die die Ermittlungen gegen Richard Krebs wegen Verdachts auf Spionagetätigkeit vorantrieben, vertraute er an, ihm sei eine Verurteilung und die Überführung in ein normales Gefängnis letztlich ganz recht gewesen, denn vorher habe er sich in einem KZ befunden.[58] Nach einem Freispruch wäre der stadtbekannte Kommunist mit Sicherheit nicht freigelassen, sondern von der Gestapo erneut in ein KZ eingeliefert worden.

Zudem bezog sich die Aussage von Krebs gegen Krewet auf die

Führung der Zelle Schiffahrt, eine vor der ersten Strafrechtsänderung des Dritten Reiches begangene »Tat«, für die er eine relativ milde Strafe zu erwarten hatte. Tatsächlich verurteilte man ihn zu »nur« einem Jahr und neun Monaten Gefängnis.

Bei dem Rote-Marine-Prozeß einige Monate später trat er als Entlastungszeuge für Richard Krebs auf. Diese von Erich Krewet bestätigte Aussage wird auch in *Out of the Night* erwähnt, wo Erich Krewet als militanter Gewerkschafter Erich K. Eingang fand.[59]

Trotz alledem verwendete Erich Krewet Richard Krebs' Aussage im Interklubprozeß als Beleg für die Behauptung, jener habe von Anfang an mit der Gestapo zusammengearbeitet. Der aus Washington herbeigeeilte Burling griff dies begierig auf, zumal ihm Krewet die Urteilsbegründung als Beweismittel zur Verfügung stellte. Da sie verschollen ist, muß man, um Richard Krebs' Aussage zu rekonstruieren, auf die wenigen wörtlichen Zitate zurückgreifen, die sich Burling aus ihr heraussuchte, um sie gegen Richard Krebs zu verwenden. Offenbar wiederholte er seine aus der Anklageschrift bekannte Behauptung, ISH und Einheitsverband seien »syndikalistische«, d. h. gewerkschaftliche, Organe gewesen, die von der KPD und namentlich dem Leiter der Zelle Schiffahrt, Erich Krewet, kommunistisch beeinflußt wurden. Weiter hieß es in der Urteilsbegründung, daß man Erich Krewet aufgrund der Aussagen von Krebs und Emmerich verurteilen könne.

Unter Zuhilfenahme von Richard Krebs' »Autobiographie« strickte Erich Krewet folgende Geschichte zusammen: Er selbst sei ein sozialdemokratischer Gewerkschafter gewesen, der im überparteilichen Interklub mitgearbeitet habe. Daß er kein Kommunist gewesen sei, könne man im übrigen auch der bewußten Stelle in *Out of the Night* entnehmen, in der er als militanter Gewerkschafter beschrieben werde. Nach der Machtergreifung hätten einige Mitglieder des Interklubs, darunter auch er, eine Untergrunddruckerei installiert. Diese sei aufgeflogen, und seltsamerweise seien am nächsten Tag in Krebs' Wohnung, die als Treffpunkt für einen solchen Fall ausgemacht worden sei, mehr als zwanzig Personen festgenommen worden. Dies sei der wahre Hintergrund jener Episode in *Out of the Night*, in der Firelei nach ihrem knappen Entkommen bei einer Razzia alle möglichen Bekannten in die Wohnung schickt, um ihr schreiendes Kind herauszuholen. Es seien zwar jede Menge Leute in der Wohnung verhaftet worden; dies seien aber keine »unpolitischen Bekannten Fireleis« gewesen, sondern Nazigegner, die sich nach der Razzia in Krebs' Wohnung getroffen hätten.

Um Richard Krebs zu belasten, war Erich Krewet jedes Mittel recht. Burling notierte: »Krewet sagte mir unter vier Augen, daß er von der Razzia auf die Krebs-Wohnung gerüchteweise vorher erfahren habe. Irgendwie sei es ihm gelungen, Herma zu warnen. Er berichtete weiter, daß er Herma Krebs gefragt habe, wo Richard sei, und sie geantwortet habe, daß er schon einige Wochen weg sei; sie wüßte nicht, wo er sei, und sei sich nicht sicher, ihm trauen zu können. Als Grund dafür, warum er nicht aussagen wollte, gab Krewet an, er halte es nicht für richtig, die Spekulationen einer Ehefrau über ihren Mann zu Protokoll zu geben.«[60]

Zu seiner entlastenden Aussage beim Rote-Marine-Prozeß erklärte Krewet, er sei eines Tages völlig überraschend aus dem Gefängnis geholt und in den Gerichtssaal geschafft worden. Dort habe man ihn gefragt, ob Richard Krebs an der Konferenz, auf der der Überfall auf die SA-Leute beschlossen worden sei, teilgenommen habe. Er habe angegeben, davon nichts zu wissen, und sei wieder aus dem Gerichtssaal geschafft worden. Monate später habe er erfahren, daß es Richard Krebs' Plan gewesen sei, ihn diese Frage verneinen zu lassen. Eine Verneinung hätte seine Teilnahme an der Konferenz impliziert, so daß der Verdacht auf ihn, Erich Krewet, gefallen wäre. Richard Krebs' Absicht sei es gewesen, ihn statt seiner hinrichten zu lassen.

Wie waren diese ungeheuerlichen Anschuldigungen von Erich Krewet zu erklären?

War es, wie Richard Krebs glaubte, ein kommunistisches Komplott gegen ihn? Das ist nicht auszuschließen; Erich Krewet hatte aber auch genug persönliche Motive, Richard Krebs die Pest an den Hals zu wünschen.

Nach seiner Haftentlassung ging er nach Antwerpen, wo er eine kurze Zeit mit Knüfkens Gruppe zusammenarbeitete, bis er auf einem deutschen Schiff nach Brasilien anheuerte. Als der NSDAP-Leiter an Bord ihn zwangsweise nach Deutschland deportieren wollte, desertierte er in Pernambuco und »heuerte auf einem norwegischen Dampfer an, den er in den USA wieder verließ«[61].

Dort wurde er als Redner und Organisator für den »Deutsch-Amerikanischen Kulturbund« und die »Antidefamation League«, eine jüdische antifaschistische Organisation, tätig. Er reiste quer durch das Land und erwarb sich allmählich einen bedeutenden Ruf als Agitator gegen die Versuche, Deutschamerikaner im nationalsozialistischen Sinne zu beeinflussen.

Als hervorragender Redner, der sich gut auf englisch ausdrükken konnte, hielt er auch zahlreiche Vorträge auf Gewerkschaftsversammlungen, bei denen er von seinen Erfahrungen im KZ und der Abschaffung jeglicher Organisationsfreiheit in Deutschland berichtete. Im Herbst 1936 kam er nach San Francisco, wo er eine junge Pianistin kennenlernte, mit der er bald ein Kind hatte. Später heirateten die beiden, und von da an hielt er sich hauptsächlich an der Westküste auf. Mit Hilfe seiner Frau, die das Englisch seiner Manuskripte verbesserte, gelangen ihm Veröffentlichungen von Kurzgeschichten und Erinnerungen aus den Gefängnissen und KZs Hitlerdeutschlands, die in so prestigeträchtigen Zeitschriften wie *Esquire* erschienen.

Der Höhepunkt seiner agitatorischen Tätigkeit an der Westküste war ein von ihm initiierter Aufruf der »Maritime Union of the Pacific« zu einem halbstündigen Generalstreik gegen die Unterdrükkung der Gewerkschaften in Deutschland und für die Solidarität mit den spanischen Arbeitern, an dem über 30 000 Seeleute und Hafenarbeiter teilnahmen. Der Führer der ITF, Edo Fimmen, war von Krewets Aktivitäten so begeistert, daß er ihn zu seinem offiziellen Repräsentanten bei den amerikanischen Wassertransportgewerkschaften ernannte. Aus einem Brief Fimmens an ihn geht hervor, daß dieser ihn für einen Verbündeten gegen kommunistische Unterwanderungsversuche seiner ITF hielt; auch in seinen eigenen Erinnerungen schreibt Erich Krewet, daß er von Beginn seiner Tätigkeit in den USA an Schwierigkeiten mit Kommunisten gehabt und bereits 1938 mit der KP gebrochen habe.[62]

Für Erich Krewet, der ab 1957, zu alt für die Seefahrt, als mittelloser Remigrant wieder in Hamburg lebte und seine Erinnerungen niederschrieb, müssen jene paar Jahre in der zweiten Hälfte der

Dreißiger im Rückblick einige der besten seines Lebens gewesen sein. Verständlich, wenn er ein paar dunklere Punkte ausgelassen haben sollte. Es ist nämlich sehr zweifelhaft, ob Erich Krewet Edo Fimmen gegenüber völlig offen war. In jenem ersten Bericht in der FBI-Akte Krewets, in dem ein unbekannter Informant die Bundespolizei auf »Jan Walten« aufmerksam machte, sagte derselbe Informant über Krewet, dieser sei ein Repräsentant der Komintern an der Westküste der USA und sehr erfolgreich unter ausländischen Arbeitervereinen tätig, die er kommunistisch zu unterwandern suche. Weiter war Erich Krewet ganz offiziell erst im Mittleren Westen und dann an der Westküste für den »Deutsch-Amerikanischen Kulturbund« tätig, wo er schließlich zum regionalen Leiter des Verbandes aufstieg. Genau zu dieser Zeit wurde der Kulturbund, gegen den heftigen Widerstand von Richard Krebs' Freund Bek-Gran, im Zuge der »Volksfronttaktik« von der KPD übernommen. Schließlich unterhielt er, wie aus seiner FBI-Akte hervorgeht, zumindest noch 1938 enge Beziehungen mit einer Gruppe moskautreuer deutscher Seeleute in New York, die Richard Krebs in ihrer Zeitschrift *Schiffahrt* als Gestapoagenten denunzierten. Eine seltsame Verbindung für einen Mann, der angeblich auf der Seite der ITF stand, wenn man bedenkt, daß die KPD das gleiche von der deutschen ITF-Gruppe, also von Knüfken und seinen Leuten, behauptete.

Im November 1939 wurde Erich Krewet in den USA das erste Mal festgenommen, weil ihn die belgischen Behörden verdächtigten, mit jenen unbekannten Tätern in Verbindung zu stehen, die kurz zuvor im Hafen von San Francisco ein deutsches Schiff in die Luft gejagt hatten. Erich Krewet hatte damit höchstwahrscheinlich nichts zu tun, war aber dem FBI durch New Yorker Informanten, unter ihnen Richard Krebs, als fanatischer Kommunist bezeichnet worden, was seine Freilassung hinauszögerte. Im Februar 1940 wurde er wieder freigelassen, nach Pearl Harbour jedoch als potentieller Saboteur endgültig auf unbestimmte Dauer in Kalifornien interniert.

Für Erich Krewet, der wie wenige andere der NS-Propaganda in den USA entgegengewirkt hatte, war es die größtmögliche Beleidigung, mit bekennenden Nazis eingesperrt zu sein. Mit wachsender Verbitterung mußte er mit ansehen, wie sein alter Rivale

Richard Krebs zur selben Zeit überall auf Vortragsreise ging und mit Vorschlägen zur Bekämpfung der Nazipest aufwartete. Dies ging ihm um so mehr auf die Nerven, als Erich Krewet natürlich wußte, daß seiner alter Bekannter keineswegs, wie der amerikanischen Öffentlichkeit weisgemacht, mit dem Heroen von *Out of the Night* völlig identisch war. Während Krewets eigene Ehe an der Trennung zerbrach, war der frisch verheiratete Richard Krebs glücklicher Vater eines Neugeborenen geworden, wie man den Klatschspalten entnehmen konnte. Aus einem der letzten Sätze seines Briefes – »Du hast Deine Freiheit, Deine Familie und Sicherheit« – kann man seine Verbitterung herauslesen.

Nach seinem offenen Brief stand Krewet sehr bald auf vertrautem Fuß mit dem Wahingtoner Beamten Burling, der der Meinung war, daß die Behauptung, Erich Krewet sei Kommunist, nur auf die Falschaussagen von Richard Krebs zuerst in Deutschland vor Gericht und schließlich gegenüber dem FBI in New York zurückzuführen sei. Burling wird dies Krewet gegenüber kaum verschwiegen haben, was dessen Haß noch einmal gesteigert haben muß.

Ob Erich Krewet nun ein Kommunist war, der in der ITF wie im »Deutsch-Amerikanischen Kulturbund« die Rolle des Einflußagenten gespielt hatte, oder nicht – im Internierungslager jedenfalls war er wohl keiner mehr. Dem FBI gegenüber machte er umfangreiche Aussagen, die sich nicht nur auf mitinhaftierte Nazis, sondern auch auf einige Kommunisten bezogen, die er als Repräsentant der ITF an der Westküste kennengelernt hatte. Den bekannten Arbeiterführer Harry Bridges, der 1934 den Generalstreik von San Francisco geleitet hatte, bezeichnete er als heimlichen Kommunisten, was sich nach Öffnung der Moskauer Archive bestätigt hat.[63] Er behauptete sogar zu wissen, wer Bridges' Vorgesetzter in der Partei sei. Zu guter Letzt warnte Erich Krewet das FBI noch vor seiner Schwiegermutter, die wahrscheinlich auch eine Kommunistin sei.[64]

Nach seinen Aussagen stand Krewet in der Gunst des FBI. Obwohl die Bundespolizei genügend Material gehabt hätte, um Krewets Behauptung, er sei nie Kommunist gewesen, in Zweifel zu ziehen, stellte man Krewet in einem Dossier für das »Enemy Alien Control Unit« ein recht gutes Zeugnis aus.

Burling berief sich u.a. auf das FBI, als er seinen Hauptzeugen gegen Richard Krebs als geradezu mustergültigen, »ehrlichen«, d.h. parteiunabhängigen, Arbeiterführer präsentierte, der sich bemühe, »die ganze komplizierte Geschichte der Arbeiterbewegung in Hamburg darzustellen«, und »mit großer Sorgfalt die Wahrheit erzählt, was diese Angelegenheiten betrifft ... Krewet sagt, er habe sozialdemokratische Neigungen gehabt und Arbeiterinteressen vertreten wollen, ohne sich politisch zu binden ... Trotzdem kam das Gericht in Krewets Fall zu dem Schluß, daß er ein Kommunist gewesen sei und mit dem Einheitsverband liiert, der radikaleren der beiden Gewerkschaften in Hamburg. Und woher stammte diese Auffassung des Hamburger Gerichts? Die klare Antwort scheint zu sein, daß diese Auffassung auf die Zeugenaussage von Krebs zurückzuführen ist, der der Hauptzeuge bei dem Verfahren war.«[65]

Am 24. November 1942 wurde Richard Krebs ohne jede Vorwarnung am Frühstückstisch verhaftet und als Gestapoagent auf Ellis Island interniert. Der *Daily Worker*, die Zeitung der KP der USA, triumphierte und zitierte genüßlich aus der Begründung seiner Festnahme: »Möglicherweise war Richard Krebs die letzten fünf Jahre über als Naziagent tätig ... Sein bisheriges Leben war so von Gewalt, Intrigen und Verrat geprägt, daß man kaum davon ausgehen kann, er habe sich derart gewandelt, daß er heute uneingeschränkt vertrauenswürdig ist. ... Das vorgelegte Beweismaterial läßt nicht den Schluß zu, Krebs sei während der letzten fünf Jahre eine Person mit gutem moralischem Charakter gewesen. ... Eine unabhängige Untersuchung hat ergeben, daß Krebs 1934, zu einer Zeit, als er angeblich gegen die Nazis eingestellt war, als Zeuge der Anklage ausschlaggebend dafür war, daß ein Mitglied der ISH wegen Hochverrats verurteilt wurde.«[66]

Auch andere Presseorgane schwenkten jetzt um. *The American Hebrew*, eine konservative jüdische Zeitung, schrieb, Richard Krebs sei jetzt als Naziagent entlarvt worden. Der Fall Valtin sei mit dem von Rasputin zu vergleichen. »Wie diese dubiose, finstere Persönlichkeit schaffte es Valtin, eine große Zahl sehr angesehener Persönlichkeiten für sich einzunehmen.«[67] Der kalifornische Gouverneur Olson, der Richard Krebs begnadigt hatte, veröffentlichte zu seiner Verteidigung eine Liste mit den Namen all derer, die ihn zu diesem verhängnisvollen Schritt gedrängt hatten.

Selbst im fernen Europa fand man ein letztes Mal Grund zum Jubeln. Das Deutsche Nachrichtenbüro meldete aus Genf in Zusammenhang mit dem »Treiben der aus Deutschland geflüchteten jüdischen Emigranten«, deren angeblichen Schwarzhandel man in England satt habe, man habe nun auch in den USA beschlossen, »einen dieser ›Gäste‹ nach dem Krieg schleunigst wieder abzuschieben. ... Jan Valtin alias Richard Krebs ... Dieser Jude ... wurde ursprünglich sehr gefeiert, als er ein Buch ›Der Nacht entronnen‹ verfaßte und darin angebliche Greueltaten in Deutschland aufregend und blutrünstig schilderte. Inzwischen mußte aber dieser erfolgreiche Autor selbst zugeben, schreibt *Time*, daß es sich nicht um eigene Erlebnisse handelte, sondern daß er ›die Erfahrungen anderer Männer hinzufügte, um das Buch so effektiv wie möglich zu gestalten‹. Ja, er wurde sogar – man höre und staune – ein Fälscher genannt, weil er die Unvorsichtigkeit begangen hatte, auch die Bolschewisten anzugreifen. ... Krebs hatte sich aus den Einnahmen seines Buches eine schöne Villa in Connecticut zusammengeschachert, die er jetzt allerdings mit Ellis Island vertauschen muß, von wo er bei nächster Gelegenheit abgeschoben werden soll.«[68]

Unter Gestapoverdacht

Die Festnahme war ein Schock für Richard Krebs. Zwar hatte er das Mißtrauen gegen ihn schon vorher zu spüren bekommen, aber daß man ihn als potentiellen Naziagenten verhaften würde, hätte er sich nicht träumen lassen. Fünf Tage nach der Verhaftung schrieb er in einem Brief an Roger Baldwin, einen persönlichen Freund und Vorsitzenden der »American Civil Liberties Union«, einer der bedeutendsten Bürgerrechtsorganisationen der USA:

»Ich bin sehr froh, daß Du mir geschrieben hast und sich die ACLU in den Kampf gegen meine Einstufung als ›gefährlicher Angehöriger einer Feindnation‹ einschalten wird.« Weiter verwies Richard Krebs auf sein Engagement für die Kriegsanleihenkampagne, sein Eintreten für einen Kriegseintritt der USA noch vor Pearl Harbour und erwähnte, man habe ihm noch wenige Tage vor

322

seiner Verhaftung mitgeteilt, daß er in die Armee aufgenommen werden könne.

»Daher wirst Du verstehen, warum ich so bestürzt war, als ich in einer Pressemitteilung des Justizministeriums plötzlich als potentieller ›Naziagent‹ bezeichnet wurde. Es war, als wäre jemand in mein Haus eingebrochen, hätte mein Baby gegen die Wand geschleudert, meine Frau beleidigt und unser Haus in Brand gesetzt.«[69]

In einem Schreiben, wahrscheinlich ebenfalls an Baldwin, listete er Bekannte, Geschäftspartner und Freunde, insgesamt 18 Personen, auf und versuchte einzuschätzen, wie diese sich jetzt zu ihm verhalten würden.

Der einzige, den er ohne jede Einschränkung als Freund bezeichnete, war Charles Malamud, der ihm Trotzkis Wintermantel gegeben hatte: »Charles Malamud ist der bedeutendste Übersetzer aus den slawischen Sprachen in diesem Land. Er ist ein sehr enger persönlicher Freund, zuverlässig, zwar arm, aber kein Geizhals, und JV hat die allerbeste Meinung von ihm. Ist letzten Sommer in die Wälder von Jersey verschwunden, um ein Buch zu schreiben, könnte aber jeden Augenblick wieder auftauchen. …«

Ben Mandel, der Ermittler im Dies-Ausschuß, der ihm mit Levine das nötige Geld vorgestreckt hatte, um *Out of the Night* zu schreiben, bezeichnete er ebenfalls als Freund, mit der Einschränkung, er habe die Gewohnheit, seine Nase in Dinge zu stecken, die ihn nichts angingen.

Herbert H. Ross, ein Makler, der Sommer 1942 den Vertrag über den Kauf der Farm ausgehandelt hatte, gehörte zur Gruppe derer, denen er mißtraute. »Sei freundlich zu ihm, aber halte ihn auf Distanz. Er ist ein Parasit, der sich als Freund tarnt. Besonders gern versucht er meiner Frau Land und Versicherungen anzudrehen, wenn ich nicht da bin.«

Levine schließlich gehörte zu den Personen, bei denen er sich unsicher war.

»Isaac Don Levine ist der Mann, der mich dazu gebracht hat ›Out of the Night‹ zu schreiben. Er ist ein freier Journalist mit großer Erfahrung, sehr freundlich, fähig, aber in Geschäftsdingen sehr gerissen, und man weiß nie, ob er seine Versprechungen halten wird. Seine gute Seite ist die große Kenntnis der New Yorker und Washingtoner Verlagskreise. Seine schlechte Seite ist sein großer Hunger nach Geld. Um des Geldes willen würde IDL [Isaac Don Levine] nicht zögern, mit seinen engsten Freunden zu brechen. ... Seit der Goodstein-Affäre hält Levine Abstand von mir, weil er (meine Vermutung) nicht den Teil der Kosten übernehmen will, die seinem Anteil am Profit entsprächen.«[70]

In den Vereinigten Staaten der Kriegsjahre wurde die Entscheidung darüber, ob ein festgenommener Ausländer interniert wurde, nach der Hinzuziehung eines Bürgergremiums gefällt, das aufgrund des vom »Enemy Alien Control Unit« vorgelegten Materials und nach einer Anhörung des Ausländers eine Empfehlung aussprach. Der Betreffende hatte zwar kein Recht, einen Anwalt hinzuzuziehen, konnte aber Leumundsbürgen benennen und sich selbst verteidigen. Die letztendliche Entscheidung lag beim Generalstaatsanwalt, der der Empfehlung des Gremiums gemeinhin folgte.

Richard Krebs war sich über die Haltung der Beamten des Justizministeriums ihm gegenüber im klaren, wie er an Baldwin schrieb: »Nach Ton und Art der Pressemitteilung zu urteilen, die vom Justizdepartment herausgegeben wurde, ich zitiere – Das Department erwartet die Empfehlung zur Internierung –, versuche ich mich, was die Endentscheidung angeht, keinen falschen Hoffnungen hinzugeben. Ich habe allerdings großes Vertrauen in Amerika als ein Land, in dem eine große freiheitliche Tradition untrennbar mit dem Ideal des Fair Play verbunden ist.«

Einen Tag nach Richard Krebs' Festnahme, am 25. November, telegrafierte der Generalstaatsanwalt der USA aus Washington nach Kalifornien, daß Erich Krewet vorläufig auf Bewährung freigelassen werde, und ließ anfragen, ob Krewet bereit sei, auf Staatskosten nach Washington zu kommen und dort betreffs Richard Krebs auszusagen. Erich Krewet war es.

Am 8. Dezember begann die Anhörung vor dem Bürgergremium, das sich aus drei wohlhabenden Mittelständlern und zwei pensionierten Offizieren zusammensetzte.

Permanent anwesend während der vier Tage dauernden Erörterungen waren außerdem Burling vom »Enemy Alien Control Unit«, ein Beamter des FBI, der kein Wort sagte und nur mitschrieb, und der örtliche Staatsanwalt als Vertreter des Bundesstaates Connecticut. Die Geschworenen hatten im wesentlichen die Frage zu beurteilen, ob Richard Krebs beim Interklubprozeß 1934 stadtbekannte Tatsachen über einen Kommunisten ausgesagt oder einen »normalen« Gewerkschafter ans Messer geliefert hatte, um sich bei der Gestapo lieb Kind zu machen. Verständlich, daß die ehrbaren Bürger Connecticuts von den stundenlangen Erörterungen der Details des Prozesses und der politischen Situation im Hamburg jener Jahre hoffnungslos überfordert waren. Die Luft schwirrte nur so von schwierigen deutschen Wörtern wie »Verkehrsbund«, »Einheitsverband«, »Einheitskomitee« und dergleichen mehr. Es ging um Fragen der deutschen Prozeßordnung, namentlich, ob zuerst die Angeklagten zur Sache befragt wurden und dann die Zeugen oder umgekehrt. Schließlich waren da noch Angaben der beiden Deutschen darüber, was sie gerüchteweise im Gefängnis übereinander gehört haben wollten, ob Julius Emmerich nun ein Spitzel war usw. Die Schlacht wogte hin und her, wobei sich der örtliche Staatsanwalt, der Krewet nicht recht traute, mehr und mehr gegen den Beamten aus Washington stellte, was später noch eine Reihe von Dienstaufsichtsbeschwerden gegen ihn nach sich zog.

Manchmal glaubte der Mann aus Washington triumphieren zu können, zum Beispiel als Richard Krebs zugab, Krewet habe ihn im Gefängnis zu der Aussage aufgefordert, er kenne ihn nur als Seemannskollegen. Er habe sich geweigert und Krewet erklärt, daß es immer das beste sei, so viel von der Wahrheit zuzugeben wie möglich und nur das abzustreiten, was nicht zu beweisen sei. Burling notierte hämisch: »Ich habe Krebs dann in eine längere Diskussion über diese spezielle Technik des Meineides verwickelt, bis ihm dämmerte, daß er dabei war, seine Taktik bei diesem Prozeß preiszugeben.«[71]

Manchmal neigte sich die Waage gegen Krewet, so als der Staatsanwalt aus Connecticut ihn fragte, ob er jemals in der Sowjetunion gewesen sei. Krewet verneinte dies zuerst, gab dann an, die Frage nicht richtig verstanden zu haben, und schließlich doch zu, mehrmals als einfacher Seemann dort gewesen zu sein.

Einig waren sich Richard Krebs und Erich Krewet nur einmal – als es darum ging, den Amerikanern, die sich unter »Syndikalisten«

bombenwerfende Anarchisten vorstellten, zu erklären, daß Gewerkschafter gemeint waren, die nur gewerkschaftliche, aber keine parteipolitischen Ziele verfochten.

Schließlich brachte Burling einen weiteren Trumpf ins Spiel. Er präsentierte die letzten Briefe Hermines an Richard Krebs. Mit ihnen wollte er belegen, Richard Krebs habe, anders als behauptet, doch seit seiner Ankunft in Kontakt mit Deutschland gestanden. Wie ein anwesender FBI-Mitarbeiter notierte, »zeigte Mr. Krebs das erste und einzige Mal während der gesamten Verhandlung Gefühle und verlor ziemlich die Kontrolle über sich. Er behauptete, daß ihm diese Briefe in New York gestohlen worden seien«.[72] Burling, der glaubte, daß Richard Krebs seine Frau an die Gestapo verraten habe und ihr Tod alles andere als sicher sei, notierte später verächtlich: »Wegen seines Theaters schien es mir besser, ihn nicht mehr über den angeblichen Tod seiner Frau zu befragen.«[73] Das war mit Sicherheit nicht der einzige Grund. In Wahrheit wird Burling Richard Krebs auch deshalb nicht weiter befragt haben, weil er dessen Behauptung, die Briefe seien ihm in New York gestohlen worden, nicht widerlegen konnte. Die Briefe an sich gaben als Belastungsmaterial nichts her. Erst im Zusammenhang konnte er sie gegen Richard Krebs verwenden. Beim Vorzeigen der Briefe gab Burling an, sie seien beschlagnahmt worden, nachdem Richard Krebs die »Ary Lensen« fluchtartig hatte verlassen müssen, weil ihn ein schwedischer Seemann aufgrund des Steckbriefs in der *Paa Törn* als Getapoagenten entlarvt habe. Damit wollte er Richard Krebs, der ausgesagt hatte, die »Ary Lensen« aus Angst vor einer Italienfahrt verlassen zu haben, ein weiteres Mal der Lüge überführen. Das kann nur ein Schuß ins Dunkle gewesen sein, denn in einer der Postkarten von Peps heißt es, er habe Richards Nachricht vom 3. März aus Norfolk erhalten. Da Richard Krebs Norfolk am 6. März 1938 verlassen hatte, kann ihn Peps' Antwort erst in New York erreicht haben. Außerdem war der Vorgang bei der Einwanderungsbehörde nicht bekannt, obwohl sie nach Krebs' Abreise die Besatzung befragt hatte. Andernfalls hätte sie bei den Verhören 1941 Richard Krebs' Begründung für das Verlassen der »Ary Lensen« nicht widerspruchslos hingenommen. Anzunehmen, daß Burling die Geschichte vom schwedischen Seemann der kommunistischen Presse entnommen hatte. Vermutlich war sie lanciert worden, um einer Anklage von Krebs wegen des Einbruchs in New York zuvorzukommen. Seine Gegner konnten nicht wissen, daß Richard Krebs jede Erwähnung der Briefe vermeiden mußte, wollte er nicht das Leben seines Bruders gefährden. Richard Krebs gelang es, sein Geheimnis zu wahren. Burling war für viele Jahrzehnte der letzte, der versuchte, das Rätsel der Briefe lösen.

Mangels anderer Anhaltspunkte für die Anklage, Richard Krebs sei ein Gestapoagent, hing der Ausgang des Verfahrens schließlich von der Frage ab, ob Erich Krewet als glaubwürdiger Zeuge einzuschätzen sei. Zwar hatte Burling mit Hilfe von Krewet beweisen können, daß die Figur des Valtin in *Out of the Night* tatsächlich, wie schließlich auch Richard Krebs zugeben mußte, nicht nur seine eigenen Erlebnisse widerspiegelte, womit der Autor sich nach Burlings Meinung als Lügner entlarvt hatte. Mit dieser Ansicht drang er, zumindest bei den ehemaligen Militärs, jedoch nicht durch. Glücklich, endlich auch einmal etwas Substantielles beitragen zu können, gaben sie dem Tribunal eine kleine Lektion in Sachen Soldatenlatein. Aus ihren Tagen im Schützengraben in Frankreich hatten sie noch bestens in Erinnerung, daß ihre Kameraden, kaum hatten sie einem Kriegserelebnis gelauscht, dieses bald als selbsterlebt weitererzählten. Krebs habe als Untergrundkommunist ja auch eine Art Krieg geführt.

Das Bürgergremium votierte schließlich auf Freilassung mit Bewährung.

Ausschlaggebend für die Entscheidung des Gremiums war letztendlich die unbestreitbare Tatsache, daß Erich Krewet ein Jahr und neun Monate für Hochverrat bekommen hatte, während man Richard Krebs für dasselbe Vergehen zu drei Jahren verurteilt hatte. Das kam den braven Bürgern nun doch etwas seltsam vor. Den Beteuerungen Burlings, man gewähre in einem faschistischen Staat, anders als in Amerika, einem Kronzeugen keinen Strafnachlaß, wollte man nicht so recht glauben.

Daß Richard Krebs keinen bedingungslosen Freispruch bekommen hatte, verdankte er einem der von ihm benannten Zeugen. Ausgerechnet Don Levine, der nach Kriegsbeginn sofort jegliche Beschäftgung mit dem Kommunismus beendet hatte, um die

Biographie eines »amerikanischen Helden« zu schreiben, stellte den Autor von *Out of the Night* als hemmungslosen Opportunisten dar. Richard Krebs sei nur deshalb Amerika gegenüber loyal, weil ein Schriftsteller in den USA mehr als in jedem anderen Land verdienen könne. Auch auf Nachfrage ging er von dieser Aussage, die er in Abwesenheit des Angeklagten traf, nicht mehr ab.

Normalerweise wäre der Generalstaatsanwalt der Entscheidung des Gremiums gefolgt und hätte Richard Krebs freigelassen. Seine eigenen Untergebenen, die Beamten des »Enemy Alien Control Unit«, bestürmten ihn, dies nicht zu tun. Burling schrieb einen zwanzigseitigen Bericht, in dem er noch einmal alle Argumente gegen Richard Krebs zusammenfaßte. Also blieb sein Verfahren in der Schwebe und Richard Krebs weiter auf Ellis Island interniert. Die öffentliche Meinung war mehrheitlich gegen Richard Krebs gestimmt. Einige prominente Publizisten, die eine kommunistische Verschwörung zu wittern meinten, konnten daran nichts ändern.

Hinter den Kulissen setzte ein Tauziehen ein, das eine Unzahl von Aktenvermerken, Dienstaufsichtsbeschwerden und gegenseitigen Anschuldigungen zur Folge hatte. Burling hackte auf Cooley, den Staatsanwalt von Conneticut, ein, dem er die Schuld an der Entscheidung des Gremiums gab, und dieser setzte sich zur Wehr. Richard Krebs' Leumundszeugen Eastman, Baldwin und Lyons beklagten sich öffentlich, man habe sie bei ihrer Aussage wie Verbrecher behandelt. Burling gab zur Antwort, gerade ein Trotzkist wie Eastman solle sich nicht beschweren. Schließlich unterschieden sich Trotzkisten von Kommunisten hauptsächlich in ihrer Ablehnung von Stalins Friedenskurs gegenüber den Demokratien. Außerdem sei er so rücksichtsvoll gewesen, vor den konservativen Geschworenen nicht zu erwähnen, daß Eastman bekennender Nacktbader sei. Andernfalls hätte er die Anhörung vielleicht sogar gewonnen.

Sogar J. Edgar Hoover wurde in die Kontroverse verwickelt. Indigniert stellte er fest, er sei nicht gegen, sondern für die Internierung von Richard Krebs gewesen. Burling, der glaubte, das FBI habe Beweise zurückgehalten, mußte sich entschuldigen.[74]

Im März 1943 schrieb Abigail einen rührenden Brief an den Generalstaatsanwalt, in dem sie die Unschuld ihres Mannes beteuerte. Nachdem sie sich sogar mit einem Schild vor den Kongreß gestellt hatte, auf dem sie die Freilassung ihres Mannes forderte, wurde sie schließlich zu einem der Mitarbeiter des »Enemy Alien Control Unit« vorgelassen. Laut ihrem Gesprächsprotokoll hielt man Richard Krebs nach wie vor für einen Naziagenten. Seine Schilderung des Naziterrors sollte eine subtile Einschüchterungspropaganda im Interesse Hitlers gewesen sein. Auch glaube man nicht, daß Richard Krebs in Deutschland wirklich die Todesstrafe zu erwarten habe. Zum Schluß erklärte man der jungen Frau, es sei ein Trugschluß zu glauben, ihr Mann könne kein Nazi sein, weil er sie und das Kind so liebevoll behandele. Viele Nazis seien die besten Ehemänner und Väter.

Abigails Eingreifen hatte nichts genützt. Richard Krebs blieb in Haft, ohne daß eine endgültige Entscheidung gefällt worden wäre. Seine Gegner im »Enemy Alien Control Unit« fanden immer neue Gründe für den Verdacht, er sei ein Gestapoagent. Nachdem sich die alten Argumentationsmuster erschöpft hatten, rief man einen »unabhängigen« Gutachter herbei, der nun eine ganz neue Richtung einschlug. Diesmal wurden die Passagen aus *Out of the Night*, die von den unmenschlichen Zuständen in den KZs des Dritten Reichs handelten, nicht nur einfach ignoriert, sondern als Zeichen einer besonders subtilen Propaganda gewertet. Mit diesen Berichten habe er sich bei den Amerikanern Mitleid und Sympathie erwerben wollen.

»In diesem Zusammenhang ist es interessant, wie er Hitler am 10. 11. 41 in Chicago zitiert hat: ›Propaganda ist nur dann gute Propaganda, wenn sie nicht als Propaganda kenntlich ist.‹

Der Beschuldigte selbst stellt fest: ›Die Amerikaner müssen lernen, daß Nazipropaganda nicht die Nazifizierung der Bevölkerung anderer Länder zum Ziel hat, sondern in der Bevölkerung anderer Länder Zwietracht zu säen, als notwendige Voraussetzung für deren spätere Niederlage. Die Leute schauen sich um und sehen niemanden, der Hitler schreit, und schließen daraus, daß es hier keine Nazis gibt.‹[75]

Nachdem sich Richard Krebs also das Vertrauen der Amerikaner erworben hatte, habe er sich daran gemacht, Zwietracht

zu säen. So mit der Behauptung, Stalin habe vor dem Ersten Weltkrieg im Auftrag der Partei Banken ausgeraubt.

»Wenn man ihn nicht strengstens zensiert, ist er imstande, den
Amerikanern Angst und Mißtrauen vor den Kommunisten und
Russen einzuflößen. Und das in einer sehr schwierigen Situation,
die die Zusammenarbeit mit den Russen verlangt und Zuversicht
in die gemeinsame Zukunft der Vereinten Nationen.

Haß auf Kommunisten führt logischerweise zum Haß auf Russen, da das tätige Praktizieren des Kommunismus als eine Art Religion, als zentrale Eigenheit des inneren Lebens Rußlands und der
gesamten Sowjetunion anzusehen ist.«[76]

Auch nach diesem Schreiben kam es zu keiner Entscheidung.
Der Generalstaatsanwalt, dessen Aufgabe es eigentlich gewesen
wäre, festzustellen, ob Richard Krebs eine Gefahr für die Sicherheit der USA darstellte, wollte es sich weder mit den Unterstüt-
zern von Richard Krebs noch mit den Beamten des »Enemy Alien
Control Unit« verderben. So blieb Richard Krebs auf Ellis Island,
der ehemaligen Einwandererinsel vor New York, interniert.

Kein Ort, nirgends

Auf Ellis Island waren Gefangene verschiedenster Nationen interniert. Die Spanne reichte von illegalen chinesischen Einwanderern,
desertierten Seeleuten aller alliierten Mächte bis hin zu radikalen
irischen Nationalisten und bekennenden Anhängern Hitlers deutscher und anderer Nationalität. Auf der Insel gaben die politisch
Internierten den Ton an. Viele Wärter teilten die Vorurteile der
Nazis unter ihren Gefangenen und arbeiteten offen mit ihnen zusammen. Für 50 Cents bis zu einem Dollar konnte man einen un-
zensierten Brief herausschmuggeln und für fünfzehn bis hundert
Dollar Einblick in die Gefängnisunterlagen bekommen. Mehr als
einmal wurde Richard Krebs Zeuge, wie Nichtweiße, insbesondere
Chinesen, von den Wärtern und Mitgliedern der Küstenwache
brutal mißhandelt wurden.

Richard Krebs wurde mehrmals bedroht und der Inhalt seiner
Briefe vom Gefängniszensor an die Mitgefangenen weitergegeben.

Es kam nur deshalb nicht zu Schlimmerem, weil er in eine Einzelzelle verlegt wurde. Ein Geheimdienstler, der sich mit diesen Vorgängen später befaßte, meinte allerdings, die Absonderung von Richard Krebs, den er als »kräftig gebauten Schlägertyp« bezeichnete, könne auch ein Glück für die Nazis gewesen sein.[77]

Ende Mai war es soweit: Das »Enemy Alien Control Unit« fand keine noch so sehr an den Haaren herbeigezogenen Gründe mehr, Richard Krebs weiterhin zu internieren.

Man mußte ihn auf Bewährung freilassen. Der Richard Krebs, der an jenem 28. Mai 1943 Ellis Island verließ, war ein anderer geworden. Sein Glaube an Amerika und die amerikanischen Werte, die er vor seiner Verhaftung mit derselben Inbrunst vertreten hatte wie früher den Kommunismus, war nun vielfach gebrochen. Der Held seines nach dem Krieg veröffentlichten Romans *Castles in the Sand* – ein illegaler Flüchtling aus Deutschland, der sich unter falschem Namen mühsam eine Existenz als Obstfarmer aufgebaut hat – wird nach Kriegsbeginn Opfer von Intrigen und einer gnadenlosen Bürokratie. Das Buch endet mit seinem Versuch, von Ellis Island zu fliehen. Er wird von einer Wache erschossen.

»Die Ebbe trug Daniel nach Südosten, und irgendwann verschwanden die Sterne aus seiner Sicht, und die gewaltige Statue einer Frau verdeckte den Himmel. Die Frau hielt eine Fackel hoch, die heller leuchtete als die hellsten Sterne. Groß und leuchtend ragte sie aus dem Dunkel. Sie kündete von Größe und Licht, Stolz und Mitgefühl. Einzelne Lichtstrahlen beleuchteten schwach die Buchstaben einer Botschaft, die die Seele der Frauenstatue ausdrücken sollten.

›Schick mir deine müden, armen, unterdrückten Massen, die sich nach Freiheit sehnen … Den elenden Abschaum deiner überfüllten Ufer. Sende diese, die Heimatlosen, Sturmverwehten zu mir …‹

Die Botschaft war in der Nacht schwer zu lesen. Aber selbst wenn es hellste Mittagszeit gewesen wäre, hätte Daniel diese Worte nicht lesen können. Seine Glieder hingen schlaff zur Seite. Sein Rücken krümmte sich nach oben, und sein Gesicht war unter Wasser. Er blickte nach unten, als suchte er etwas am Meeresgrund.«[78]

Im August wurde Richard Krebs eingezogen, obwohl er kein amerikanischer Staatsbürger war. Er kam in ein Trainingscamp für Infanteristen in Texas. In seiner Einheit hatte man nichts an ihm auszusetzen. Er war ein unauffälliger Soldat, der nie eine politische Meinung äußerte, begierig lernte und sich von den anderen fernhielt. Nur als sich kurz vor Weihnachten in einer Latrine deutsche Kriegsgefangene über Effizienz und Disziplin der US-Armee lustig machten, erregte er Aufmerksamkeit. »Als er [Krebs] den Raum verließ, gab er zum ersten Mal zu erkennen, daß er die Unterhaltung verstanden hatte. Mit einem Grinsen teilte er ihnen mit, daß ›sie sich ruhig freuen sollten, solange es ihnen noch möglich sei, da der Kongreß den Termin, an dem sie hängen würden, auf den Morgen des ersten Weihnachtstages gelegt habe‹.«[79] Für diesen bösen Scherz bekam Richard Krebs einen Verweis. Man verbot ihm, jemals wieder ohne Erlaubnis der Vorgesetzten mit den Kriegsgefangenen in Kontakt zu treten.

Von Anbeginn an stand er unter Beobachtung des Armeegeheimdienstes, der sich alle verfügbaren Akten über ihn kommen ließ, seine Nachbarn, Freunde, Mitsoldaten und Vorgesetzten befragte und alle seine Briefe las. Nicht zuletzt beschäftigte man sich, wie alle Behörden davor, mit *Out of the Night*. Das Resultat all der Mühen war widersprüchlich. In einem Bericht vom Februar 1944 heißt es zum einen: »Es ist leicht, mit ihm auszukommen; guter Arbeiter; von angenehmen Umgangsformen; seiner Familie und seinem Zuhause treu ergeben; angenehme Persönlichkeit; guter Amerikaner; loyaler Amerikaner – kein Opportunist; bei Nachbarn und Bekannten hoch angesehen; folgt mit geradezu religiöser Inbrunst allen Anordnungen der Einwanderungsbehörde; offen; ehrlich«, und zum anderen: »nicht vertrauenswürdig; ein Opportunist, der alles tun würde, um sich selbst voranzubringen«.[80] Trotzdem kam Richard Krebs im Frühjahr 1944 als einfacher Infanteri. auf die Philippinen, wo er im Dschungelkrieg gegen die Japaner eingesetzt wurde.

Er hatte seine Schreibmaschine dabei, und aus den täglichen Notizen entstand nach dem Krieg *Children of Yesterday*, eine Chronik des Lebens und Sterbens seiner Einheit.[81] Der Dschungelkrieg auf den Philippinen überstieg an Brutalität alles, was amerikanische Soldaten auf dem europäischen Kriegsschauplatz erlebten. Anders als die Wehrmacht, die sich, was Amerikaner betraf, in wohlverstandenem Eigeninteresse an die Genfer Konvention hielt, behandelten die Japaner ihre Gefangenen mit äußerster Grausamkeit, wenn sie überhaupt welche machten. Die Amerikaner hielten es kaum anders. Eine der schauerlichsten Episoden in *Children of Yesterday* handelt von einem japanischen Gefangenen, den der Autor zum Stab seiner Einheit bringen soll. Schon auf dem Weg dorthin kann er philippinische Zivilisten nur mit Mühe daran hindern, ihn einfach umzubringen. Beim Stab angekommen, stellt er fest, daß der Japaner in die Obhut einheimischer Hilfstruppen der Amerikaner kommen wird und seine Anstrengungen, ihn heil abzuliefern, letztlich vergebens waren.

Children of Yesterday liest sich streckenweise wie das Skript eines Splatterfilms. So wiederholen sich Szenen, wie Japaner, denen, abgeschnitten vom Mutterland, die Munition ausgegangen ist, ihre amerikanischen Gegner mit allem attackieren, was sich als Waffe benutzen läßt, und bei ihren Frontalangriffen massenhaft abgeschlachtet werden. Plastisch beschreibt Krebs, daß den US-Soldaten neben den Angriffen der Japaner vor allem das tropische Klima und die Spuren von Massakern an der Zivilbevölkerung, auf die sie bei ihrem Vormarsch stoßen, zu schaffen machen.

Auch das schreckliche Schicksal der japanischen Zivilisten, der Krankenschwestern, Mechaniker, Offiziersfrauen und Kinder, stellt er dar. Von ihren eigenen Landsleuten, den Durchhaltefanatikern, die die japanischen Truppen führen, ohne Verpflegung zum Durchhalten im Dschungel gezwungen, fallen sie mitsamt den Soldaten den Flammenwerfern der Amerikaner zum Opfer oder werden, nach Fluchtversuchen, von den Partisanen oder der Zivilbevölkerung gnadenlos zu Tode gefoltert.

Im März 1945, während Richard Krebs' Einheit sich mit den versprengten Resten der japanischen Armee herumschlug, lag seine ältere Schwester Annemarie in einem Karlsbader Krankenhaus im Sterben. Die Kriegsjahre hatte die ausgebildete Säuglingsschwester mit dem Dienst in Lazaretten verbracht, bevor sie Ende 1944 unheilbar erkrankte.

Annemarie, die sich nach dem Tod des Vaters und dem Weggang des zweitältesten Bruders Richard jahrelang um die jüngeren Geschwister hatte kümmern müssen, erinnerte sich in ihren letzten, ergreifenden Briefen an eine Freundin in Bremen an die wenigen glücklichen Jahre, die sie erleben durfte, nachdem die anderen aus dem Haus waren und bevor Hitler an die Macht kam. Es waren Erinnerungen an eine Bootsfahrt, einige kleinere Ausflüge in den Berliner Grunewald und an die tiefe Freundschaft, die sie mit ihrer Briefpartnerin verband. Am 19. des Monats war sie tot.

Nach der Einstellung der Kämpfe im August 1945 begann Richard Krebs noch von den Philippinen aus nach seinem Sohn zu suchen. Er schaltete britische und amerikanische Armeekapläne, offizielle Suchdienste und den Weltkirchenrat in Genf ein. Erst 1946 erhielt er Nachricht. Jan lebte auf einem Bauernhof in der Nähe von Bremen.

Nach dem Tod Hermines war er zu den Großeltern gekommen. Als man das Kind fand, war der Großvater bereits tot, die Großmutter halbseitig gelähmt. Er hatte niemanden mehr, der sich um ihn kümmern konnte. Nach einem langwierigen Papierkrieg gelang es Richard Krebs schließlich, seinen Sohn zu sich nach Amerika zu holen. Abigail erinnert sich, daß Jan bei seiner Ankunft erschreckend mager war.

Die erste Nachricht aus Deutschland hatte Richard Krebs über Verwandte im Mittleren Westen erhalten, die ihm im März 1946 mitteilten, bei ihnen sei über das Rote Kreuz ein Brief aus Deutschland eingetroffen. Die Nachricht stammte von entfernten Verwandten und war von ausnehmender Kürze: »Wir wohlauf trotz Magerkeit. Haus unbeschädigt. Konto kaputt. Rolf Kriegsgefangener gesund. Gertrud wohlauf. Alles verloren. Fred unbekannt. Lutz gefallen. Schicksal Verwandter unbekannt. Verständigung unmöglich«.[82]

Einige Monate später bekam er über seine Verwandten in Iowa einen Brief seines Bruders Hugo. Er schrieb sofort zurück:

»Lieber Peps

Es hat mich ungeheuer gefreut, ein Lebenszeichen von Dir zu bekommen. Dein Brief vom 31. Mai, nach Dubuque geschickt, kam heute von Tante Wilhelmine. Er ist 41 Tage unterwegs gewesen. Es freut mich zu wissen, daß Du wohlauf und guten Mutes bist, trotz allem Unheil. Weißt Du, wo Cilly ist und wie es ihr geht?

Seit Monaten schon bin ich von ›Pontius nach Pilatus‹ gelaufen, um mit Euch da drüben wieder Verbindung zu bekommen. ...

Von Annemaries tragischem Tod habe ich schon durch Tante Lilli gehört. Es tut mir sehr leid. Von Cilly habe ich nichts gehört.

Nun über mich selbst – nachdem ich Deutschland im Jahre 1937 verließ, sorgten die Hitlerbanditen dafür, daß ich nicht mit Euch in Verbindung kommen konnte. Ich kam 1938 mit einem englischen Schiff nach Neu York und bin ausgestiegen. Arbeitete in Neu York als Maler und Handyman für zwei Jahre, und mit dem gesparten Geld kaufte ich ein Zelt und zog in den Wald mit Hund und Petroleumkocher und fing an zu schreiben. Nach einem Jahr als Schriftsteller und Hinterwäldler fingen verschiedene Zeitschriften an, meine Arbeiten zu veröffentlichen, und ich schrieb auch einige Bücher. Eins meiner Bücher wirkte auf die Nazis wie ein rotes Tuch auf einen Bullen. Ich haute zurück, um die Rechnung für meine Jahre in den Konzentrationslagern der Gestapo auszugleichen.

Im Jahre 1940 habe ich ein amerikanisches Mädel geheiratet. Wir haben zwei Jungs, Conrad und Eric. Conrad ist jetzt 5, und Eric ist 1 Jahr alt. Wir haben ein Haus ungefähr 100 Kilometer nördlich von Neu York, mit Wald und Feld, aber ich werde in einigen Monaten nach dem Süden des Landes ziehen, wo ich gerade ein Haus direkt an der Küste gekauft habe. ...

Gestern las ich in der Zeitung, daß es bald möglich sein wird, von hier Pakete nach Deutschland zu schicken. Bitte schreibe mir schleunigst, was Du am allerdringendsten brauchst oder Kleidung anbetrifft (gib Größe oder Maße).

Sobald es erlaubt ist, werde ich Dir schicken, was Du brauchst. Schreibe mir ausführlich, wie es Euch allen geht. Mit besten Grüßen von uns allen und mit festem Händedruck«.[83]

Als Richard Krebs an seinen Bruder schrieb, war er zum dritten Mal Vater geworden. 1945 hatte Abigail ihren zweiten und Richards dritten Sohn Eric zur Welt gebracht. Anfang 1946 waren *Children of Yesterday* und *Castle in the Sand* erschienen. *Children of Yesterday* – eine simple Gefechtschronik in Tagebuchform –

erregte keine weitere Aufmerksamkeit, während *Castle in the Sand* in allen größeren Zeitungen besprochen wurde. Die Kritiken waren überwiegend wohlwollend, und obwohl das Buch kein großer Erfolg war, wurde es in sieben Sprachen übersetzt.

Castle in the Sand ist die Geschichte eines deutschen KZ-Häftlings auf der Flucht. Gleichzeitig erzählt es von der Liebe zwischen ihm und einem flämischen Mädchen, das in Antwerpen in einem Bordell aufgewachsen ist. Gegen den Willen eines Zuhälters, der sie »abrichten« will, nimmt er sie mit nach Amerika. Dort leben die beiden unter falschem Namen. Nach der Geburt eines Kindes ziehen sie von New York aufs Land und leben dort auf einer kleinen Farm. Zu Beginn des Krieges werden sie von dem Zuhälter, der auch in die USA gekommen ist, zufällig entdeckt, bei den Behörden denunziert und verlieren alles, was sie sich aufgebaut haben. Der Held kommt nach Ellis Island und wird bei einem Fluchtversuch erschossen. Plastisch schildert Richard Krebs ihre Flucht aus Europa als blinde Passagiere, ihre Anfangszeit als Tagelöhner in New York und ihr Bemühen, sich eine neue Existenz in einem Land aufbauen, in dem man im Gegensatz zu Europa nicht nach dem Woher und Wohin fragt, sondern nur danach, was man ist und was man kann. Das tragische Ende der beiden, die nach Kriegsbeginn von einer gnadenlosen Bürokratie zermalmt werden, wird mit beklemmender Genauigkeit beschrieben. Das Buch hat auch gravierende Schwächen. So erfährt der Leser nicht, warum der Held in einem KZ war, und die Figur des Zuhälters Biribi ist in ihrer schieren Boshaftigkeit überzeichnet.

Wie Abigail berichtet, hatten in der Erstfassung Kommunisten die beiden mit ihren Denunziationen in den Untergang getrieben. Weil es aber in dem sowjetfreundlichen Klima direkt nach Kriegsende unmöglich gewesen sei, das Buch so auf den Markt zu bringen, habe Richard Krebs die Figur des Zuhälters eingefügt.

Im Sommer 1946 gab er das Haus in Bethel, Connecticut, auf und zog mit seiner Familie an die malerische Chesapeake Bay südlich der Hauptstadt Washington und nicht weit von Norfolk entfernt. Er liebte das aus Schwemmholz gebaute Haus und die Gewässer der riesigen Bucht, die sich Hunderte von Kilometern lang in das

Landesinnere zieht. Wie in seiner Jugend an der Wesermündung begann er wieder zu segeln, und ab dem Sommer 1947 verlieh er Boote an die wenigen Touristen, die in die damals noch sehr abgelegene Gegend kamen.

Für den nunmehr vierzigjährigen Schriftsteller hätte mit dem Umzug eine ruhige Lebensphase beginnen können. Doch es war ihm nicht vergönnt, sich von den letzten Jahren langsam zu erholen. Er hatte aus den philippinischen Schützengräben einen zwar nicht tödlichen, aber unheilbaren Virus mitgebracht, den sogenannten Jungle Rot, der sich von den Zehen in die Beine, ins Rückgrat und ins Gehirn ausbreitete. Außerdem hatte sich seine Schwerhörigkeit verschlimmert. Auf dem rechten Ohr war er praktisch taub. Dazu kamen erste Depressionen, die sich in den folgenden Jahren verstärkten. Seine Frau erinnert sich: »Als er (aus dem Krieg) nach Hause kam, fing es an. Und ich glaube, da traf zuviel zusammen: nicht nur das Konzentrationslager, nicht nur, daß er politisch völlig verstört war, nicht nur die Schuldgefühle, die er wegen dem Tod seiner Frau Hermine hatte, nicht nur die Jahre im Gefängnis hier in San Quentin und nicht allein der Krieg. Ihn schmerzte, daß er früher mit seinem Sohn Jan so wenig Zeit verbringen konnte. Hinzu kam, daß sein erstes Buch ein solcher Erfolg war und die anderen kaum bekannt wurden. Dies alles bewirkte, daß er sich wie ein Verlierer, ein Versager fühlte.«[84] Zu den Depressionen kamen Streitereien mit seiner jungen Frau, die als New Yorkerin nicht am Ende der Welt leben wollte.

Nach einem dieser Zusammenstöße nahm er das Auto und verschwand. Abigail, die ohne Auto in dem Haus am Wasser festsaß, machte sich große Sorgen um ihn. Sie rief alle seine Bekannten und Freunde, ihre Mutter und sogar Don Levine an, zu dem er schon lange nicht mehr das beste Verhältnis hatte. Niemand wußte, wo er war. Drei Tage nach seinem Verschwinden brachten ihn Polizisten. Man hatte ihn an einem Fluß im Landesinneren gefunden, völlig nackt auf dem Dach des Autos liegend. Laut Abigail sollen seine ersten Worte, als man ihn ins Haus brachte, »Hier sieht's ja aus wie im Schweinestall« gewesen sein.

Im Sommer 1948 nahm Abigail die Kinder und zog zu ihrer Mutter nach New York.

Lange Briefwechsel der beiden, in denen einmal von endgültiger Trennung und dann wieder von Versöhnung die Rede war, konnten die Ehe nicht retten. Im März des nächsten Jahres ließ sich Abigail in Las Vegas von ihm scheiden. Die beiden vereinbarten, daß Richard Unterhalt zahlen würde und die Kinder den Sommer bei ihm verbringen sollten. Schon im April schrieb Richard Krebs an einen befreundeten Pfarrer: »Ich habe einige Neuigkeiten und eine Bitte. Abby hat sich letzten Monat gegen meinen Protest scheiden lassen. Unsere Jungs werden dieses Jahr im Juni zu mir zurückkommen. Um mein Haus für sie wie auch für mein inneres Gleichgewicht zusammenzuhalten, werde ich eine gute Frau heiraten. Es ist Clara, die Du bereits getroffen hast.«[85]

Clara Medders war die Tochter eines örtlichen Ladenbesitzers und, obwohl schon Mitte dreißig, noch nie verheiratet gewesen. Sie wurde seine dritte Frau und die Heirat ein letzter Versuch, doch noch inneren Frieden zu finden. Vierzig Jahre später – die nun fast blinde und mittellose Clara Medders lebte immer noch in Betterton – erzählte sie dem deutschen Literaturwissenschaftler Michael Rohrwasser von ihren knapp zwei Jahren mit Richard Krebs: »Anfangs wollte uns der Pfarrer nicht trauen, weil Richard als Kommunist galt; wir mußten uns schließlich einen anderen Pfarrer suchen und heirateten in der Aberdeen Chapel. Auch später hieß er im Dorf stets ›der Kommunist‹. Besonders rosig ging es uns nicht, aber ansonsten war es eine großartige Zeit mit ihm.

Richard besaß die Fähigkeit, die schrecklichen Erfahrungen zu vergessen und die guten Dinge zu lieben. Aber er vergaß die schlimmen Dinge nicht wirklich. Er litt unter Schuldgefühlen gegenüber Firelei und seiner Mutter, die war Lutheranerin und über seine Wandlung zum Kommunismus enttäuscht.«[86]

1947 wurde der ehemalige Soldat, der mit einer Tapferkeitsmedaille zurückgekehrt war, endlich eingebürgert. Die letzten Materialien der mehrere hundert Seiten umfassenden Akte der Einwanderungsbehörde dokumentieren nicht mehr, wie während der Kriegsjahre, die Untersuchung seiner angeblichen Kontakte zur Gestapo, nun widmete man sich nur noch der Frage, ob er immer noch Kommunist sei. Dieser letzte Kampf gegen das Mißtrauen der Behörden, den Richard Krebs zur Erlangung der Staatsbürgerschaft hatte ausfechten müssen, vertiefte seine Enttäuschung über den *American way of life*.

Der Mann, dem politische Überzeugungen, der Glaube an eine bessere Welt, für die er lebte und kämpfte, immer Triebfeder seines Handelns und Sinn seines Lebens gewesen waren, hatte mit seinem Glauben an Amerika am Ende alle Illusionen verloren. Zwar sollte der Einsatz für ein politisches Ziel auch seine letzten Lebensjahre bestimmen, aber er kämpfte nicht mehr für, sondern nur noch gegen etwas. Von seinem glühenden Engagement für die »amerikanischen Werte« und gegen die Diktaturen Hitlers und Stalins war nur noch ein wütender, haßerfüllter Antikommunismus verblieben.

Als sein Sohn Jan von der örtlichen Highschool ein Exemplar der Zeitschrift *Soviet Russia Today* mitbrachte, schrieb er einen geharnischten Brief an den Schuldirektor.

»Betterton, Maryland 21. September 1949
›Soviet Russia Today‹ ist vom Generalstaatsanwalt der Vereinigten Staaten als subversiv bezeichnet worden. Die Herausgeberin, Jessica Smith, wird als Sponsorin und Mitglied von ›ein bis zehn prokommunistischen Organisationen‹ bezeichnet.

Bei der Untersuchung des Impressums fand ich die Namen folgender Kommunisten:

Paul Robeson: Angehöriger von mehr als 50 kommunistischen, subversiven Organisationen

W. E. B. DuBois: Angehöriger von mehr als 11 kommunistischen Organisationen

I. Ehrenburg: Offizieller Repräsentant sowjetischer Zeitungen

Sidney Finkelstein: Angehöriger von 1 bis 10 kommunistischen Organisationen

Corliss Lamont: Angehöriger von 41 bis 50 kommunistischen Frontorganisationen. Ich könnte diese Liste noch lange fortsetzen. Es gibt keinen nichtrussischen Autor in *Soviet Russia Today*, dessen Namen nicht in den veröffentlichten Listen Subversiver, des Justizdepartments oder des US-Kongresses zu finden wäre.

Es ist wohl nicht nötig zu betonen, welchen Schaden eine solche Publikation in den Hirnen sehr junger und aufnahmebereiter (und allgemein unkritischer Leser) anrichten kann ...«[87]

Der erschrockene Schuldirektor beeilte sich, das gefährliche Presseorgan sofort aus den Regalen zu entfernen.

In den Jahren 1948/49 arbeitete Richard Krebs an einer Reihe von Buchprojekten. Zu jenen, die nie zur Reife kamen, gehörte eine Geschichte aus einer Todeszelle in den USA, die auf seinen Erfahrungen in San Quentin beruhte, eine gewalttätige Auseinandersetzung von Fischern an der Chesapeake Bay um Fischgründe und ein Roman über die deutsche Revolution von 1918. Vollendet wurde *Wintertime*, ein Buch, das aus den Hunderten von Erfahrungsberichten und Briefen entstand, die man ihm als Gegenleistung für ebenso viele Carepakete aus Deutschland geschickt hatte.[88] Es schildert die Welt des zerstörten Nachkriegsdeutschlands aus der Perspektive der Briefschreiber, gefiltert durch das Deutschlandbild des ehemaligen KZ-Häftlings. Bemerkenswert sind die eindringlichen Bilder von Not und Zerstörung, die der Autor von dem fiktiven Nordune, dem Schauplatz der Handlung, zeichnete, gerade weil er die Verwüstung nur vom Hörensagen kannte. Deutsche Autoren, die wie ihre Leser an die Zerstörung ihrer physischen Umwelt schon so gewöhnt waren, daß ihnen das Außergewöhnliche der Szenerie kaum noch auffiel, verzichteten gewöhnlich auf solch detaillierte Schilderungen.

Wintertime erzählt die Geschichte eines Schlepperkapitäns, der sich in ein baltisches Flüchtlingsmädchen verliebt und in Machtkämpfe zwischen einer Seilschaft von alten Nazis und fanatischen Kommunisten gerät, die mit einer blutigen Abrechnung endet. Der Held kommt am Ende als Mörder ins Gefängnis, und das Mädchen verliert das mühsam aufgebaute Zuhause. Das Buch ist ein drastisches Porträt einer moralisch heruntergekommenen Gesellschaft mit einigen fast unerträglichen Gewaltszenen. Die amerikanischen Besatzer, die wohlversorgt in ihrer eigenen Welt leben, sind teils noch von einer naiven Gutmütigkeit und teils bereits durch ihren unvergleichlich höheren Lebensstandard korrumpiert. Krebs selbst sah das Anfang des Jahres 1950 erschienene Buch als »die Geschichte eines Mannes, der in einer völlig aus den Fugen geratenen Welt um ein Stück Normalität kämpft«. *Wintertime* war, obwohl einige Kritiker durchaus beeindruckt waren, kein großer Erfolg beschieden. Zu dieser Zeit hatten sich die Depressionen von Richard Krebs so verschlimmert, daß er sich entschloß, um Hilfe nachzusuchen.

»7.1.1950

An: Dr. Richard Bond
 Lieber Mr. Bond
Vor einem Jahr, ich konnte kaum noch richtig denken, habe ich an eine Freundin in New York geschrieben – Mrs. Edna Mann, die mich drängte, mich in psychiatrische Behandlung zu begeben. Am 14.1.1949 schrieb sie und riet mir, zu Ihnen zu gehen. Ich glaube, daß Mrs. Mann Ihnen damals geschrieben oder mit Ihnen gesprochen hat.

Wie auch immer, in der Hoffnung und in dem Glauben, meine Probleme durch eigene Anstrengungen bewältigen zu können, habe ich keine Hilfe von außen gesucht, sondern mich zu einer harten Arbeitsroutine gezwungen, was eine Weile geholfen hat, aber nicht anhielt. Im Juni kehrte der Zustand quälender Verwirrtheit zurück und überlagerte die verzweifelten (und nicht durchhaltbaren) Bemühungen immer mehr, zu einer normalen und gesunden Routine zurückzufinden.

Ich möchte meine Schwierigkeiten im wesentlichen so charakterisieren: Schwierigkeiten zu arbeiten, eine Angst vor Menschen, die manchmal an Panik grenzt, ein großes Bedürfnis nach Einsamkeit und nach der allerprimitivsten Lebensweise, ein starkes und fast durchgehend vorhandenes Gefühl, daß jeglicher Schritt, gleich in welche Richtung, völlig falsch ist, und ein andauernder, fast täglicher Kampf gegen den Drang, mein Leben zu beenden. Bei alldem weiß ich, daß es irgendwo einen Weg zurück zur Normalität geben muß, aber wie es scheint, bin ich nicht dazu imstande, ihn durch eigenes Suchen und eigene Anstrengung zu finden.

Meine Arbeit ist die eines Schriftstellers, und als solcher habe ich ziemlichen Erfolg. Ich habe drei aufgeweckte junge Söhne, die ich liebe. Meine Frau ist ein guter und intelligenter Mensch. Ich schreibe unter dem Pseudonym Jan Valtin. Mein Verstand sagt mir, daß normale Harmonie und produktives Schaffen nicht außer Reichweite zu sein brauchten. Es gibt fünf Menschen, die auf mich angewiesen sind. Und doch scheine ich Woche für Woche tiefer in ein totes Loch zu gleiten, und alle Anstrengungen, diesen Prozeß aufzuhalten, nutzlos.«[89]

Richard Krebs trat die Behandlung nie an. Er folgte einer Einladung des Armeegeheimdienstes CIC nach Deutschland, wo man ihn im Frühjahr 1950 zwei Wochen lang über jedes Detail seiner Tätigkeit für die Komintern und nach jedem Funktionär befragte, den er während dieser Zeit kennengelernt hatte. Er bewies noch einmal jenes geradezu unheimliche Personengedächtnis, das bereits den Reporter der New Yorker Zeitung *P.M.* 1941 so beeindruckt hatte. In dem über hundert engbedruckte Seiten umfassenden Protokoll seiner Aussagen finden sich Hunderte von Personenbeschreibungen samt Aussagen über die Umstände, wie er die Betreffenden kennengelernt hatte, sowie genauen Einschätzungen ihrer wahrscheinlichen Tätigkeit. Die Spanne reichte von »intelligent, unauffällig, weltgewandt, eignet sich für den Apparat« bis zu »absolut treu, aber mehr Muskeln als Hirn, typischer Mann für das Grobe«. Im Vergleich wird noch einmal deutlich, wieviel er der Gestapo nach seiner »Bekehrung« verschwiegen hatte.

Über seine Familiengeschichte, Hermines wahres Schicksal und die Vorgeschichte des Attentats 1926 machte er entweder keine oder irreführende Angaben. Er sah keinen Grund, dem Geheimdienst Material in die Hand zu geben, das man gegen ihn hätte verwenden können. Fast alle Informationen über seine eigene Biographie muß man sich aus dem Kontext der Angaben über seine Weggefährten erschließen.

Zu Wollweber und Jensen hatte er eine kalte Distanz gewonnen. Den wütenden Haß, die Kehrseite einer enttäuschten Liebe, hatte er hinter sich gelassen. Über Jensen sagte er, es sei vorstellbar, daß sich dieser vom Kommunismus lösen werde, da er genug eigene finanzielle Mittel und Ansehen in der dänischen Öffentlichkeit habe, um nicht auf die KP angewiesen zu sein. Eine treffende Einschätzung. Jensen wandte sich tatsächlich von der KP Dänemarks ab, blieb aber ein angesehener Mann.

Für Wollweber interessierten sich die amerikanischen Geheimdienstler am meisten. Unter anderem erörterten sie mit seinem ehemaligen Untergebenen die Frage, ob irgendwann die Möglichkeit bestünde, Wollweber »umzudrehen«. Richard Krebs hielt dies zwar für sehr unwahrscheinlich, aber unter gewissen Umständen für denkbar.

»Wenn Wollweber in die Lage käme, sein kleines Reich aufzubauen, nicht zu groß, aber groß genug für seine Bedürfnisse, dann wird er sich wahrscheinlich zu einem erstklassigen Bonzen entwickeln.« Falls zu dem so erworbenen Gefühl persönlicher Macht noch ein gewisses Maß an Erschöpfung nach einem sehr harten Leben käme, wäre es vorstellbar, daß er ideologisch zu schwächeln beginne. Richard Krebs hielt Haß für die wichtigste emotionale Triebfeder Wollwebers. Oft habe er zu seinen Mitarbeitern gesagt: »Wir müssen den Haß predigen.« Sollte Wollwebers Bindung an den Kommunismus nachlassen, dann »könnte sich sein langgehegter Haß auf alles nichtkommunistische auch auf die kommunistische Bewegung erstrecken. In solch einer Stimmung wäre er vielleicht zugänglich für eine Kontaktaufnahme, die aber von jemandem kommen müßte, dem er absolut vertraut.« Bekanntlich kam Ernst Wollweber nie in Versuchung. 1953, nach dem Aufstand vom 17. Juni, wurde er der zweite Chef der Staatssicherheit der DDR und entwickelte den Geheimdienst zu jenem erfolgreichen Instrument der Machtsicherung der SED, als das es sich während der folgenden Jahrzehnte erwies.

Prophetisch war eine andere Erinnerung von Richard Krebs an seinen früheren Chef: »Wollweber sprach oft davon, was passieren würde, wenn die Kommunisten die Macht ergriffen. Wenn andere bemerkten, wie schwierig es sei, in Deutschland zu arbeiten, und wie gründlich die Gestapo bei der Menschenjagd vorging, pflegte er zu sagen:

›Wir werden sehr viel gründlicher sein, wenn wir an die Macht kommen.‹«

Gefragt, wie Wollweber reagieren würde, sollte er ihn wiedersehen, antwortete Richard Krebs: »Die einzige Reaktion wäre ein hartgesottenes, sardonisches Grinsen und völliges Schweigen.«[90]

Wie sehr der Kampf gegen den Kommunismus letzter Sinn seines Lebens geworden war, bestätigt noch einmal die Haltung zu seinem Hauptwerk *Out of the Night*.

Dreizehn Jahre später beurteilte er es nur noch nach seinem Wert als Quelle über seine ehemaligen Genossen. Den Geheimdienstlern gegenüber tat er es verächtlich ab als »nicht vom Standpunkt eines Nachrichtendienstlers geschrieben, sondern zur Unterhaltung gelangweilter Geschäftsleute«.[91]

Vor seiner Reise nach Deutschland hatte ihm sein alter Freund Roger Baldwin geschrieben:

»Das mit der Reise nach Deutschland ist wunderbar. Bleib so lang, wie Du kannst. Du kannst sehr nützlich sein, obwohl ich mir sicher bin, daß es Dir nicht gefallen wird, was Du auf beiden Seiten vorfinden wirst. Auf deutscher wie auf amerikanischer. Das weißt Du besser als ich. Aber Du kannst dein eigenes Leben in Ordnung bringen. Vielleicht verschwinden, wie Du sagst, Deine Ängste und Dein Hang zur Selbstzerstörung. Dies alles ist so unbewußt und unabhängig vom Willen, daß es niemand vorhersagen kann. Aber vielleicht wird Dein Wunsch, Dir selbst und Deiner Umwelt zu entfliehen, erfüllt und Du kannst daran gehen, Dein Leben zu Hause, wenn nicht zur vollsten Zufriedenheit, dann wenigstens annehmbar zu regeln.«[92]

Nach seiner Rückkehr berichtete Richard Krebs in einem Brief:

»Das Geheimnis meiner Europareise ist nicht länger geheim. Ich folgte der Einladung eines Zweigs der Armeeaufklärung. Ich bin beide Strecken geflogen, mit kurzen Zwischenstopps auf den Azoren und Island. In Deutschland stellte man mir ein deutsches Auto und einen Chauffeur/Leibwächter aus dem Mittleren Westen zur Verfügung, der sich zu meiner Sicherheit einen Colt in sein Schulterhalfter steckte. Wir fuhren viel herum, den Eisernen Vorhang entlang und anderswo, und besichtigten rund neun Städte und die dazwischenliegenden Dörfer.

Ich sprach mit verschiedenen Leuten, angefangen bei einem deutschen Schlepperkapitän, der mein Freund Martin Helm* hätte sein können. Dieser Mann war ausgebombt worden und baute

* Hauptfigur in *Wintertime*.

344

zwischen seinen Fahrten gemeinsam mit seiner Frau an einer Hütte am Fluß am Rand ihrer Hafenstadt.

Andere waren: Flüchtlinge, ein Wissenschaftler, der Marschall Kesselrings Nachrichtenoffizier in Italien gewesen war, eine Künstlerin, ein Bibliothekar, ein wissenschaftlicher Mitarbeiter eines Museums, ein Verkäufer und viele mehr.

Wie ich es mir schon gedacht hatte, waren mir diese Leute, ihre Probleme und Ansichten vertraut. Die Szenerie – Hamburg, Bremen, Kassel, Darmstadt mit ihren großen Ruinenfeldern – stellt noch immer tausend Kellerlöcher für die Martins und Lisas* bereit. An den Bahnhöfen und Marktplätzen lungern immer noch die Schwarzhändler mit ihren zerbeulten Koffern herum. Und was für Galgengesichter einem da präsentiert werden!!!

Seit der Währungsreform und dem Marshallplan sind die Läden wieder voll mit Waren. Oft genug nur ein blendendes Schaufenster und darüber vier Stock ausgebrannte Ruine. Millionen von Familien leben immer noch in einem Zimmer. Es war für mich eine Rückkehr zu den Szenen aus *Wintertime*, und wäre das ganze Buch mitten in Deutschland geschrieben worden, wären Personen und Szenerie kein bißchen anders ausgefallen. Obwohl ich es als Schriftsteller kaum gewagt hätte, einige meiner eigenen Erfahrungen in dem Buch zu verwenden. Zum Beispiel einen ehemaligen New Yorker Dockerboß, der jetzt in einer tausend Jahre alten deutschen Stadt einen Ring von Spionenjägern ›verwaltet‹. Oder einen kleinen G. I., der einen bekannten Antikommunisten festnimmt und ihn in den Osten verkauft.

Interessant, aber im allgemeinen nicht angenehm.

Nun – wieder an die Arbeit

Mit besten Grüßen«.[93]

Nach seiner Reise, die kaum drei Wochen gedauert hatte, lebte Richard Krebs wieder an der Chesapeake Bay und versuchte zu schreiben, kam aber über Anfänge nicht hinaus. Schrecklich waren die Nachrichten über seine Lieblingsschwester Cilly, die er in Europa ein letztes Mal gesehen hatte. Sie war unheilbar an einem Gehirntumor erkrankt und starb im April, ohne daß die

---

* Martin und Lisa: Hauptfiguren in *Wintertime*.

Medikamente, die er nach Frankfurt geschickt hatte, hätten helfen können.

Den Sommer verbrachte er mit seinen beiden jüngeren Söhnen, die gemäß der Vereinbarung mit Abby nach Maryland gekommen waren, und im Herbst 1950 bereitete er sich auf einen, wie er meinte, mindestens halbjährigen Aufenthalt in Deutschland vor. Ermöglicht hatte ihm die Reise Don Levine, der ihm einen Auftrag des Pariser *Figaro* für eine Reisereportage über die deutsch-deutsche Grenze vermittelt hatte. Das Geld für den Auftrag, der selbst für amerikanische Verhältnisse ungewöhnlich gut dotiert war, stammte wahrscheinlich aus einem der amerikanischen Geheimfonds, die dazu dienten, im beginnenden Kalten Krieg den westeuropäischen Kulturbetrieb zu beeinflussen.

Vor seiner Abreise besuchte er noch einmal Don Levine.

Richard Krebs hatte ihm seine Distanzierung während der Internierung auf Ellis Island verziehen. Auch die Auseinandersetzungen wegen der Einkünfte aus *Out of the Night* spielten jetzt keine Rolle mehr. Im Rückblick erschienen ihm jene Monate zwischen dem Beginn der Arbeit an *Out of the Night* und der Internierung auf Ellis Island als die letzte glückliche Zeit seines Lebens. Nach ihrem Treffen schrieb ihm Levine eine kurze Notiz und zeigte sich gerührt von Richard Krebs' Erinnerungen an jene Wochen auf Levines Landsitz in Danbury, als sie beide die Endfassung von *Out of the Night* erarbeitet hatten. Levine versicherte ihm, diese Gefühle zu erwidern, und schloß etwas gönnerhaft: »Ich war immer der Meinung, daß Du sehr talentiert bist und mit Selbstdisziplin Großes erreichen kannst.«[94]

Die Reise durch Deutschland wurde zu einem Alptraum. Bei seinem kurzen Besuch im Frühjahr hatte Richard Krebs die Zusammenarbeit der amerikanischen Besatzungsmacht mit fanatischen Nazis noch achselzuckend zur Kenntnis genommen. Er hatte geglaubt, seine Vergangenheit hinter sich gelassen zu haben und die deutschen Verhältnisse mit demselben inneren Abstand wie die kalten Krieger vom CIC zu betrachten. Als er nun allein durch Deutschland reiste, erwies sich nicht nur dies als Illusion, sondern auch die Annahme, er könne sich mit den Deutschen identifizieren. Noch in *Wintertime* hatte er Deutschland und seine

Einwohner aus der Sicht seiner Briefpartner geschildert. So ist die Künstlerin Marianne, eine der Nebenfiguren, voll Verständnis gezeichnet. Sie hat bei einem Bombenangriff ein Bein verloren. Verbittert, ressentimentgeladen und voller Haß auf die Besatzer, versteckt sie einen ehemaligen SS-Soldaten und Massenmörder, der seinen Überzeugungen treu geblieben ist.

Der Antikommunismus seiner Korrespondenten, die nach den Schrecken des sowjetischen Einmarschs, von Flucht und Vertreibung nichts mehr fürchteten als eine kommunistische Machtübernahme, hatte Richard Krebs glauben lassen, er könne ihre Perspektive auf die deutschen Verhältnisse zur eigenen machen.

Nicht mehr durch amerikanische Begleiter abgeschirmt, kam dem ehemaligen KZ-Häftling nun zu Bewußtsein, welcher Abgrund ihn tatsächlich von der Mehrheit der deutschen Bevölkerung und von den CIC-Geheimdienstlern trennte. Die Distanz eines »echten« Amerikaners, die er sich selbst und anderen vorgespielt hatte, und die Vorstellung, er könne wie sie die blutigen Verbrechen der Nazijahre im Interesse eines neuen »antitotalitären« Kreuzzugs übergehen, wichen der Erkenntnis, daß er sich nicht in einem Land aufhalten konnte, in dem die Mehrheit noch vor wenigen Jahren Hitler bejubelt hatte.

Zurück in Deutschland, war er nicht mehr der amerikanische Schriftsteller Jan Valtin, der dem Herausgeber der deutschen *Neuen Volkszeitung* in New York, dem Sozialdemokraten Friedrich Stampfer, auf englisch geschrieben hatte. Er war wieder der deutsche Emigrant Richard Krebs, der sich in seinem ehemaligen Heimatland genauso fremd fühlte wie die Mehrheit der anderen Flüchtlinge, von denen nur wenige endgültig nach Deutschland zurückkehrten.

Mehrmals täglich schickte er Briefe und Postkarten an Clara Medders. Bald nach seiner Ankunft schrieb er:

»In einem Gasthaus in einem Dorf an der Grenze verbrachte ich eine Nacht in der Gesellschaft von wahren deutschen Spießern, unterhielt und stritt mich mit ihnen. Ihre Energie und ihre Ignoranz, ihr verletzter Stolz und ihr Haß auf Amerika sind erstaunlich. Draußen auf dem Land tragen einige sogar noch ihre alten

SA-Stiefel. Ein blonder Riese, der Jahre in Krieg und Gefangenschaft verbracht hatte, steht auf, schüttelt seine riesigen haarigen Fäuste und brüllt in die Nacht: ›Ja, das beste ist es, für das Vaterland zu sterben.‹ – Ich fragte ihn: ›Sag mal, du Narr, glaubst du nicht, daß es besser ist, für das Vaterland zu leben?‹ – ›Nein, amerikanischer Feigling, das beste ist es zu sterben!‹ – Was für ein öder, verrückter, heroischer, düsterer und seltsamer Ort ist dieses Land, das mir immer so in Erinnerung bleiben wird. – Was ich herausfinden wollte, habe ich gesehen und gehört. Und es war irgendwie merkwürdig und beängstigend. Und es reicht. Chesapeake ist mein Zuhause.«[95]

Schon nach sechs Wochen brach Richard Krebs die Reise ab und traf Ende November wieder in Amerika ein.

In seiner letzten Veröffentlichung, der Artikelserie für den *Figaro*, die im Januar 1951 postum erschien, war von solchen Eindrücken und Gefühlen nichts zu lesen. In der langen Reportage über den eisernen Vorhang, den Richard Krebs auf seiner westlichen Seite bereist hatte, findet sich kein Wort über die Zusammenarbeit der Amerikaner mit ehemaligen Gestapooffizieren oder über die reuelosen Nazis, denen er in Westdeutschland begegnet war. Nazis gibt es hier nur in Ostdeutschland, die als rotlackierte Braunhemden beim Aufbau der Kasernierten Volkspolizei, dem Vorläufer der Nationalen Volksarmee, mitwirken. Hatte er noch Anfang der dreißiger Jahre das Schreiben lieber aufgegeben, als den Vorgaben der Partei zu folgen, so besaß er nach dem Abbruch seiner Deutschlandreise, dem Scheitern der letzten Hoffnung, den Depressionen entfliehen zu können, weder die Kraft, sich neue Perspektiven zu suchen, noch die, sich der Auseinandersetzung mit seinen Auftraggebern zu stellen. Wozu auch, hatte er doch den Glauben an sich selbst als Schriftsteller verloren. Hätte er sonst seinen Frieden mit Levine gemacht, einem Mann, für den sich literarischer Erfolg in Verkaufszahlen ausdrückte? Gleichgültig geworden, lieferte Richard Krebs das Auftragsstück ab. Der antikommunistische Grundton der Artikelserie im *Figaro* war nur noch ein schwacher Widerhall seines letzten, vergeblichen Versuchs, ein politisches Kampfziel zum Lebensinhalt zu machen.

Tief im Innern wußte er, wie wenig ihn mit den saturierten Geheimdienstlern verband, die nach dem Sieg gegen Nazideutschland nun den nächsten Kreuzzug in Angriff nahmen.

Knapp vier Wochen nach seiner Rückkehr erkrankte er an einer Lungenentzündung, derselben Krankheit, an der er bereits vor dreizehn Jahren, nach der Nachricht von Hermines Tod, fast gestorben wäre. Er kam in ein Krankenhaus in Betterton, Maryland. Clara Medders berichtet, im Delirium habe er geschrien, daß ihn die Nazis wieder verfolgten. In Todesangst raffte sich der Fiebernde in der Neujahrsnacht noch einmal auf und lief einige Schritte, bevor er zusammenbrach. Am Morgen des 1. Januar 1951 war Richard Krebs tot.

Peps schrieb in seinem Beleidsbrief an Clara:

»Wir konnten es nicht fassen, daß der große kräftige Mann sein Leben lassen mußte. Er kam hier so gesund und strahlend an und freute sich, seine alte Heimat wiederzusehen. Alles wollte er sehen und wissen. Und er ließ es sich nicht nehmen, meinen Geburtstag am 29. 10. mit uns zu verleben. – Es fällt mir schwer, für Dich, liebe Schwägerin, die richtigen tröstenden Worte zu finden. Auch für mich ist es schwer, den letzten meiner Gebrüder tot zu wissen, mit dem ich als Kind gespielt, gegessen, gerauft und getrunken habe.«[96]

Viele Jahre waren vergangen, als John Schaffner, Richard Krebs' Freund und Agent, der die nach und nach geringer werdenden Einnahmen aus seinen Büchern verwaltete, an Clara Medders, die immer noch in dem Haus aus Schwemmholz an der Cheasapeake-Bucht lebte, schrieb und sie bat, im Zusammenhang mit einer geschäftlichen Angelegenheit nach einigen Papieren zu suchen.

Am 15. April 1967 antwortete sie ihm:

»Lieber John

Ich möchte diese Sachen an Dich loswerden – Sie haben mir große Sorge bereitet, weil ich wirklich nicht wußte, was ich Dir schicken sollte – Mir hat es große Freude gemacht, soviel über

Richard zu lesen – Ich habe noch mehr Briefe an mich gefunden und sie alle aufs neue geliebt! Ich habe sogar Deine und Roger Baldwins Akte gelesen. All das erzählt eine Geschichte – Was für ein *Leben*, und wie seine Freunde versucht haben, ihm zu helfen! Anstatt mich auf meine Reise vorzubereiten, habe ich mehr und mehr gelesen – Ich hätte es nicht tun sollen – Ich habe noch einmal alles durchlebt. Es faszinierte mich – Hat aber viel Zeit verbraucht und mich emotional erschöpft. – Was für eine Zeit! – Erinnerst Du Dich, wie ich Angst hatte, das Haus in Betterton könne abbrennen, *bevor* wir Richards Asche in Still Pond Creek verstreut hatten? – Immer noch erinnere ich mich daran, wie wir mit zwei jungen Freunden in Richards Boot ausfuhren, um die, wie wir dachten, traurige Arbeit auszuführen. – Es war nach einem schrecklichen Gewitter – Dann die ruhige, schöne See. Selbst die Jungen, die hier die Strömung kannten, fragten sich vergeblich, wie der große Ring von Blumen zu erklären war, der entstand, als wir die Asche verstreuten – Plötzlich versammelten sich all die tänzelnden, bunten Blumenköpfe auf dem goldenen Pfad der Abenddämmerung – Aus einem Kreis entstand eine gerade Linie! Geradlinig in die Abenddämmerung – Der Tribut der Natur an einen guten Seemann!

Es gibt Hunderte von Fotos – aus seinen Babytagen – in China – ein trauriges Familiengruppenfoto – nach dem Ersten Weltkrieg – Richard in der Armee – Auch genug von Jans Mutter, die zeigen, was aus dem schönen, lächelnden Mädchen wurde. Viele von Jan –

Falls das irgend jemanden interessiert – ich habe etwas Persönlicheres geschrieben –, aber werde es nicht abschicken. – Wird Dir das hier helfen?«[97]

Am 29. Januar 1951, einen Monat nach seinem Tod, hatte Clara Medders an Freunde über Richard Krebs' letzte Tage geschrieben:

»Lieber Billy, liebe Jane

Euer Telegramm hat mein Herz erwärmt, und ich danke Euch sehr. R. war ein guter und gequälter Mensch. Ein Mensch, der sehr mißverstanden wurde. Ich holte ihn am 29. Nov. in New York ab, und am 29. Dez., bei einer Cocktailparty, befiel ihn die Krankheit.

Diese dreißig Tage waren schön. Er arbeitete gut, schien glücklich zu sein und Frieden gefunden zu haben. Du weißt vielleicht, daß er immer nach Frieden gesucht hat. Aber er schien immer zu denken, daß er ihn irgendwo anders finden würde. Er war immer unruhig. Aber in seinen Briefen und Postkarten, die aus Deutschland kamen, manchmal drei oder vier täglich, an einem Tag sieben, hatte er Heimweh. Und zwei Wochen nach seinem Tod drehte John Schaffner, unser Freund und Agent, ein Blatt auf seinem Schreibtisch um und fand dort elf Worte in Richards Handschrift, die mir ein großer Trost waren, denn ich habe ihn wahrlich geliebt.

›The never never land, never never land is here is here‹.*

Ja, ich glaube, er hatte schließlich das gefunden, was er gesucht hatte – Frieden.«[98]

* Das *never never land* ist das Traumland, in das die Kinder nach dem Einschlafen kommen.

Epilog

1957 wandte sich der Bundestagsabgeordnete Albert Walter, der für die nationalistische Deutsche Partei im Parlament saß, an den Verfassungsschutz, den Inlandsgeheimdienst des westdeutschen Teilstaats, und gab dort eine seltsame Anfrage, die an die Amerikaner weiterzuleiten sei, zu Protokoll. Anlaß war die geplante Veröffentlichung von *Out of the Night* auf deutsch, das als *Tagebuch der Hölle* tatsächlich bald darauf erschien. Dem nunmehrigen Konservativen, der, wie der Verfassungsschutz notierte, als einer der Gründer der internationalen kommunistischen Seeleutebewegung Lenin noch persönlich gekannt hatte, ging es um seinen Ruf in der Nachwelt. Er wollte seine Version der Ereignisse rund um Richard Krebs zu Protokoll geben, um die Behauptung in *Out of the Night* zu widerlegen, er sei aus Angst um seine Mutter in die Dienste der Gestapo getreten. Am 22. Januar schrieb ein gewisser Mitarbeiter des Verfassungsschutzes namens Mehlen an sein Gegenüber beim CIC:

»Der Verfassungsschutz ist der Meinung, daß jenes Gespräch für den CIC von Interesse sein müsse und bittet um gefällige Überprüfung der Angaben des Herrn Walter. Besonders zweifelhaft erscheint dem Verfassungsschutz das, was Walter über sein Verhältnis zur Gestapo angibt.

Im folgenden einige der Angaben des Albrecht [sic!] Walter:

– Der Autor des bewußten Buches, Krebs, sei kurz nach der Machtergreifung der Nazis, Anfang 33, nach Moskau gegangen, wo er eine Spezialausbildung in kommunistischer Untergrundarbeit erhalten habe. Diese Schulung habe man nur sehr fähigen Agitatoren zukommen lassen. Krebs sei 1934 heimlich nach Deutschland zurückgekommen, habe dort eine sehr effektive Untergrundarbeit begonnen und sei 1935 festgenommen worden.

Mitte 1938 habe ihn dann die Gestapo als ihren Agenten in die USA geschickt, wo er sofort in die Dienste der Amerikaner übergetreten sei. Krebs habe es in den Staaten nicht leicht gehabt, da er sich wegen seines Verrates die ganze Zeit von kommunistischen Agenten verfolgt geglaubt habe ...

Das Buch sei nicht von Krebs, sondern von einer Gruppe von Ex-Kommunisten geschrieben worden, und Krebs habe nur den biographischen Rahmen abgegeben. ...

Auch habe er einige Fakten modifiziert, so die wirklich unglaubliche kriminelle Karriere des wohlbekannten Wollweber, der jetzt einer der Führer in der Sowjetzone sei, was aber nichts am grundsätzlichen Wahrheitsgehalt des Buches ändere. ...

Krebs habe mit dem Buch 1½ Millionen Dollar verdient, sei nach dem Krieg noch einmal in Deutschland gewesen, aber Walter habe mit ihm keinen Kontakt gehabt ...

Was Krebs am Ende seines Buches über ihn, Walter, und sein Verhältnis zur Gestapo schreibe, sei nicht wahr. So sei er nie in die Dienste der Gestapo getreten, sondern habe bei den zahlreichen Verhören nur seine Meinung zum Kampf gegen den Kommunismus zum Ausdruck gebracht, mit dem er schon lange gebrochen habe. Schließlich erklärte Herr Walter, daß das Buch schon lange ausverkauft und allgemein unbekannt sei. Eine deutsche Ausgabe würde sicherlich ein großer Erfolg.«[99]

Die Reaktion der Amerikaner ist unbekannt geblieben. Allerdings fehlten in der deutschen Übersetzung sämtliche Hinweise auf Albert Walters spätere Rolle als Chefberater der Gestapo in maritimen Angelegenheiten.

Der als *Tagebuch der Hölle* übersetzte autobiographische Roman war kein großer Erfolg. Das breite Publikum wollte nicht an eine Vergangenheit erinnert werden, die man gerade zu vergessen begann, und viele Rezensenten schreckten vor dem Buch zurück. Ohne Möglichkeit, die Schlüsselszene des Romans, den fingierten Übertritt des Helden in die Dienste der Gestapo, beurteilen zu können, hatte man Angst, sich durch Assoziation mit dem Autor zu kompromittieren. Solange die Archive geschlossen blieben, waren die Weggefährten von Richard Krebs die einzigen, die seinen Bericht aus der Schattenwelt von Gestapo und GPU beurteilen konnten.

Seltsamerweise begann im gleichen Jahr, als Albert Walter sich an den Verfassungsschutz wandte, Ernst Wollweber, den man nach einer Fronde gegen Walter Ulbricht unsanft von seinem Amt als Leiter der Staatssicherheit der DDR entfernt hatte, mit der Niederschrift seiner Version der Ereignisse. Anders als Albert Walter allerdings, dem es immerhin gelang, das Buch von Richard Krebs nach seinen Wünschen zensieren zu lassen, blieb dem verfemten Ernst Wollweber nichts anderes übrig, als seine Version der Ereignisse der Nachwelt anzuvertrauen.

Erst lange nach seinem Tod, nach dem Fall der Mauer, wurde sie bekannt und in diesem Buch eingehend zitiert.

Anzufügen sei noch, daß Ernst Wollweber den sowjetischen Befehl, die Sabotageaktivitäten zu beenden, auf die gewaltige Publizitätswelle zurückführte, die die Veröffentlichung von *Out of the Night* ausgelöst hatte. Hier allerdings irrte er. Im November 1940, als das Buch erschien, befand er sich bereits längst in schwedischer Haft, wo er, den seine Auftraggeber schnell zum sowjetischen Staatsbürger erklärt hatten, sämtliche Auslieferungsbegehren des Dritten Reiches glücklich überlebte.

Seltsamerweise überstand auch Hermann Knüfken den Krieg in schwedischem Gewahrsam, mit dem Unterschied, daß er mangels einer ausländischen Staatsbürgerschaft durch die beständigen Auslieferungsbegehren deutscher Behörden sehr viel gefährdeter war.

Die Schweden, die es sich als neutrale Nation mit niemandem verderben wollten, lösten dieses Problem schließlich, indem sie Hermann Knüfken in eine Anstalt für Geisteskranke einwiesen, wo er den Krieg unter strikter Geheimhaltung und dem Pseudonym »Freitag« überlebte.

Nach dem Krieg ließ er sich in Großbritannien nieder und schrieb, vermutlich 1956, die Erinnerungen an seine Zeit als »Captain Kidd der Komintern« auf.

Von den drei Deutschen, Walter, Wollweber und ihm selbst, die in der kommunistischen Seeleutebewegung wie auch in Richard Krebs' Leben die Hauptrolle gespielt hatten, war Hermann Knüfken wahrscheinlich derjenige mit dem friedlichsten Lebensabend. Nach einigen Jahren im Londoner Hafen, wo er nach der Vermutung seines Biographen Dieter Nelles für einen britischen

Geheimdienst tätig war, trat er in die konservative Partei ein und beschloß sein Leben 1965 in einem Haus an der See.

Noch sehr viel später, 1989, alle Beteiligten waren längst tot, ging jene Epoche endgültig zu Ende, die Richard Krebs' Leben geprägt hatte. Nach dem Fall der Mauer und dem Zusammenbruch der Sowjetunion öffneten sich Archive in Ost und West, die einen neuen Blick auf sein Leben erlaubten. Das persönlichste Geheimnis des Richard Krebs, die wahre Geschichte seiner Liebe zu Hermine Stöver, haben sie freigegeben. Weitere Geheimnisse mögen Akten der britischen und sowjetischen Geheimdienste bergen, die bis heute nicht zugänglich sind. Dies beweist, daß die Welt der Apparate und im verborgenen agierenden Manipulateure nur in eines neues Stadium getreten ist.

Richard Krebs hatte lange geglaubt, sich aus dem Netzwerk von GPU und Gestapo befreit zu haben. Seinem autobiographischen Roman *Out of the Night* stellte er die Zeilen des Dichters William Ernest Henley voran:

»Out of the Night that covers me,
Black as the pit from pole to pole,
I thank whatever gods maybe
For my unconquerable soul.«

Der Mann, der den Göttern für seine unbezwingbare Seele dankte, die es ihm erlaubt hatte, der Nacht zu entrinnen, mußte gegen Ende seines Lebens erkennen, daß es einfacher gewesen war, dem deutschen wie dem sowjetischen Geheimdienst physisch zu entkommen als ihren Prägungen, die er unwillkürlich übernommen hatte. Seine Sehnsucht nach einem freien, selbstbestimmten Leben blieb unerfüllt.

Anhang

Abkürzungen

ADGB	Allgemeiner Deutscher Gewerkschaftsbund
BA-ZW	Bundesarchiv, Zwischenarchiv Dahlwitz, Berlin-Hoppegarten
CIA	Central Intelligence Agency
CIC	(Army) Counter Intelligence Corps
EKKI	Exekutivkomitee der Kommunistischen Internationale
FBI	Federal Bureau of Investigation
Gestapo	Geheime Staatspolizei
GPU	Gossudarstwennoje Polititscheskoje Uprawlenije (Staatliche politische Verwaltung): Bezeichnung des politischen Geheimdienstes der UdSSR von 1922 bis 1924, später OGPU
GRU	Glawnoje Raswedywatelnoje Uprawlenije (Hauptverwaltung Aufklärung): militärischer Geheimdienst der UdSSR
IAH	Internationale Arbeiterhilfe
INO	Inostranny Otdel (Auslandsabteilung): Auslandsnachrichtendienst des politischen Geheimdienstes der UdSSR
IPK	Internationales Propagandakomitee
ISH	International of Seamen and Harbour Workers / Internationale der Seeleute und Hafenarbeiter
ITF	Internationale Transportarbeiterföderation
IWW	Industrial Workers of the World
KAPD	Kommunistische Arbeiterpartei Deutschlands
KGB	Komitet Gossudarstwennoi Besopasnosti (Komitee für Staatssicherheit) Bezeichnung des politischen Geheimdienstes der UdSSR von 1954 bis 1991
Komintern	Kommunistische Internationale
KP	Kommunistische Partei
KPD	Kommunistische Partei Deutschlands
KPdSU	Kommunistische Partei der Sowjetunion

MWD	Ministerstwo Wnutrennich Del (Ministerium für Innere Angelegenheiten) der UdSSR
NEP	Neue Ökonomische Politik
NSBO	Nationalsozialistische Betriebsorganisation
NSDAP	Nationalsozialistische Deutsche Arbeiterpartei
OGPU	Objedinjonnoje Gossudarstwennoje Polititscheskoje Uprawlenije (Vereinigte staatliche politische Verwaltung): Bezeichnung des politischen Geheimdienstes der UdSSR von 1924 bis 1934
OMS	Otdel Meshdunarodnych Swjas (Abteilung Internationale Verbindungen): Kurier- und Geheimdienst der Kommunistischen Internationale
OPDG	Oldenburg-Portugiesische Dampfschiffahrtsgesellschaft
POUM	Partido Obrero de Unificación Marxista
Profintern	Rote Gewerkschaftsinternationale
RCChIDNI	Rossijskij Centr chranenija i izučenija dokumentov novejšej istorii: Zentrum für die Aufbewahrung und das Studium von Dokumenten der neuesten Geschichte (ehem. Archiv der KPdSU)
RGO	Revolutionäre Gewerkschafts-Opposition
SA	Sturmabteilung
SAPMO	Stiftung Archiv der Parteien und Massenorganisationen der DDR im Bundesarchiv
SD	Sicherheitsdienst (des Reichsführers SS)
SMM	Seamens's Minority Movement
SPD	Sozialdemokratische Partei Deutschlands
SS	Schutzstaffel
Stapo	Staatspolizei
Tscheka	Tschreswytschainaja kommissija po borbe s kontrrewoljuziej i sabotashem (Außerordentliche Kommission zur Bekämpfung von Konterrevolution und Sabotage): Bezeichnung des politischen Geheimdienstes von 1917 bis 1922, Vorläufer der GPU
T-Gruppen	Terror-Gruppen
UdSSR	Union der Sozialistischen Sowjetrepubliken
USA	United States of America
WEB	Westeuropäisches Büro (der Komintern)
ZK	Zentralkomitee

Anmerkungen

Prolog

1 Protokoll des Verhörs Richard Krebs' durch die amerikanische Einwanderungsbehörde, Deportation Hearings vom 28.3.1941 (aus dem Nachlaß von Richard Krebs, Mudd Library, Princeton).

2 National Archives Washington, Espionage Norfolk, 95–402.

3 Paa Törn vom Januar 1938. Die Akte enthält nur englische Übersetzungen. Übertragungen ins Deutsche durch den Autor.

4 National Archives Washington, Espionage Norfolk, 95–402.

5 Michael Rohrwasser: Der Stalinismus und die Renegaten. Die Literatur der Exkommunisten. Stuttgart: Metzler 1991, S. 188.

6 Lars Borgersrud: Wollweber-organisasjonen i Norge (Acta Humaniora 7). Oslo: Universitetsforlaget 1997 – deutsch: Die Wollweber-Organisation und Norwegen. Berlin: Dietz Verlag 2001; Richard Jensen: Frem i Lyset. Jan Valtin, Gestapo Agent Nr. 51. Kopenhagen: Prior 1946; Erik Nørgaard: Krigen for Krigen. Wollweber-organisationen of skibssabotagerne. Fra den spanske borgerkrieg til besættelsen af Denmark. Lynge: Bogan 1986; ders.: Drømmen om verdensrevolutionen. Komintern og de revolutionære søfolk. Fra den russiske revolution til Hitlers magtovertagelse. Lynge: Bogan 1985; ders.: Truslem om Krig: Komintern, Folkefront og 5. kolonne. Fra Hitlers magtovertagelse til de spanske borgerkrig. Lynge: Bogan 1985.

I Der junge Seemann

1 Die Angaben zur Familie stammen, sofern nicht gesondert ausgewiesen, aus dem Ahnenpaß der Familie Krebs von 1936 oder aus der Genealogie der Familie Schmitthenner, beides im Familienbesitz.

2 Jan Valtin: Tagebuch der Hölle. Nördlingen: Greno Verlag 1986, S. 10 (zuerst erschienen unter dem Titel: Out of the Night. New York: Alliance Book Corporation 1941; deutsche Erstausgabe: Tagebuch der Hölle. © 1957 by Verlag Kiepenheuer & Witsch, Köln). Im folgenden zitiert als Tagebuch.

3 Abigail Alderman, die zweite Ehefrau von Richard Krebs, im Gespräch mit dem Verfasser.

4 Tagebuch, S. 9.

5 Ebenda, S. 11 f.

6 Ebenda, S. 10.

7 Ebenda, S. 11.

8 Ebenda, S. 12 f.
9 Vgl. Unterlagen der Bremer Seefahrtsschule. Für die Kopien dankt der Autor Michael Rohrwasser und Peter Ober.
10 Tagebuch, S. 14.
11 Ebenda, S. 13.
12 Sebastian Haffner: Der Verrat. Deutschland 1918/19. Berlin: Verlag 1900, 1993, S. 151.
13 Tagebuch, S. 18 f.
14 National Archives, RG 319 I RR Personal Name File; Box 124 BB. Dies ist die Signatur für die rund zweihundert Seiten umfassende Akte des CIC der US-Armee über Richard Krebs. Die Akte ist nicht durchgehend numeriert. Im weiteren wird als Findhilfe entweder das genaue Datum des Schreibens, und/oder die Unterakte angegeben, aus der zitiert oder belegt wird. Dieses Zitat ist der Unterakte »San Quentin prison records« entnommen. Die Unterakten enthalten die alphabetisch geordneten Aussagen, die Richard Krebs 1950 über seine früheren Genossen machte, im folgenden als »Aussage über …«.
15 Vgl. CIC, »Summary of information«, 18. 8. 1943.
16 Outbound, wiederabgedruckt in: Bend in the River. New York: Alliance Book Corporation 1942, S. 50; alle Übersetzungen aus Bend in the River vom Verfasser.
17 Magellans in the Bunker, S. 2 ff. (aus dem Nachlaß).
18 Ebenda, S. 1.
19 Bundesarchiv Berlin, Bestand RAM 39.01, Nr. 2511, unpaginiert.
20 Ebenda, Bl. 118, London, den 4. 10. 1920. Für die Kopien aus dem Bundesarchiv Berlin dankt der Autor Hartmut Rübner.
21 Paul Borowiak: Unveröffentlichtes Manuskript über den Widerstand der Seeleute im Dritten Reich (im Besitz des Verfassers).
22 Bis hier Tagebuch S. 25 f., dann ungekürzte Ausgabe Out of the Night. New York: Alliance Book Corporation 1941, S. 28. Übersetzung E. v. W.; im weiteren als »ungekürzte Ausgabe«.
23 Vgl. Richard Krebs: Where and how to check the facts in Out of the Night (aus dem Nachlaß, 1941 oder 1942). Liste mit biographischen Stationen von Richard Krebs und Angaben dazu, wo man diese überprüfen kann. In diesem Fall überprüfbar anhand von British immigration records im Hafen von Hull.
24 Zitiert nach Walter Tomin: Die Weimarer Republik. Hannover: Fackelträger-Verlag 1973, S. 123.
25 Vgl. Where and how to check the facts in Out of the Night und Tagebuch, S. 32 ff.
26 Ernst Toller: Eine Jugend in Deutschland. Reinbek: Rowohlt Taschenbuch Verlag 1963, S. 110.

27 Victor Serge: Memoirs of a Revolutionary. London: Oxford University Press 1967, S. 159. Übersetzung E. v. W.
28 Bernd Kaufmann/Eckhard Reisener/Dieter Schwips: Der Nachrichtendienst der KPD 1919–1937. Berlin: Dietz Verlag 1993, S. 79.
29 Ebenda, S. 80.
30 Zitiert nach Hartmut Rübner: Arbeit, Milieu und Konfliktverhalten. Syndikalismus in der Schiffahrt bis in die 1930er Jahre. In: Archiv für die Geschichte des Widerstands und der Arbeit, Heft 16/2001. Fernwald: Germinal Verlag, S. 183.
31 Erster Teil des Zitats: Rübner, S. 183; zweiter Teil aus dem ungekürzten Originalmanuskript desselben Textes.
32 Tagebuch, S. 36.
33 Unveröffentlichtes Manuskript von Bernhard H. Bayerlein über den OMS, S. 23 ff.
34 Vgl. CIC, Aussage über Hermann Knüfken, S. 52.
35 Unveröffentlichte Lebenserinnerungen des Hermann Knüfken. Für Herbst 2002 zur Veröffentlichung im BasisDruck Verlag, Berlin, vorgesehen unter dem Titel: Von Kiel bis Leningrad – Stationen eines deutschen revolutionären Matrosen 1917–1930.
36 Zitiert nach Dieter Nelles: Das abenteuerliche Leben des Hermann Knüfken. In: ÖTV-Report Seefahrt, Heft 3/September 1996, S. 13–22.
37 Knüfken: Von Kiel bis Leningrad.
38 Ebenda.
39 Tagebuch, S. 37.
40 Ungekürzte Ausgabe Out of the Night, S. 60.
41 CIC, Aussage über Daul-Sisters.
42 Ebenda.
43 Zitiert nach Bernd Kaufmann u. a.: Der Nachrichtendienst der KPD, S. 87.
44 Vgl. Down by the River, S.187, Juanita, S. 219 in: Bend in the River.
45 Tagebuch, S. 77.
46 Erstausgabe, S. 107.
47 Vgl. Where and how to check the facts in Out of the Night, S. 2.
48 Tagebuch, S. 79 f.
49 Vgl. Where and how to check the facts in Out of the Night, S. 2.
50 Tagebuch, S. 85.
51 Vgl. Where and how to check the facts in Out of the Night, S. 2.
52 Vgl. RCChIDNI 534/164/5.
53 Vgl. ebenda, Bl. 25, Brief vom 2.5.1924.
54 Knüfken: Von Kiel bis Leningrad.
55 Tagebuch, S. 89.

56 Ebenda, S. 90.

57 Ebenda, S. 91.

58 Die Umbenennung von Tscheka in GPU war eine der ersten von vielen Umbenennungen des politischen Geheimdienstes der UdSSR. Der Einfachheit halber wird in diesem Buch der sowjetische Geheimdienst durchgehend als GPU bezeichnet.

59 In der Biographie des wichtigsten Akteurs der INO (für das Ausland zuständige Unterabteilung der sowjetischen Geheimpolizei), des späteren Überläufers Alexander Orlow, heißt es über die Beziehungen zwischen OMS und OGPU, daß es nach dem Tod Lenins zu einem Machtkampf zwischen Felix Dsershinski, dem Leiter des politischen Geheimdienstes, und der Führung der Komintern um die Frage kam, ob der OMS weiter für die Nachrichtenbeschaffung aus dem Ausland zuständig sein solle und wieviel Einfluß die OGPU auf die Arbeit der Komintern nehmen dürfe. Nicht zuletzt deshalb, weil die Komintern im Bereich der Spionage keine nennenswerten Erfolge aufzuweisen hatte, siegte Felix Dsershinski auf der ganzen Linie. Mit Unterstützung Stalins gelang es ihm, »der Komintern immer mehr Kompetenzen abzuringen und diese der Auslandsabteilung der OGPU zu übertragen. Auf sein Betreiben hin hatte das Zentralkomitee den INO-Chef Trilisser ermächtigt, gegen sämtliche Aktivitäten der Komintern, die die Sicherheit der Sowjetunion bedrohten, sein Veto einzulegen. Zudem gestand man Dsershinski zu, Personal der Komintern zur geheimdienstlichen Tätigkeit der OGPU heranzuziehen.« (Oleg Zarew/John Costello: Der Superagent. Wien: Zsolnay 1993, S. 74.)

60 Vgl. Aussage Knüfkens vom 28.6.40, P 423, Löp 2, SA/S Archiv der Sicherheitspolizei Stockholm; CIC, Aussage über Avatin; BA-ZW, Z/C 14299, Bd. 1–2, V-Mann-Akte »Erka«, Faltmappe »Oststaaten«, Lambert/Avatin. Zu Avatin siehe auch Borgersrud.

61 Vgl. Tagebuch, S. 93.

62 Ebenda, S. 582.

63 Magellans in the Bunker, S. 7 f.

64 Zur Verteidigung schrieb er Where and how to check the facts in Out of the Night.

65 Vgl. CIC, Summary of investigation.

66 Vgl. Protokoll Deportation Hearings, 18. März 1941, S. 33 ff.

67 Tagebuch, S. 110.

68 Ebenda, S. 117.

69 Vgl. Where and how to check the facts in Out of the Night, S. 3.

70 Vgl. ebenda.

71 Tagebuch, S. 130.

72 CIC, San Quentin prison records.

73 Ebenda.

74 Vgl. CIC, 28.8.1943, sowie Interview Paul Borowiaks mit Ede Nikolajczik (im Besitz des Verfassers).

75 Zitate vgl. Tagebuch S. 138 bzw. 140.

76 Vgl. Bend in the River, S. 102 f.

77 Ebenda, S. 72.

78 Gil Rankins: Jan Valtin in San Quentin. Manuskript aus dem Nachlaß von Richard Krebs, Seite 4 ff.

79 Ebenda.

80 Ebenda, S. 6.

81 Bend in the River, S. 56.

82 Vgl. ebenda, S. 140. Zu McNamara siehe auch Mike Davis: City of Quartz. New York: Vintage Books 1992, S. 32.

83 Rankins: Jan Valtin in San Quentin, S. 8.

84 Bend in the River, S. 43.

85 Rankins: Jan Valtin in San Quentin, S. 10.

86 Bend in the River, S. 32.

87 Ebenda.

88 Ebenda, xxxi.

89 Wir wissen von diesem Übertragungsweg nur, weil Richard Krebs ihn auf einem Zettel in Zusammenhang mit einer kurzen Skizze Albert Walters erwähnt. Aus der auf diesem Blatt angegebenen Adresse (88th Street) geht hervor, daß er die Notiz 1939 oder Anfang 1940 geschrieben haben muß.

90 Bend in the River, S. 102.

91 Ebenda, S. 210.

92 Ebenda, S. 215 f.

93 Ebenda, S. 210 ff.

II Aufstieg in der Komintern

1 Friedrich Firsov: Die Säuberungen im Apparat der Komintern. In: Hermann Weber: Kommunisten verfolgen Kommunisten. Stalinistischer Terror und »Säuberungen« in den kommunistischen Parteien Europas seit den dreißiger Jahren. Berlin: Akademie Verlag 1993, S. 39 f.

2 Zitiert nach Alexander Vatlin: Die Komintern 1919–1929: Historische Studien. Mainz: Decaton Verlag 1993, S. 179.

3 Ebenda, S. 190.

4 Unterlagen der Bremer Seefahrtsschule sowie Akten aus dem

Bremer Staatsarchiv sind Peter Ober und Michael Rohrwasser zu verdanken.

5 Jorge Semprun: Was für ein schöner Sonntag. Frankfurt: Suhrkamp Taschenbuch 1984, S. 186.

6 Ebenda.

7 Vgl. Arbeiterpolitik. Stuttgart, 11. Jg., Nr. 10 vom 22.5.58, S. 8 f. Im weiteren als Arbeiterpolitik.

8 Vgl. CIC, Aussage über Gehrke.

9 Siehe dazu auch Stephen Koch: Double Lives – Spies and Writers in the Secret Soviet War of Ideas against the West. New York: The Free Press 1994. Erste Darstellung der IAH, für die Akten des bis dato geschlossenen Archivs der Komintern in Moskau herangezogen wurden.

10 Richard Krebs an Arthur L. Price (aus dem Nachlaß).

11 Von Arthur L. Price an Richard Krebs zurückgeschickte Zusammenstellung von Ausschnitten aus Briefen, die dieser ihm 1930/31 aus Bremen geschickt hatte (aus dem Nachlaß).

12 Ebenda.

13 Arbeiterpolitik.

14 Staatsarchiv Bremen, 4,65–563, dem Autor von Michael Rohrwasser zur Verfügung gestellt.

15 Ebenda.

16 Ebenda.

17 Lagebericht der Gestapo Hamburg, 24.6.1939, Meldungen der im Hamburger Hafen und auf den Werften eingesetzten V-Männer. Aus dem Bundesarchiv Potsdam, dem Autor von Karin Ney zur Verfügung gestellt.

18 Zu Alfred Bem siehe auch: Feliks Tych (Hrsg.): Słownik Biograficzny Działaczy Polskiego Ruchu Robotniczego (Muzeum Historii Polskiego Ruchu Rewolucyjnego, Vol. I, 1978), S. 139 f., sowie RCChIDNI, Kaderakte Polen 419, Alfred Stolarski alias Alfred Bem, im Original russisch. Übersetzung E.v.W.

19 Vgl. BA-ZW, Z/C 13936, Bd. 8. Auswertung der Meldung »Erkas« vom 26.2.1938, Berlin, 23.4.1938.

20 CIC, Aussage über Alfred Bem.

21 Ebenda.

22 RCChIDNI 534/5/221, Bl. 4.

23 Staatsarchiv Bremen, 4,65–564.

24 RCChIDNI 534/5/231, Bl. 80.

25 Tagebuch, S. 227 f.

26 Ebenda, S. 232.

27 RCChIDNI 534/5/227, Bl. 21.

28 Ebenda, Bl. 23/24.

29 Ebenda, 534/5/223, Bl. 134, Bericht über Streikvorbereitung.

30 Zitiert nach unveröffentlichtem Manuskript von Paul Borowiak über den Widerstand der Seeleute (im Besitz des Verfassers).

31 RCCHIDNI 534/5/223, Bl. 48–66, Bericht über den Streik der Seeleute, 29.11.1931.

32 CIC, Aussage über Alfred Bem.

33 RCChIDNI 534/5/223, Bl. 59.

34 Ebenda, Bl. 60.

35 Ebenda.

36 Ebenda, Bl. 61.

37 Ebenda, Bl. 64.

38 Ebenda, Bl. 63.

39 Vgl. Knüfken: Von Kiel bis Leningrad.

40 RCChIDNI 534/5/223, Bl. 64.

41 Die Information ist dem Interview von Paul Borowiak mit Ede Nikolajczik entnommen.

42 RCChIDNI 534/5/223, Bl. 66.

43 Die Information, daß einige dieser Seeleute nach dem Hitler-Stalin-Pakt nach Deutschland zurückgeschickt wurden, verdankt der Autor Ruth Weihe.

44 Vgl. RCChIDNI 534/5/227, Bl. 37 f.

45 Vgl. Dieter Nelles: Jan Valtins Tagebuch der Hölle – Legende und Wirklichkeit eines Schlüsselromans der Totalitarismustheorie. Zeitschrift 1999, Hamburg, Nr. 1 (1994), S. 19.

46 Schreiben des deutschen Generalkonsulats in Leningrad an die deutsche Botschaft in Moskau vom 27. Oktober 1931, S. 3. Politisches Archiv des Auswärtigen Amtes, dem Autor von Paul Borowiak zur Verfügung gestellt.

47 Vgl. RCChIDNI 534/5/231, Bl. 34, sowie CIC, The International of Seamen and Harbour Workers.

48 Vgl. RCChIDNI 534/5/227, Bl. 60.

49 Nelles: Jan Valtins Tagebuch der Hölle, S. 18.

50 Vgl. RCChIDNI 534/5/231, Bl. 38.

51 Vgl. Franz Jung: Der Weg nach unten. Neuwied/Berlin: Luchterhand Verlag 1961, S. 145.

52 Der deutsche Teil stammt, wie sich aus dem Text ergibt, von 1956, der englische Teil entweder aus demselben Jahr oder dem davor. Knüfken bezeichnet die sowjetische Geheimpolizei als MWD; so hieß sie nur von März 1953–März 1954. Dann erfolgte die Umbenennung in KGB.

53 Vgl. CIC, Aussage über Hugo Marx.

54 Vgl. CIC, Aussage über Wilhelm Soltau; vgl. auch RCChIDNI 534/5/231, Bl. 34 für einen Versuch der Hamburger Parteileitung,

den Interklub mittels der Stauerei »Einheit« finanziell unter Druck zu setzen.

55 Zoja Voskresenskaja: Pod psevdonimom Irina. Moskau: Sovremennik 1997, S. 143.

56 CIC, Aussage über Ernst Wollweber; ebendort biographische Angaben zu Wollweber, die von den Briten an den CIC weitergegeben worden waren.

57 Zu den Konflikten zwischen Bem und Wollweber siehe auch RCChIDNI 534/5/234, Bl. 119, sowie Borgersrud, der sich bei der Schilderung des Konflikts auf Wollwebers Erinnerungen stützt; vgl. Borgersrud: Die Wollweber-Organisation, S. 25.

58 CIC, Aussage über Wollweber.

59 Interview Paul Borowiaks mit Ede Nikolajczik.

60 Interview des Autors mit Helmut Warnke, Spätherbst 1995.

61 Zitiert nach Nelles: Jan Valtins Tagebuch der Hölle, S. 22.

62 SAPMO NJ/10324, Bl. 12.

63 Vgl. auch Rohrwasser: Der Stalinismus und die Renegaten, S. 221, sowie SAPMO R58/3440, Bl. 4.

64 CIC, Aussage über George Mink.

65 Vgl. SAPMO NJ/14498, Anklage und Urteil Hermine (Stöver) Krebs.

66 Für die Adreßbuchrecherche dankt der Autor Peter Ober und Michael Rohrwasser.

67 Vgl. Protokoll Deportation Hearings.

68 Tagebuch, S. 288 f.

69 Comintern Agent (aus dem Nachlaß), wahrscheinlich 1939, sicher vor Out of the Night (1940). Übersetzung E. v. W.

70 Zitiert nach G. M. Adibekov/E. N. Šachnazarova/K. K. Šikrinja: Organizacionnaja Struktura Kominterna 1919–1943. Moskau: Rosspen 1997, S. 138. Übersetzung E. v. W.

71 Ebenda, S. 169 f.

72 Vgl. Harvey Klehr/John Earl Haynes/Fridrikh Igorevich Firsov: The Secret World of American Communism (Annals of Communism). New Haven and London: Yale University Press 1995; sowie Harvey Klehr/John Earl Haynes/ Kyril M. Anderson: The Soviet World of American Communism. New Haven and London, Yale University Press 1998.

73 Zur Sinowjew-Affäre siehe Oleg Zarew/John Costello: Der Superagent. Wien: Zsolnay 1993, S. 89. Informationen über Dechiffrierungstechniken der Briten stammen von Barry McLoughlin.

74 RCChIDNI 534/5/223, Bl. 92.

75 Zum Ostindischen Seemannsbund vgl. Aussage Krebs gegenüber der Gestapo über George Hardy, BA-ZW, Z/C 14299.

76 RCChIDNI 534/5/227, Bl. 60.

77 Hardy über Thompson vgl. ebenda, 534/5/231, Bl. 15–17, und 534/5/236, Bl. 3.

78 Ebenda.

79 Ebenda, RCChIDNI 534/5/231, Bl. 44.

80 National Archives, Washington, State Department, Nr. 800 202 II.

81 Comintern Agent.

82 RCChIDNI 534/5/231, Bl. 55.

83 Ebenda, Bl. 60.

84 Ebenda, RCChIDNI 534/5/236 Bl. 54.

85 Lars Borgersrud: Die Wollweber-Organisation und Norwegen, S. 36.

86 CIC, Aussage über Samsing.

87 RCChIDNI 534/5/236, Bl. 53.

88 SAPMO R58/2 161, Bl. 14.

89 Bernd Kaufmann u. a.: Der Nachrichtendienst der KPD, S. 267.

90 Diese Episode schildert Jan Valtin in Out of the Night; Richard Krebs erzählte sie nach dem Krieg noch einmal seinem Sohn Jan (Interview des Autors mit Jan Krebs, Kalifornien, Frühsommer 1996).

91 Zitiert nach Dieter Nelles: Widerstand und internationale Solidarität. Die Internationale Transportarbeiter-Föderation (ITF) im Widerstand gegen den Nationalsozialismus. Essen: Klartext Verlag 2001, S. 134.

92 Bericht über die Lage an der Wasserkante 11. September 1933. RCChIDNI 534/5/236, Bl. 111.

93 National Archives, Washington, 146-13-3-14-3. Enemy Alien Control Unit, Akte Richard Krebs. Im weiteren als Enemy Alien Krebs.

94 RCChIDNI 534/5/236, Bl. 53.

95 Enemy Alien Krebs.

96 Lars Borgersrud: Nødvendig innsats. Oslo, Universitetsforlaget 1997. Übersetzung des Kapitels »Krebs to reiser til Norge« durch Renate Merklein, Berlin.

97 Enemy Alien Krebs.

98 Vgl. Gerhard Paul/Klaus-Michael Mallmann (Hrsg.): Die Gestapo: Mythos und Realität. Darmstadt: Wissenschaftliche Buchgesellschaft 1995, S. 104.

99 BA-ZW, Z/C 14 299, Bd. 1–2, V-Mann-Akte »Erka«, Aussage über Halvorsen.

100 Vgl. Anklageschrift, Strafsache gegen Popovics und Genossen, Hamburg, den 20. 2. 1934, S. 2 f.; dem Autor von Dieter Nelles zur Verfügung gestellt.

101 CIC, Aussage über Sabor.

102 Zitiert nach Nelles: Widerstand und internationale Solidarität, S. 132.

103 Vgl. RCChIDNI 534/5/236, Direkt- und Rundbrief, 8. 5. 1933.

104 Ebenda, Bl. 49 f.: Situation in Deutschland.

105 Ebenda, Bl. 111, im Original russisch. Übersetzung E. v. W.

106 Ebenda, Bl. 79.

107 Ebenda.

108 Zu Hermine Krebs' Reise siehe SAPMO NJ/14498, Anklage und Urteil Hermine Krebs.

109 Vgl. CIC, Aussagen über Schmitt und Avatin.

110 Tagebuch, S. 383.

111 Vgl. CIC, Aussage über Jensen; zur dänischen ISH-Sektion vgl. RCChINDNI 534/5/236, Bl. 53.

112 Aussage über Jensen in BA-ZW, Z/C 14299, Bd. 1–2.

113 Die Erinnerungen Hildegard Thingstrups wurden dem Autor von Erik Nørgaard zur Verfügung gestellt.

114 RCChIDNI, Kaderakte Polen 419, S. 37.

115 Ebenda, S. 70, datiert auf den 24. 11. 1933.

116 Vgl. CIC, Aussage über Hildegard Volkersen.

117 Tagebuch, S. 391 f.

118 CIC, Aussage über Wollweber.

119 Zitiert nach Nelles: Widerstand und internationale Solidarität, S. 134.

120 Vgl. Bernd Kaufmann u. a.: Der Nachrichtendienst der KPD, S. 278.

121 Erik Nørgaard: Truslem om Krig: Komintern, Folkefront og 5. kolonne. Fra Hitlers magtovertagelse til de spanske borgerkrig. Lynge: Bogan 1985, S. 78. Übersetzung Lena Tymoshenko.

122 Zu Holstein vgl. SAPMO Sgy 30/1036/1, Bl. 53 ff., Erinnerungsakte Wollweber.

123 Vgl. SAPMO NJ/1179/33, Anklage und Urteil gegen Krebs, Thingstrup u. a.

124 SAPMO R58/2335, Bl. 87.

III Doppelspiel

1 SAPMO I 2/3/101, Bl. 137 f.

2 Tagebuch, S. 414.

3 Biographische Angaben über Peter Kraus aus Getrud Mayer: Nacht über Hamburg. Frankfurt/Main: Röderberg-Verlag 1971, S. 120, sowie Gerhard Paul/Klaus-Michael Mallmann (Hrsg.): Die Gestapo: Mythos und Realität. S. 104.

4 Enemy Alien Krebs, Bericht Burling, S. 10.
5 SAPMO NJ/1179/33, Bl. 11 ff., Anklage und Urteil Krebs, Thingstrup u. a.
6 Ebenda, 13225/2, S. 15, Protokoll Aussage Richard Krebs, 1.2.1934, folgende Zitate ebenda, S. 2 ff.
7 Tagebuch, S. 410.
8 SAPMO NJ/10324, Bl. 19.
9 CIC, Aussage über Nettkau.
10 SAPMO NJ/1179/33, Bl. 47, Anklage u. Urteil Krebs u. a.
11 Ebenda, Bl. 37.
12 Ebenda, Bl. 40.
13 Vgl. Aussage über Bem, BA-ZW, Z/C 14299, Bd. 1–2, 18.3.1937.
14 Vgl. SAPMO NJ/1179/33, letzte Seite.
15 Erik Nørgaard: Truslem om Krig, S. 60.
16 CIC, Aussage über Beilich.
17 SAPMO NJ/132225/2, 10.3.1934, Vernehmungsprotokoll Hermann Beilich, S. 12.
18 Ebenda, S. 1.
19 Nelles: Jan Valtins Tagebuch der Hölle, S. 26.
20 Nelles: Widerstand und internationale Solidarität, S. 137.
21 Nelles: Widerstand und internationale Solidarität (unveröffentlichte Version). Dieter Nelles stützt sich auf die Anklageschrift des Hanseatischen Oberlandesgerichts gegen Anneliese Beilich und Karl Grüninger, 2.9.1937, in: BA-ZW 19046.
22 Bundesarchiv Potsdam, PSt3, 26, Bl. 63 ff. Schreiben an den politischen Polizeikommandeur Berlin vom 14.8.1934.
23 SAPMO NJ/14498, Anklageschrift Hermine Krebs, S. 7.
24 Ebenda.
25 Ebenda, Urteil Hermine Krebs, S. 9.
26 Tagebuch, S. 453.
27 Vgl. Bernd Kaufmann u. a.: Der Nachrichtendienst der KPD, S. 420.
28 CIC, Aussage über Albert Walter.
29 CIC, Aussage über Herman Beilich.
30 Ebenda.
31 The Execution of Bert Adrian (aus dem Nachlaß), S. 9. Übersetzung E. v. W.
32 Arthur Koestler: Als Zeuge der Zeit. Frankfurt/Main: S. Fischer, 1986, S. 377.
33 Tagebuch, S. 477.
34 SAPMO R58/2235, Bericht zur Ermittlungsakte gegen Willendorf u. a. wegen Vorbereitung zum Hochverrat, Hamburg, den 24. November 1936. (Die Benennung der Sache Fuhlsbüttel nach Willendorf war ein Anfangsfehler gewesen. Die Gestapo

behielt die Bezeichnung aus ordnungstechnischen Gründen bei.)

35 Tagebuch, S. 490.
36 Ebenda, S. 492.
37 BA-ZW, Z/C 16125, Bd. 1, Bl. 6 a.
38 SAPMO R58/ 2235, Bl. 41, Bericht zur Ermittlungsakte gegen Willendorf u.a. wegen Vorbereitung zum Hochverrat, Hamburg, den 24. November 1936.
39 Ebenda, Bl. 42.
40 Ebenda, Bl. 43.
41 Tagebuch, S. 491.
42 BA-ZW, Z/C 16125, Bd. 2, Bl. 10 f.
43 Ploetzensee, Hitler's Slaughterhouse. In: Ken XVIII, Nr. 189 (Aug. 1939), S. 264–271.
44 Ebenda, S. 269. Übersetzung E. v. W.
45 Vgl. CIC, Aussage über Karl Schaar.
46 Semprun: Was für ein schöner Sonntag, S. 143.
47 SAPMO R58/ 2235, Bl. 79, Schluß- u. Nachtragsbericht in der Sache Willendorf u.a., Hamburg, den 22.2.1937.
48 Ebenda, Bl. 81.
49 Ebenda, Bl. 82.
50 Ebenda, Bl. 79.
51 BA-ZW, Z/C 16125 Bd. 1, Bl. 29.
52 Ebenda, Bl. 31/32.
53 Ebenda, Bd.1–2, V-Mann-Akte »Erka«.
54 Erik Nørgaard: En Gestapo-agent sendes til Kobenhavn. In: Information. Kopenhagen, 29.4.1985. Übersetzung Walter Voß und Lena Tymoshenko.
55 Bernd Kaufmann u.a.: Der Nachrichtendienst der KPD, S. 406.
56 Luise Kraushaar, Institut für Marxismus-Leninismus beim ZK der SED (Hrsg.): Deutsche Widerstandskämpfer 1933–1945. Biographien und Briefe, 2 Bde. Berlin: Dietz Verlag 1970; Bd 2, S. 123–128.
57 CIC, Aussage über Anton Saefkow.
58 Tagebuch, S. 550.
59 Brief vom 4.12.1938 an Margaret (aus dem Nachlaß). Übersetzung E. v. W.
60 The Execution of Bert Adrian, S. 13. Übersetzung E. v. W.
61 Tagebuch, S. 507.
62 Ebenda.
63 Vgl. Bernd Kaufmann u.a.: Der Nachrichtendienst der KPD, S. 414.
64 Tagebuch, S. 526.

65 Ebenda, S. 528.
66 Ebenda, S. 528 f.
67 Gertrud Meyer: Nacht über Hamburg. Frankfurt/Main: Röder-berg-Verlag, S. 128 f.
68 Tagebuch, S. 544.
69 BA-ZW, Z/C 14299, Bd. 1–2, Zitat aus dem Bericht »Geldquel-len der ISH«.
70 Nelles: Jan Valtins Tagebuch der Hölle, S. 33.
71 BA-ZW, Z/C 14299, Bd. 1–2.
72 Ebenda.
73 CIC, Aussage über Otto Kemnitz.
74 Tagebuch, S. 550.
75 RCChIDNI, Kaderakte Polen 419, Alfred Stolarski alias Alfred Bem, Bl. 142.
76 Ebenda, Bl. 137.
77 Nørgaard: Krigen for Krigen, S. 39 f. Zitate übersetzt von Walter Voß.
78 Ebenda, S. 40.
79 Erik Nørgaard: En Gestapo-agent sendes til Kobenhavn.
80 Nørgaard: Krigen for Krigen, S. 43.
81 SAPMO, Sgy 30/1036/1, Bl. 55, Erinnerungsakte Wollweber.
82 BA-ZW, Z/C 14299, Bd. 1–2.
83 Vgl. SAPMO R58/2042, Bl. 363 ff., Betrifft: V-Mann Aage aus Kopenhagen, Lübeck, den 1. November 1937.
84 Nørgaard: Krigen for Krigen, S. 20.
85 Nelles: Widerstand und internationale Solidarität, S. 154.
86 Vgl. ebenda, Kapitel IV.
87 Nelles: Jan Valtins Tagebuch der Hölle, S. 36.
88 BA-ZW, Z/C 13936, Bd. 8, Hamburg den 5.8.1937.
89 BA-ZW, Z/C 13936, Bd. 8.
90 BA-ZW, Z/C 14299, Bd. 1–2.
91 BA-ZW, Z/C 13936, Bd. 8, Hamburg den 5.8.1937.
92 BA-ZW, Z/C 14299, Bd. 1–2, Hamburg den 30.8.1937.
93 CIC, Aussage über Wollweber.
94 Tagebuch, S. 566.
95 Ebenda.
96 BA-ZW, Z/C 13936-8, V-Mann-Akte »Erka«.
97 Tagebuch, S. 581.
98 Ebenda, S. 587.
99 SAPMO, Sgy 30/1036/1: Erinnerungsakte Wollweber, Bl. 53.
100 Nørgaard: Krigen for Krigen, S. 40.
101 BA-ZW, Z/C 13936-8, V-Mann-Akte »Erka«, Meldung des V-Mannes »Erka« vom 10.12.1937, Berlin, den 18.12.1937.

102 Ebenda, Berlin, den 23. 4. 1938, Auswertung der Erka-Meldung vom 21. 2. 1938.

103 Ebenda, Berlin, 10. 12. 1937.

104 Archiv der Sozialen Demokratie der Friedrich-Ebert-Stiftung, J 88, JSK 34. Der Autor dankt Dieter Nelles für die Kopie des Briefes.

105 Modern records center, University of Warwick, 159/3/c/a/47. Der Autor dankt Dieter Nelles für die Kopie.

106 BA-ZW, Z/C 13936-8, V-Mann-Akte »Erka«, Berlin, den 26. 2. 1938, Meldung der V-Person »Erka« vom 21. 2. 1938.

107 Politisches Archiv des Auswärtigen Amts, R 99929, Ausbürgerungsakte Richard Krebs, Brief des Chefs der Sicherheitspolizei und des SD vom 23. Juni 1941. Im folgenden Ausbürgerungsakte mit Datum.

108 Nørgaard: Krigen for Krigen, S. 59.

109 National Archives, Washington, Espionage Norfolk 95–402, Paa Törn, Januar 1938. Übersetzung Lena Tymoshenko.

110 BA-ZW, Z/C 13936, Bd. 3.

111 Ebenda.

112 Leserbrief von Richard Krebs an die Redaktion der Zeitschrift The Call, 24. 11. 1946 (aus dem Nachlaß).

IV Amerika

1 National Archives, Washington, Espionage Norfolk 95–402. Die Briefe liegen nur als Übersetzung ins Englische vor. Rückübersetzung ins Deutsche E. v. W.

2 Ebenda, Brief vom 1. 3. 1938.

3 BA-ZW, Z/C 13936-8, V-Mann-Akte »Erka«, Berlin, den 26. 2. 1938. Aus Meldung der V-Person »Erka« vom 21. 2. 1938.

4 Vgl. CIC, Aussage über Max Bareck.

5 Übersetzung Michael Rohrwasser.

6 Benjamin Gitlow: Whole of their lives, Communism in America – a personal history and intimate portrayal of its leaders. With a foreword by Max Eastman. New York: C. Scribner's Sons 1948, S. 328.

7 National Archives, Washington, Espionage Norfolk 95–402.

8 BA-ZW, Z/C 13936, Bd. 3.

9 Aus dem Nachlaß.

10 Brief vom 6. Dezember 1938 (aus dem Nachlaß).

11 Die biographischen Angaben über Robert Bek-Gran stammen aus einem Interview des Autors mit Bek-Grans Tochter Lee Yasumura im Sommer 2000 in Berlin; vgl. außerdem Kapitel über

Robert Bek-Gran in Rohrwasser: Der Stalinismus und die Renegaten.

12 Interview des Autors mit Abigail Alderman, Sommer 1996.

13 Enemy Alien Krebs, 17.12.1942, FBI-Report, S. 20.

14 Koestler: Als Zeuge der Zeit, S. 380.

15 Zitiert nach ebenda, S. 383 f.

16 Ebenda, S. 378.

17 Gitlow: Whole of their lives, S. 329.

18 Zu biographischem Hintergrund Levines und Überprüfung von Richard Krebs' Geschichte siehe Enemy Alien Krebs, 17.12.1942, FBI-Report, S. 20 f.

19 Interview des Autors mit Abigail Alderman, Sommer 1996.

20 P.M., 17.3.1941.

21 New York Times, 19.1.1941.

22 New Masses, 4.3.1941.

23 Ernst Bloch: »Verrat und Verräter«, Freies Deutschland, I, Nr. 3, 15. Jan. 1942, S. 19.

24 Karl Korsch unter dem Pseudonym L. H., »Revolution for what? A critical comment on Jan Valtin's Out of the Night«, Living Marxism, Chicago, V, Nr. 4, Frühj. 1941, S. 21–29. Übersetzung E.v.W.

25 »A Review of Out of the Night«, undatierter Zeitungsauschnitt (aus dem Nachlaß).

26 P.M., New York, »The truth about Jan Valtin«, 3.3.1941.

27 Ebenda.

28 Gerald Smith an Jan Valtin, 12.5.1942 (aus dem Nachlaß).

29 Ausbürgerungsakte Richard Krebs.

30 P.M., 17.3.1941.

31 Koestler: Als Zeuge der Zeit, S. 379.

32 P.M., 17.3.1941.

33 Interviewaufzeichnung, Privatbesitz Abigail Alderman, undatiert. Abschrift und Übersetzung E.v.W.

34 Protokoll Deportation Hearings, S. 49 f.

35 CIC, San Quentin Prison Records.

36 Vgl. Brief von Gil »Pat« Rankins an Richard Krebs, 4.10.1941, Rankins an Eckhart, 2.2.1942 (aus dem Nachlaß).

37 Interview des Autors mit Abigail Alderman, 1996.

38 Ausbürgerungsakte Richard Krebs, Geheimtelegramm, gezeichnet Thomsen, Washington, 31. Mai 1941.

39 Vgl. Brief von Mandel an Levine vom 2. April 1941, der ihn an Richard Krebs weitergeleitet hatte: »By the way. I just spoke to J. B. [Dies] He says you told him that V. would have nothing to do with the committee. If you did that it was unwise. He is sore about that ...« (aus dem Nachlaß).

40 Zeitungsausschnitt Neue Volkszeitung und Brief vom 16.6.1941 (aus dem Nachlaß).

41 FBI-Akte Erich Krewet; für eine Kopie der Akte dankt der Autor Dieter Nelles.

42 Ausbürgerungsakte Richard Krebs, Geheimtelegramm, gezeichnet Thomsen, Washington, 31. Mai 1941.

43 Vgl. Zarew/Costello: Der Superagent, Kapitel 14.

44 Vgl. Ausbürgerungsakte, Der Chef der Sicherheitspolizei und des SD, Berlin, den 23. Juni 1941, Schnellbrief.

45 Protokoll Deportation Hearings, 17.4.1941, S. 80.

46 Enemy Alien Krebs.

47 Protokoll Deportation Hearings, 17.4.1941, S. 80.

48 Enemy Alien Krebs, 26.2.1943, Mitteilung von J. Edgar Hoover an den Leiter des Enemy Alien Control Unit, Edward J. Ennis.

49 »Additional suggestions«, Drehbuchvorschläge, undatiert (aus dem Nachlaß).

50 Isaac Don Levine: Mitchell, pioneer of air power. New York: Duell, Sloan and Pearce 1943.

51 Richard Krebs an Dorothy Donnell Calhoun, 31.1.1942 (aus dem Nachlaß).

52 New York Times, 10.5.1942; Los Angeles Times, 16.5.1942.

53 Zum »ABC of sabotage« und seiner Verteilung durch die US-Marine siehe Richard Krebs an Roger Baldwin, Ellis Island, 29.11.1942.

54 Vgl. Jan Valtin: »No revolt in Europe unless we promote it.« Reader's Digest, Juli 1942.

55 National Archives, Washington, Enemy Alien Control Unit, Akte Erich Krewet, Sign: 146-13-2-12-71. Im folgenden zitiert als Enemy Alien Krewet.

56 Biographische Angaben zu Erich Krewet hier und im folgenden aus Enemy Alien Krewet, Enemy Alien Krebs, Nelles: Widerstand und internationale Solidarität, S. 256 ff., FBI-Akte Erich Krewet und CIC, Aussage über Erich Krewet.

57 Staatsanwaltschaft bei dem Hanseatischen Oberlandesgericht, 20.2.1934, Strafsache gegen Popovics und Genossen wegen Vorbereitung zum Hochverrat, Exemplar für den Angeklagten Otto Gustav Kemnitz, S. 7 f., für die Kopie der Anklageschrift dankt der Autor Dieter Nelles.

58 Enemy Alien Krebs, Bericht Burling, S. 10.

59 Vgl. Tagebuch, S. 473. Erich Krewet erwähnte auch Paul Borowiak gegenüber, daß er Erich K. gewesen sei.

60 Enemy Alien Krebs, Bericht Burling, S. 8.

61 Nelles: Widerstand und internationale Solidarität, S. 257.

62 Enemy Alien Krewet, Brief von Edo Fimmen an E. Rix (Pseudonym von Krewet), Amsterdam, den 26. Juni 1938.

63 Vgl. Harvey Klehr/John E. Haynes: Communists and the CIO. From the Soviet Archives. In: Labor History 35, no. 3 (Sommer 1994), S. 442–446.

64 Enemy Alien Krewet, FBI-Report, Los Angeles den 7.7.1942, Aussage über Schwiegermutter, S. 5, Aussage über Bridges, S. 11.

65 Enemy Alien Krebs, Bericht Burling, S. 13, beruft sich Burling auf das FBI zum Beweis, daß Krewet kein Kommunist gewesen sei; Zitat ebenda aus Bericht vom 16.3.1943, S. 15.

66 »Valtin Agent of Nazis«, Daily Worker, 26.11.1942.

67 Zitiert nach Daily Worker, 22.12.1942, S. 7.

68 Ausbürgerungsakte, 16.1.1943.

69 Brief vom 29.11.1942, Ellis Island (aus dem Nachlaß).

70 Dreiseitiges Manuskript »Who's who« (aus dem Nachlaß). Aus dem Inhalt geht hervor, daß es von Richard Krebs auf Ellis Island für einen Freund geschrieben wurde, der draußen seine Interessen wahrnahm.

71 Enemy Alien Krebs, Bericht Burling, S. 10.

72 Ebenda, FBI-Report über Richard Krebs, S. 24. Übersetzung E. v. W.

73 Ebenda, Bericht Burling, S. 14.

74 Vgl. ebenda, J. Edgar Hoover an Generalstaatsanwalt, 2.2.1943.

75 Ebenda, Bericht, gezeichnet Collier, 16.3.1943, S. 18ff.

76 Ebenda.

77 Informationen zu Ellis Island stammen aus Richard Krebs: »Memorandum on the liquidation of a pro-nazi organisation on Ellis Island« (aus dem Nachlaß) sowie dem Artikel »Charge 4 Aided Fronter Bishop«, New York Post, 15.7.1943 (Bishop war Leiter der Naziorganisation auf Ellis Island); Zitat aus CIC, 28.8.1943, Headquarters Camp Upton, New York.

78 Jan Valtin: Castle in the Sand. New York: The Beechhurst Press 1947, S. 494 f. Übersetzung E. v. W.

79 CIC, 29.3.1944, Headquarters Camp Upton, New York.

80 CIC, 12.2.1944, War Department Intelligence Division.

81 Jan Valtin: Children of Yesterday. New York: The Reader's Press 1946.

82 Margarete an Richard Krebs, 25.3.1946 (aus dem Nachlaß).

83 Richard Krebs an Hugo »Peps« Krebs, 11. Mai 1946. (aus dem Nachlaß).

84 Abigail Alderman im Gespräch mit dem Verfasser.

85 Richard Krebs an Pfarrer, 15.4.1949 (aus dem Nachlaß).

86 Rohrwasser: Der Stalinismus und die Renegaten, S. 208.

87 Aus dem Nachlaß.
88 Jan Valtin: Wintertime. New York: The Beachhurst Press, 1950.
89 Richard Krebs an Richard Bond, 7.1.1950 (aus dem Nachlaß).
90 CIC, Aussage über Wollweber.
91 CIC, 13.4.1950, Personality Information on Richard Krebs, letzte Seite.
92 Roger Baldwin an Richard Krebs, 30.1.1950 (aus dem Nachlaß).
93 »Dear Bill«, 8.3.1950 (aus dem Nachlaß).
94 Don Levine an Richard Krebs, 10. 10. 1950 (aus dem Nachlaß).
95 Zitiert nach: Rohrwasser: Der Stalinismus und die Renegaten, S. 209, Zitat im Original englisch, Übersetzung E. v. W.
96 Hugo Krebs an Clara Medders, 10.1.1951, Bremen (aus dem Nachlaß).
97 Clara Medders an John Schaffner, 14.5.1967 (aus dem Nachlaß).
98 Clara Medders an Billy und Jane, 29.1.1951 (aus dem Nachlaß).
99 CIC, Office Memorandum, 30.1.1957, Subject: Book »Out of the Night« by Jan Valtin (Richard Krebs) »Re: Albert Walter«.

Bildnachweis

Franz-Jung-Archiv, Berlin: 7
Privatarchiv Eric Krebs: 37
Privatarchiv Erik Nørgaard: 14 16 17 18 21 22 23 25 27
Privatarchiv Ernst von Waldenfels: 34
Privatarchiv Martina Krebs: 1 2 3 4 5 6 33 36 38 39 40
Stiftung der Parteien und Massenorganisationen der DDR im Bundesarchiv, Berlin: 8: AIZ 1932 Nr. 43–52, 10: AIZ 1930 Nr. 27-39, 13: AIZ 1931 Nr. 40–52, 15: AIZ 1931 Nr. 180

Reproduktionen aus Publikationen:
Erik Nørgaard: Drømmen om verdensrevolutionen. Komintern og de revoutionære søfolk. Fra den russiske revolution til Hitlers magtovertagelse. Lynge: Bogan 1985: 19 24
ders.: Truslem om Krig: Komintern, Folkefront og 5. kol onne. Fra Hitlers magtovertagelse til de spanske borgerkrig. Lynge: Bogan, 1985: 20 28 29 30
»Life«, Februar und März 1941: 11 31 35
Rund um die Gängeviertel. Hamburg 1889–1930. Hrsg. von Johann Hamann et al. Edition Phonothek XIV. Berlin: Nishen, Verlag in Kreuzberg, 1986: 9

380

Danksagung

An erster Stelle möchte ich Karl Corino und Karin Ney danken, ohne die die grundlegenden Recherchen gar nicht erst zustande gekommen wären.

Michael Rohrwasser, Dieter Nelles und Michael Rübner haben mir uneigennützig sehr viel Material zur Verfügung gestellt, ohne das das Puzzle unvollständig geblieben wäre.

Mia Waller in den National Archives in Washington und Juri Tutotschkin im Archiv der Komintern in Moskau halfen mir durch das Aktenlabyrinth. Juri Tutotschkin wies mich in vielen Gesprächen auf Spuren hin, die ich sonst übersehen hätte.

Erik Nørgaard, Paul Borowiak und Helmut Warnke vergegenwärtigten mir noch einmal jene Welt, aus der Richard Krebs kam.

Eric, Jan und Martina Krebs gaben mir Einblick in ihre Familie und stellten viele der Bilder zur Verfügung. Abigail Alderman erinnerte sich für mich an den Vater ihrer beiden Kinder zurück.

Walter Voß überließ mir freundlicherweise seine Übersetzungen von Erik Nørgaards Texten.

Dr. John Spalek ermunterte mich und half mir bei meinen Recherchen und ihrer Finanzierung.

Es sind viele mehr, die mir bei dem Buch in der einen oder anderen Weise geholfen haben. Sie mögen mir verzeihen, wenn ich sie nur kursorisch erwähne:

Kirstin Simpson, mein Bruder Ruprecht und seine Frau Ariane, Carola und Bernhard Kaps, Vyatsheslav Voronin, Bolor, Guido Dietzmann, Harri Ansorge, Lena Tymoshenko, Klaus Bischoff, Bernhard H. Bayerlein, Liz Trott, Lars Borgersrud, Dennis Renfors, John E. Haynes, Marina Vissotzkaja, Andreas Hansen.

Zum Schluß möchte ich noch meinen Lektorinnen Maria Matschuk und Anja Lutter danken.